蔣中正日記

Chiang Kai-shek Diaries, 1949

◆民國三十八年◆

民國歷史文化學社　國史館 Academia Historica

感謝

蔣經國國際學術交流基金會
世界大同文創股份有限公司

贊助出版

編輯凡例

一、本書為蔣中正民國三十八年 (1949) 日記，係根據日記原件打字排版。

二、本書卷首列有總序，旨在說明蔣日記之整體歷史意義與價值。

三、本書各年各冊均精選國史館授權使用照片若干幀，與日記內容呼應，不無左圖右史之義。後附索引，意在讀者易於檢索、利用。

四、日記內容本分「雪恥」、「注意」、「預定」等欄目者，本書均依照原有欄目處理。日記原件每月起始有「本月大事預定表」；每週附有「上星期反省錄」、「本星期預定工作課目」；每月月底附「上月反省錄」，全年日記之末並以「雜錄」、「姓名錄」殿之。本書悉依原有形式出版。

五、同日日記遇有草稿、抄稿、秘書抄稿並存時，則以最完整稿置前，其餘附後。

六、日記內文提及之相關人物與重要事件，編輯整理時酌加頁註。相關人物第一次出現時，當頁註釋其全名及當年或前後之職銜，以利查考。外國人名第一次出現時，當頁註釋其拉丁化全名，以資識別。

七、本書用字尊重現今常用字，俗字、簡字、古字等異體字改為正體字。惟遇通同正體字時，為因應讀者閱讀習慣及通俗用法，採用現今通用正體字，如「并」改為「並」，「証」改為「證」，「甯」改為「寧」等。

八、日記用詞保留當時用法，不以錯字視之。若與現今用詞有差異處，遵照蔣中正個人習慣用法，如：舊歷、古鄉、托管、烏乎、處治、火食、琉璜；及部分地名如：大坂、蔣林、角畈山。

九、日記中遇明顯錯別字詞，在該字後以〔 〕符號將正確字詞標出。遇明顯漏字，則以〔＿〕符號將闕漏字詞補入。無法判明者，則加註「原文如此」。本書收錄日記中所附帶之信函、手令、批示等稿件，非蔣原筆跡手稿者，以楷體字體表示。

十、日記中遇損壞、破損而無法辨識字跡者，以■表示。

十一、日記中提及人名偶有筆誤，以錯字訂正形式處理；外國人名譯音有前後不一致情況時，但見索引，不另做處理。書中出現編目「一、一、一、一」者，為遵照原稿設計，不予修改。

十二、標點符號除原稿上所加之問號、驚嘆號、引號等外，僅以「，」「、」「。」「：」標之。

十三、本書涉及人物、事件複雜，議題涵蓋廣泛，編者思慮難免不周，如有錯誤疏漏，尚請讀者不吝指正，以便日後修整。

序 一

　　蔣中正，學界通稱為蔣介石，是國家級和世界級的領袖人物，早為史家研究的對象。日本學界有蔣介石研究會，臺灣中央研究院近代史研究所有蔣介石研究群，浙江大學有蔣介石研究中心，而學者個人研究蔣介石者，如楊天石、山田辰雄、黃自進等皆為名家。近年臺海兩岸各大學和研究機構，以蔣介石為主題所開的研討會，如「蔣介石與抗日戰爭」、「蔣介石與抗戰時期的中國」、「蔣介石與世界」、「日記中的蔣介石」、「蔣中正日記與民國史研究」等，亦結集了許多研究蔣介石的成果。

　　史學界之所以熱衷於蔣介石研究，除蔣之歷史地位重要外，蔣介石日記開放給史學界使用亦為重要因素。蔣日記初由自己保管，1975 年蔣介石死後由其子蔣經國保管，1988 年蔣經國死後由其子蔣孝勇保管，蔣孝勇死後由其妻蔣方智怡保管。蔣介石原望其日記存於臺灣，於其逝世五十一年後（2026）開放，後因蔣孝勇夫婦移居加拿大，日記乃被帶到該處。2005 年蔣方智怡將日記移存美國史丹佛大學胡佛研究所，並授權該所保管，2006 年起分批開放蔣日記給學者作為研究之用。蔣介石日記開放給學者作為研究之用後，各國學者紛紛前往史丹佛大學閱讀，學者並開始以蔣日記為主要資料寫論文或專書，使蔣介石的研究成果更為深入與豐富。

　　蔣介石日記，從 1917 年起記到 1972 年 7 月止，凡五十五年，四百五十萬字。其中 1924 年日記失落，1917 年的日記為回憶幼時至 1917 年之重要記事，僅約萬餘字。這五十五年，蔣追隨孫中山，並以繼承孫中山的革命志業自居，日記中所記，為民國史留下重要史料。日記史料往往反映一

個人的性格，蔣為軍人出身，做了國家領袖以後，對友邦，只望協助，不喜干涉；對部屬，只望服從，不喜爭權奪利。譬如抗戰勝利後，國家進入憲政時期，蔣的權力受約束，不能全力應付危局，乃制定動員戡亂時期臨時條款，使權力超出憲法以外；又如 1949 年 1 月，國民黨對共產黨有主戰主和之分，蔣主戰，副總統李宗仁主和，蔣辭職下野，另成立總裁辦公室，以黨領政領軍。及李宗仁避往美國，蔣復行視事，始得統一國家事權。

　　由蔣之日記，可略窺蔣之終生志業。但將蔣日記作為史料，像許多其他日記一樣，有不易了解處。譬如記朋友不稱名而稱號，記親戚和家人不稱名而稱親屬的稱謂或暱稱；對不便明說的事吞吞吐吐，語焉不詳；記事突兀，背景不明。在這種情形下，如能對日記作箋注，即可增加對日記內容的了解，由國史館授權，民國歷史文化學社所出版的《蔣中正日記》，即為箋注本，當能應合讀者需要。是為序。

中央研究院院士　張玉法

於翠湖畔寓所

2023 年 5 月 20 日

序　二

一部罕見的國家領導人日記

　　2006 年，「蔣中正日記」的開放，是民國史研究重要的里程碑；2023 年，《蔣中正日記》的正式出版，更是推展民國史研究令人矚目的一頁。

　　和蔣中正同時的美國總統羅斯福（Franklin D. Roosevelt,1882-1945）、英國首相邱吉爾（Winston Churchill,1874-1965）、蘇聯共黨中央總書記史大林（Joseph Stalin,1878-1953）、德國納粹頭子希特勒（Adolf Hitler,1889-1945），都稱得上是當年掀動國際風雲的「大人物」。羅斯福不寫日記，史大林沒有日記，邱吉爾的《第二次世界大戰回憶錄》，於1953 年得過諾貝爾文學獎，具有的是文學創作之美的價值，畢竟不屬於歷史，也不是日記；1983 年號稱「新發現」的六十卷「希特勒日記」，轟動一時，僅僅十天之後，即被證明是舊貨商牟利的贗品。蔣中正（介石，1887-1975）應該是同一時代世界重量級人物中，唯一真正留有五十五年個人日記的領導人。

　　蔣日記不是中國傳統史官代撰的起居注，也非皇朝實錄，這部當代政治領袖用毛筆楷書親自書寫超過半世紀的日記，記錄一位曾是滬濱浪蕩子走向全國性政治人物的發跡過程，又提供一個「大」又「弱」的古老國家政治領導者，如何想方設法謀求一統天下，並期盼與國際接軌的一段艱難歷程的重要見證，是十分罕見的歷史素材。

　　有些審慎的歷史學者提醒道：「日記」作為史料，要分辨「真實的蔣」（person），與蔣「要我們知道的蔣」（persona），日記中能讀出真實的蔣，才是本事。蔣中正的日記複印本開放已逾十年以上，閱者、使用過的學者上千，沒有人懷疑它的真實性，沒有人說它是為別人寫的。作為民國歷史研究的第一手資料，作為民國史最珍貴史料，蔣中正日記的重要不可忽視，相當值得出版。

日記的本質與運用

　　日記本屬個人生活方式的記錄，是「我之歷史」，但不能沒有社會性——涉及他人、他事的記載，日記歷史文獻價值因此存在。故就歷史研究言之，史家早就視日記為史料之一種重要形式。清季以降，士紳大夫、知識分子寫日記者頗不乏人，日記創作風氣鼎盛。日記固屬私人，但頗多日記出諸官紳，所記內容，自不僅止於私密之內心世界，實多有涉軍國大事要聞者，於是日記又成為認識公眾歷史的重要憑藉。日記既有公、私之記載，也因此能打破正史之文獻表述與壟斷。所以「日記學」在近代史學研究中，不能不為史學界所看重。文化史家柳詒徵謂：「國史有日歷，私家有日記，一也。日歷詳一國之事，舉其大而略其細；日記則洪纖畢包，無定格，而一身一家一地一國之真史具焉，讀之視日歷有味，且有補於史學。」正因日記內容「洪纖畢包」，材料廣泛，如記載時間拉長，固為多元歷史留下大量線索，提供歷史研究絕佳素材，同時是執筆者記錄當下作為自行修身、事後檢討反思的依據，此即宋明理學家「自勘」、「回勘」的工夫，曾國藩的日記、蔣中正寫日記，多寓此意。蔣中正記日記，在生前即囑秘書作分類工夫，「九記」、「五記」及「事略稿本」均有自省及建立形象作用。以日記為主體，衍生出不同類型的版本，內容不免有取捨不同，品人論事可能輕重不一，而這正是「日記學」有趣的課題。多年以來，靠蔣日記撰寫出來的傳記，不在少數，論者已多，不待贅述。

　　1961 年 12 月，中央研究院院長胡適談到「近史所為什麼不研究民國史」，表示「民國以來的主要兩個人，一位是孫中山先生，他的史料都在

國史館裡；還有一位是蔣介石先生，他的史料誰能看得到？」這樣的情況，終於在 1980 年代以後出現了變化。1987 年 7 月 15 日，蔣經國總統宣告臺灣「解嚴」。對中國近代史的研究而言，實亦一嶄新局面的出現。新時期尤其受歷史學者歡迎的是，史政機構史料的空前開放。1990 年國民黨黨史會率先把重要史料一口氣開放到 1980 年代；國史館於 1995 年奉命接管近三十萬件的《蔣中正總統文物》（即「大溪檔案」），兩年後全部正式開放，對民國史學者而言，好比是近代史學界的一顆震撼彈。可以說，胡適眼中視若「禁區」的蔣中正時代史料，在蔣逝世三十年後，基本上已全數向學界開放了。這批史料的的確確是研治國民政府軍事史、政治史的稀世之寶，如今能全部亮相，是十幾二十年前歷史學者不敢想像的事，而這些正是能和「蔣中正日記」相互對應參證不可或缺的重要史料。

史家陳寅恪曾說：一個時代之學術，必有其新材料與新問題；取用新材料以研究新問題，則為此時代學術之新潮流。1960 年代兩岸對峙局面初成，修纂民國史之議，浮上檯面，民國史料的整理、開放，實極迫切。1990 年代以降，在臺北的國史館對蔣中正總統文物的整理、開放，甚至是出版工作，無疑具相當關鍵作用。1975 年，蔣中正總統過世後，「蔣中正日記」和後來的經國先生日記，從臺北移到加拿大，2004 年暫時落腳美國史丹佛大學胡佛研究所檔案館（Hoover Institution Archives, Stanford University），2023 年回歸臺北，這一段兩蔣日記「出走」「回來」的過程和故事，已為眾人所熟知。2006 年，存放在胡佛研究所的「蔣中正日記」決定率先向學界公開，這無疑的更進一步帶動了學界「蔣中正研究」與民國史研究的熱潮與興趣。蔣日記又促成了民國研究熱，其內容包含日記所涉新資料的挖掘、運用，研究範圍與議題的提出、研究途徑與方法的更新，以及如何重新看待「民國」等，這些討論與探索，使蔣中正研究、民國史研究更為紮實，也綻放出新的面貌。

日記外型

蔣中正自始所使用之「日記本」是有固定格式，早期使用商務印書館印製的「國民日記」，爾後自行印製固定格式，除每日記事外，每年有

該年大事表，每月有本月大事預定表、本月反省錄（後改為「上月反省錄」），每週有本週反省錄（後改為「上星期反省錄」）、下週預定表（後改為「本星期預定工作課目」）。蔣氏日記持續以毛筆書寫，除每日記事外，每週、每月、每年開始必定按照上述表、錄，檢討上週、上月之施政或個人行事，思考本週、本月、本年之預定工作，每年年終會對全年之政治、外交、黨務、軍事等工作進行分項檢討。1925 年 6 月沙基慘案之後，蔣痛恨英帝國主義者慘殺無辜中國軍民，日記稱英國為「陰番」以洩憤，並每日立下格言、標語誓滅「英夷」，時間長達一年又兩個半月。1928 年「五三慘案」發生後，有感於國難深重，自身責任重大，「國亡身辱」，集國恥、軍恥、民恥「三恥」於一身，於是年 5 月 10 日記道：「以後每日看書十頁，每日六時起床，紀念國恥。」此後，每天的日記前必記「雪恥」一項，以誌不忘國恥。抗戰勝利後，蔣氏 1945 年 9 月 2 日自記：「舊恥雖雪，而新恥又染，此恥又不知何日可以湔雪矣！勉乎哉！今後之雪恥，乃雪新恥也，特誌之。」1949 年來到臺灣，日記中雪恥一欄仍不間斷，因為「新恥」未止。

蔣中正日記的內涵

平心而言，從蔣的日記中的確可以看出作為一個從「平凡人」到「領導者」的心路歷程，無需刻意神聖化，也不必妖魔化。

許多人都知道蔣是用度非常節儉的一個人，他補破衣、不挑食，一口假牙，吃東西十分簡單。蔣不喝酒、不吸煙，只喝白開水，其實生活很是平淡。從他的日記中可以體會到，他是很容易結盟，又是容易結仇的人。結盟或許與上海的生活經驗有關，結仇就可能涉及他的個性。他的日記中看出他對人物批評十分苛刻，有軍人作風，黃埔軍校畢業生拿到校長所贈的寶劍上都刻有「不成功便成仁」的字眼，既現代又傳統。但因為他喜歡讀書，所以跟一般純粹的武人仍有不同，能趕上時代，展現一些文人氣息。他自承脾氣暴躁，對文官雷霆責罵，對武人甚至拳打腳踢，日記中常為自己的錯誤「記大過」，也常懺悔，雖然一直想克制自己，但是個性似乎不

易改變。1960 年 11 月，蔣對第九十九師師長鄧親民所製小冊內容不當，大動肝火，聲嘶力竭叱責，以致喉裂聲啞，半年之久，元氣才告恢復。蔣勤於任事，甚至過火，越級指揮壞了戰局，修整文稿苦了文字秘書。大小事情都會過問，碰到交通阻梗，親出指揮，看到街道周邊髒亂，就會破口大罵指斥官員。這些個性的表現，在日記中都可覆按。這正是親近幕僚楊永泰所講的，他「事事躬行」，常致「輕重不均、顧此失彼」。盟兄黃郛則批評他有「毅力」而欠「恢弘」之氣象，均屬中肯之語。

　　一般人展讀別人日記，除了「偷窺」心理外，多半對主人公不免有先入為主的印象。蔣中正從一介平民到作為一個國家領導人，他奮鬥的歷程，後人難免加油添醋、說三道四。如果平實的對蔣中正日記進行觀察，會覺得他是一個民族主義者，是孫中山的信徒，是一位虔誠的基督徒，他不喜歡英國，嫉俄、日如仇讎；日記中顯示他知道自己學養不足，常師法先賢、勤讀宋明理學。1930 年代當了中央領袖，還特別禮邀學者進行「講課」，甚至不斷向「敵人」學習，有他堅持與成功的一面。但長時期以來，尤其是部分西方媒體和他的政敵，一直視他扮演的是一個「失敗者」的角色，因此多從負面來理解。

　　蔣中正當過軍校校長、軍隊總司令、軍事委員會委員長、黨的總裁、國家主席、總統，一生的作為不能樣樣令人滿意，當然有多方面的因素，例如說在大時代裡頭要重建一個近代國家的制度與規模，當時確實缺少一個可以運作的規則；在兵馬倥傯中還要對付內外的腐敗與變亂，何況想迅速建立「近代國家」本來就是一種苛求，幾近不可能的任務。外交是內政的延長，蔣大半輩子與美國人打交道，他的「美國經驗」，酸甜苦辣備嘗，因國力弱，政治不上軌道，一路走來需要美利堅的扶持，根本上又難符美國「要一個強大而親美的中國」的期盼。在 1930 年代之後，美國由扶蔣、輕蔣、辱蔣，甚至倒蔣的戲碼，輪番上演，是有原因的。蔣一生對日本、美國愛恨交加，日記中透露了諸多內心穩忍的秘辛與苦楚。其次，蔣當時確實不夠重視黨組織，大部分的心力不是放在軍事，就是放在對付敵人。從某個角度看，1920 年代孫中山依違於英美政黨政治與列寧式政黨之間，

所幸蔣沒進一步學取極端嚴格的動員性政黨組織模式，保有了憲政理想。但底層力量的薄弱，派系對權力的競逐，則加深他的黨組危機。1940 年11 月，在日記中他自承「一生之苦厄，全在於黨務也」。從另一角度看，孫中山西方民主政治的理想，他遵循，也心嚮往之，但最終做到的只是徒有其名而無其實。另外，他在群雄中要衝出頭是有很多困難的，他的輩分比較低，多半的成功是靠謀略與機運。1920 年代的北伐及其後，急功近利，對各地軍閥採取收編、妥協政策，結果形成一個諸多山頭的統一，他似乎只成無奈的「盟主」。同時當他有權力之後又甚為自負，不太接受挑戰，一方面是尊嚴的問題，一方面是權力意識，一方面是支撐他地位的架構，一方面是財政來源的困難，最後可能涉及到家族的網絡問題。他身處在農業社會傳統未褪盡，資本主義浪潮下「現代國家」制度尚待建立的威權時代，他的作為與形象很難符合後人的要求與期待，他做事的動機和過程，大多可以在他的日記中捕捉、體會。

蔣中正日記的重要性已如上述，讀者讀過之後更大的感受：這是一套有血、有肉、有靈魂的資料。1920 年代之後，日記中許多蔣、宋、孔有關國家大事、家中生活細節的諸多紀錄，正顯現他們平實居家生活的寫照。他除了讀書外，喜歡旅遊，對奉化「古鄉」，頗有依戀之情。平日生活不失赤子之心，1933 年 10 月 4 日，中央忙於應付日本侵略，又忙於對付中共問題時，他「與妻觀月，獨唱岳飛滿江紅詞」，這與蔣平日予人嚴肅刻板印象，頗有落差。可見這日記提供的不只是歷史的發展線索，更重要的是人性的揭露。歷史的研究本來就應該以人性作基礎，作有「人味」的研究，這套日記正好提供了一份珍貴的原料。

蔣中正日記的公開，迄今已十數年，對海峽兩岸、英日美近代史學界，究竟造成多大的影響？「蔣中正日記」自 2006 年開放以來，引來各地史學家競相閱覽、關注與利用，是不爭的事實。除海峽兩岸學者有大量論著，忙著開會、籌組成立研究中心、讀書會之外，西方學界也開過幾次以蔣日記為主體的學術會議。不同國家的學者如陶涵（Jay Taylor）、米德（Rana Mitter）、方德萬（Hans van de Ven）、戴安娜 · 拉里（Diana

Lary）、潘佐夫（Alexander V. Pantsov）等，近年均從不同角度切入，注意到日記的利用，其重要研究成果，有目共睹。即以潘佐夫的《蔣介石：失敗的勝利者》一書言，大量利用蔣的日記，又用俄羅斯的俄文檔案比證，娓娓道來，讓人覺得他真是講故事的高手。齊錫生的中文近著《分崩離析的陣營：抗戰中的國民政府，1937-1945》，其取蔣日記加之中西方檔案作精準比較，史事正負面並陳，同時賦予客觀詮釋，令人耳目一新。這說明研究者、讀者對日記有重大依賴，均能從中直接得到啓發，也就是說，對民國史研究，「蔣日記」之為用，是有相當積極而重要意義。

根據手稿本出版

蔣中正之日記，特別值得一談的是蔣記日記的時間長達半個世紀以上（共五十五年六十六冊），絕對難得。現存的日記，1915 年只有山東討袁一星期的記事，其他都在 1918 年冬永泰之役中喪失。1916 到 1917 年的日記也可能因為 1918 年在廣東戰役中遺失。1924 年正當孫中山致力改善中蘇關係、積極推動國共合作之際，蔣這一年日記則遍尋不著，誠為全套日記出版的最大遺憾。對 1918 年以前的行事，蔣曾經幾度補述，有一部份詳細敘述了他幼年的回憶，附在日記手稿之前；有一部分放在 1929 年 7 月的雜記及 1931 年 2 月的回憶中，嚴格說來不算是日記。1918 年以後雖有部分潮濕霉爛、水漬污染（尤其 1935-1936 年），所幸修補之後，大體完整。

從外型上看，蔣中正日記分為四種形態：蔣中正日記原本、蔣中正日記手抄本、蔣中正日記複印本及蔣中正日記微卷；放在胡佛研究所的蔣中正日記複印本是提供學者閱讀者。事實上，日記的版本應該只有一種，即是目前暫存美國史丹佛大學胡佛研究所之日記原本的「手稿本」，其他所有與日記相關的「版本」，都是由「手稿本」發展出來的。這套《蔣中正日記》是依據原件一個字一個字「刻」（Key）出來的，絕對真實，可靠性無庸置疑。附加的註腳，力求周延，同時方便讀者的索解。

這是學術界、出版界的盛事

日記不可能是個人全部生活的百科書全書，不能求全。日記記載的主觀性與選擇性也顯然的，故而日記史料的利用，更需要其他材料的對應和比較，是而斷章取義、各取所需、過度詮釋，都非所宜。歷史家有好的材料，更應具有好的歷史研究素養和技藝，這是學者可以同意的共識。

過去幾年，能親自參閱蔣中正日記者，畢竟有限，於是許多抄錄者形成的《蔣中正日記》地下版充斥，揭密居奇者正不在少，故而學界及社會各界要求正式出版蔣日記的呼聲極高。最近，日記出版的時機已告成熟，我們的出版立場是學術的、嚴謹的，我們的要求是明確的，這一定會是學界、社會各界期望的出版方向！

我們感謝蔣家家人的同意、國史館陳儀深館長的出版授權、蔣經國國際學術交流基金會錢復董事長、朱雲漢前執行長及今執行長陳純一先生對本案的贊助、世界大同文創公司的支持，使日記順利出版。當然，史學界的朋友，我們曾為蔣中正的善政、失政與作為爭得面紅耳赤，也曾為日記中一個字、詞的辨識吵得翻天覆地，我們的真情是為學術，最大「野心」是努力以嚴謹、負責態度維護出版品水平。這一方面，我們學社同仁自董事長至編輯同仁的付出與辛勞，全在不言中。

我們自信這會是一套擁有「精準」、「正確」特質，具權威性版本的《蔣中正日記》。相信這絕對是民國史、近代中國出版史的一樁盛事。

民國歷史文化學社社長　呂芳上

2023 年 8 月 10 日

序 三

　　蔣中正，字介石，浙江奉化人。早年在中國率軍東征、北伐、領導對日八年抗戰，到戰後由訓政走向憲政，於 1948 年當選行憲後第一任總統。1949 年中央政府遷臺後，蔣氏於 1950 年宣布復職為總統並得到美國的支持，迄 1975 年過世為止，是近半個世紀以來統治臺灣最久的領導人，對近代東亞歷史的發展影響深遠；而蔣中正在臺灣，人們對他的評價卻褒貶不一，可說是毀譽參半。

　　中日戰爭的勝利是蔣中正政治生涯的最高峰，獲譽為世界四強的「偉大領袖」，但短短不到四年時間，就從高峰跌到谷底，變成中共口中的「人民公敵」。另一方面，在威權統治時期的臺灣，他被黨國體制宣傳為「民族的救星」、「世界的偉人」，迄 1987 年解嚴之後，臺灣社會與學界才逐漸擺脫言論自由、思想自由的限制，重新審視蔣中正的歷史定位。直至今日，不論是海峽對岸，或是臺灣社會內部的不同群體，都對蔣中正的功過得失，存在著相當對立與矛盾的詮釋，離所謂的「蓋棺論定」，可能還有一段遙遠的距離。

　　關於蔣中正的學術研究，其契機始於 1995 年總統府分批將「大溪檔案」（即「蔣中正總統檔案」）從陽明山中興賓館移轉至國史館庋藏。該批檔案，是蔣中正統軍領政期間之親筆手稿、文件、電令、諭告，也有經過幕僚統整之檔案彙編、事略稿本，並有蔣氏之相關文物照片等，時間涵蓋 1924 年至 1975 年，為研究蔣中正生平及國民政府、國共內戰、1949 年至 1975 年間中華民國在臺灣之歷史的珍貴重要史料。經過本館初步編目

整理，兩年後即全部正式對外公開，是當年學術界的一大盛事。其後，本館更在「蔣中正總統檔案」的開放基礎上，為開拓研究視野並嘉惠學界，從中披沙揀金，先後出版《蔣中正總統事略稿本》82冊、《蔣中正總統五記》、《蔣中正先生年譜長編》12冊，後續並將觸角拓展至戰後臺灣史，先後出版《中華民國政府遷臺初期重要史料彙編－中美協防、臺海危機》5冊及《二二八事件檔案彙編（17）－大溪檔案》等，這些都是完整取材自「蔣中正總統檔案」的原始文獻，從以上出版主題的多元性來看，不難一窺近30萬件的「蔣中正總統檔案」，絕對是中華民國史研究者必須參考的材料。

1988年蔣經國總統逝世後，蔣家家人將兩蔣日記攜至海外，最終寄存於美國史丹佛大學胡佛研究所檔案館。2006年史丹佛大學胡佛研究所檔案館正式對外開放《蔣中正日記》的閱覽服務，以致以《蔣中正日記》為文本的歷史書寫，方興未艾。本人為了研究二二八事件、1949大變局、兩次臺海危機以及1971年失去聯合國席位的經過等大問題，亦屢次飛去史丹佛大學抄錄蔣日記。隨著日記內容的不斷披露，海峽兩岸與國際漢學界都有研究蔣中正的學界團體與國際會議，出版的研究論著更是隨著時間累積而呈倍數成長。然而受限於時間與成本，絡繹不絕前去史丹佛大學抄錄的學者，往往只能選擇自己最需要參考的部分，而難窺其全貌，這也使得至今《蔣中正日記》雖有多種版本在坊間流傳，但終究都不是正確而完整的內容。

《蔣中正日記》起自1917年，迄至1972年7月止，除了1924年份佚失外，大致完整地保存了蔣中正一生橫跨55年的日記，其內容不僅是私人之內心世界，更多涉及軍國大事要聞者，對於歷史研究之重要意義，實不言可喻。本館掌理纂修國史及總統副總統文物之典藏管理及研究，長期致力爭取兩蔣日記返國典藏，歷經10年纏訟，終於在2023年臺灣及美國法院都將兩蔣父子「任職總統期間的」文物所有權判給國史館；加上從2014年呂芳上前館長開始、歷經吳密察前館長以及本人任內的溝通努力，陸續得到蔣家後人的捐贈，今日國史館遂擁有這批兩蔣文物的完整所有

權。有鑑於社會各界對於開放日記之殷切期盼，本館立即著手規畫《蔣中正日記》的出版工作，惟考量日記內容卷帙浩繁，決定先從蔣中正就任中華民國行憲後第一任總統任期（1948-1954）的日記開始出版，後續再根據任期及年度依序出版。

這次《蔣中正日記》之所以能夠快速而順利出版，要感謝呂芳上前館長所主持的民國歷史文化學社，因學社內的編輯同仁早已著手校正日記內容的正確性，也為日記中提到的人物及事件作註解，使得日記的深度、廣度大為提升。相信藉由《蔣中正日記》的出版，必定有助於呈現一個有血有肉、在感情上常常天人交戰、在理性上屢屢自我挑戰、在政治上功過參半的政治人物，也就是更真實的蔣中正。

國史館館長　　　陳儀深

2023 年 8 月 31 日

蔣中正日記
Chiang Kai-shek Diaries

圖像集珍

日記原件。1949 年 1 月 1 日。

「國防部團拜。」（1月1日）

「朝課後，與立夫同遊公園，再遊武嶺小學
部，即摩訶殿，初見新墓，遊畢回庵休息。
下午再下山到涵齋，等待岳軍與悔吾之來
也。」（1月28日）

「正午文、武、章三孫及侄孫女來
臺午餐後，再往仰止橋經「樂不」
處至岩下村，沿途指導照相、拍攝
電影，千丈岩瀑布兩側之壁岩及妙
高臺、獅子山各面風景，可說盡入
鏡頭矣，今日攝照最為詳明乎。」
（2月21日）

「（昨）回至岩下，適單姓婚事，熱烈歡迎，優遇倍至，乃略坐送禮而回。」（2月22日）

「到處民眾歡迎，萬人空巷，以一睹為快，尤以亭下與柱嶺下為最盛，其欣快之忱，出於自然，非言可喻，於此乃知鄉人愛戴，民眾仰慕，至今有增無減，共匪雖毒，其如民心未去何。」（2月22日）

「到外家後，訪問母舅與舅母及其新舊屋宇，暢談舊話，遊覽宗祠、學校。」（2月22日）

「本晨朝課後，與叔銘遊覽西坑廟下之瀑布，沿途照相取樂。」（3月1日）

「（昨）族人出示其民國二年之宗譜，較之沙墩所見者為詳也，聞鳴岩亦有其同系者數十戶云。」（3月14日）

「下午與哲生等遊千丈岩與妙高臺，在雪寺與興年和尚談話、茶點，四時後由寺下山回庵。」（3月17日）

「朝課後，召見海軍各艦長由長江在匪軍兩岸砲火挾擊之下衝出來滬者
十餘人，特加嘉慰。」（4月27日）

「五時半到舟山縣城，泊港中視察形勢，研
究防務，頗樂也。晚課後，研究舟山地圖。」
（5月7日）

「朝課後，乘汽艇至南渡西岸之關
帝亭，登岸徒步里許到後所城之後
山，瞭望形勢，再登東北城角，視
察大榭與穿山周圍山海形勝，皆瞭
如指掌矣。」（5月9日）

「周奉璋主席與段澐軍長由甬來見，指示其定海防務與建設為民生主義實驗區之要旨等。」（5月13日）

「九時到鳳山軍校訓練班，參加建校紀念典禮。」（6月16日）

「昨遊臺南古蹟，讀延平郡王略歷，感慨萬分。」（6月20日）

「八時後在外散步，紀總統同來遊覽一匝，乃在草亭中閒談，及至聯盟實施步驟之意見，彼擬在今秋大選後方能着手，余認為太晚矣。」（7月11日）

「略憩後，即驅車與墨三、幄奇往訪李、閻、于、余、薛等同志。」（7月14日）

「六時前未明即起，朝課後，與伯陵往黃花岡烈士墓致敬。」（7月16日）

「與經兒至松山機場迎德鄰由榕來臺，約等五十分時方到，乃予之同車，
入臺北賓館，即舊日總督官邸也。」（7月27日）

「下午二時三刻即到韓國鎮海機場，李承晚總統來迎如禮，
其親切至於含淚，並言其見面了，說不出無限情緒，熱淚
赤忱，余亦不禁含淚道慰，默然無聲。」（8月6日）

「十時後由臺北起飛，下午一時三刻方到廣州，見白、余等已到機
場來迎，未知何以洩此消息也。」（8月23日）

「往訪德鄰與伯川。」（8 月 23 日）

「正午約子惠帶孫甥
女友冰來見，其相一如
培甥，已能言行，不禁
悲歡交集，含淚暗傷，
如培風同來，則喜何如
之。」（8 月 25 日）

「惟一至林園頓覺心神清快，入夜
更覺幽靜可愛，除二月間在慈庵休
息時寬舒自得之外，此地乃為第二
之靜居，是重慶誠為我第二故鄉
矣。」（8月25日）

「晡訪張伯苓院長於其沙坪壩南開中學，其身心衰弱大
不如前矣。」（8月27日）

▼「（昨）記事後，到松籟閣約中正福幼園
師生聚餐，以示慰勉，並在雲峰美國申博士
夫婦家，即鶴歸來亭中茶點，其情甚摯也。」
（9月6日）

▲「另約章嘉活佛單獨談話，不知新班禪下
落為念。」（9月13日）

「十時後，召見毛昭宇等空軍六人，即由寧夏被扣繳械以後，強逼其飛平附匪，在起飛時反擊匪之監視人員，設計飛回，其勇敢精忠可嘉，特加面獎也。」（10月9日）

「一時半由臺北起飛，四時到定海，搜集敵我情報。」（10月11日）

「正午陳納德來見，談此次參院對援華通過之經過，又談美國私人甚願以現金供給白崇禧所部，可知桂系對美之宣傳譽己毀人，並不亞於共匪也。」（10月16日）

「約見華僑周某等後，召見學員及辦公室人員，共計十餘人，此亦建設工作之一也。」（10月25日）

「九時與經兒同車，上宜蘭之路，經新店、坪林，穿越深谷叢山，而至礁溪臺灣銀行俱樂部午餐，正十二時半也。」（10月31日）

「下午經宜蘭而至蘇澳，其港灣形勢如羅椅，風景亦佳，惜其吃水不深耳。」（10 月 31 日）

「又見三代木，其孫木甚幼，乃照相而別。」（11 月 5 日，記於下星期反省錄）

「晚課後，七時約同侍從人員及李、馬諸同志聚餐。」（11 月 5 日，記於下星期反省錄）

「召見空軍由昆脫險歸來者卅餘人。」（12月15日）

「約禮卿與兒孫往遊士林園藝場，即在圓山東麓訓練班野餐，視察班址。」（12月18日）

「下午開非常委會後，為臺灣省參議會糾紛，接見其代表廿餘人，略予表示臺灣為余手所收復，愛之無異生命，望其團結為國也。」（12月19日）

「十一時前乘車上日月潭，下午三時到達。風光宜人，心神漸舒。」（12月24日）

「下午假眠後，帶兒孫媳到對岸化番村參觀生活及跳舞，其實皆已漢化矣。」（12月25日）

「正午與兒孫輩乘舢板，登文武廟遊覽野餐，武孫跳躍嬉戲，不覺寂寞。」（12月26日）

「下午假眠後，讀經默禱如常，續修文稿至五時方畢，乃與經兒乘舟觀漁。」（12月28日）

「下午午課後，再整文稿至五時，灌音片二次。」（12月30日）

目錄

民國三十八年大事預定表

一月研究行藏出處，準備下野回鄉，度舊歷新年。

二月遊覽古鄉，訪問親友，注意和談，對黨務方鍼與整頓紀律之設計，及軍校同學會之籌備。

三月研究俄共動向，對和談之利害得失。祭掃祖墓，重立墓碑，遊覽古鄉名勝古跡。

四月和談成敗之決定，國際動向之研究，個人行動之方鍼。

五月準備離鄉旅行。指導軍事政治黨務之組織與訓練，督促積極剿共，發動反共聯盟之組織，與號召反共救國運動。

下旬到臺灣、福、廈之工作：

一、督促廈門與福州防禦工事之建築。

二、臺灣幣制改革之督導與預算之確定。

三、臺灣施政方鍼與社會經濟政策之實施，樹立復興基地之基礎。

四、臺灣軍政人事之調處，與陸、海、空軍額之決定。

五、設立陸、海、空軍將校團及官兵待遇與生活之安頓，建立甘苦與共之經濟組織集團。

六、設立黨政幹部會報與研討機構及經濟集團。

七、新舊幹部之考選與組訓計畫之研究。

八、青島撤防之督導。

九、上海保衛戰之督導。

十、定海第二復興基地之準備工作。

十一、各地軍費之分配與現金之分存。

十二、大陸根據與政府所在地之研究與決定。

六月在臺灣或定海督導軍事與基本工作之進行。

七月預定駐普渡[1]，組訓蘇、浙幹部，與建立定海、舟山列島之第二復興根據地之基本工作。

臺灣防務與組織之完成。

兵工廠之修復開工。

制度：

立國建軍皆應以制度為第一。現代制度有三：一、以黨統政、統軍。二、以軍統政，黨則為主而不表見。三、則以政統軍，而黨則為之指導。

六月一日記：

組織為主，紀律為輔，故組織應在紀律之先。組織之對象，第一為人，第二為事與物（經費亦在其內）。

組織之要素：

第一、設計（縱橫聯繫）。第二、情報（調查弊病）。第三、通信網設備。第四、考核（優劣）（賞罰）。第五、課績：子、限期。丑、程度。寅、標準。卯、競賽。第六、宣傳（資料與統計）。第七、類別：軍、政、社、黨、財（政）、敵（情）、外交教育。第八、策略（之實施與進行之步驟）。第九、訓練。第十、檢討。第十一、類聚（人才收用）。第十二、對內部人與事之監察。

六月二日。對匪作戰之要則：

第一、思想戰，政治工作、制度、組織、精神。

第二、偵探戰，調查、審核。

第三、保秘戰（行動秘密最要）。

1　即浙江舟山群島普陀山，在日記中皆記為「普渡」。

第四、防諜戰與反間戰（內部鬥爭）。

第五、民眾組訓、監視戰及使用效力。

第六、通信（保密）戰。

第七、兵運與偽降戰。

第八、宣傳戰。

第九、組織戰，管制、考核、節制、監視（嚴密）。

第十、各級機構與主官防衛戰。

第十一、紀律戰（法令嚴明），軍律教育。

第十二、生活（平等）戰，經濟戰（待遇）。

第十三、精神戰（風氣習慣、共同一致）。

第十四、後勤戰、補充戰，經理核實與監察公開。

第十五、衛生與健康戰（擔架、看護），慰勞。

第十六、政治鬥爭。

第十七、（武器、器材、通信、運輸、醫藥、被服、裝備）保存競賽戰。

第十八、節用愛民戰。

第十九、戰術統御法、夜戰行軍、特種武器、突擊、伏兵。

第二十、戰鬥鑽隙、游泳、潛伏〔浮〕、跳遠。

第廿一、訓練、思想、敵愾、團結、合作、紀律、軍譽、歷史、愛民、衛國、明恥。

第廿二、會議檢討、研究、批評、結論、學習。

第廿三、制度，編制戰。

第廿四、練兵、知兵、家庭出身、三代行業、生活品性、長技、思想之記錄。

　　（甲）臺灣軍事會議之組織：

一、湯恩伯[1]、周至柔[2]、桂永清[3]、俞大維[4]、林蔚文[5]、孫立人[6]為委員，陳誠[7]為參謀長。

二、陳誠專任省主席兼軍會委員，以林蔚文或周至柔、俞大維為參長。

三、朱紹良[8]為副主任委員。

四、陳誠專任副主任委員，以俞大維或林蔚為參長，省政由吳國楨[9]代理。

（乙）臺灣防衛機構與組織及其計畫之確立。

（丙）臺灣幣制之改革實施。

（丁）軍事研究委員會之組織及其職務：

甲、共匪之軍制及其組織內容。

乙、共匪黨政與黨軍及軍政關係之研究。

丙、共匪戰略、戰術與技術之訓練，及其要點與重點之研究。

1　湯恩伯，原名克勤，浙江武義人。1948 年 12 月任京滬杭警備司令。1949 年 8 月任福建省主席兼廈門警備司令，10 月參與指揮「古寧頭戰役」，12 月由金門去臺灣，任東南軍政長官公署副長官。1950 年 4 月任總統府戰略顧問。

2　周至柔，原名百福，字至柔，以字行，浙江臨海人。曾任航空委員會廳長、參事、主任。1946 年 6 月，調任空軍總司令。1950 年陞任空軍參謀總長，仍兼任空軍總司令。

3　桂永清，字率真，江西貴谿人。1948 年 8 月任海軍總司令，1950 年轉任總統府參軍長。

4　俞大維，浙江紹興人。1946 年 5 月出任交通部部長，1950 年 1 月赴美養病，4 月 1 日至 1951 年 3 月 1 日出任國防部部長，兼任行政院美援運用委員會副主任委員及駐美大使特別助理。

5　林蔚，字蔚文，浙江黃巖人，1948 年 8 月代理參謀總長，1950 年 2 月任東南軍政長官公署副長官；3 月改任總統府戰略顧問。

6　孫立人，字撫民，號仲能，安徽舒城人。政府遷臺前，1947 年 8 月赴臺灣任陸軍副總司令、陸軍訓練司令兼第四軍官訓練班班主任，1950 年 3 月晉升陸軍總司令。

7　陳誠，字辭修，號石叟，浙江青田人。1949 年 1 月接任臺灣省主席，8 月兼東南軍政長官公署長官。1950 年 3 月，接任行政院院長。

8　朱紹良，字一民，原籍江蘇武進，生於福建福州。1949 年 1 月，任福建省政府主席兼福州綏靖公署主任，8 月退往臺灣。1950 年任總統府戰略顧問。

9　吳國楨，字峙之、維周，湖北建始人。1946 年 5 月任上海市市長。1949 年 4 月辭上海市市長職務；12 月任臺灣省政府主席兼保安司令。1950 年 3 月兼臺灣省反共保民運動委員會主任委員。

丁、共匪政工制度及其組織重點。

戊、共匪幹部與士兵訓練及其領導管制方法之研究。

己、共匪後勤及其征兵、征糧，與前線部隊主官之權責，及其經理制度、監督防弊之方法與關係。

庚、共匪對佔領區之管制與設施之研究。

辛、共匪偵探組織與訓練及其技術。

壬、共匪通信保持秘密及其組織與監察之研究。

癸、共匪衛生、擔架、醫務、看護之組織。

六月五日：成立軍制研究委員會、訓練研究委員會與軍事檢討會議、防衛實施督理委員會。

成立政策研究會、理論研究會（中心理論）、幹部政策批評會、幹部訓練會。

六月八日：共匪之優點（幹部不准有私產）

一、組織嚴密。二、紀律嚴厲。三、精神緊張。四、手段澈底。五、軍、政公開方式：甲、檢討。乙、（研究）。丙、批評。丁、學習。戊、坦白。己、糾察。庚、偵探。六、辦事方法：甲、調查。乙、立案。丙、報告。丁、審查。戊、批准。己、執行。庚、工作檢討。七、組織內容：甲、幹部領導。乙、由下而上。丙、縱橫聯繫。丁、互相（監督）節制。戊、糾（監）察澈底（情報）。己、審判簡捷（執行紀律）。庚、主義第一（革命利益與思想錯誤為定罪標準）。

六月九日

一、過去幹部政策之失敗：

甲、黨應為政治之神經中樞與軍隊之靈魂，但過去對於軍、政幹部無思想領導，馴至幹部無思想，而在形式上，黨、政、軍三種幹部互相衝突，黨部與軍、政分立，使黨立於軍、政之外，乃至黨的幹部自相分化。幹部無政治教育，不能使全黨理解領袖之政策，而且領袖

對於幹部未能集體的、配合的、系統的領導與運用，於是領導之方向不明，而其貫澈亦無力。每一幹部只感覺其受拘束、無權力，於是心存怨望「且諉卸責任」。對幹部思想領導之方式與方法如何，以及如何將幹部集體的、配合的、系統的領導與運用，應擬定具體綱要實施之。

乙、幹部之形成，以人事而不以政策。對於政治幹部，不責以政策；對於軍隊與行政幹部，不以能力、功過為去取。全黨上下以關係與感情決定一切，有為者無所激勵，無能者不受淘汰，故人才不集中於黨，而黨亦不能作育人才，造成今日人才沒落之現象。

如何使黨為作育人才之機構，如何使人才集中於黨，如何使幹部形成不以關係、感情，而以政策與功效為準則，政治幹部應以其對民眾之號召、組織影響之大小、政策之當否為衡量，行政人員應以勞績效率與資歷為進退黜陟之標準。

總之幹部政策基本缺點在無思想領導、無政治教育，亦無洗鍊陶冶、新陳代謝之制，故對於社會上優秀有為之人才失去其吸引之魄力。縱令幹部能團結一致，在社會上亦無基礎，而況於分崩離析，豈不自取滅亡。

二、幹部重建之方鍼，今日必須淘〔陶〕冶舊幹部，訓練新幹部，其基本原則為：甲、以思想為結合。乙、以工作為訓練。丙、以成績為黜陟。

（甲）以思想為結合：子、一因中產階級之沒落，日常生活之困難，失去理想，畏懼暴力。二因本黨及政府既無政策足以維繫人民之生活，亦無力量足以保障人民之安全，故人民只有屈服共匪之暴力，吾人在此一現狀之下重建理想，使其在社會中發生影響，取得信仰，實為極難之事。丑、本黨過去之思想與行動脫節，而政策與多數人民生活上之要求又復違反，故本黨在社會中重建理想取得信任，更是極難之事。寅、成萬成千受共匪蹂躪而求生不得之人民，由恐怖而反抗，此為本黨革命復興之基礎，對於此一現狀如何運用，使之配合本黨之反攻與保存其潛力，而不使摧毀，實為

當前重大之問題，應加以切實研究與決定對策。卯、今日號召人民奮起反共，有兩方面着手：

第一，在實際上以三事恢復人民信仰心：

> (a) 編訓一個有主義、有思想、有紀律、有精神之革命軍，即為能戰之軍隊。
>
> (b) 有一土地為實施有政策、有效能之政治。
>
> (c) 有明確堅定社會性之理論（民生主義），領導軍事與政治。

第二，在形式上號召三項運動，以壯大反共之聲勢：

> (a) 本黨之澈底的改造運動。
>
> (b) 不分黨派之國民反共救國運動。
>
> (c) 廣大的青年反共救國運動。
>
> 在三項運動中，以思想結合幹部，以幹部貫澈政策，以政策改革軍事與政治。

（乙）以工作為訓練：子、對於幹部以思想為領導，使其為政策而工作，必使幹部能自覺的分工合作，每一幹部理解其工作對於政策之意義、作用與效果，即每一幹部所擔任者為戰術上之一部分，但皆能理解其以戰術實施戰略，以戰略實施政策，以政策實現理想，而後其工作有意義、有目標、有進度，各項工作在戰術上配合受戰略的指導，而後其工作能互相呼應發生效力，又能激起興趣。丑、幹部之工作計畫與檢討會議，由理想而研究政策，由政策而確定戰略，在戰略上尋求戰術，在戰術中分配工作，此乃為良好之訓練。

（丙）以成績為黜陟：子、幹部在軍政社會組織中有堅持政策、影響群眾、貫澈主張之任務，其工作成績以能否達成任務為標準。丑、在群眾中無影響，任務上無成就，在黨的組織中即無地位，以此考核與檢討幹部，始可激勵其深入民間。

三、集體訓練之實施：

甲、訓練應以工作之需要，確定受訓者種類數額與訓練之內容。

乙、訓練時應從理論與實際、原則與技術上提出問題，激發受訓者之討論，又應把握問題之中心，追求解決問題之方法。

丙、受訓後應即分配適當之工作（此乃指戰術上之工作，而非指職業而言），並使其工作在客觀上發生影響，在其本身上成為黜陟之準繩。

丁、今後集體訓練必須在工作進行中實施，提出工作之具體問題，由受訓者交換經驗、發揮意見，推求結論。

戊、訓練之作用，在使幹部從整個政策中認識局部工作之意義，從局部工作中理解貫澈其整個政策之進程。

己、歸納上述各點，定幹部結合與訓練之程序如左：

子、展開聯絡網，以為（初步）結合之準備，選擇優秀同志，共同研討思想原則與策略路線（初步訓練以極少人數，每次以討論方式行之），分往各地展開聯絡網。丑、召開三項會議：一、召開本黨各級黨員大會，澈底檢討與反省，堅決實行黨的改造。二、召開民主救國會議，網羅各黨派、無黨派之優秀分子。三、召開青年反共救國大會，成立全國性青年團體，發動青年反共鬥爭。寅、從軍政工作中選拔堅決優秀分子，貫澈政策，實施改革，以健全根據地之軍事與政治，使之發生模範作用。卯、集體訓練之要領：一、以工作計畫與工作檢討之方式行之。二、集體訓練之時期，於反共鬥爭展開後，有充分之準備與確切之內容始可舉行。辰、訓練後各幹部工作之分配有翔實之計畫，堅決之領導，不斷之開展，工作開展至某一程度，再實施第二度之集體訓練。

四、思想領導及政治教育之要義：

甲、思想不止是理想，思想是包括其立場觀察一切事物及探討一切問題之準則，與一切結論之依據，並由此作解答問題之結論。

乙、思想領導，包括原則之指示，原則應用到現實問題上所構成之政策，實現政策之戰略，實施戰略之戰術，執行戰術之各部門工作，及工

作的技術等項之指示。

丙、理想引起信仰，政策爭取共鳴，而戰略戰術則激發工作者之興趣。

丁、幹部訓練與政治教育之項目：子、在高級者為討論政策。丑、在中級者為確定戰略。寅、在下級者為研求戰術。

戊、指導法則：黨之政策，須以理想為指導之原則，而適應於事實政策之確立，須先在幹部的思想上溝通，而後政策始可得到幹部之擁護遵循，而為之熱心奮鬥。政策確立之後，有戰略指導，有戰術上工作之分配，每一步驟皆在幹部思想上搞通，始可自發的去做。此所謂思想上搞通，即為政治教育，共黨之結合黨員、汲引青年、控制群眾，幾乎全恃其政策及戰略、戰術，而戰略、戰術實為青年興趣與熱情之所寄與，而其戰略、戰術，每一步皆有其詭辯哲學為之解釋，無不歸宿於其共產主義之理想，故信仰炳然常存。

五、思想領導必須就下列五個步驟，使幹部在思想上搞通：甲、明確的社會性之政策。乙、實施政策之戰略、戰術。丙、實施戰略之戰術的規定及其工作之分配。丁、客觀上影響之考察與困難之克服。戊、組織上有嚴明之檢討與獎懲。

蔣中正日記
Chiang Kai-shek Diaries

一月

蔣中正日記
Chiang Kai-shek Diaries

蔣中正日記
Chiang Kai-shek Diaries

民國三十八年一月

本月大事預定表

1. 第一消弭桂系逆跡陰謀之道。

2. 研究元旦文告共黨之反響如何。

3. 研究進退與去留之時機。

4. 對美外交再進一步方法之研究。

5. 湘、鄂部隊之部署。

6. 京、滬作戰準備之督導。

7. 江西省府之人選，安徽人選。

8. 東南部署與人選，西北部署與人選。

9. 川、滇之部署與人事之研究。

10. 美械之分配與補充處置。

11. 對武漢之部署。

12. 平、津部隊與杜聿明[1]部之援救。

13. 中央黨部與中政會秘書長人選之決定。

14. 組織部長之真除。

15. 陸大遷粵與校長人選。

16. 廣東清匪與政局之加強。

---

1 杜聿明，字光亭，陝西米脂人。1948 年 6 月，任徐州剿匪總司令部副總司令兼第二兵團司令官，9 月轉任東北剿總副總司令兼冀熱遼邊區司令官，11 月指揮東北國軍從葫蘆島撤退。再回任徐州剿總副總司令兼前進指揮部主任，1949 年 1 月被俘。

一月一日　星期六（元旦）　　氣候：晴

雪恥：大學之道，在明明德，在新民。湯盤銘曰：「苟日新，日日新，又日新。」今日又是一個新年新日了。我的德行心靈果有新進否。去年一年的失敗與恥辱之重大，為從來所未有，幸賴上帝的保佑，竟得平安過去了。自今年今日起，必須做一個新的人、新的基督人，來作新民，建立新中國的開始，以完成上帝所賦予的使命，務以不愧為上帝的子民，不失為基督的信徒自誓。去年一年雖經過全年的試驗，遭遇無數的凶險，對於上帝與基督的信心毫不動搖，實可引為自慰也。

六時起床，禱告後，朝課如常。國防部團拜謁陵後，特到基督凱歌堂默禱畢，即入總統府團拜。致詞後與德鄰[1]談準備去職工作，必須經過一時間，不能草率從事，以致將來有負於彼，望其轉勸健生[2]稍安勿急也。送伯川[3]行，回寓召見頌雲[4]代表、方[5]、楊[6]諸生。正午約宴國防部高級將領，下午與經兒[7]車遊湯山後，修正講稿，七時方畢。晚課後，與經兒車遊市內，傷兵滿街，雜亂無狀，不勝憂慮，應急加整理。本日文稿發表，自讀甚慰，逆謀或可打消寸衷，較為寬舒也。

1　李宗仁，字德鄰，行憲第一任副總統，1949 年 1 月蔣中正宣佈引退，李代行總統職務，國共和談失敗，年底轉赴美國。

2　白崇禧，字健生，廣西桂林人。1948 年 6 月任華中剿匪總司令部總司令、總統府戰略顧問委員會主任委員。1949 年 9 月任總統府戰略顧問委員會副主任委員。

3　閻錫山，字伯川、百川，山西五臺人。戰後任太原綏靖公署主任兼山西省政府主席，1949 年 6 月任行政院院長兼國防部部長，1950 年任總統府資政。

4　程潛，字頌雲，湖南醴陵人。1948 年 3 月參加副總統選舉，6 月任湖南綏靖公署主任兼湖南省政府主席。1949 年 4 月國共和談失敗，8 月初在湖南宣布投共，9 月出席中國人民政治協商會議第一屆全體會議。

5　方天，字天逸，1949 年 1 月 20 日任江西省政府主席兼江西綏靖公署主任，年底隨政府來臺。

6　楊繼榮，1946 年任武漢行轅交通處處長，1948 年任長沙綏靖公署副參謀長兼主任高參，1949 年赴臺。

7　蔣經國，字建豐，蔣中正長子。1949 年受命為中國國民黨臺灣省黨部主委，但未就職。1950 年任國防部政治部主任，兼任總統府資料室（國家安全局前身）主任。同年 7 月擔任中國國民黨中央改造委員。

上星期反省錄

下野以後各種可能發生情勢，與盛衰存亡、利害得失之研究：

一、共匪南下渡江進攻京、滬。

二、共匪陳兵江北，逼迫桂系，組織傀儡聯合政府受其操縱，並派兵一部進駐南京。

三、暫時停頓，在江北陳兵，用政治方法使南京無形瓦解，以期各個宰割，不戰而統一全國。

四、我軍各自分裂、內部衝突、自相消滅。

五、桂系對各軍挑撥離間，任其宰割。

六、兩廣聯合排除中央各軍，反對中正再起。

七、桂系當政後，用中央政權對地方各省下令撤換軍政要員，各省屈服或被共匪零賣。

八、對余個人極端誣蔑誹謗，各種不可想像之污辱，使之無立足餘地，不能再起。

九、桂系為匪所攻，不守南京，以遷都廣州為名，達成其統一兩廣之陰謀。

十、陝西不保，宗南[1]退入陝川邊區。

十一、美國對華政策暫取靜觀，停止援助。

十二、蘇俄積極援共，補充軍實，建立其空軍，使南方各省軍政完全崩潰，無法抵抗。

十三、廣東內部衝突，脫離中央。

十四、進之原由：甲、強勉撐持殘局，維繫統一局勢。乙、等待國際變化。丙、靜觀共黨內部變化。退之原由：甲、痛惡現在黨政軍積重難返，非退無法改造，更不得整頓。乙、打破半死不活之環境。丙、另起爐灶，重定革命基礎。

1　胡宗南，原名琴齋，字壽山，浙江孝豐人。1949 年兼任川陝甘邊區綏靖公署主任，後任西南軍政長官公署副長官兼參謀長。1950 年 3 月西昌戰敗後前往臺北，並調任總統府戰略顧問。

一月二日　星期日　氣候：晴

雪恥：自余和平主張及準備去職之消息公布以後，美國政府連日表示其支持蔣總統之政策與態度，顯明無遺，此為三年來所未有，豈其因此覺悟如余果真下野，則其在華政策將完全失敗之理由，故其政策不得不急轉直下乎。

朝課後，召見人鳳[1]、真夫[2]、濟時[3]，指示方鍼後，記事，記本月工作預定表。禮拜如常。下午約次辰〔宸〕[4]、墨三[5]來談湘、鄂軍事部署之意圖後，與經兒車遊北郊，回寓。與岳軍[6]談話，討論共匪反響之預期，其和平條件非余下野不可之意出之，應於此研究對策也。晚課後，約川、滇、黔三省主席聚餐，示以時局大體畢，與經兒車遊下關。十時後入浴，修腳甲。十一時後就寢。

一月三日　星期一　氣候：晴

雪恥：一、川、滇、黔等省對將來聯合政府應取之態度。二、三馬[7]安定之

1　毛人鳳，浙江江山人。1947 年 12 月，升任國防部保密局局長，1949 年續聘。

2　張鎮（1900-1950），字申甫，號真夫，湖南常德人。原任憲兵司令部司令，1948 年 11 月兼任首都衛戍總司令。1949 年撤往臺灣，次年病逝臺北。

3　俞濟時，浙江奉化人。1948 年 5 月，任總統府第三局局長。1949 年 8 月，任中國國民黨總裁辦公室總務主任兼侍衛長。1950 年 3 月，任總統府第二局局長及戰略顧問。

4　徐永昌，字次宸，山西崞縣人。1948 年 12 月任國防部部長、行政院政務委員。1949 年春到臺灣。

5　顧祝同，字墨三，江蘇漣水人。1948 年 5 月，升任參謀總長，1949 年 4 月兼陸軍總司令。1950 年 2 月至 3 月，任行政院政務委員兼代國防部部長。

6　張羣，字岳軍，1949 年 1 月任重慶綏靖公署主任；3 月任川、康、滇、黔四省聯合剿匪指揮部總指揮；4 月任西南軍政公署長官；7 月兼任中國國民黨非常委員會委員；12 月 7 日，免西南軍政長官，旋奉命飛昆明與雲南省政府主席盧漢商談，同月 9 日，盧漢叛變，被扣，11 日獲釋。

7　馬步芳、馬鴻逵和馬鴻賓，合稱為「西北三馬」。馬步芳，字子香，1949 年 5 月 25 日，代理西北軍政長官公署，7 月正式任職。8 月逃離西寧抵重慶，繼而奔廣州，遷香港。馬鴻逵，字少雲，1945 年 12 月出任西北軍政副長官兼西北行轅副主任。1949 年 9 月底，棄銀川赴重慶。10 月 13 日離重慶到臺灣，12 月和馬步芳一起被監察院彈劾，對西北敗局負責，不久，被撤職察辦。馬鴻賓，字子寅，1948 年任西北軍政長官公署副司令長官。1949 年 9 月 19 日，與其子馬惇靖、馬惇信率部投共。

方略。三、江西省府主席之決定。四、對張軫[1]之方鍼：撤消其軍隊。五、加強貴州兵力與陝西兵力。六、鄂北與湘西之部署。七、魯道源[2]部之指示。朝課後，到中央紀念週主席。往訪孫、于、王[3]各院長、胡校長適之[4]，最後訪李德鄰，約談半小時，彼對敬之[5]將任西南綏靖主任甚注意也，記事。召見俞大維，商討武漢交通事宜。下午簽署華北各將領函件五十餘封之多，到京滬警備總部，對其附近各部隊官長訓話，約一小時後，見王方舟[6]商談四川事。晚課後，約宗南、季〔紀〕常[7]各別談話，再與黃達雲[8]談話，聽取其武漢情形及白[9]之行動報告。彼逆仍積極謀叛，其勢甚急，並將其所脅制之河南、湖北兩省府之通電，故意倒亂發表，然其技已窮矣。十時半就寢。

1　張軫，字翼三，河南羅山人。1948 年 7 月，任華中剿匪總司令部副總司令、第十九兵團司令官，8 月任河南省政府主席。1949 年 1 月，任華中軍政長官公署副長官，兼第一二八軍軍長，5 月率部在武昌投共。所部編為解放軍第五十一軍，任軍長。

2　魯道源，字子泉，雲南昌寧人。1949 年 7 月，任第十一兵團司令官，兼武漢守備司令官；11 月退入越南。1952 年撤往臺灣。

3　孫、于、王即孫科、于右任、王寵惠。孫科，字哲生，孫中山哲嗣。1948 年 5 月，任行憲立法院院長，11 月任行政院院長，1949 年 3 月辭職，移居香港。1950 年遊歷巴黎、西班牙等地，1952 年定居美國洛杉磯。于右任，原名伯循，字誘人，爾後以諧音「右任」為名，陝西三原人。時任監察院院長。王寵惠，字亮疇，廣東東莞人，生於香港。1948 年 6 月至 1958 年 3 月任司法院院長。

4　胡適，字適之，安徽績溪人。1946 年 9 月任北京大學校長，1949 年 4 月赴美國。1950 年 9 月至 1952 年 6 月，任美國普林斯頓大學葛思德東方圖書館館長。

5　何應欽，字敬之，貴州興義人。1948 年 6 月 3 日至 1948 年 12 月 24 日，1949 年 5 月 1 日至 1949 年 6 月 13 日，兩度出任國防部部長。1949 年 3 月任行政院院長，同年來臺，擔任總統府戰略顧問委員會主任委員。

6　王陵基，字方舟，四川樂山人。1948 年 4 月，任四川省政府主席兼保安司令、軍管區司令。後任第七綏靖區司令官。1950 年 2 月化裝出逃，在四川江安被捕。

7　谷正倫，字紀常，貴州安順人。1948 年 4 月，任貴州省主席兼保安司令，1949 年 5 月，兼任貴州綏靖主任，11 月共軍進逼貴陽，隻身經昆明飛香港，轉飛臺灣。1950 年任總統府國策顧問。

8　黃杰，字達雲，湖南長沙人。1948 年 8 月，任長沙綏靖公署副主任兼陸軍第三訓練處處長。1949 年 8 月，調湖南省政府主席兼湖南綏靖總司令和第一兵團司令官。1950 年 3 月率軍撤往越南。與部隊遭法國殖民當局羈留越南富國島。1951 年 1 月，任留越國軍管制總處司令官。

9　白即白崇禧。

一月四日　星期二　氣候：晴　溫度：攝氏○下三度

雪恥：前、昨兩夜比較長時期之安眠，在六小時半以上，實為近年來未有佳象也。

預定：一、第十八軍等在武漢物品、部隊撤退交涉。二、武漢不存大量鈔券。三、四川出品供給西北各部計畫。四、約伯陵[1]與向華[2]赴臺。五、印度召集亞洲各國商議援助印尼會議，應否參加。五[3]、與俄單獨商談和平事。

朝課後，約見文白[4]，商討西北政策後，批閱公文，清理積案，未完。下午約見鴻鈞[5]等十人，巴大衛[6]來見。美國援助之軍械三艦，本日已全到臺灣，其政策果已改正乎。抑一月五日新國會開會，其政府恐被議會指責，故不得不急速運交乎。晚傍，哲生來談約商四國調停和平事，余屬以慎重出之，應研究俄國與中共之政策及其利害之所在何如也。晚課後召宴京、滬各軍師長，得報杭州空校中運輸機一架被共匪運動飛逸矣，可痛。

1　薛岳，原名仰岳，字伯陵，廣東樂昌人。1948 年 5 月任總統府參軍長，12 月調任廣東省政府主席。1949 年任海南特別行政區長官，1950 年任總統府戰略顧問。

2　張發奎，字向華，廣東始興人。1949 年 1 月任海南特區行政長官兼海南建省籌備委員會主任委員，2 月改任陸軍總司令，7 月調任戰略顧問委員會戰略顧問；9 月舉家定居香港。1950 年與左舜生等組織「第三勢力」，成立民主戰鬥同盟，任召集人。

3　原文如此。

4　張治中，字文白，安徽巢縣人。1949 年初蔣中正下野，李宗仁代總統時，出任和談代表團團長，4 月 1 日到北平進行和談。其後談判失敗，6 月宣布脫離國民黨。

5　俞鴻鈞，廣東新會人。1948 年 5 月，二度出任中央銀行總裁，8 月兼上海區經濟管制督導員。1949 年 1 月，卸任中央銀行總裁。1950 年 1 月，三度出任中央銀行總裁。

6　巴大維（David G. Barr），又譯巴爾、巴大衛，簡稱巴顧問。美國陸軍將領，曾任北非戰區參謀長、第六軍團參謀長、陸軍地面部隊人事主管。1948 年 1 月起任美國駐華軍事顧問團團長。

一月五日　星期三（小寒）　　氣候：晴　溫度：零下四度

雪恥：一、約徐部長[1]談軍費。二、約徐、顧、郭[2]談軍糧。三、查鈔券存數與發行總數。四、預發交通與軍事預算計畫。五、武器配給表。六、廣州與九江、岳陽各地部隊之部署。

朝課後召見鴻鈞後，寫杜光亭信，指示出擊方鍼。批閱公文，清理積案。正午約岳軍、敬之及川、滇、黔三主席聚餐，談話。下午寫宜生[3]、李文[4]、石覺[5]、華國[6]等函，召見六人，柯遠芬[7]似可用也。與經兒車遊東郊回。晚課後，約雪艇[8]、岳軍談政局與外交事，聞軍糧仍報六百卅萬人，殊為驚駭，痛憤之至。軍政與黨務幹部拙陋至此，雖欲勉強支持，亦勢所不能，不如從速去職，任人淘汰也。否則公私俱敗，更難收拾矣。十時半就寢。

1　徐堪，原名代堪，字可亭，四川三台人。1948 年 11 月任行政院政務委員兼財政部部長。1949 年 3 月免兼，6 月復任財政部部長，兼任中央銀行總裁。

2　徐、顧、郭即徐永昌、顧祝同、郭懺。郭懺，字悔吾，1947 年 6 月任聯合勤務總司令部總司令。1949 年 10 月擔任東南軍政副長官公署長官兼舟山指揮部主任。

3　傅作義，字宜生，山西榮河人。時任華北剿匪總司令部總司令。1949 年 1 月 22 日率北平守軍投共。9 月當選中共第一屆全國政協委員、中央人民政府委員。

4　李文，字質吾，號作彬，湖南新化人。1948 年 12 月，任第四兵團司令官兼華北剿匪總司令部副司令。1949 年 1 月，傅作義於北平投共，李與第九兵團司令官石覺等與傅決裂，並同機返回南京，旋任西安綏靖公署副主任兼第五兵團司令官。

5　石覺，字為開，廣西桂林人。1948 年 11 月，任華北剿匪總司令部第九兵團司令官，防衛北平。1949 年 1 月，傅作義投共，與傅決裂，飛返南京。2 月任京滬杭警備總部副總司令，6 月任舟山群島防衛司令官兼浙江省主席。1950 年 6 月，任臺灣防衛總部副司令兼北部防衛區司令。

6　潘華國，字靜如，湖南南縣人。曾任第二〇三師師長，時任特派戰地視察組組長。

7　柯遠芬，名桂榮，曾任福建省保安處參謀長、軍事委員會委員長侍從室參謀，戰後出任臺灣省警備總司令部參謀長。

8　王世杰，字雪艇，湖北崇陽人。王世杰，字雪艇，湖北崇陽人。曾任外交部部長，1948 年 3 月當選中央研究院院士。1950 年 3 月至 1953 年 11 月出任總統府秘書長。

一月六日　星期四　氣候：晴

雪恥：一、陸、海、空軍撫恤委員會之組織。二、容有略[1]等之委任。三、中央銀行監察會名單。四、發許[2]、莫[3]各款。五、薛[4]任陸總、張[5]任海南綏靖。朝課後審閱戰報，派鄭介民[6]赴北平慰勞將領，指示方鍼，批閱公文，清理積案，再函杜光亭作戰要領。召見國防部首長等，訓斥其軍糧數額及軍額預算之無理要求，不勝痛憤。又見徐可亭，商議財政與軍費方鍼。下午召見六人，發見桂系陰謀對中央逼余下野，李繼任可發號司令，宰割一切，對西南以李濟深[7]為中心，企圖七省聯盟，奪取廣東為其地盤。不圖此計為共匪窺破，恐為共匪今後之障礙，故先劫濟深北去，任其傀儡，以粉碎桂系之西南大夢，可怪。晡與經兒郊遊，晚課後，審核美械分配數目。晚與叔銘[8]研討援助杜部之空軍計畫，甚詳。十一時前就寢。

---

1 容有略，1949 年任第六十四軍軍長，海南警備副司令，海南防衛總司令部第三路司令官。1950 年 5 月到臺灣，任國防部參議。

2 許崇智，字汝為，廣東番禺人。1945 年 5 月，當選中國國民黨第六屆中央監察委員。1947 年 4 月，聘為國民政府顧問。1948 年 7 月，獲聘總統府資政。1949 年遷居香港。

3 莫德惠，字柳忱，吉林雙城人。1948 年競選副總統，任政府憲政督導委員會會長。1949 年 3 月，任行政院政務委員，為時三個月。1954 年 8 月任考試院院長。

4 薛即薛岳。

5 張即張發奎。

6 鄭介民，原名庭炳，字耀全，廣東文昌人。1947 年 12 月至 1950 年 3 月任國防部常務次長。後改任參謀次長，兼大陸工作處處長。

7 李濟深，字任潮，廣西蒼梧人。1948 年 1 月在香港成立中國國民黨革命委員會，任中央委員會主席。1949 年 10 月任中華人民共和國中央人民政府委員會副主席、全國政協副主席。

8 王叔銘，本名勳，號叔銘，山東諸城人。1946 年 6 月任空軍總司令部副總司令兼參謀長。

一月七日　星期五（上弦）　氣候：晴

雪恥：一、杜聿明部情勢危急，我存徐州化學砲彈未能毀滅，竟被匪所利用以摧破我陣地，殘害我官兵，此乃剿總劉、杜[1]皆應負其大責也，可痛之至。二、駐臺陸、海、空軍及機關，皆應歸陳主席統御指揮。三、照會美、蘇、英、法，說明政府對剿共戰爭力主結束與恢復和平之決心，並望其能協助進行，但不要求其斡旋或調解，以免其干涉內政，此乃完全為對內、對外表示我政府和平之誠意也。

朝課後遊覽庭園，審閱戰報，知杜部戰況甚激烈也。批閱公文，清理積案。正午約魏伯聰[2]聚餐，聽取其臺灣報告。下午召見六人後，約上海代表，商談和平進行之第二步驟，彼等對余下野事，乃表示其極端惶懼也。晚課後約岳軍等，商談其赴漢慰白[3]之要旨，哲生等來談四國照會之辦法。十一時後就寢。

一月八日　星期六　氣候：晴

雪恥：一、余下野以後之局勢：甲、共匪。乙、桂系之行動如何。丙、國軍。丁、政府。戊、地方。己、經濟。庚、黨務。辛、臺灣法律地位。壬、個人受辱。癸、社會與人民之遭殃。二、個人進退應以國家前途利害為基準，有一切實之比較。

朝課後約岳軍來談，屬其到漢後與白[4]談話要旨：甲、余如果下野，於彼桂系之利害究竟，以及彼對共匪和平有否確實把握。乙、余下野必自主動，而毋

1　劉、杜即劉峙、杜聿明。劉峙，字經扶，江西吉安人。1948 年中任徐州剿匪總司令部總司令，徐蚌會戰戰敗後撤職，至香港。
2　魏道明，字伯聰，江西九江人。1946 年任立法院副院長，1947 年 4 月，任臺灣省政府主席，1949 年 1 月卸任後赴美定居。
3　白即白崇禧。
4　白即白崇禧。

使余陷於被動，而致無法下野也。召見鄭介民，自平慰勞將領後回京復命，決定將北平各軍空運青島撤退也。批閱公文，正午接孫科在行政院會議，無故藉口將中央銀行俞鴻鈞總裁撤職，不勝悲痛，自悔處置不當，以致政策澈底失敗也。下午會客，召見視察人員二十餘人。晡見鐵城[1]與可亭，告其俞撤職令不能下，屬其轉告孫科。晚課後，約適之談話甚久。

上星期反省錄

一、永、宿間青龍集與陳官莊地區之杜部戰局，至本星期六日已陷入無能反攻之窮境，不勝憂惶，未知九日出擊之總計畫果能實施否。

二、星期五日馬歇爾[2]辭國務卿，已由杜魯門[3]發表其批准消息，今後對美外交或較易為力，然其繼任者為艾其遜[4]，乃為左傾親俄分子，其於對華政策能比馬氏改進幾多，甚至更為不利，實未可卜，然馬去則比其留職總較優勝耳。

三、共匪對余和平之倡導，由其宣傳機關漫罵、譏刺，而無正式之反響，此乃預料所及者也。

四、研究四國媒介雙方和平運動之利害得失，對共匪、對社會不能不有此之行動，故決實行發動。

1　吳鐵城，字子增，祖籍廣東香山，生於江西九江。1948 年 12 月任行政院副院長，兼外交部部長。1949 年 10 月赴香港轉至臺灣，任總統府資政。

2　馬歇爾（George C. Marshall），日記中有時記為馬下兒，美國陸軍將領，曾任陸軍參謀長、駐華特使。1947 年 1 月至 1949 年 1 月任國務卿。

3　杜魯門（Harry S. Truman），美國民主黨人，原任副總統，1945 年 4 月 12 日接替病逝之羅斯福總統，繼任總統，1949 年 1 月連任。

4　艾奇遜（Dean G. Acheson），又譯艾其生、艾其蓀，美國政治家，曾任國務次卿，1949 年 1 月至 1953 年 1 月任國務卿。

本星期預定工作課目

1. 杜聿明部成敗之決定。
2. 中央銀行人事之決定。
3. 北平部隊空運南來之準備。
4. 臺灣之中央機構與國軍，皆歸陳統一指揮。
5. 廣東人事之調整與政治之加強。
6. 進退與前途、榮辱、得失及存亡盛衰之研究。
7. 美械分配之督導。
8. 江西省府改組之準備。
9. 四國對我政府和平照會之反響。
10. 共匪對和平之反響如何。
11. 南京附近部隊之檢閱。
12. 政府分地辦公之實施。

一月九日　星期日　氣候：晴

雪恥：一、對孫科奪取中央銀行之野心，應設法消除。二、北平駐軍空運南調之準備。三、廣東政局與人事之速定及方鍼之研究。

今晨三時起床，禱告，懇求上帝默佑我永、宿間杜[1]部，本日出擊能如計成功也。朝課後得空偵報告，昨夜杜部尚能穩定為慰。約俞鴻鈞來談，昨日孫院長無故將其撤職之處分，其心不可問聞矣。天下事莫過於無恥無賴者之處理，大局全為其一人所毀矣。接杜、邱[2]等電，准令其高級將領至戰局絕望時，空

1　杜即杜聿明。
2　杜、邱即杜聿明、邱清泉。邱清泉（1902-1949），字雨庵，浙江永嘉人。抗戰期間曾任新編第二十二師師長與第五軍軍長，參與崑崙關戰役與滇西緬北戰役。時為第二兵團司令，在徐蚌會戰中陣亡。

運接其來京也。對周至柔反對辭修事嚴加訓斥，此為不可想像之事，是乃革命失敗必有之現象乎。與亮疇商議中央銀行對行政院法律地位問題。禮拜如常，孫科猙獰益甚。正午約劉文輝[1]聚餐。下午手擬宋、陳[2]等各電。會客後，與經兒車遊湯山回，手擬杜電稿。召見毛、黃[3]二員。晚課後，約俞、王、吳[4]談對孫科事，憤甚。看電影。

一月十日　星期一　氣候：晴

雪恥：一、杜聿明部大半今晨似已被匪消滅，聞尚有三萬人自陳官莊西南方突圍，未知能否安全出險，憂念無已。此為我黃河以南地區之主力，今已被殲，則兵力更形懸如，但已盡我心力，無可愧對我將士。而將領無能至此，實為我教育不良、監督無方之咎，愧悔無地自容，一時之刺激悲哀，難以自制，但今後下野可以無遺憾矣，前之所以不為桂系強逼下野者，惟此杜部[5]待援，我責未盡耳。但過晝漸復平息，每念不愧不怍、不憂不懼之箴語，則又天君泰然矣。

1　劉文輝，字自乾，時為西康省政府主席兼第二十四軍軍長，1949 年 12 月 11 日晚，在彭縣通電投共。
2　宋、陳即宋子文、陳立夫。宋子文，原籍廣東文昌，生於上海。1947 年 10 月任廣東省政府主席，11 月兼廣州行轅主任。1949 年 1 月蔣中正下野後辭職移居香港，1950 年起寓居美國。1950 年初，兩度拒絕返回臺灣，1953 年，被開除國民黨黨籍。陳立夫，名祖燕，字立夫，以字行，浙江吳興人。1949 年 6 月至 1950 年 3 月任行政院政務委員，1950 年 8 月任中國國民黨中央評議委員。同時，以參加道德重整會議名義，帶全家離開臺灣，定居美國。
3　毛、黃即毛人鳳、黃少谷。黃少谷，湖南南縣人。1948 年 7 月，代理中國國民黨中央宣傳部部長，1949 年 2 月真除，4 月辭職。8 月任總裁辦公室秘書室主任。1950 年 3 月，任行政院秘書長。
4　俞、王、吳即俞濟時、王世杰、吳忠信。吳忠信，字禮卿，安徽合肥人。1947 年在原籍當選第一屆國民大會代表。1948 年 8 月，轉任總統府資政，1948 年 12 月至 1949 年 1 月任總統府秘書長。1950 年 3 月任中國國民黨中央評議委員。
5　杜即杜聿明。

朝課後，接杜部東面陣地已呈崩潰之報告，隨後不斷之惡耗續來矣，每念李彌[1]等優秀之將領如果不幸損失，今後復興更難。而杜、邱二將雖作戰慘敗，但其始終聽命奮鬥到底，實不愧為革命軍人，此時更難多得。惟望天佑忠良，仍能脫險來歸，重圖復興則幸矣。批答戰電，記事、反省錄，以及下野後各種可能發生之變化，研究頗切。正午為至柔反對辭修事再予調治後，約宴德王[2]。下午清理積案完，並派經兒赴滬，慰勉鴻鈞指示移存現貨要領。晚課後，約岳軍來談，報告其赴漢、湘視察情形，桂白[3]叛跡逆謀似已停止，但其望我自動下野之心必更切乎。

一月十一日　星期二　氣候：晴

雪恥：一、長江北岸防務之督導。二、張、楊、衛[4]之處置方鍼。三、胡[5]主力速移陝南。四、廣東人事之安置。五、四川武器出產之分配計畫表。六、對

1　李彌，字炳仁，號文卿，雲南騰衝人。1947年任整編第八師師長。1948年徐蚌會戰任第十三兵團司令。後改第六編練司令部司令，部隊直開雲南。1950年率部撤往緬甸、寮國、泰國交界地，任雲南省政府主席兼雲南綏靖公署主任，繼續於雲南江心坡地區帶領滇緬孤軍與中共對抗。

2　德王，全名德穆楚克棟魯普，曾任察哈爾錫林郭勒盟盟長。1930年代起與日本關東軍合作，建立蒙疆聯合自治政府。1949年1月，由北平抵南京；20日，蔣中正加予阿莾倉佛輔教宏覺禪師名號。

3　白即白崇禧。

4　張、楊、衛即張學良、楊虎城、衛立煌。張學良，字漢卿，奉天海城人。1936年12月12日，與楊虎城向蔣中正「兵諫」，爆發西安事變，12月25日，釋放蔣中正，並隨蔣回南京。12月30日被判刑十年，五日後即被特赦，但一直到軟禁。1946年11月起居住新竹縣五峰鄉清泉溫泉。楊虎城（1893-1949），號虎臣，1936年12月12日，與張學良發動西安事變。事後流放國外，隨後秘密回國，被囚十二年。1949年9月6日，於重慶中美合作所之戴公祠被殺。衛立煌，字俊如，又字輝珊，安徽合肥人。1948年1月，接替陳誠任東北剿匪總司令部總司令。11月16日，以貽誤戎機，導致東北淪陷，遭撤職查辦。1949年1月，去香港。

5　胡即胡宗南。

俄共之策略與張、李[1]之指導運用。七、派傅[2]任東南區綏靖事宜之預示。

朝課，得空軍偵報，昨夜我突圍部隊尚在包圍圈外卅里之處，分路戰鬥，但今日影蹤杳然不知下落，系念之至。上午研討蚌埠部隊南移計畫與日期，決在蚌埠、臨淮各留一團兵力，構成據點留守，餘皆絡續南撤，北平部隊決空運青島也。批閱公文。正午約詠霓[3]談中央銀行事。下午批閱要務，召見六人，研覆白[4]函。晚課後，手覆白函。晚商討中央銀行總裁人選，猶未決定，孫科似已知余決心不為其去留力爭所脅制，故其對中行人選不敢堅持也。

一月十二日　星期三　氣候：晴

雪恥：一、任傅宜生為東南區綏靖主任。二、福建主席應調換，閩省組織應積極加強。三、中央與中國兩行外匯款項之處理。四、廣州綏靖主任人選之決定。五、浦鎮工事之加強。六、閩省主席人選，實難在閩人中選得其人為苦。

朝課後召見黃杰，命攜帶白[5]信赴漢。上午約德鄰談話，告知與白來往信件內容後，研討蚌埠以南部署及督運北平部隊。手擬辭修電令，痛斥其對記者之狂語，此人不自知、不反省，誠無望矣。批閱公文，約伯聰談話。下午召見二人，記錄進退之利害對國家之前途，考慮甚久，晚課後仍續記未畢。宣傳會報，綜核半月來美國記者皆造謠惑眾，每日總有動搖政局之消息，尤以合

1　張、李即張發奎、李宗仁。
2　傅即傅作義。
3　翁文灝，字詠霓，浙江鄞縣人。1949 年 2 月任總統府秘書長（李宗仁代理總統），5 月與中共和談失敗，辭職到法國。
4　白即白崇禧。
5　白即白崇禧。

眾社記者張國興[1]為甚,不斷報導余三日內下野及已離京之消息。此乃桂系甘介侯[2]等有計畫之造謠,供給其消息,借美國記者反宣傳,陰謀顛覆政府也。十一時就寢。

一月十三日　星期四　氣候:晴

雪恥:一、美國正式拒絕對共和談之介紹,此在意料之中,又可證明傅涇波[3]之撒謊與賣空也。二、平、津地方人士李燭塵[4]等之強和與共匪誘和之試探,應予以方鍼之指示。三、中國銀行外匯與存款之處理。四、黨費之檢查與處理。五、衢州綏靖主任人選之決定。薛[5]?周[6]?

朝課後召見湯恩伯,批閱公文。白對漢口中行運粵之銀行,又強迫在中途追回,其逆跡奸謀仍未掩藏悔悟也。批閱情報後,召見十人。正午研討津浦線以及長江北岸之布防,參謀部之疏懈無能,嚴加斥責。北平部隊空運青島今日開始,城外匪砲向機場射擊,故妨礙甚大也。下午召見巴大衛及青海代表等六人畢,與經兒車遊東郊。晚課後,補記下野後各種問題之預測數則。召見徐堪後,與經兒車遊下關,視察車站,秩序尚稱良好也。

1　張國興,曾任中央社記者,時任合眾國際社駐東南亞記者。1949 年共軍渡江後,被軟禁八個月後,逃至香港,出版《竹幕八月記》。

2　甘介侯,江蘇寶山人。1949 年作為李宗仁代總統私人代表赴美,接洽李宗仁和杜魯門晤面。後留美任新澤西州立大學教授多年。

3　傅涇波,名永清,滿洲正紅旗人,富察氏,生於北京。1946 年 7 月以「大使私人顧問」名義,協助美國駐華大使司徒雷登工作。4 月 23 日共軍佔領南京,與司徒雷登未撤離。8 月 2 日,前往美國。

4　李燭塵,名華楷,字竹承,天津永利鹼廠、黃海化學工業研究社創辦人。抗戰勝利後,致力於恢復永利公司的生產,任華北工業協會會長、天津工業協會理事長。

5　薛即薛岳。

6　周嵒,字奉璋,浙江嵊縣人。時任第六師師長。1949 年 2 月任浙江省政府主席兼浙江綏靖總司令,8 月浙江綏靖司令部撤銷,告病辭職來臺。

一月十四日　星期五　氣候：晴　十時二十分地震

雪恥：一、武器款項之撥付。二、武器、護照之發給。三、朱逸〔一〕民任閩主席。四、電薛[1]來見。

朝課後批閱公文畢，研討戰局，督導江防部署，約李君佩[2]談話。下午會客五人，與鴻鈞談中央銀行處理事畢，與經兒車遊東郊，回寓。晚課後，約立夫、岳軍等商討對英、美覆文之研究。接宜生侵電，與次辰〔宸〕、墨三研究處理方鍼，彼實忠誠無他意也。十時後，經兒以毛匪首澤東[3]今晚廣播和平條件八條[4]為談判基本，其實毫無悔悟，暴力叛亂到底也，應即宣布其所提條件，使軍民有所判別戰爭責任所在也。惟桂系及各方反動派，因此必進一步藉匪之條件，而更要脅我下野，以求投降也。余只有行我預定計畫，盡其職責也。

一月十五日　星期六（望）（上元）　氣候：晴

雪恥：一、杜[5]部各軍番號及組訓地點與人事之指定。二、傅[6]調魯青。三、閻[7]調西安。四、三馬來京。五、薛[8]任陸總。六、加強衢州綏靖。王[9]？

1　薛即薛岳。
2　李文範，字君佩，廣東南海人。1948 年任司法院副院長，1949 年到臺灣，任中國國民黨中央評議委員、中央紀律委員會主任委員、總統府資政。
3　毛澤東，字潤之，湖南湘潭人。1945 年任中國共產黨中央委員會主席。1949 年 10 月中華人民共和國成立，當選為中央人民政府主席。1949 年 12 月首度訪俄。
4　1949 年 1 月 14 日，中共中央主席毛澤東發表關於時局的聲明，提出：一、政府應即下令停戰，二、廢除現行憲法，三、成立民主聯合政府，四、懲辦戰犯，五、施行土地改革，六、取消中美間的條約，七、立即召開包括各黨各派的新政協會議，八、釋放全國政治犯等八項條件，為雙方舉行和平談判的基礎。
5　杜即杜聿明。
6　傅即傅作義。
7　閻即閻錫山。
8　薛即薛岳。
9　王敬久，字又平，江蘇豐縣人。1948 年 12 月派任第七綏靖區司令官，直隸京滬警備總司令部。1949 年 1 月就任第一訓練處處長，旋改任第一編練司令部司令官，駐福建。7 月到臺灣，曾任三軍大學教授。

萬[1]？

朝課後，手擬宜生函件。召見人鳳與叔銘，授予北平軍政處置要旨。約見鴻鈞、席德懋[2]，指示中央、中國兩銀行外匯處理要旨，總勿使兩行外匯為後來者消耗於無形，略為國家與人民保留此一線生計耳。又指示革命債務會款項保存之指示。正午，約自乾與岳軍聚餐。下午會客後，宣傳會報，商討對毛匪昨晚廣播條件之對策，決定暫不置答，姑待俄國對我照會之覆文如何，並徵求各省黨政之意見。研究毛匪廣播全文後，晚課畢，約鴻鈞聚餐畢，與經兒車遊陵園與市內回。閱讀宗譜父考傳，十時半就寢。

據報，匪已於今晨突入天津市內。

一月十六日　星期日　氣候：晴

雪恥：一、廣州綏靖主任余漢謀[3]之發表。二、福建、江西主席之調換。三、大沽部隊之撤退。四、北平部隊之空運。五、軍糧與京、滬、粵伙食之增費。

朝課後，檢閱首都附近之軍警三萬八千人畢，禮拜如常。正午到陵墓謁陵、默禱，此為離京別陵之紀念也。對全體受校閱軍警在陵前致訓，回寓。下午與經兒車遊北郊後回寓，觀清宮秘史電影，無甚意義。晚課後，約宴張君

1　萬耀煌，字武樵，湖北黃岡人。1948 年 8 月，任南京中央訓練團教育長。1949 年到臺灣，任中央改造委員會幹部訓練委員會主任委員、革命實踐研究院院務委員兼主任。
2　席德懋，字建侯，1948 年 4 月任中國銀行總經理。1949 年 8 月赴美國參加貨幣基金及世界復興建設銀行年會。其後流寓美國。
3　余漢謀，字幄奇，廣東高要人。1949 年 1 月，任廣州綏靖公署主任。後任華南軍政長官、海南特區行政公署副長官。1950 年 4 月到臺灣，任總統府戰略顧問、中國國民黨中央評議委員。

勘[1]、左舜生[2]等民、青兩黨領袖討論時局。對毛匪廣播之對策與意見之交換，皆有可揀之處，惟邵力子[3]主張無條件投降，名為愛黨而實際賣國，寡廉鮮恥、良心喪失已盡矣。余以為毛匪特指出第一名戰犯蔣介石一語，其俄共必非去余不能和平之主張，及其政策甚為明顯，如奸徒必欲求和，則余必先下野之決心，不能不定也。

一月十七日　星期一　氣候：晴

雪恥：一、約徐[4]談閻移西安。二、劉攻芸[5]代理中央銀行總裁。三、岳軍調重慶主任。四、一民調閩主席。五、方天任江西主席。六、陸海空軍總部之組織。

朝課後，約余握〔幄〕奇談廣東綏靖問題甚久。批閱公文，清理積案。正午約逸〔一〕民與超俊[6]聚餐。下午批閱公文後，會客八人。與經兒車遊東郊回，晚課畢，召見仁霖[7]，聽取來臺之美械數目報告後，與君勘談話，再與岳軍談川局。聞今日政治會議討論毛匪廣播，有人對余誹評甚多。而立法委員致函

1　張君勱，名嘉森，字君勱，以字行，江蘇寶山人。參與創辦中國民主同盟，1946 年任中國民主社會黨主席，政治協商會議代表。1949 年後赴香港，決定民社黨繼續與國民黨合作，自己赴印度講學。

2　左舜生，譜名學訓，號仲平，字舜生，以字行，湖南長沙人。時為中國青年黨委員長。1948 年 12 月任行政院政務委員兼農林部部長。1949 年到香港，創辦反共刊物《自由陣線》。

3　邵力子，字仲輝，號鳳壽，1949 年為李宗仁代行總統時北平和談代表。

4　徐即徐永昌。

5　劉攻芸，原名駟業，別名泗英，1949 年 1 月暫代中央銀行總裁，3 月任財政部部長，中共渡江後，即經廣州赴臺灣，後去香港。

6　馬超俊，字星樵，廣東新寧人。曾任南京市市長，1948 年當選行憲國民大會代表。1949 年來臺，1950 年受聘總統府國策顧問、中國國民黨改造委員會評議委員。

7　黃仁霖，江西安義人。1948 年 2 月，任聯合勤務總司令部副總司令，1954 年 7 月兼代總司令，1955 年 6 月真除。

哲生，要求政府派員迅速向共匪求和者，有五十餘人之多，不僅皆為黨員，而且為中央委員者亦有十人，其用意在逼余立即下野，當然受桂系之指使也。黨務組織與黨員精神以及其革命人格掃地殆盡，一切皆不憂懼，惟對此立法委員，令人悲傷與絕望，乃決心下野，重起爐灶也。

一月十八日　星期二　氣候：晴

雪恥：昨日共匪由宿縣大舉南下，其對蚌埠進攻必在此數日之內，此因爆破淮河鐵橋太早之故，所以引起其提前取蚌也。如蚌埠失陷，則京、滬更形緊張矣。

朝課後，決定重慶、廣州、福州各綏署主任人選及閩、贛二省主席，地方政治上人事之布置，至此已告完成。召見顧、徐、湯[1]各將領等，研討長江北岸部署，各主管只有命令與紙上計畫，而毫無準備與實施之督察，材料與經費更無輕重緩急之分，延宕不發，更令人痛憤斥責。批閱公文。正午召見劉公〔攻〕芸，處理中央銀行外匯及現貨之辦法，又見孫立人商談新生兵力之計畫。下午約見美援主任賴普漢[2]，談青島存糧之處置，此人甚誠實也。與經兒車遊東郊後，七時哲生來談和戰方鍼，詳示其利害，並擬以全權交李德鄰進行和平之意告之。晚餐後晚課，默禱，十時半睡。

1　顧、徐、湯即顧祝同、徐永昌、湯恩伯。
2　賴普漢（Roger D. Lapham），又譯拉普漢，美國政治家，曾任舊金山市市長，時任經濟合作總署中國分署署長。

一月十九日　星期三　氣候：晴

雪恥：昨日俄國覆文，以不干涉各國內政為由，拒絕介紹和議事，可知共匪必欲澈底消滅我革命根柢，絕無和平餘地。然而一般反動派仍不覺，而欲強制政府求和，其廉恥道喪一至於此也。近日，各部公務員要脅政院加發遣散費等名目，包圍各院部，甚至毆擊當局，社會上各種窮兇極惡、軍憲衝突，遊勇散兵打車劫物，擅居民家拷詐威脅，政府至此威信掃地，綱紀蕩然，人心背離，道德淪亡。尤其本黨老者亦乘機壓迫，舊怨圖報，形勢至此，無以為國。雖欲救民負責，亦不可得矣。

朝課後，寫宜生長函，示以今後方鍼及處置之道。召見握〔幄〕奇，研討江防部署。約見德鄰商談時局，表示退職之意。正午見江西、上海各主管。下午會客後，約哲生等商討退職問題二小時，決定引退。屬禮卿、岳軍、文白等洽議接代各事。晚課後，約見逸〔一〕民及宣傳會報諸人。

一月二十日　星期四（大寒）　氣候：陰

雪恥：午刻，據報宜生已派機接其家眷由重慶回北平，無任駭異。後乃知其以余辭職，故其不願南來，並無他故也。

朝課後，岳軍等報告昨夜與德鄰談話經過，情形良好，李之態度和善，一以余意旨為意旨，其接任時期亦以由余決定，不如上月杪之急迫，尤以人事及行政院長概不更動，不能不歎其憬悟之速也。召見墨三、林、郭[1]等，指示其新編部隊人事與武器分配要旨。據報蚌埠已於昨夜失陷矣。再見軍政長官，督責其服務不力也。正午召見宣傳部長等，指示宣傳要點。與雪艇談話，商討駐英大使問題，彼尚不願擔任，故屬彼與適之兄先以私人資格前赴英、美。

1　墨三、林、郭即顧祝同、林蔚、郭懺。

下午與巴大衛談話後，召見十五人，修正退休宣言稿。子文由粵來見，商談其出處，決准其辭職。晚課，召宴海軍將領。十時後就寢。

一月二十一日　星期五（下弦）　氣候：晴

雪恥：本日為余第三次告退下野之日，只覺心安理得，感謝上帝恩德，能使余得有如此順利引退，實為至幸。離京起飛，抵杭遊憩，如息重負也。

二時後初醒，思慮不能安眠。三時起床，朝課後，擬定本日工作及會客程序畢，寫傅宜生、李質吾各函，令徐次辰〔宸〕飛平勸勉，實告以余雖下野，政治與中央並無甚變動，切屬各將領照常工作，勿變初計。七時半開始會客，湯恩伯與張耀明[1]聞余下野，痛哭甚悲，其精誠可感也。召見孫、吳、二張[2]等協議宣言，加以修正。密告孫[3]、吳[4]金融與外匯之處置及實數，對德鄰實告其政治軍事及人事之部署，彼等似皆有所感也。正午約宴五院院長，下午約中央常委敘談，報告余決下野，及出示余與李副總統之宣言全文。田崑山[5]與潘公展[6]皆有異議，余制之，略有修正，即宣告散會。再會客十餘人。

1　張耀明，陝西臨潼人。1948 年 11 月任南京首都衛戍總司令。1949 年 9 月任中央陸軍軍官學校校長，11 月到成都，12 月離成都飛臺灣。

2　孫、吳、二張即孫科、吳鐵城、張羣、張治中。

3　孫義宣，曾任江西省第四區行政督察專員公署科員、副主任，軍事委員會委員長侍從室組員，總統府薦任科員、簡任秘書。

4　吳嵩慶，浙江鎮海人。1948 年 2 月，任國防部預算財務署署長。1949 年到臺灣後，任聯勤總司令部軍需署署長。1953 年 6 月，任聯勤總司令部財務署署長。

5　田崑山，名蘊玉，字崑山，甘肅涇川人。曾任甘肅省糧食管理局局長、中國國民黨第六屆中央執行委員、制憲國大代表。1948 年 3 月，當選第一屆國大代表，並為主席團成員。1949 年秋，從廣州赴臺灣。

6　潘公展，號淦清、幹卿，浙江吳興人。先後任《申報》館董事長兼社長、上海文化運動委員會主任委員、上海市第一屆參議會議長等職。1949 年 5 月在香港開辦國際編輯社。年底去加拿大，1950 年 5 月又轉赴美國，任《華美日報》社長、總編輯。

一月二十二日　星期六　氣候：晴

雪恥：昨正午特赴基督凱歌堂，默禱告辭。下午四時十分由京起飛，以天晚即在杭州下機，宿於空軍學校天健北樓。與辭修、經兒同到西湖樓外樓聚餐，心地安閑，如釋重負也。回校，接岳軍電話，稱宣言中以常委改正之點未明出處，須加修正，余允之，不料其對余「既不能貫澈戡亂政策，以奠定永久和平」一語亦併刪去，殊為不料也。後聞白、李[1]商談，如不照此改正，則李之宣言不發相脅耳。晚課後，九時十五分就寢。

本廿二日，七時前起床（昨夜甚能安眠），朝課如常。九時見辭修，商談今後臺灣軍政經濟及對反動方鍼後，十時起飛，安抵故里。拜謁母墓，即往慈庵內健步遊樂，自得極矣。午睡後，自三時至五時出登魚鱗嶴之巔，眺覽山水，快樂極矣。循魏家莊而下，遊覽營房舊地與電燈廠，見牛痕〔瘦〕非常，急思糾正也。

上星期反省錄

一、今後立國建軍、剿共的制度之確立最為重要，此次之失敗最大原因，乃在於新制度未能適合現在之國情與需要，而且並未成熟與確立，而舊制度先已放棄崩潰。在此新舊交接之緊要危急之一刻，而所恃以建國救民之基本條件完全失去，是無異失去其靈魂，焉得而不為之失敗。至於現代之制度，不外三種：甲、以黨統政、統軍（俄）。乙、以軍統政，而黨在幕內主持（戰前之日、德）（軍國主義）。丙、以政統軍，而黨從中為之指導（英、美）。今後之中國在剿共未平以前，惟有軍法之治，以軍統政，而黨只可在幕後主持，不能顯露，免為民主國家所誤會。故

1　白、李即白崇禧、李宗仁。

今後剿共軍制、軍事機構之組織，因分為幾個單位，一、政治部，二、作戰部（參謀），三、後勤部。凡關於政治、民事、經濟、教育、民眾自衛武力，與征兵、征糧及財政、司法等之軍令，必須政治部副署。

本星期預定工作課目

1. 李已擅自令釋張、楊[1]，是其顯與余為敵矣。
2. 南京應否固守，對李政府應否維持。
3. 匪軍主力未到江岸，則當維持京、滬現狀。
4. 第二道防線與第二步驟之決定。
5. 江浙皖、浙贛閩、鄂湘贛、粵贛湘、川鄂湘、陝川甘、寧紹臺、溫處嚴、閩粵贛、浙海、閩海，應分以上各區進行遊〔游〕擊戰，以掩護閩、粵、臺之根據地之建設。
6. 政府遷粵與李任首長之利害如何。
7. 李入粵，桂軍是否隨李駐粵。
8. 如桂軍移駐南京，則國軍應即撤守？
9. 談和代表條件出賣政軍之預防辦法如何。

1　張、楊即張學良、楊虎城。

一月二十三日　星期日　氣候：晴

雪恥：昨晡回庵後晚課，記事畢晚餐。手擬夫人[1]及李、孫、吳、于、王[2]等及宋希濂[3]各電稿後，九時半就寢。下午在故鄉遊覽山水，認為平生最樂之事，尤其在戰塵中下野之時，更覺其樂無窮。

昨夜僅在一時後略醒，直至今晨六時半始醒也。起床時，聞經兒報告，李代總統昨午夜一時親與經兒電話，稱北平傅[4]與共匪已成立休戰條件，准在城內與共匪成立聯合辦事處，所有軍隊除極少數外，皆開出郊外整編，此事殊出意外，萬不料宜生怯愚至此，變節如此之速乎，余誠不識其人矣。駐平中央部隊盡為其所賣矣，但余尚望其不至於此耳，應待今後事實證明。上午遊藏山公園，甚覺移步換形，四周山水倍絕美麗也。再到樂亭舊址，在潭上觀鷺鷥捕魚，甚樂也。涵齋休息片刻，相度醫院地址，到武嶺學校禮拜畢，巡遊一周，回庵。召見叔銘、安祺[5]、程萬[6]。

1　宋美齡，原籍廣東文昌，生於上海。蔣中正夫人，時在美國奔走，爭取援助。

2　李、孫、吳、于、王即李宗仁、孫科、吳稚暉、于右任、王世杰。吳敬恆，字稚暉，江蘇武進人。歷任制憲國民大會主席團主席、第一屆國民大會代表、中央研究院第一屆院士、總統府資政。1949 年，蔣中正派專機「美齡號」將其從廣州接到臺北。

3　宋希濂，字蔭國，湖南湘鄉人。1946 年起任西北行轅參謀長，新疆警備總司令，華中剿匪總司令部副總司令兼第十四兵團司令官。1949 年 3 月任湘鄂川黔邊綏靖公署司令官、川湘鄂綏靖公署主任。12 月 19 日在四川峨邊縣沙坪被俘。

4　傅即傅作義。

5　劉安祺，字壽如，山東嶧縣人。時任任第十一綏靖區司令官兼行政長，8 月負責青島大撤退，後任第二十一兵團司令官。

6　余程萬，號堅石，廣東台山人。1947 年任第二十六軍軍長，1949 年 12 月任雲南綏靖公署主任，後為盧漢扣押，釋放後轉道海南，寓居香港。

一月二十四日　星期一　氣候：晴

雪恥：昨午與王、劉、余[1]三生在庵聚餐後，再指示叔銘對駐平李文等將領自處之道，令其密告轉達也。下午與叔銘電話後，與經兒遊白岩，探訪徐母舅住宅原址，其屋與人皆亡矣，不勝滄海桑地之感。徑往顯靈廟遊覽，成為兵棚矣。每見官兵無智、部隊散亂，以及青年傲惰、禮義掃地，社會風尚浮滑澆薄，軍民紀律蕩然，廉恥喪盡，此皆共匪、美馬[2]之所賜予，共之害民賣國不足怪，而美馬害華賣友，國亂至今實皆由此一人所致也。然此乃余之缺乏定見，以及人民重外輕內，百年來喪失獨立自信心之由以致之耳。晡在家中看作年糕，與孫輩玩笑，一樂也。食芋頭充饑，甚覺有味，六時後回庵，晚課，記事。

本廿四日三時初醒，以北平國軍形勢危急萬狀，傅已被匪脅制，如其非賣國軍，則彼亦必已為其左右所賣矣，故決令空軍警告共匪，如約空運國軍南撤，勿再阻礙，否則即對其作毀滅性之轟炸，不惜同歸於盡也。

一月二十五日　星期二　氣候：陰

雪恥：昨晨六時後起床，令經兒電告叔銘，派員飛平印刷傳單，以陸、海、空軍革命同志會名義警告共匪。一面屬次辰〔宸〕電詢宜生，為何不提空運要求，究何用意，並屬墨三電令李文指揮北平之中央各軍，積極準備戰鬥也。皆自擬稿發出。正午文、章、武三孫[3]來庵遊玩，在院中草地上娛樂，甚快也。下午修正電稿後，與經兒同遊溪南下庵，即錦溪庵，此為余七、八歲隨玉表

1　王、劉、余即王叔銘、劉安祺、余程萬。
2　美馬指馬歇爾（George C. Marshall）。
3　文、章、武三孫即蔣孝文、蔣孝章、蔣孝武。蔣孝文，字愛倫，為蔣經國和蔣方良長子，生於蘇聯，1937 年隨父母回國，1949 年隨家庭來臺。蔣孝章，為蔣經國和蔣方良長女。蔣孝武，字愛理，為蔣經國和蔣方良次子，生於重慶。

公[1]來此唸經舊遊之地耳。視察溪南新勘石岸與建校地點後，回庵。茶點畢，晚課。入浴後晚餐，記事。

本廿五日朝課後，專為北平國軍設計如何空運南撤之策略，又聞傅[2]與共匪條件，預定一月後國軍改編為人民自衛隊一條，而並未提及空運南撤事，是其已出賣整個國軍，對匪投降矣。萬不料傅之變節至此，是誠忘恩負義之不如矣，因之重新修改傳單，不能提及傅名，而且不能責匪之違約也。清理積案，下午處理要務後，與經兒先回報本堂，再遊溪西廟，經校回庵，晚課。

一月二十六日　星期三　氣候：晴

雪恥：近日德鄰專以民主自由名詞，為其討好共匪、投降共匪之準備，是亦其毀滅政府基礎惟一之方鍼，此乃必然之事，而余愚拙未先計及耳。此不惟李應如此，而傅等亦且叛離變節，比李更先也，人情世態本來如此，而余忽略自大，不先及防耳。桂系叛變已經有四、五次之多，豈啻今日始乎，往日大好機會肅奸，建國廿年來屢得屢失，豈獨桂系，而共匪亦無不如此。所謂政治寬大與民族仁愛之精神，今皆成為自取滅亡之禍根矣，今日政治果真非殘殺與橫霸不可乎。

昨夜十二時初醒後，切思北平國軍李文等為傅所賣，如何補救之道，擬定三種辦法，待叔銘來時面授轉達。七時前起床，朝課如常，巡遊庵外。十時後到豐鎬房，即報本堂祭祖後，與經兒、武孫徒步登武嶺巔，眺望四周，群山環拱，其巔乃成天然之中心，風景雄壯美秀，徘徊不忍舍去。正午下山，出校門遇叔銘、人鳳來訪，乃予之同登慈庵。對北平國軍營救之指示，研討二

1　蔣玉表，蔣中正之祖父，經營鹽業，在溪口鎮開設玉泰鹽鋪。
2　傅即傅作義。

小時之久方決，派陳副司令¹攜余字條，飛北平對李、石與傅²面援機宜。

一月二十七日　星期四　氣候：陰　晡微雨

雪恥：昨午指示營救北平國軍方鍼畢，再授毛人鳳對張學良、楊虎城之處置辦法，對李德鄰命令，屬楊、李、陳誠暫置不覆，或以此非其分內之事，向不過問之意覆之，看他如何也。李之必欲置我陷阱及其掠奪一切之心，未到五天已昭然若揭矣。三時假眠，再與叔銘途中電話，屬轉岳軍來晤也。晡晚課後，閱魏杞³，即文節公事略。晚在報本堂請族親鄉誼男女百餘人，吃送年酒、年樵〔糕〕湯，一樂也。看文孫調龍燈，古鄉風味，實為人生至樂，平生任何榮樂終不及於此也。回庵休息，閱先慈⁴墓誌，九時半睡。

本廿七日，朝課後記事，記反省錄及工作表。約見林崇墉⁵，談中央銀行現貨運廈門，聞劉攻芸有難色，殊為疑慮。世人皆利臨智昏者多，真能明理識義、始終如一者，究有幾人。立夫忽自滬來訪，未有預約也，予之謁登慈墓，登山巔，巡遊魏杞墓而下，回庵。下午批閱，閱報後，記營救北平國軍之要略。晚課後，約立夫聚餐。晚予立夫談黨務，及對共過去策略之錯誤與仁慈之太過，以及美國馬歇爾、華來士⁶等之為害中國，皆受俄史⁷之導演，而彼不自知也。

1　陳嘉尚，1949 年被派赴臺灣建設空軍基地，先後擔任防空司令部副司令官、空軍總司令部副總司令兼作戰司令部司令官。
2　李、石與傅即李文、石覺、傅作義。
3　魏杞（1120-1183），字南夫，一字道弼，諡文節。南宋大臣，出使金朝，達成隆興和議，使宋金兩國維持四十年和平。
4　王采玉（1864-1921），蔣中正之母親。十八歲前夫故去，二十歲再嫁蔣肇聰為繼配，1887 年，生蔣肇聰次子蔣中正，後又生一男兩女：蔣瑞蓮、蔣瑞菊、蔣瑞青。
5　林崇墉，字孟工，1945 年至 1949 年任中央銀行業務局局長。
6　華萊士（Henry A. Wallace），原美國民主黨人，1933 年至 1940 年擔任美農業部長，1941 年至 1945 年任副總統，1944 年 6 月羅斯福總統派來中國，調解國共關係。1945 年 3 月至 1946 年 9 月擔任商務部部長，1948 年成立進步黨參選總統失敗。
7　史達林（Joseph Stalin），又譯史大林、斯大林，曾任蘇聯共產黨總書記、部長會議主席。

一月二十八日　星期五　氣候：晴

雪恥：昨夜以軍事經濟關係，自十二時初醒後，未能酣眠沉睡，惟乍醒乍睡、恍惚離迷而已。晨起即令悔吾來見，處理上海中央銀行現款運出之指示，並決定固守江防，不即放棄南京之方鍼。

朝課後，與立夫同遊公園，再遊武嶺小學部，即摩訶殿，初見新墓，遊畢回庵休息。下午再下山到涵齋，等待岳軍與悔吾之來也，彼等二時後方到，略談後，分別指示悔吾、侯騰[1]以後，陪同其到報本堂午餐畢，乃與岳軍同來庵中，敘談各方情形。德鄰致毛匪首函，內容不僅承認其所提八條件為和談基礎，而且述說國共兩黨關係，其肉麻乞降，誠不知天地間有羞恥事。而共匪連日廣播，對其乞和代表及其本人之侮辱譏刺，無所不至，而彼猶厚顏無恥若此，可痛極矣。晚課後，到報本堂團聚，飲杜蘇、吃年夜飯。

一月二十九日　星期六（朔）　氣候：陰晴

雪恥：昨夜在家度舊歲，實自民國二年以後卅六年間，此為第一次也。孝武嬉戲談笑，至為快樂，岳軍、立夫、彥棻[2]亦能同席，甚難得也。觀劇後回庵就寢，已十二時矣。

本晨六時半起床，朝課畢，經兒全家及立夫、岳軍、彥棻與柄〔炳〕妻[3]姪孫等皆來賀年。晉謁母墓後，與來賓步遊下山，至公園龜山上攝影畢，乃與經兒先到報本堂敬祖。受鄉族親友賀年後，轉二房祠堂敬四大腳，永思堂敬小清明，四房堂敬八月三日各祖宗後，再到大房小井頭、桂花牆門、五房祠堂

1　侯騰，字飛霞，1949 年任國防部第二廳廳長；來臺後，任國防部副部長。
2　鄭彥棻，1949 年 1 月代理中國國民黨中央執行委員會秘書長，1950 年 8 月後任國民黨中央改造委員。
3　孫薇美，浙江奉化蕭王廟孫益甫次女，嫁蔣中正長兄蔣介卿之子蔣國炳為妻，有一子四女，分別是子蔣孝倫，女蔣靜娟、蔣志倫、蔣環倫、蔣明倫。

等處敬祖，最後方到新報本堂敬三房之祖畢，乃與經兒特到寧波蔣公祠，即金紫園廟遊覽，此真追溯祖先最難得之紀念也。一時回庵，與來賓張、陳、鄭[1]等聚餐。聞美國議會宣布援華條件，現時未始無益耳。午睡甚酣，下午記事，寫德鄰覆函，晚課。七時在豐鎬房聚餐後，在校觀劇。

上星期反省錄

一、北平國軍既為匪傅[2]所賣，不能南撤，明知已無可為力，但應對傅責以大義，令其設法作以下之處置：

　　甲、中央各軍分途突圍，作九死一生之計，與其坐任共匪宰割、侮辱，不如死中求生，發揚革命精神。

　　乙、如甲項已不可能，則要求傅負責照原定方鍼，先讓國軍空運南撤，然後和平交出北平。

　　丙、如乙項亦不可能，則必須將中央軍各級官長空運南撤，而將全部士兵與武器交傅編配。

　　丁、為實行丙項之方鍼，其意即寧可全軍交傅，而不願由匪整編，以保留國軍革命之人格，此為對傅最低限度之要求也。

　　戊、如丙項亦不可能，則要求其將師長以上各高級將領空運南歸。

　　己、若丙、戊兩項皆不可能，則惟有轟炸北平之匪傅予以同歸於盡，當先作最後警告，散發傳單，仍要求其作乙、丙兩項之實施也。

1　張、陳、鄭即張羣、陳立夫、鄭彥棻。
2　傅即傅作義。

本星期預定工作課目

1. 青島部隊調上海增防。

2. 塘沽撤退部隊應調浙贛線整補。

3. 確保京滬線,增強京蕪線北岸之防務。

4. 浙省府各廳人選之研究與準備。

5. 美國援華條件之研究,及共俄之影響如何。

6. 對桂系動向之研究:甲、投共。乙、聯美。丙、反黨。丁、滅蔣。

7. 李文、石覺及歸來高級將領任務之指定。

8. 北平部隊番號之補編及軍長人選。

9. 新增部隊以師為軍,暫缺半數。

一月三十日　星期日　氣候:晴

雪恥:昨夜十二時就寢,今晨六時半起床,朝課畢,約見彥棻談黨務,遷粵後就現狀加以整頓與振作,至根本改革當從長計議,余以為非澈底再造不能復興革命也。再約岳軍與立夫,示以今後對內、對外方鍼,及余之內心精誠坦白詳明,使之轉達各方同志:甲、此次引退認為心安理得,無論黨國與個人,實為轉危為安惟一關鍵,得此良果,實出於理想之上也。乙、自此余如終身服務於黨務,領導革命而不再當政,是為惟一報國自全之道。否則亦須在野五年,奠定民眾基層工作,再出而當政,以建立獨立自強基礎,而不再受外力所壓制,美、俄所侮辱,非有此把握不再出而當政也。餘另記於雜錄欄內。正午復得美國經濟委會援華具體條件之聲明,美國之幼稚極矣。下午

記事批閱後，約人鳳、世明[1]、少谷分別談話。陳儀[2]之寡廉鮮恥、忘恩負義一至於此，人心叵測，更增悲戚矣。晚課後，到豐鎬房宴客，看滾龍燈一樂也。回庵，記事。

一月三十一日　星期一　氣候：晴

雪恥：北平將領李文、石覺已離平到青島，傅奸總部已遷西郊，其覆余函件尚稱為大局打算，無恥之至。前擬空運部隊離平計畫已成泡影，中央各軍長惟黃翔[3]自願投匪不歸，恨不聽邱清泉昔時之密告，以黃不可大用之語也。

本晨朝課如常，分別召見黃、朱、毛[4]各同志，指示其任務後別去，記事。正午蔚文、叔銘由京來談，指示：一、青島守軍應速撤退，不必再問美國意見。二、加強江防守備。三、對李謀和之原則：甲、不是投降式的和平，必須對等言和。乙、必須由中央整個全面和平，而反對局部和平，等於各別誘降零賣也。三[5]、加強沿海華南各要港防務。四、準備各省邊區，分設遊〔游〕擊根據地。五、修理定海與長山島之機場。六、對日聯繫之進行。下午遊覽涵齋後，登江口塔山寺與小靈峰，老尼、居士接待慇懃，熱忱可愛，古鄉美風僅見於此也。下山已六時黃昏矣，在家晚餐。陳儀來謁，強忍之。觀調龍後回庵，晚課。

1　朱世明，字季光，號公亮，湖南湘鄉人。1949 年 3 月任盟國對日委員會委員，兼駐日軍事代表團團長。1950 年 4 月卸職，定居日本東京。

2　陳儀（1883-1950），字公俠，後改字公洽，自號退素，浙江紹興人。原任浙江省政府主席，1949 年 2 月嘗試策動湯恩伯投共而被免職，1950 年 4 月押解來臺，6 月 18 日槍決。

3　黃翔，原名衍纘，1947 年冬負責籌備北平陸軍第六訓練處。1948 年 10 月任第九十二軍軍長。1949 年 2 月率所部接受共軍和平改編。

4　黃、朱、毛即黃少谷、朱世明、毛人鳳。

5　原文如此。

上月反省錄

一、此次革命剿匪之失敗，並非失敗於共匪，而乃失敗於俄史，亦非失敗於俄史，而實失敗於美馬[1]冥頑不靈，任聽俄共之宣傳與英國之中傷，對於其本國之利害與中國之關係，以及太平洋之安危，皆為其個人一時之愛惡，專洩其私憤，而置人類之禍福及其民族之榮辱、存亡，置而不問。今後第三次世界大戰之悲劇慘境已不能免，馬歇爾實應負其全責，而余之外交運用無方，過信美國之能急公好義，致有今日之慘敗，亦應引咎自責。然而俄國外交絕無運用之餘地，決不能運用權術，以交惡美、英，否則徒授俄國以離間中傷之隙。寧受一時之枉屈失敗，始終以信義為本，堅持到底，不變其對俄政策，深信終有一日能貫澈方鍼也。

二、去年春季，馬歇爾邀約夫人遊美為其上賓，而不應約，及至年杪，以危急赴美求援，所謂臨時抱佛腳，自討沒趣，此皆短識之所為，實違反余外交不佞不求之精神，可痛、可愧。

三、此次下野，無論將來成敗之影響如何，而在京時一切措施與布置，比較從容裕如。回家後又值舊歷年關，重過幼年難得之生活，自覺只有欣慰，而毫無悲戚之感，此種幸福之享受，可謂意外之天賜也。

四、余廿一日下野，而北平傅作義即於翌日發表降匪之條件，五十萬之國軍完全被其一手所賣，此實萬所不料。此豈亂世末俗，決非以誠所能感召乎。

五、如余不下野，則共匪必不能獲得完全勝利，中國當不致為俄史所控置〔制〕。果爾，則美國亦決不能發現其本身之危機，更難使其覺悟中國地位對於世界及太平洋局勢安危之重要，而余在中國存亡關係之重大，則美馬等尤為不信，非特不信，彼等猶以為余不下野，則中國無望，且以為非中共主華，則中國不能有望。此乃受共匪及其中美之同路人反宣

1　美馬即馬歇爾（George C. Marshall）。

傳之影響，非至中國淪亡，亞洲赤禍蔓延無法制止，太平洋局勢混亂之極，則不能望其有所覺悟。然而我全國人民之苦痛則不堪設想矣。總之，余不下野，則中國自可不亡，但兵連禍急〔結〕，徒苦吾民陷於長期間之水深火熱。而美國隔岸觀火，以為於其無關，更不知我國今日反共，對世界人類禍福與美國安危之密切關係。而世界大戰一時亦無由而起，果爾亦不過延長時間，而中國仍不能免於危亡，世界大戰亦決不能避免也。與其兵連禍結、徒苦吾民，仍不能挽回世界人類之浩劫，何如早日下野，任俄共猖獗蔓延，亞洲太平洋根本動搖，以促美國之醒悟，使知其責任所在，不能不負責興起共同致力撲滅赤燄。然而事果至此，則整個世界已無法收拾，惟此乃命定，既生俄史，又生美馬[1]，豈區區一身所能為力乎。

1　俄史即史大林（Joseph Stalin），美馬即馬歇爾（George C. Marshall）。

蔣中正日記
Chiang Kai-shek Diaries

二月

蔣中正日記
Chiang Kai-shek Diaries

民國三十八年二月

二月一日　星期二　氣候：陰

雪恥：昨日德鄰到滬與孫、吳[1]等洽商：甲、派人民代表顏惠慶[2]等赴平求和，孫、吳表示反對。乙、對美國援華條件暫時不作反響，似皆得體也。今後所應注意者：一、俄共防制余再起，故不得不利用李作傀儡以建立聯合政府。二、俄共對美國援華之防制，似更應用李以阻礙美援。三、桂系要防制余再起，更不能不向共匪求和合作，因其要鏟除國民黨基本力量與革命歷史及領導權。共、桂之目的完全一致，但桂力單薄，共不能利用桂以制國，而又不能不防桂為其後患耳。

朝課後批閱公文，手擬電稿數通。十一時半與經兒同登雪竇寺，與立夫、公俠在老方丈第午餐畢，同登妙高臺遊覽，清香美麗，依依如昔也。臺東梅園綠萼盛放，此皆昔年手植者也，依戀不忍置，循崖下路直達仰止橋觀瀑，惜上次同觀者培甥[3]不能復來也。出亭下乘竹筏，回豐鎬房已六時矣。食年糕湯後，回庵，入浴畢，晚課後，九時半就寢。

1　孫、吳即孫科、吳忠信。
2　顏惠慶（1877-1950），字駿人，上海人。時為立法委員，1949年2月代表政府前往北平同中共和談，和談失敗後，返回上海。1950年5月24日，病逝於上海。
3　竺培風（1916-1948），蔣中正胞妹瑞蓮之子。空軍第一大隊第二中隊飛行員，後調升中尉作戰參謀。1948年1月12日，由西安飛返徐州，不幸墜機殉職。

二月二日　星期三　氣候：陰　夜雨

雪恥：一、江西省府之贛州派出所。二、宋希濂基地應在恩施與常德。三、馬尾、廈門工事之構築。四、各邊區修築着落機場（秘密）。五、各部隊通信方法之準備。六、衛隊之整頓。

朝課後記事，手擬電稿數通，約正綱[1]、昭賢[2]等來會。十一時與經兒巡視慈橋北舊營地及牛舍後，到公園遊覽，擬名洋橋為慈橋，公園正廳為慈廳，公園為慈庵公園或文節公園。再巡視農場，在涵齋午餐後，即乘肩輿經過水渡下直達日嶺，與經兒、文孫、立夫等同登月嶺巔，在石夫人前攝影遊覽，此為生平第二次之遊覽也。乃赴縣城入縣署，經孔廟至救濟院，再到中學校，即鳳麓舊址。昔日讀舍今皆改造無蹤矣。回家已六時，點心後回庵，入浴，晚課。聞立法、監察童、于[3]二院長在京致電孫院長，屬其回京勿逗留滬濱之信，不勝駭異，童、于恐為共、桂所勾結，則今後政治更難處置矣。經兒與文孫來陪，十時前就寢。

二月三日　星期四　氣候：陰晴

雪恥：昨遊覽城鄉，可說鄉村一切與四十餘年以前毫無改革，甚歎當政廿年，黨政守舊與腐化自私，對於社會改造與民眾福利毫未着手，此乃黨政軍事教育只重做官，而未注意三民主義之實行也。今後對於一切教育，皆應以民生為基礎，亡羊補牢，未始為晚也。

1　谷正綱，字叔常，貴州安順人。1947 年 4 月，任行政院政務委員兼社會部部長。1950年 1 月，出任內政部部長。

2　彭昭賢，字君頤，山東牟平人。1948 年 6 月至 12 月年任內政部部長，1949 年國共和談時，被委派為政府代表，但被中共拒絕。

3　童、于即立法院院長童冠賢、監察院院長于右任。童冠賢，名啟顏，字冠賢，察哈爾張垣人。抗戰勝利後，曾任國民政府善後救濟總署冀熱平津分署署長。1948 年 1 月當選立法委員，12 月當選立法院院長。1949 年 10 月辭去立法院院長職務，從此淡出政壇。

朝課後記事，批閱文電，手擬電稿數通，讀點宗譜先慈傳銘。下午未曾午睡，與經兒先到任宋謁胞姊之墓，再到法昌寺後之北坑嶺下訪培風新墳，不勝悲哀。乃到寺內謁胞妹之墓畢，赴蕭王廟謁孫舅母[1]後回家，茶點，回庵。考覽溪口十景圖，惜新譜未能編入耳，所謂南園梅即在溪南岸之渡口也。晚課後，擬電稿畢，回家，見谷正綱、彭昭賢、陶希聖[2]諸同志聚餐後，回庵，記事。

二月四日　星期五（立春）　　氣候：陰晴

雪恥：一、美國將領在東京會議以後，其對青島問題必重加估計，我軍應否如期撤退，不問美國如何，我應如計撤退為宜。二、上海現金運完否。三、保密局基金之保存組織。四、浙省府。

六時後起床朝課後，氣候變惡，飛行困難，以為上海約客不能來會，正午轉佳放晴，客仍來到。上午約彭、谷、陶[3]各同志分別敘談，谷對革命熱忱有餘，而其事理不清為慮也，留其在慈庵午餐。下午徐可亭、毛人鳳分別談話後，再約李文、石覺、袁樸[4]三將領來見，略問其北平此次傅作義降匪之經過，聞彼亦已於卅一日飛歸綏遠，究不知其用意何在也。客去後假眠一小時，讀荒漠甘泉如常，默禱畢，閱報，晚課。在報本堂宴客畢，在武校觀紹興越劇，回庵，禱告，入浴，十一時半就寢。

1　孫舅母即蔣妙緣。
2　陶希聖，名匯曾，字希聖，以字行，湖北黃岡人。1947 年 7 月，任國民黨中央宣傳部副部長，1948 年 1 月，當選第一屆立法委員。1949 年 7 月，任總裁辦公室第五組組長。
3　彭、谷、陶即彭昭賢、谷正綱、陶希聖。
4　袁樸，字茂松，湖南新化人。1948 年 5 月任第十六軍軍長，駐防北平。1949 年 9 月返回南京，轉任西安綏靖公署幹部訓練團教育長。同年到臺灣，出任國防部參議。

二月五日　星期六　氣候：晴

雪恥：一、上海黨務指導部。二、軍隊制度之加強辦法：甲、政治組織。乙、
民眾組訓。丙、統一機構。

六時半起床，朝課後記事與記雜錄四則。十時乘車與經兒、文孫起程，十一
時半到育王寺，同遊者立夫、道藩[1]、正綱、希聖與李、石、袁[2]等同志，巡遊
寺內一匝，在承恩堂前午餐。一時起程，乘肩輿經小白天童街，到天童寺已
三時餘，巡遊一匝，在御書亭茶點，此為余在壯年時常住之地也。前聞兩寺
大殿皆燬焚無遺，今皆修復，且較前更為高大，天童建築如鐘橋〔樓〕、常
〔藏〕經樓、東禪堂、養老堂等處亦改觀更新矣。回途特至八指頭陀之冷香
塔苑遊覽，起程已四時半矣。在途中天童街民眾聞余至，則爆竹與香燭滿街
歡迎，鄉人熱情如此，未知何以報之。六時半到育王〔寺〕前乘車回家，途
中晚課靜默，虔禱如常，在家晚餐後回庵，禱告後入浴。

上星期反省錄

一、史大林對美記者發表願美、俄兩國共同作不用戰爭而解決爭端之聲明。

二、美國務卿與杜魯門已正式聲明，不贊成與俄國作任何有國際性問題之聲
　　明，應由聯合國機構用正當途徑共同之解決。

1　張道藩，原名道隆，字衛之，貴州盤縣人。1948 年 1 月當選立法委員，3 月任中央訓
　　練團民間藝術訓練班指導委員會主任委員。1950 年 1 月，任中國廣播公司董事長，3
　　月創辦中華文藝獎金委員會，7 月任中央改造委員會改造委員，10 月兼《中華日報》
　　董事長。

2　李、石、袁即李文、石覺、袁樸。

三、美國陸軍部長羅耀[1] 與魏德邁[2] 等先到東京,並來青島會議,研究西太平洋防務,其對青島之重視可知,我應直告其決定撤退青島,增防長江,再觀其作如何之反應。

四、共匪五日廣播,明白說明不承認南京李所代表之政府,未知李、白[3] 與邵力子、張文白作如何感想矣,無恥至此,尚計其革命之歷史人格乎。

五、立春三日內手臂與指掌略覺痛楚,然比之往年輕微多矣,痰咳今冬幾乎極少也。

本星期預定工作課目

1. 李彌與石覺之任務之指定及其幹部之編練。

2. 青島部隊撤退前三日,通知美國駐青海軍。

3. 浙江省府之改組。

4. 政治委員會秘書長決派彭昭賢。

5. 滬、漢、京、渝設黨部指導部之人選。

6. 漢口視察工作之加強。

7. 本黨制度與根本問題之研究。

8. 軍隊制度與教育方鍼之研究。

9. 俄共對現階段政策之研究。

10. 京、滬、杭軍風紀之整頓與副食費之增加。

11. 廈門速設警備司令部。

---

1 羅耀(Kenneth C. Royall),美國陸軍將領,曾任戰爭部部長,時任陸軍部部長。

2 魏德邁(Albert C. Wedemeyer),1944 年底任盟軍中國戰區參謀長,及駐華美軍指揮官,1946 年 3 月間卸任,1947 年 7 月再奉命為特使來華調查,任美國陸軍部戰略作戰處處長,並提出「魏德邁報告」,主張援助中華民國政府抗共,杜魯門總統並未採納,後擔任改制後之國防部計劃及行動處總長。

3 李、白即李宗仁、白崇禧。

二月六日　星期日（上弦）　氣候：陰

雪恥：昨夜十時三刻就寢，一直酣睡至今晨五時後初醒，足有六小時半以上之熟眠，實為近年來未有之佳象也，今日午睡亦酣睡一小時以上，快慰已極。七時後起床，朝課畢，召見李文、石覺、袁樸分別談話後，即在庵中同進朝餐，訓勉其在北平此次之教訓與恥辱應特加黽勉，深悔不能遵照古語「防人之心不可無」之格言為憾耳。上午再與彭、谷、張[1]等同志分別談話，辭去後記事，記雜錄數則。對戡建大隊[2]在杭佔住民房，敗壞紀律，以此為經兒有關者，不勝忿怒，加以斥責。下午閱報，研究俄共政策及其是否渡江南進問題，甚費心神也。晡到飛鳳山巔，即魚鱗礐巔上測勘形勢，本有圓頂，其形如帽頂，去年為建亭而扒平，今特加以修補，築成圓頂也。晚課。

二月七日　星期一　氣候：晴

雪恥：廈門警備司令石祖德[3]、杭甬警備司令周嵒應先發表。

朝課後記事，批閱公文畢。十時半由慈庵出發，與經兒、文孫、立夫往遊石倉，經玄壇殿大松頭直上龍亭。略憩後再登數百步即到石倉，其下有小潭，再進數尺又一小潭，其水清甘但甚淺，此即龍潭也。其岩石約有二丈周方，高亦如之，適在中峰之下，離中峰不過數十丈而已。余在民國十年與賢甲舅父[4]由

1　彭、谷、張即彭昭賢、谷正綱、張羣。
2　國防部戡亂建國工作總隊，簡稱「戡建總隊」，隸屬於國防部政工局。由蔣經國直接主持「戡建中心小組」，各隊長兼任所在地區專員及保安司令，掌握當地軍政大權。派到區、鄉、鎮的戡亂總隊隊員，則以指導員名義掌握當地基層組織。1948 年 7 月第一、二、三、四、五、六戡建大隊從各地調至上海及京滬鐵路沿線，協助經濟督察專員蔣經國在上海執行物價管制工作，並以此為基礎組織「大上海青年服務總隊」，王昇任總隊長。
3　石祖德，1948 年 6 月任總統府侍衛長。1949 年 2 月任總統府參軍。4 月任第一編練司令部副司令官兼廈門警備司令、中國國民黨總裁警衛室主任。同年秋，調任第二十二兵團副司令官。
4　王賢甲，又名雲梯，蔣中正生母王采玉之堂兄。

葛竹北溪走訪石窗，不見石倉形跡，其地即在北溪之上，適為四明山心，即華蓋山，而與今所遊之石倉不同，蓋前者為石窗，而今為石倉也。石窗與石倉自不同也。在倉前休息茶點後，乃經桃樹坪隱岩下傍，再轉大松頭徐姓吃烤蕃芋，此為恆祥[1]姑母家，余亦常想來訪，而今始得實現，惜其人已亡矣。

二月八日　星期二　氣候：陰

雪恥：昨午由大松頭回庵，沿途鄉人男女老幼自遠方來見，沿途迎接，其情至摯可愛也。下午見李彌與叔銘後，入浴，休息。晚課後，約李、王[2]聚餐，聽李彌報告陳官莊突圍經過及其歸途情形，不勝噓嗟，訓勉其從事做起也。晚覆宋希濂電，並致顧、湯[3]各電後記事。

朝課後與徐庭耀〔瑤〕[4]、朱國材[5]談話，朱為可愛之青年也。派宏濤[6]赴滬指示中央銀行處理要務，以李急欲奪取該行也。十時後出發往遊法華庵、竹山，同行者立夫、季言[7]、經兒、文、章二孫及二侄孫女，即在舊廠基午餐，並往東首原大生山視察。午後步上西岡頭，下山經新建登溪南山，回來在溪南勘察堤基及設建橋基，擬即在財神殿衕前建橋也，在涵齋茶點後，回庵，入浴，晚課，記事。

1　蔣恆祥與蔣瑞昌、蔣甫元，皆為浙江奉化人，蔣中正貼身衛隊成員。

2　李、王即李彌、王叔銘。

3　顧、湯即顧祝同、湯恩伯。

4　徐庭瑤，被稱為「裝甲兵之父」。1947年當選第一屆國民大會代表。1949年春任裝甲兵司令，拱衛京滬。1950年任東南軍政副長官。

5　朱國材，安徽合肥人。曾任軍事委員會侍從室第三處處員、中國國民黨中央財務委員會秘書。1950年8月20日發表為中央改造委員會第七組副主任。

6　周宏濤，浙江奉化人。祖父周駿彥為蔣中正同窗好友。1943年進入軍事委員會侍從室第四組，追隨蔣中正左右十六年。1950年3月任總統府機要室主任，8月兼任中國國民黨中央改造委員會副秘書長。

7　施季言，江蘇海門人。1948年起擔任武嶺學校校務長，1949年8月出任草山（陽明山）管理局局長，1952年8月任東吳大學校長。

二月九日　星期三　氣候：雨

雪恥：一、戰車部隊伙食發給實物。二、戰車部隊營造費。三、浙省府改組電。

昨夜睡眠最久，其間雖乍醒二、三次亦即沉睡，本晨八時後方醒，甚覺休養之平安快樂，更感往日軍政之累人，今昔相較，不啻有天人之別，時感天父保佑恩德不置。朝課後記事，批閱函電，立法委員昨在滬集會，決議仍在南京復會，其間多不知死日之將至，仍如往日之放肆，毫不覺悟，思之煩悶，乃屬立夫回滬調解，應主在粵開會也。正午與立夫談話，下午閱魏文節公行狀與神道碑未完。晚課後，兒孫輩皆來聚餐畢，觀國產電影「同心結」，技術甚有進步，足慰也，十時半就寢。

二月十日　星期四　氣候：雨

雪恥：一、京、滬、杭各軍伙食應發實物。二、青島部隊仍應撤退。三、陸軍總司令決發表孫立人。

朝課後記事與記雜錄數則，批閱函電，致彥棻與孫、吳[1]各函為改組浙省府也。下午讀點魏文節公鄭清之著神道碑，間有句讀難解者，乃知文字荒蕪久矣。晚課後，到武校觀中國劇團平劇，其副團長丁英奇[2]識之已久，今來我鄉應予優遇，而其技甚精也。十時半劇終，歸庵，禱告後入浴，飲酒畢，就寢已十二時。本日為舊曆正月十三日，俗為上燈節，惜天雨未能觀燈也。宏濤自滬回來，中央銀行存金已大部如期運廈、臺，存滬者僅二十萬兩黃金而已，此心略慰，以人民脂膏不能不負責設法保存，免為若輩浪費耳。

1　孫、吳即孫科、吳忠信。
2　丁英奇，民國時期京劇三大家之一馬連良傳人，擅老生，代表劇目有《借東風》飾孔明，《四郎探母》飾楊延輝等。

二月十一日　星期五　氣候：上雨下陰

雪恥：一、據德鄰自稱共匪壓迫其完全脫離美國為惟一條件，此極自然之事，且其必將接受也，惟其果真投降則於我利害如何，尤其在現階段中之關係如何，應澈底研究，及其有否打消之可能耶。二、李欲改組行政院，其對大局利害如何，應否與問，或阻止其事，抑聽其自然乎。

朝課後記事，批閱函電數通，約見樵峯[1]協議招商局事，以今後根據地在沿海各省，故海上交通之船艦比之鐵路更為重要也。下午翻閱宗譜，手題順恂公以後各代祖墓碑。到豐鎬房，約見丁英奇等，慰勞其來鄉演劇也。晚課後，到武校觀鳳還巢，技術優良，令人歡笑，劇情之感人，其效用如此也。

二月十二日　星期六　氣候：九時微雪後晴

雪恥：青島之取捨（進退）問題，現階段對共匪之關係尚小，而對美國之試驗其有否決心，與對我之誠意如何之意義實大，故非有其具體之保證，決不為其看門以自害也。乃對顧總長具體指示，如其無保證，則仍應如原定之決策迅速放棄。美國政府之猶豫無能，殊令人可痛又可笑，彼陸軍部長在東京與青島會議後反又要求我軍之堅守不撤，表示其可積極暗助，誰其信之。

朝課後約黃仁霖來談，聽取其接收美援，此次到臺之武器數量以及軍費之報告後，再約人鳳來談浙省等事，資源委會等機關主管人員皆受共匪之威脅，不主遷移，亦不敢破壞也，可痛極矣。正午約見徐學禹[2]詢問招商局內容及指

1　俞飛鵬，字樵峯，浙江奉化人。1947 年 7 月至 1948 年 5 月，任行政院政務委員兼糧食部部長。1949 年 6 月任招商局董事長。

2　徐學禹，浙江紹興人，曾任臺灣省行政長官公署交通處處長，時任招商局總經理，3 月改任招商局董事長。

示其方鍼，實一人才也。下午聞季陶[1]已於今巳刻逝世，悲悼無己，乃與兒孫等遊蕭王廟解悶。晚課後，以季陶之喪未能觀劇，早睡。

本星期預定工作課目

1. 俄共現階段對我之政策。
2. 俄共今後主和時之行動如何。
3. 桂系降共時之行動及其結果。
4. 桂系參加聯合政府時之對策。
5. 桂系欲改組行政院時之方針，應先要求其決定和與戰之方針，以及實施方針後再行改組。
6. 令袁守謙[2]來見。
7. 研究黨務制度及其幹部人選。
8. 研究剿匪戰術及軍事制度。
9. 現階段之行政制度之主張。
10. 對桂系之方針及政策。

1　戴傳賢（1891-1949），字季陶，號天仇，原籍浙江吳興，生於四川廣漢。1928 年 10 月至 1948 年 7 月，任考試院院長，近二十年。1948 年 6 月，發表國史館館長，因病未到職。1949 年 2 月 11 日，服藥自殺。

2　袁守謙，字企止，湖南長沙人。1948 年起任華中剿匪總司令部秘書長兼政務委員會委員，東南軍政長官公署政務委員會委員兼秘書長。1949 年春，組織中央軍校同學會非常委員會，任書記。

二月十三日　星期日（望）　氣候：晴　風甚冷

雪恥：據報季陶在昨晨五時猶食麵包，其後至八時始發覺其病症危急，十時乃逝世，並發見其床前有安眠藥二空瓶，是其飲片自殺無疑，此為布雷[1]去世以後所屢為憂慮之事，早恐其步布雷之後而自殺，故屬其家人不可任其服安眠藥，必須移藏他處，不料其家人亦病，無人監察，竟遭此凶耗。平生對余最忠實之兩同志皆服毒自殺，是余不德無能，以致黨國危殆至此，使友好悲絕自殺，其罪愆莫大，然其天性皆甚弱，不能耐怨忍辱，時時厭世，於其個人則生不如死，余亦不甚可惜也。

朝課後寫安國[2]侄唁函，命處理喪葬事宜，派立夫、希曾[3]、緯國[4]飛粵協助也。上午寫順恂公至鳳星公[5]各墓碑及研考宗譜，下午帶領兒孫等往桃坑石鱔罍橫路田更視謁祖墳，回庵後，寫慈橋涵齋及武嶺十景名勝等區。晚課後，以月光澂潔，特往龜山上聽泉觀月，認為至樂，謝主不已。

二月十四日　星期一　氣候：晴　風甚冷

雪恥：昨夜清風新月，又讀「明月松間照，清泉石上流」之句，在慈庵院落中瀠游自得不置，乃再往慈園（即上山公園）獨步龜山上聽泉賞月，一塵不

1　陳布雷（1890-1948），名訓恩，字彥及，筆名布雷、畏壘，浙江寧波人。曾任中國國民黨中央宣傳部副部長、中央政治委員會副秘書長、國防最高委員會副秘書長、軍事委員會侍從室第二處主任等職。1948 年 11 月 13 日，服用過量安眠藥致死。

2　戴安國，戴季陶長子，1947 年 1 月，任交通部民用航空局局長。1949 年卸任。1951 年，成為復興航空共同創辦人。

3　陳希曾，1938 年 3 月起到 1945 年 11 月底止，任軍委會委員長侍從室第一組（總務組）組長。1945 年 10 月至 1948 年 5 月任總統府參軍處總務局局長。

4　蔣緯國，字建鎬，蔣中正次子。1948 年初，時任陸軍裝甲兵編練總處副處長，於南京香林寺創辦「裝甲兵子弟學校」，兼任董事長。7 月升任裝甲兵司令部參謀長。1949 年 2 月，升任裝甲兵司令部副司令。1950 年 3 月，出任暫編裝甲旅旅長。

5　蔣鳳星（1695-1759），蔣中正五世祖，蔣浚明二十一代孫，生於清朝康熙年間，有二子蔣繼某、蔣繼全。

染，潋潋無比。在亂世戰時匪氛鴟張之中，而尚能辭卸職責，且能享此清福，實為平生幸福之最大者也，焉能不感謝慈悲天父之祝福耶。遊覽約半小時乃往宗祠，應桂花樹下宗房之約，觀越劇後，再轉武校觀平劇，王嘯雲館主之技可賞也，十一時回庵就寢。

朝課後記事，批閱函電，對白覆電頗費躊躇，乃以秘書之名代覆之。正午約諸孫子女來庵玩耍，武孫聰明可愛。下午與經兒、孝文等到下坪，即下洪塘，亨相公等墓前相度懋生、應愷二代公墓，以宗譜明載應愷公葬於祖墓之傍，則亨相四支二代公兩墓之外應另有第三墓，但事實上只有兩墓，不知何故。據國鏮姪言，向來北邊之墓有四位席，南邊之墓排三位席，但亨相四支應愷三代皆一夫一妻，果爾則三代合葬亦只有六席，而向有七席何耶，現已無法考據，只可以三代同列一碑也。

二月十五日　星期二　氣候：晴

雪恥：昨下午由下坪回庵，假眠幾乎一小時半，醒後仍懶眠未起，甚覺平靜安樂快活。古鄉美麗可愛無比，四十年來至此方悟人生樂事有如此也，感謝天父不置。讀荒漠甘泉十二月十七日章，所謂得到聖潔的方法就是相信神的兒子：「信能把我〔們從〕罪惡中救出來，信能使我們成為聖潔。」「除了神填滿我心的一切空處之外，我再沒有什麼希望、什麼意志與懸望了。」「聖潔使我們的心能變成神的花園，裡面充滿了佳美的菓子和花卉，享受着暖和的活潑的陽光。」惟此方能表現我之心境也。晚課後在庵點讀宗譜傳記，十時就寢。

本十五日八時前起床，朝課。約見毛人鳳等四人，考慮對桂系政策，希望其不降共、不參加聯合政府、不違反黨紀，則應始終支援之，對共匪不能有所期待，而以阻止其渡江為惟一要務。正午召文、章二孫等午餐後，同遊公唐，再乘汽車經剡界嶺至棠家洲而返。

二月十六日　星期三　氣候：晴

雪恥：昨下午遊覽奉新交界，自剡界嶺經沙溪，在合溪停憩，步登對岸嶺上唐家墳前，森林蔥蘢，溪水清澈，兩溪合流，風景幽雅，瀏覽不忍捨也。再乘車前行，循蹊越嶺直至棠家洲山盡而返，回庵已五時矣。入浴，閱報。晚課後，為章孫十二歲生日設筵祝福也。檢閱宗譜後，記事。

本晨初醒，據經兒稱閻主任伯川欲密來家相謁，准之。朝課後批閱函電畢。正午上雪竇妙高臺，景淨境靜，心懷〔曠〕神怡，無異仙境也。與文孫等午餐後，即在臺上休息後，靜默半小時。四時半伯川到來，即在臺上暢敘約二小時之久，入晚餐敘後再談一小時餘。十時就寢，余自臥西樓，而以東側臥室讓客也。

二月十七日　星期四　氣候：晴

雪恥：伯川對政局意見：一、不可使德鄰無法執行而自逃，亦不可使之放縱無忌而敗壞。二、政治委員會長代理人應在國府與政院之外另選一人，使之能調劑府院不生衝突。三、共匪條件越苛，不與我言和，於我越有利，否則只有大害而無一利也。

六時後起床，朝課，黎明時妙高臺朝氣更覺清明可愛，月色未沉，旭日漸升，松濤泉音倍增朝景，惜乎今日為政塵所纏，又不能久亨〔享〕此清福耳。七時後與伯川在東樓室中對談約一小時半，乃起程下山拜謁母墓後，直赴機場，在車中余告以一切關鍵乃在和與戰的政策之決定，否則整頓紀綱、振作人心皆無從談起，以李致毛匪之函，承認毛匪八條為和談基礎，是政府已無條件投降，如何再能整頓紀綱、振作軍心耶，彼以為然。正午在報本堂聽取正綱、道藩報告。

二月十八日　星期五　氣候：晴

雪恥：昨午聽取谷、張[1]報告，全國幾乎反對孫科，不能再加掩護，此誠抬舉不起之阿斗，為之奈何。下午記事，擬電稿後，與敬之談話，其所報告者與伯川相似，並無別情，惟彼偏聽桂系之宣傳，反對孫、薛[2]，任人挑撥而已，可歎。晚課後，在報本堂聚餐後，觀平劇。

本十八日初醒，沉思立法院地點，仍以廣州為宜，行政院重要部會主官應駐南京，但其機構仍在廣州，至於行政院院長人選由李自決定，不加預聞，答敬之。朝課後約見擴情[3]、詠霓，再約敬之等公開談話，指示方鍼，並以伯川來電之意示之，囑其轉達伯川，余甚同意其與德鄰所談者也。正午即留各友在庵中聚餐，下午三時後與文孫等往遊汪家村，經烏石衖，由鄉人導視落地金釧墓地，其碑為太濤伸如蔣公壽域，究不知為何房之祖，待查。及至唐村外緣，天色將晚，侍者勸回程，不往遊汪家村，故經楊浪溪畸山下而回庵。

二月十九日　星期六（雨水）　氣候：晴

雪恥：昨下午七時回庵休息後，靜默，晚課如常。晚餐後，在校中觀平劇畢，回庵就寢已十二時矣。

朝課後記事，批閱。聞李[4]明日飛穗，白[5]今日來京，並知李將到長沙、桂林，而白對敬之稱：如敬之不擔任行政院長，則白不回武漢。未知此言之意何在，

1　谷、張即谷正綱、張道藩。

2　孫、薛即孫立人、薛岳。

3　曾擴情，原名朝篤，又名慕沂，四川威遠人。曾任陸軍大學政治部主任、中國國民黨四川省黨部主任委員等職。時為立法委員。

4　李即李宗仁。

5　白即白崇禧。

豈其對武漢佔領計畫已成,而乃專心處理南京乎。召見鳴濤[1]等後,約見劉為章[2],談一小時半,余仍以左右部屬待之,直告其李以毛之八條件為和談基礎,直等於投降,何能再言整頓紀律,振作人心,並屬轉告白,切勿再如余當政時任意反抗中央、破壞法令。以現在李當政,白為李之切近左右,應以擁護中央,遵守法令作倡導,以健全中央組織,建立總統威信為要,否則上行下效,何以為人長上耶。劉之行態或純受白之主使而來探視,但余決不以此為疑,乃以坦白應之。正午上妙高臺陪詠霓午餐後,與文孫等先到隱潭廟,依次遊覽第一、第二、第三各潭,經仰止橋休憩後,循御書亭而回妙高臺。入浴,晚課後,晚餐畢,與文孫在臺上閒談。

上星期反省錄

一、抬舉不起、無法輔導的孫科,只念小怨而忘顧大義,為其之故,使對內政策失敗非尟也。

二、今日離叛與加害反對於我者,皆余昔日為情面、為敬愛提攜之人也。如無我提攜,決不有今日之彼輩,亦不致今日有此攜貳與失敗也,豈惟桂系而已哉。此次所受之教訓,政治上只有怨讐,而無恩義可言,殊為痛心。

三、浙省府改組,陳儀免職,以除後患。此人之愚劣至此,忘恩負義,誠勢利之小人也。

四、行政院長問題及立法院地點之爭持,不宜干預。

五、伯川來會,對於大局之研究甚有益也。

---

1 竺鳴濤,1947 年任浙江警保處處長、衢州綏靖公署副主任、浙江警備副司令。1949 年到臺灣,任國防部參議。

2 劉斐,字為章,湖南醴陵人。國防部成立後任參謀次長,1948 年 12 月 30 日免職,後改任戰略顧問委員會委員,1949 年 4 月以軍事顧問身份參與國共和談,8 月在香港投共,事後證明,劉係長期潛伏在國民黨內之中共地下黨員。

六、所謂上海人民代表邵力子飛北平對共匪求和，廉恥道喪，政府之人格掃
　　地殆盡。

本星期預定工作課目

1. 今後訓練之重點，在組織管理與考績。

2. 訓練一般之要旨，在秘密與紀律，即命令與任務。

3. 偵察與互助互監為黨員之基本職責。

4. 訓練之準備：甲、訓練之幹部人選。乙、訓練宗旨及方法之研究。丙、訓
　　練課目分黨政軍教（育）。

5. 宣傳之人選與方鍼，技術及其訓練。

6. 李引退之後果，及注意研究務使其勿退為主。

7. 今後工作計畫之研究與決定。

8. 今後對內對外政策之研究。

9. 今後對重興革命之主張與目標及道路方法。

10. 新幹部、新政策、新精神、新運動。

11. 建立反共革命根據地精神堡壘。

二月二十日　星期日（下弦）　氣候：晴

雪恥：整飭紀綱，實行檢查，惟效用人、惟效繩人，以提高行政效率，此伯
川之意見也。

昨夜酣睡前後足有八小時之久，最為難得。朝課後記事，記工作預定表畢。
與文孫等遊覽臺後飲水池，再循小蹊到雪竇寺西側，巡遊旅行社舊址與四明
飯店等處，再到寺內維摩室，閱寺誌閒坐，出寺遊圓珠峰，回臺候劉司令安

祺來談青島近況，及美國海軍對青島態度與前一變，表示不願放棄，並要求
國軍固守不撤。余以前所擬三條要求，彼不能保證，故對其表示仍擬隨時撤
退之意，亦不願保證其固守青島也。下午與經兒談今後幹部教育計劃，與思
想制度之訓練及政策之研究。晡遊覽飛雪亭、伏虎橋後回，晚課。餐後與經
兒在臺上談話後就寢。

二月二十一日　星期一　氣候：晴

雪恥：一、李代總統昨日飛粵，所可注意者：甲、美合眾社污辱余謀再起，
並以余仍暗中主持軍事與指揮中央銀行運移金銀，仍行使總統職權。此一消
息當為桂系有意宣傳，其將以此為藉口買罪於余，以為其卸責之地乎，抑使
余不敢預聞軍政各事乎。乙、其左右明言只要毛澤東邀約李氏會晤，則李願
赴平會毛云，此最為不解者也。彼豈願為俘虜，充任共匪傀儡，以消滅我革
命力量與歷史乎，不可以不防也。

朝課後記事與上週反省錄。約見沈百先[1]、毛錦〔景〕彪[2]等，談臺灣與新編部
隊及國防部之散漫危狀，可慮。指示臺左梅林補種梅苗計畫。正午文、武、
章三孫及侄孫女來臺午餐後，再往仰止橋經「樂不」處至岩下村，沿途指導
照相、拍攝電影，千丈岩瀑布兩側之壁岩及妙高臺、獅子山各面風景，可說
盡入鏡頭矣，今日攝照最為詳明乎。

下野回鄉至今日正足一月，時局變化尚不甚激劇也。

1　沈百先，1945 年 6 月任水利部政務次長，兼任水利工程學會副會長。8 月抗戰勝利後，
　　被派往臺灣接收水利事業。1949 年應聘臺灣大學教授，時間長達二十四年。
2　毛景彪，號嘯峰，蔣中正內侄。1948 年 5 月任國防部第一廳（作戰）副廳長，1949 年
　　升任廳長，後隨政府到臺灣，在國防部和參謀本部歷任要職。

二月二十二日　星期二　氣候：上晴下雨

雪恥：昨未刻到岩下村後直至溪坑，覓訪其「溪坑龍潭」無着，乃循其方向邁步前進，無徑、無蹊，崎嶇蹭蹬，周回曲折，最後卒在徒壁沙岩下覓獲此潭，其形如第二隱潭，瀑布高度亦有丈餘，其實可稱為第四隱潭也，遊覽徘徊與兒孫輩拍照後，再往第三隱潭，惟經兒與武孫同行，其餘之人皆以乏力未能隨伴同遊也。回至岩下，適單姓婚事，熱烈歡迎，優遇倍至，乃略坐送禮而回，入浴後晚課，記事。

本晨六時起床，霧重。朝課後批閱函電，清理積案。十時由妙高臺出發，經亭下大小晦嶺、馬家灘柱嶺，下金竹到葛竹，正下午二時半也，沿途為兒孫輩指示古跡，講解意義，如晦為朱晦庵經過之紀念與時鳧岩等之形象，到處民眾歡迎，萬人空巷，以一睹為快，尤以亭下與柱嶺下為最盛，其欣快之忱，出於自然，非言可喻，於此乃知鄉人愛戴，民眾仰慕，至今有增無減，共匪雖毒，其如民心未去何。到外家後，訪問母舅與舅母及其新舊屋宇，暢談舊話，遊覽宗祠、學校。晚課後檢閱王氏宗譜，八時半睡。

二月二十三日　星期三　氣候：陰　晚雨

雪恥：一、桂系所謀者三事：甲、急謀除去代總統之代字。乙、急謀求和之出路。丙、除孫[1]改組行政院。

起床猶在黎明之時，朝課畢，未及八時，再翻閱宗譜研考外家歷史，甚覺有益也。朝餐後，即率領兒孫輩赴外王母墓前敬禮，墓碑兩側聯語在二十年冬來謁時，其上下聯倒置，即（音容猶在，精神常存），今已改正，不勝自慰。展謁墓畢，再到賢甲舅父墓前敬禮後，循宗祠及學校視察後，順道巡視裕舅[2]

1　孫即孫科。
2　王賢裕，蔣中正生母王采玉的五兄。

所建之正橋，其橋已建築十有五年，而兩頭之路尚未開通，但其橋已半廢矣，可歎也乎。過橋後視察廟基，其方向南，但其廟後即山，不能擴展矣。九時半即由廟起程，回途經班竹園、金井亭，有王姓者導遊，茶溪龍潭徒步約五里即見廟藐，到廟方見龍潭，余登其潭巔，土名為頭潭，與其正潭相差約三丈許，削壁絕岩，望之凌然生畏，誠值得一遊也。在巔上飲茶畢，回至廟上對觀龍潭，有岩洞如井口，王姓指余曰，此洞即金井也，故其地曰金井洞也，約遊一小時而返。

二月二十四日　星期四　氣候：雨

雪恥：昨午由金井洞回金井亭，在其東塊林中，鄉人為余烤薯煨芋設席，其味甚甜，此真鄉味，津津無窮也。十二時到馬家灘乘筏，經白壁、環潭、馬村，而至亭下廟前登陸，此水道約有二十華里，即晦溪也。雙峰夾溪，風景幽勝極矣，以環潭與白璧〔壁〕間可築水閘發電，故余特往視察，不料其景色之美如此，誠不愧為晦溪矣。沿途民眾隔岸觀望，較昨更眾，其熱烈情緒，不能不為之感激，未知何以報答此盛情，擬以每村允其在武嶺學校收免費生若干名，以增進其窮鄉僻壤之文化也。在亭下乘轎經康嶺乘車，回家已三時，午餐後回庵，入浴，晚課，以過飽不適，乃於八時半就寢。

本日朝課後記事，批閱文件。接見段澐[1]軍長等，此心懸如，以對來訪者輕重厚薄甚難適度也。下午清理積案，手覆妻電後，晚課畢，到校觀劇，丁、王[2]所演三娘教子全部，值得一觀也，十一時就寢。

1　段澐，字湘泉，時任第八十七軍軍長，1948 年 9 月兼代第十七兵團司令，於平津戰役率部突圍，退回江南。駐防浙東、舟山時，派兵救平溪口交警異動。撤退到臺灣後，升為臺灣防衛總司令部副總司令。1954 年以匪諜嫌疑被槍決。
2　丁、王即丁英奇、王嘯雲。

二月二十五日　星期五　氣候：雨

雪恥：一、寧波、福州、廈門各警備司令人選。二、皖南、浙、贛邊區之肅清。三、湯[1]部政工組訓之加強。四、今後工作計畫之設計。五、保密局正、副局長來見。六、召見臺灣財廳長[2]。七、回憶錄目錄之擬稿。八、招商局總經理人選。

朝課後記事，批閱函電。手擬電稿數通，極想以浙東為革命根據地，而以寧屬六縣為着手起點也。下午閱覽各報，召見雲南盧[3]主席代表王晉[4]，並派朱國材赴美留學，此生甚有希望也。晚課後，到校觀劇至十一時回庵，就寢。報載邵力子、顏惠慶已由石家莊見了毛匪回平，同機回平者有傅作義，誠可恥也。此次赴葛竹，經毛家灘有一白髮者在路傍，見余不相識，及余令侍從問其路程，彼始近前曰：余昔在國府任事，卅五年告辭回家。余問其姓名，曰：王昭謀[5]也。在府辦事多年，而余不識其面，故彼亦視余若路人，難怪也，因之余乃對部屬又多得一經驗與教訓矣。

二月二十六日　星期六　氣候：雨陰

雪恥：一、幹部人選之決定與類別。二、政治會議秘書長人選與電告。三、復方舟電。

朝課後記事，批閱電文，研究工作計畫。正午特令文、章、武各孫及芝倫侄

1　湯即湯恩伯。
2　嚴家淦，字靜波，江蘇吳縣人。1947 年 4 月出任臺灣省財政廳廳長，1950 年 3 月出任財政部部長。
3　盧漢，原名邦漢，字永衡，雲南昭通人。1945 年 12 月接替龍雲為雲南省政府主席。1949 年 12 月 9 日，宣布雲南投共。
4　王晉，安徽合肥人。原任第九十一軍軍長，1947 年 7 月調任新疆警備總司令部副總司令，11 月奉派前往組織漢中警備司令部。1951 年 9 月任國防部參事室高級參謀。
5　王昭謀，曾任國民政府文官處文書局書記官。

孫女等午餐解悶。餐後閱報，德鄰已於昨日回京，彼似必欲調換孫科院長職而強何敬之繼任，聞居覺生[1]以黨之元老資格反對其提案，院長應由中央常會推選，如李代總統不依照此程序，而擅提立法院則不合手續，粵中自有異議，且啟分裂之端。此事關鍵太大，成敗存亡所繫，不能不加注重與消弭隱患也。下午視察老三房祠堂基地，只剩一間屋基，極思擴充三間，助資新建，以免本房糾葛。族中小事為習俗所限，以余之身份猶不能解決，則其本鄉社會改造豈不更難乎。回庵，晚課後，與沙孟海[2]談商小宗譜事。

本星期預定工作課目

1. 整頓部隊計畫與教育。
2. 擬聘其陸大畢業建立參謀系統與教育基礎之人才。
3. 臺灣自治運動之研究與準備。
4. 對於要求我出洋與派人代理總裁運動醞釀之消弭。

二月二十七日　星期日　氣候：晴　上午陰

雪恥：朝課後，即率領兒孫輩由武校出發，經石鱔奤至狀元奤，再由狀元奤至鵓鴣嶺腳打尖，其地有小流坑，右有小岩如厂，可容二、三人。適微雨，余即在此岩下與文、章二孫及芝倫等吃炒年糕。過晝合攝影片，乃登鵓鴣嶺，離嶺巔百步又有一石厂，約可容十人，在此休憩笑談，及至嶺巔攝影為紀念。

1　居正，字覺生，號梅川。1948 年參加第一屆中華民國總統選舉。1949 年避居臺灣，任中國國民黨中央評議委員。1950 年創辦淡江大學前身淡江英專。
2　沙文若，字孟海，浙江鄞縣人。曾任國民政府教育部、交通部秘書。1941 年起在侍從室任職。1949 年後任浙江大學中文系教授，浙江省文物管理委員會常委。

原來有一亭今已毀圮,其址猶在。嶺上北可望張家岙、李家岙,南可望武嶺,此為鄞、奉交界之處。向北下行,在張家視察青年救國團住、食、衣等問題,乞丐教化之不如也,痛心極矣,何以救國,何以革命。由張家經麻廠、魯王、張武子廟、偃鎮亭至金陸,乃折而南行,一路山青水秀,土肥民阜,甚為欣羨。由金陸乃上青修嶺到上青修,下降至下青修,其地只有二、三茅屋,並有一庵已毀圮,此地決非可住之地,更非發祥之地,難怪仕修公遷至武嶺,而不願久居也。由下青修上坡登山至封嶺岙,其路亦崎嶇,再至封嶺岙腳已五時餘,今日足行五十餘里程,回庵,入浴,晚課。

二月二十八日　星期一（朔）　氣候：晴

雪恥:昨晚以中國劇團為在此最後一日之演出,故如約觀劇,並請三房下各家老太太同觀,以示欣慰同樂也。十一時後回庵,就寢。

本晨朝課後,約見江西方主席後,即與叔銘、經國起程徒步經上白岩至竹林庵遊憩片時,乃上名山坑龍潭經龍樹庵前進數百步,崎嶇不易行,跨坑至潭,其上下兩潭相連,其水清澈可見底蘊,惟其瀑布不大,其潭形亦不如隱潭與茶溪之奇僻也。遊覽半小時回,原路上名山坑巔,足有十里陡路也,龍樹庵地處坑邊,其址雖狹小但幽靜可居,且瀑聲甚壯,實一可培修之區也。由名山缺口至中峰村已將十三時,乃即在中峰打尖,與村中老幼談聞溪口玉泰故事,甚樂也。由中峰至向陽崗已十四時半,在舊廠基午餐畢,遊覽其前面山水共有四個大池,甚想重新經營,構築為終老之所也,經柴狗岩下循東岙至妙高臺,與安國、緯國談季陶葬事後,晚課。

上月反省錄

一、美國國防要員在東京會議視察青島後，改變其駐青島美國海軍撤退之計畫，並要求我國軍固守青島，此一轉變乃美國對西太平洋及中國之戰略將取積極態度乎。

二、美國至不得已時放棄日本防禦之新聞，此乃美國幼稚無見之一種表現，當不能成為事實。

三、在理言共匪渡江南侵，對其戰略與政略皆違反其原理，但有幾點原因始亦有南侵之可能：甲、俄國為封鎖東北與建立其華北之外衛，使能確實掌握，以及國際情勢如果北大西洋美歐同盟實現，則俄有壓迫共匪南侵使我華南擾亂破壞，以免美國利用，一面則可壯其共產國際在亞洲之聲勢，以補其在歐洲之失敗。乙、打破南京劃江而治之主張與夢想。丙、共匪渡江後，長江防線突破，使美增加其對我軍之悲觀，打破其援華之想念。

四、余幼年十三歲春至葛竹外祖母家就姚宗元[1]先生讀書，迄今正五十年，再赴舅家拜訪，適為春季，追憶往事，不勝依依，上帝賜我幸福能不自勉。

五、邵力子任民眾代表赴平求和，廉恥道喪極矣，季陶觀人殊有卓見，自愧不聽其言也。

六、本月在家遊覽古鄉山水，視察民情，凡昔日想遊而無暇，以及少年已遊而不在其意者，尤其舊歷年節與元宵更覺此情此景之難得而可貴，一如上帝特賜余下野享此幸福也，故時時感謝上帝，而反以出山為慮矣。

1　姚宗元，浙江奉化人。蔣中正幼時在外家葛溪王溯源堂從讀之塾師。

蔣中正日記

Chiang Kai-shek Diaries

三月

蔣中正日記
Chiang Kai-shek Diaries

蔣中正日記
Chiang Kai-shek Diaries

民國三十八年三月

本月大事預定表

一、對共匪新政協之研究。

二、共匪由新政協產生聯合政府之對策。

三、聯合政府產生後之行動準備。

四、臺灣地會與反共名稱之研究。

五、對俄之謀略與政策。

六、整黨造黨之方鍼及具體方案。

七、黨、政、軍、教失敗之檢討會議。

八、提高自覺紀律。

九、加強學習風氣，訓練黨、政、軍戰術技術。

十、熟練迂迴、包圍、截斷、割裂、隔離、消滅敵人的戰法和工事。

十一、協助地方黨政，發動與組訓群眾。

十二、加強營團以上的政治與主義教育。

十三、克服經驗主義與思想方法。

十四、肅清官僚主義的領導作風。

十五、健全軍隊、黨的組織與黨委制度。

十六、加強全黨、全軍的統一性與紀律性。

十七、克服一切無政府、無紀律現象。

十八、利用休整期間，進行嚴格的紀律檢查。

十九、注重深入的階級教育，以養成自覺遵守紀律的習慣。

二十、加強政策教育，把執行政策與遵守紀律的程度優劣，作為查過的重要
　　　條件之一。

廿一、工作的做法與各守崗位及互助合作的精神。

廿二、教育與宣傳的綱要。

三月一日　星期二　氣候：晴　寒

雪恥：昨晚在妙高臺，聽取叔銘報告空軍周至柔最近之思想、言行，其離奇
謊〔荒〕謬，誠非意想所能及。此乃人事制度未定，任職太久，信任過專，
故一有局勢變遷，其野心與自私之情態乃不禁而發也，於此又使我多得一經
驗矣。以周平時之忠實與我廿年之培植，可說由余夫妻救活其生命者，而今
竟如此，則其他可知矣。話至十時，就寢。

本晨朝課後，與叔銘遊覽西坑廟下之瀑布，沿途照相取樂。自寺右循蹊前進，
至爆〔瀑〕布處約三里許，其幽雅無比。及至爆〔瀑〕布腳下，認為雪竇幽
勝以此為最，而千丈岩瀑布則雄壯之勝也。回途巡視寺內，駐軍無教育無智
識，自愧軍事教育之失敗，恥痛極矣。下午四時後，到仰止橋與經兒觀瀑布，
攝電影，以今日水大瀑雄，攝影必勝也。回臺批閱函電，入浴。晚餐後晚課，
靜默畢，十時前睡。

三月二日　星期三　氣候：晴

雪恥：朝課後，據經兒接叔銘電話，稱海軍旗艦重慶號已被共匪運動，逃泊
在煙台港內，預定本日派機轟炸。此為我海軍之奇恥大辱，誠無顏以見世人，
更無顏以對英國贈此艦之厚義也。預料敗事者必桂永清，今果驗矣。此責固
在辭修知人不明，而余既知其不行，而又不早自決心撤換，今已悔莫及矣。

惟亡羊補牢，應思有以防其後也。余對陸、海軍之灰心絕望已極，在下野之前，本已作為被人消滅之劣品，故亦無所惜也。上午約見鄞、慈、鎮、餘、奉[1]各縣長等，詢其地方匪情與防剿之道後，與兒孫輩往遊徐鳧岩。先到卅六灣視察苗圃，再經西坑橫田塍直下瀑布岩腳，董村農場之上，其道路修整寬大，聞係竺啟華[2]之父所修築，甚難得也。在瀑下之橋上遊憩野餐，瀑布美麗瀟洒，悠揚飄蕩，其態勢千丈岩之爆〔瀑〕所不及也，然而雄壯高大則千丈岩勝於此耳，其高度約為千丈岩三分之二，不下六十公尺乎。二時半文、章諸孫等經董村回家，余與經兒等仍回原路，登岩巔，遊徐鳧岩橋，在橋下盤桓甚久，到廟與鄉人談話後乃回。

三月三日　　星期四（禊辰）　　氣候：陰　微雨

雪恥：昨申刻回妙高臺，約見胡時淵[3]、徐之〔志〕道[4]等畢，入浴，晚課。閱報，重慶艦已入煙台港內，復回無望，只有炸沉而已。共匪之所以不將此艦潛逃大連與旅順港者，其必為俄人所拒，以其目標太大，若其逃入該港，恐為我空軍轟炸，引起中俄戰爭乎。然此艦逃投於匪方，即使被我炸沉，亦無顏以對英人之厚誼。桂永清之昏亂，若不請求治罪或自戕，其誠無恥之極矣。朝課後批閱文電，記事畢，李惟果[5]來訪，報告其在京所聞的所謂上海人民和

1　鄞、慈、鎮、餘、奉各縣即鄞縣、慈谿、鎮海、餘杭、奉化。
2　竺啟華，浙江寧波人。曾任國民政府參軍處警衛室侍衛官，後轉調傘兵司令部，來臺後任傘兵總隊第二團團長。
3　胡時淵，時為招商局副總經理，3月升為總經理。中共渡江後，留在上海，並策動香港招商局十三艘海輪投共。
4　徐志道，字致陶，1946年任交通警察總局副局長；12月任浙江省第九區行政督察專員兼保安司令。1947年膺選行憲國民大會代表。1949年春，任國防部保密局局長。1950年5月調任國防部高級參謀。
5　李惟果，四川南充人。1948年5月至12月，任行政院秘書長。1949年2月，任駐華盛頓遠東委員會大使級代表。1952年5月，因駐遠東委員會代表團裁撤，同時免職。

平代表團邵力子等，與共匪在北平、石家莊所接洽的經過。最可注意者，匪問：一、蔣某下野，仍在幕後指揮政、軍。二、李某有否力量代表政府。三、對美國外交如何等語。下午禮卿與文白來訪，報告京中近情，並攜李函來請示。其重要者：一、和平條件及其限度。二、行政院長易人問題。前後約談四小時之久，晚課如常。

三月四日　星期五　氣候：晴

雪恥：吳鐵城托李惟果來告，望余早日出洋，而將國民黨總裁推元老一人代理云，彼又對孫科極端詆毀，以為非倒不可，其實彼已被桂系所買，想代孫組閣。此賊不僅賣黨賣友，而且認賊作父矣。

朝課後，在臺前與禮卿談經濟為政治之中心，而匪區社會經濟之破壞更甚，今日乃自食其果矣。上午約見惟果與宣鐵吾[1]後，乃同吳、張、李、宣[2]經崖下坡至仰止橋觀瀑，復經隱雪橋基，到第三隱潭遊覽，即在潭前打尖，約憩一小時。攝影。仍循原路登百步階、沐家灣，經御書亭回妙高臺休息。晡與吳、張談話，研究匪方與邵力子等談和結論，認為其本身有和平之需要，及其渡江後各種之顧忌。以俄國政策，根本不願共毛之渡江，與英、美勢力接觸，更不願其統一中國，否則俄必不能控制共毛也。晚課後聚餐畢，與吳、張談對黨的方鍼，十時就寢。

1　宣鐵吾，字惕我，1948 年 9 月任綏靖公署副主任，浙江省政府委員，京滬杭警備總司令部副總司令。1949 年夏往香港定居，後轉赴臺北，曾任南山工商職業學校常務董事。
2　吳、張、李、宣即吳忠信、張治中、李惟果、宣鐵吾。

三月五日　星期六　氣候：雨帶雪子　晡晴

雪恥：一、共匪內定召開數百人擴大之新政治協商會議，想以全國各階層代表勢力在會場中壓倒本黨，再以此會名義組織聯合政府之計畫，不能不預籌對策。如我黨不參加該會，或先參加而後退出，不承認此會，若果桂系竟承認並參加聯合政府，三種結果皆應研究。

朝課後與吳、張[1]檢討外交之經過，文白以此次失敗，以外交為失敗之總因，與余同感，實得我心。惟美國幼稚，為英玩弄而不知，其在遠東之外交，以余之失敗，俄共勝利，即為美國根本之失敗，彼馬[2]猶未覺悟也。余認我國外交，應以印度與日本之聯繫親善為惟一之根本政策也。下午研討共匪擴大新政協，組織聯合政府之陰謀，尚無制止對策。約見高吉人[3]等三人後，晡與吳、張觀瀑遊寺。晚課後餐畢，與吳、張研討對桂系之方鍼，余始終對其打成一片為宗旨。十餘年來，對白[4]推心置腹者亦為此也，惟彼桂不知大體，一片苦心復為其澈底打破，何耶。

上星期反省錄

一、海軍重慶號旗艦逃投共匪，其原因以調換艦長初到，桂[5]又令舊艦長仍留艦中協助新任，而且日前裝載現銀卅萬圓於該艦，因之舊艦長突起惡念，自動投匪。而桂永〔清〕昏昧疏粗，毫不組織，亦無防範，屢戒不聽，鑄成此奇恥大辱，此亦辭修知人不明之應負其第一重責。余則明知桂之

1　吳、張即吳忠信、張治中。
2　馬即馬歇爾（George C. Marshall）。
3　高吉人，1948 年 10 月任第七十軍軍長、第二兵團副司令官；11 月參加徐蚌會戰。1949 年 1 月被俘後逃脫往福建，任第五軍軍長；8 月到臺灣。1950 年任金門防衛副司令官。
4　白即白崇禧。
5　桂即桂永清。

不行，而乃任其所為，不加注意，亦不能辭其咎耳。

二、重慶投匪固為海軍之奇恥，而空軍覓獲其停泊於煙台港內足有三日，及至第三日方派轟炸機四架往炸，不中，乃使該艦逸去無蹤，更為可恥。此必避入旅大無疑，恐不久改裝後，即潛航北韓為慮，故懸重賞，勒令空軍必須覓獲該艦，炸沉而後已也。

本星期預定工作課目

1. 中央與地方政治制度與組織之研究。

2. 黨務進行方案之研究：甲、整理，乙、改造，丙、新生，三方鍼，整理現狀，籌備新生。

3. 與桂系黨、政、軍基本方式之方案。

4. 中央黨部與各部長之駐地問題。

5. 宣傳方鍼與計畫及組織。

6. 各部門人才選擇之名單。

7. 政治委會秘書長。

8. 毀憲之聯合政府組織時之行動與方鍼。

9. 浙江清剿計畫之研究。

10. 基本工作與地點之起點。

11. 空軍與海軍主管官之人選。

三月六日　星期日（驚蟄）　氣候：晴

雪恥：一、如何消弭桂系反蔣惡念與惡意，以達成團結對共目的。

朝課後記事，與吳、張在臺前談話，以禮卿不適，故遊覽徐鳧之計作罷。約見謝然之[1]、徐佛觀[2]等，談香港宣傳情形後午餐。下午約見魏濟民[3]、沈宗濂[4]與王叔銘，空軍轟炸煙台港內所泊之重慶不中，仍被其次日逃逸無蹤，認為空軍莫大之恥辱，而周至柔習以為常，不知責任所在，痛憤之至。乃對叔銘斥訓之，令其轉告至柔，使之知恥負責也。余對陸、海、空軍至此皆絕望矣，徒增恥辱與悲痛而已。聞南京救國日報[5]對余大肆攻訐，非驅余出國不可，於是衛戍司令勒令其停刊，並扣押其主筆，聞之憂惶。桂系不識大體，逼迫我忠勇將士，憤痛難遏，茫茫前途，不知被桂系敗壞至如何地步為念。晚課後記事。

三月七日　星期一　氣候：晴

雪恥：革命紀律與黨德，全為桂系軍閥掃地殆盡，白[6]逆之罪惡更大，民族與國家不幸遭此劫運，不知何日方能超脫耶，上帝盍不從速拯救此可憐之國族也。

朝課後，與叔銘談海、空軍現狀及其主管者，不勝憂惶之至。十一時與吳、

1　謝然之，字炳文，浙江餘姚人。1949 年到臺灣後，接任《臺灣新生報》社長。
2　徐復觀，原名秉常，字佛觀，後由熊十力更名為復觀，湖北浠水人。曾於軍事委員會委員長侍從室工作。1949 年於香港創辦《民主評論》，並擔任主編。
3　魏濟民，歷任海軍官校教育長、校長，1949 年 2 月將海軍官校由青島遷抵廈門，5 月在上海被捕，1951 年 9 月 7 日以陰謀變更國憲等罪名判刑，經陳情重審，12 月 27 日獲判無罪。
4　沈宗濂，曾任國民政府蒙藏委員會駐藏辦事處處長，時任上海市政府秘書長。
5　《救國日報》（龔德柏）被封事件，參見 3 月 12 日後「上星期反省錄」。
6　白即白崇禧。

張[1]、王（東原）[2]往遊徐凫岩瀑布，十二時半到達其岩下橋畔，皆以為其美麗奇別，世無其比。張謂康有為[3]七十國遊記，黃山第一，美國之黃石公園第二，余以為可惜康未遊雪竇與徐凫耳，此乃作者皆好為意斷，而不知世界事物之繁盛，不能以一得自足也。二時起程，經農場，望瀑布頂上之山景與橋洞，更覺其勝也。在農場附近，尚有可經營建築之地，其西南方路傍之高坪約半畝許，如能建亭望瀑，則更妙矣。

三月八日　星期二（上弦）　氣候：晴

雪恥：昨下午由董村農場南下，經姚家與董村，皆沿途鳴爆竹歡迎，其情之誠摯，殊難忘懷。在董村下轎，參觀其學校與啟華家中之茶站與祖祠，對沿途歡迎者一一答禮。董村分為上下四村，其環境甚幽雅也。四時到亭下乘筏，五時到慈園，即公園上岸，送客至涵齋後，回慈庵閱報，入浴。餐後晚課，十時睡。

本（八）日朝課後記事，約見李良榮[4]、王新衡[5]、毛瀛初[6]三人。務令空軍覓獲重慶號艦，不惜犧牲，不顧一切，予以炸毀，懸賞現銀拾萬圓也。正午約吳、張來庵聚餐，張提本黨非常委員會之組織與運用，頗有見地，惟其地點頗難，

1　吳、張即吳忠信、張治中。
2　王東原，名修墉，安徽全椒人。1948 年 8 月任戰略顧問委員會委員。1949 年來臺後，籌備革命實踐研究院，並兼總裁辦公室第三組主任。
3　康有為（1858-1927），字廣廈，號長素，廣東南海人，人稱康南海。
4　李良榮，號良安，福建同安人。1948 年 9 月，任福建省政府主席。1949 年 2 月，改調福州綏靖公署副主任，7 月旋任第二十二兵團司令。8 月奉命進駐金門佈防，10 月任金門防衛司令官，旋以備戰不力為由，調回臺灣，改任東南軍政長官公署訓練團副團長。
5　王新衡，字子常，浙江慈谿人。任第一屆立法委員。1949 年 5 月上海棄守，銜命赴香港，擔任中國國民黨南方執行部籌備委員、代主任委員，1950 年 10 月 1 日遭人狙擊，11 月回臺療養。
6　毛瀛初，1946 年任航空委員會參謀處副處長，1949 年隨空軍撤退臺灣，1950 年 4 月調任空軍軍官學校校長。

應以總裁所在地為準也。下午約見袁守謙、馬惇〔敦〕靜（鴻賓子）[1]，白托袁帶函要求余准其來奉謁見也。此輩惟利是圖，感化無望，但若拒見亦非合理，應研究之。禮卿接德鄰電話，以哲生辭職照准，彼擬提敬之、孟餘[2]、伯川、覺生、鐵城，屬余決選其一人，可歎。

三月九日　星期三　氣候：晴

雪恥：昨晚約袁、馬、高（吉人）、李、王[3]等在慈庵聚餐。客去後，晚課如常，十時半就寢。

本九日六時後即起床，朝課，指示經兒赴滬應辦各事，以勸吳國楨不可辭市長，並調解吳、湯[4]間軍與政隔閡之事，便訪胡適先生也。上午批閱文電數十通，清理積案。正午約吳、張[5]來庵聚餐，研討行政院長人選與和談代表問題，余甚不願以余有關者多任代表耳，李[6]以何[7]任行政院，余亦不願何當其衝，僅勸其任國防部長，而院長仍屬吳鐵城，明知其不宜，且其不應繼哲生之後任，然此外亦無適當之人耳。下午與吳、張、袁[8]往遊岳林寺及下塔院，

1　馬敦靜，字平山，甘肅蘭州人。馬鴻逵次子。1946 年任整編第十八師師長，1949 年 5 月升任寧夏兵團司令官，6 月 2 日任寧夏省政府（主席馬鴻逵）委員，8 至 9 月指揮馬鴻逵部四個軍，佈置防線，企圖阻止共軍北進，後被擊潰。10 月 14 日退往臺灣。11 月 15 日因作戰不利被免職。

2　顧孟餘，字兆熊，河北宛平人。1948 年 5 月至 6 月擔任行憲後第一任行政院副院長。1949 年定居香港，創辦《火道》雜誌，後定居美國，並受聘為總統府資政。

3　袁、馬、高、李、王即袁守謙、馬敦靜、高吉人、李良榮、王新衡。

4　吳、湯即吳國楨、湯恩伯。

5　吳、張即吳忠信、張治中。

6　李即李宗仁。

7　何即何應欽。

8　吳、張、袁即吳忠信、張治中、袁守謙。

又展謁淡游[1]之墓。在其山莊休息後回家,在報本堂茶點畢回庵。入浴,晚課後,約吳、張聚餐,研討行政院長問題,以敬之堅不願任國防部長,未知其究為何故耳。翻閱宗譜,甚樂也,十時前睡。

三月十日　星期四　氣候:陰　晚微雨

雪恥:一、對黨改組過渡之辦法,決組非常委員會,以二十人至卅人為限,應以常委中遴選之。二、對黃埔學生組織之方案。三、普通組織以政治學校訓練團與高級班學員為基幹,此三個組織之幹部當從速選定,召集討論實施之方案。

朝課後,寫敬之、德鄰與崇禧三函,並電夫人,祝其五十足壽也。九時後,禮卿與文白來庵,告敬之電話,堅決拒絕,不參加行政院,並聞德鄰昨夜二致電話於敬之,皆不之理,其副官接話者亦語多不敬,因之德〔鄰〕表示憤慨,未免太過也。十時送吳、張至櫟社機場,屬其經杭,勸何入閣。正午回武嶺,巡視武山廟與學校,及至報本堂略憩後回庵。下午記事及反省錄,為妻預備壽筵,邀請利房下諸老太太聚餐也。閱宗譜贈言志,至胡宗南祝文完。晚課後,與守謙聚餐談話。

明日舊歷二月十二日,余妻生日。

1　周淡游(1882-1919),蔣中正同鄉好友。1906 年東渡日本,入東京警監學校,與陳其美相交,得識孫中山,加入中國同盟會。並介紹蔣中正認識陳其美。1911 年 11 月參加上海光復之役。1913 年追隨陳其美參加「二次革命」。1915 年謀劃行刺上海鎮守使鄭汝成,參與肇和艦起義。1918 年冬,奉孫中山之命任四川庶政。1919 年 5 月 5 日病逝。歸葬家鄉錦屏山麓,蔣中正親題「周故同志淡游之墓」。

三月十一日　星期五　氣候：雨　下午陰晴

雪恥：昨晚與企止討論黃埔組織要旨後，濟時報告接白電話，明日欲來溪口謁見，令余甚難置答。本晨屬俞，答其在此行政院改組之中，不便會見有軍、政關係之來賓，待改組完成後，再行約期相晤，但彼仍欲來見，何其謙耶。既知今日，何必當初。余仍卻之。

朝課後記事，為妻祝壽，指定宴客名單。批閱公文，翻閱宗譜，凡鳳元公文字及其贈言諸篇，皆擬誦述一過。此位不惟於我蔣譜有功，其言行皆可敬也。正午到報本堂宴客，祝壽，昔年同輩之嫂媳，今皆年老，不能辯〔辨〕識矣。宴畢攝影後，觀對河砌石之工，已繼續進行矣。下午與謝然之、徐佛觀談黨務與革命方略後，再回報本堂宴客吃糕，回庵。晚課後，召集全家子孫侄媳等，在庵中宴會祝福後，觀劇，十二時睡。

三月十二日　星期六（植樹節）　氣候：陰晴

雪恥：據報吳、張、顧、白[1]等到杭邀敬之出任行政院長，始則堅拒，終至允就，私心略慰。如其不就，則李將命居正組閣，更為危敗矣。此老真昏庸奸滑，不知其羞恥者也。敬之無主見無定見，甚為將來和談成敗時任人利用，甚至一走了事，而不能擔當難關為可憂耳。

朝課後，約見洪蘭友[2]與唐縱[3]後，同謁母墓，再上山巔遊覽風景。回庵聚餐後，乘車到寧波，參觀天一閣圖書，此乃久仰之事，今始實現，亦一幸事。余以為該閣必宏敞偉大，不料其為一幽靜雅逸之地，如在古時，則誠為一讀

1　吳、張、顧、白即吳忠信、張治中、顧祝同、白崇禧。

2　洪蘭友，江蘇江都人。1948 年 4 月，出任第一屆國民大會秘書長，12 月任內政部部長。1949 年 9 月卸任內政部部長。

3　唐縱，字乃建，湖南酃縣人。1949 年原任國防部保安局局長，4 月任內政部政務次長，8 月任總裁辦公室第七組組長。1950 年 9 月，任中國國民黨中央改造委員會第六組主任。

書之地，余意亦甚適也。回途順道入竹洲縣立中學遊覽一匝，乃與經兒至畸山小學巡視後，直回慈庵。入浴，休息，閱宗譜。晚課後，約袁企止晚餐，指示其對黃埔同學組織方鍼及努力之道，甚望其能自強不息也。

上星期反省錄

一、南京救國日報（龔德柏[1]主筆）以蔣不出國則救國無望等之標題，對余連日攻訐，其文中荒謬之論調，又皆為桂系與劉為章平時故意捏造之謬論，是其受桂系之指使無疑。尤其可痛者，當吳、張[2]來訪之前三日，桂系特告美國合眾社記者，發表張、吳來訪是為勸余出洋之消息，並暗示吳、張即為勸余下野最有力之人，以示余之下野為被動而非自動之意。其用心之險可知，如何能使之覺悟改正，而不為共匪所利用也。

二、立法院攻擊孫科之猛烈，非使之辭職不可。哲生不知自愛，亦無法維持，不得已而辭去，此乃桂系第二之目的又達到矣，惟不知如何持其後耳。

本星期預定工作課目

1. 行政院長問題，如果敬之組閣，則其副院長人選切屬其注意，總不令桂系黃紹竑〔竑〕[3]充任，以中其奪取行政院過渡之陰謀也。
2. 研究革命復興之組織及其人選。

1　龔德柏，1946 年復刊《救國日報》於南京，宣揚行憲反共，助李宗仁與孫科競選副總統。1948 年被中共列為戰犯之一。1949 年初赴臺灣，任國大代表和光復大陸設計研究會委員。

2　吳、張即吳忠信、張治中。

3　黃紹竑，又名紹雄，字季寬，1949 年 4 月為政府和平談判代表團代表。和談破裂後去香港，8 月 13 日通電脫離政府。9 月應邀出席中共政治協商會議第一次全體會議。

3. 研究革命第二期之理論與運動方案。

4. 嚴督空軍覓獲重慶艦，予以澈底炸毀。

5. 政治會議秘書長人選之決定。

6. 本黨整頓第一步方案，組織二十至三十人之非常委員會，建立領導中心。

7. 遊覽青蓮寺。

8. 今後革命運動經費之籌措。

9. 訓練幹部機構及地點之注意。

三月十三日　星期日　氣候：晴陰

雪恥：一、覆子文信。二、對澳洲與加拿大外交之部署。三、農民銀行董事長派鴻鈞代理。四、新行政院副院長及各部長人事之研究。

朝課前，與敬之通電話，彼甚猶豫模凌〔稜〕，殊為可慮。若任其將來與反動派沆瀣〔瀣〕一氣，被人笑話，不如勸其不出也，但在和談未定以前，則又不能不與桂系聯繫，此中關係應詳加研究也。朝餐後，約見鴻鈞，敘談甚歡。十時後與鴻鈞、經國等往遊青蓮寺，經方門，在山陰嶺下車乘轎，經鳴岩、黃家嶺、孫家塔至沙墩頭而達青蓮寺。殿宇衰落，僧人愚俗無比。青蓮本與雪岳並稱，不料其隘陋如此。在其後殿過書，巡視一匝。將起程時，適有沙墩蔣姓攜其宗譜來見，閱之，其祖先為邦才公，注云浚明公[1]之子，但余譜浚明公子，無邦才其人，抑或為瑰公之字乎。順至其祠中敬祖而回。

1　蔣浚明，字顏昭，宋明州人，遷奉化縣禽孝鄉三嶺。北宋神宗時，拜大理寺評事，陞尚書部員外郎，御賜金紫光祿大夫。其子蔣璿、蔣琉，皆登進士。

三月十四日　星期一　氣候：晨雷雨　下午陰

雪恥：昨下午由沙墩頭敬祖後，聞其總祠尚在葛嶴，離此僅五里，乃不循上午原路，而另行新路出葛嶴。其村落約二百餘戶，而蔣姓獨占其半，其祖廟皆頗精潔廓大，特進祠觀光。族人出示其民國二年之宗譜，較之沙墩所見者為詳也，聞鳴岩亦有其同系者數十戶云。閱譜後起程，經安山廟、依口金地寺而至杜家，乃登車直回慈庵。入浴，晚課後，與鴻鈞聚餐談話。

朝課後約見鴻鈞，商談農行事。辭去，批閱文電。正午約葉青即任卓宣[1]、沈昌煥[2]等，商談本黨今後組織與理論及政治運動等事，與袁守謙談黃埔同學組織方案。下午清理積案後，到報本堂與國彥[3]姪研究亨房下江、淮、河、漢四房及其鳳元公孝、悌、忠、信各系派科第與各舊住居宅頗詳，直至九時半考明。晚課，十時半睡。

三月十五日　星期二（望）　氣候：朝晴後陰

雪恥：一、對黨、政、軍各部份負責主任之遴選。二、訓練與宣傳人選之決定。三、黨務經費之籌措。四、海軍主管人選及整頓之督導。五、約雪艇來見。六、改組保局。

朝課後記事，批閱電文，手擬覆果夫[4]與子文電稿，並擬中央執監常會加強辦法。西山會議派與改組派，不念其往日本黨寬容之大度，而反成今日破壞革

1　任卓宣，原名啟彰，筆名葉青，四川南充人。1920 年代加入中共後又反共，成為三民主義理論家。1949 年 1 月中共公布的第二批戰犯名單中之最後一名。7 月任中國國民黨中央宣傳部副部長。1950 年 3 月改任政工幹校教授、政治研究所主任。
2　沈昌煥，字揆一，時任行政院新聞局局長，1950 年 3 月任中國國民黨中央宣傳部副部長。
3　蔣國彥，浙江奉化人，蔣中正堂姪。
4　陳果夫，名祖燾，字果夫，以字行，浙江吳興人。1948 年 12 月因病遷居臺中休養，時任中國國民黨中央財務委員會主任委員（先後由副主任委員徐堪、俞鴻鈞代理），並任中國國民黨中央評議委員。

命之仇寇，只記舊恨，乘機報復，尤以居正、鄒魯[1]不知其死日之將至，而專謀其官位之競進，不顧黨國之存亡，更為可痛。正午約見萬耀煌與熊笑三[2]，聽取熊對永、宿間戰區突圍實情之報告，可知一般高級將領待死、待俘之心情，而毫無奮鬥自救之精神，聞之只有悲慘恥辱而已。下午到母墓供花後，巡視自毛家祠堂後山坑殿上王家，經周氏祠至後牆衖入豐鎬房後門，布置先慈易簣室，再與國彥在報本堂研究宗譜，始知明代元房文風最盛，人才亦多。及至清初，乃由亨房、元房派一驪公輩兄弟四人皆入泮，代之而興也。回庵，晚課。餐後到報本堂觀電影。十一時回庵，入浴。

三月十六日　星期三　氣候：陰雨

雪恥：昨夜八時後，到豐鎬房衖口沿溪觀月，實有仙境在此之感。月光潭影，山河美麗，幽秀無比。循溪東行，登樂亭舊址，遠眺山色，靜聽溪聲，恍入仙境矣，乃在涵齋右前方平臺上漫游，休憩片刻，回堂觀電影。

朝課後記事，批閱文電。近日匪部有力部隊，集結在合肥巢縣及蕪湖對岸。如匪渡江，必將由蕪湖上游先佔皖南，擾襲浙贛路之衢縣，此為我軍最大之弱點也。審閱經國重整革命之初步組織意見書及謝然之方略，皆可用也，惟各部主管人選甚不易選為慮。下午約見謝、徐、任、沈[3]等，研討組織與宣傳事。五時前哲生與其子阿炳[4]來溪口謁見，於涵齋敍談甚洽，晡回庵。晚課後，約哲生等來庵，暢談時局與黨務，約三小時別去。十時半就寢。

1　鄒魯，字海濱，廣東大埔人。1946 年任監察委員。1949 年 7 月參加廣州召開之非常會議後，經香港到臺北，任中國國民黨中央評議委員。

2　熊笑三，字肅三，號筱珊，1948 年 4 月任整編第五師副師長。9 月，接任第五軍軍長。1949 年 1 月 10 日在徐蚌會戰陳官庄戰敗突圍成功，逃往香港謀生。

3　謝、徐、任、沈即謝然之、徐佛觀、任卓宣、沈昌煥。

4　孫治平，孫中山長孫、孫科長子。上海聖約翰大學畢業。

三月十七日　星期四　氣候：陰

雪恥：一、政治會議秘書長決派禮卿繼任，副秘長人選應由哲生推荐或另選陳方[1]亦可。二、中央訓練團與陸大移駐漳、廈。三、約徐培根[2]來見。

朝課後閱奉化縣誌，甚擬一訪鮚埼亭與鄞城舊址也。記事後，陪哲生謁母墓。回庵，與哲生談話二小時畢，同到報本堂聚餐。下午與哲生等遊千丈岩與妙高臺，在雪寺與興年和尚談話、茶點，四時後由寺下山回庵。入浴，再閱縣誌，晚課畢，到涵齋陪哲生晚餐後，談話一小時。回庵，十時就寢。

據報，重慶艦今日已在葫蘆島為我空軍覓獲，但願上帝佑我，能使此艦歸來，否則能為我如計炸沉，使免終身憂恥也。

三月十八日　星期五　氣候：晴

雪恥：一、臺灣遷駐中央政府之手續。二、福州、廈門工事之趕築。三、三年生聚，三年教訓之方案。四、浙江自衛據點與方案之擬定，溫州、海門、定海與鎮海之部署。

朝課後，約見李叔明[3]商談農明〔民〕銀行代理董事長問題，與葉青談宣傳理論，彼有見解之學者也。十時到涵齋，送哲生上車後巡視學校，遇叔明等，乃回報本堂先妣易簀處，布署休憩室畢，由後牆衕經老樊家、江家至溪西廟前三房輾坊，轉馬夫廟出，上王家，至唸魚山前上車回庵。此路在幼年時常行之道，今已久不行矣，甚難得也。批閱電文。正午湯總司令恩伯由京飛來，

1　陳方，字芷町，曾任軍事委員會侍從室第四組組長，戰後先後擔任國民政府政務局局長、總統府第二局局長。1949 年辭去所有公職，南下廣州及香港，專心作畫。

2　徐培根，字石城，抗戰時為第五戰區參謀長，輔佐李宗仁，後為白崇禧的參謀長。1949 年來臺後，先後擔任國防大學校長、國防研究院教育長。

3　李叔明，抗戰勝利後任中國農民銀行常務董事兼總經理，並兼中華書局董事、四聯總處理事。1948 年兼任中華書局總經理。 是年秋，以體力不支，請假赴美治療，翌年獲准辭農民銀行職。

報告部署甚詳，余對其固守上海仍甚同意，但皖南薄弱，甚為可慮，只有戰術與方略上圖補救耳。下午清理積案，研究徐佛觀重興方案。晡登巔遊覽，晚課。

三月十九日　星期六　氣候：陰雨

雪恥：昨晚閱縣誌、四明山記及黃黎〔梨〕洲[1]九題考，於是再覓石窗之意油然而興矣。又聞重慶艦已命中千磅〔磅〕重之一炸彈，其艦已不能行動云，為之稍慰。入浴後，十時半就寢。

本日朝課後約見萬耀煌，商討中訓團地點辦法，又見徐佛觀研討其重興意見書，予以指示。正午與陶希聖同志商談宣傳部經費，及研究國際局勢之動態頗詳。下午批閱電文，補記上週反省錄。晚課後，約黃劍靈[2]聚餐，聽取其廣東情形之報告，彼實一忠實同志，在粵軍中頗難得也。張發奎浮薄衝動，反覆無常之小人，其奸詐狡獪一如崇禧，而陰狠則不及也。饑則伏，飽則揚，幾乎不知其次數矣。晚閱縣誌山川卷，頗有興趣。十時後默禱，入浴乃睡。

1　黃宗羲（1610-1695），字太沖，號梨洲，世稱南雷先生或梨洲先生，浙江餘姚人。明末清初經學家、史學家、思想家、地理學家、天文曆算學家、教育家。與顧炎武、王夫之並稱明末清初三大儒。
2　黃鎮球，字劍靈，廣東梅縣人。1947 年 11 月，任廣州行轅副主任兼廣東保安司令部副司令，後任廣東綏靖公署副主任、廣東省保安司令部代司令。1948 年至 1950 年 4 月，任總統府戰略顧問。

上星期反省錄

一、十八日，北大西洋同盟公約已經公布，是第三次世界大戰又進迫一大步矣。不久俄國必將宣布東歐同盟公約，甚至宣布共產國際同盟乎。

二、重慶艦逃避葫蘆島，終被我空軍發現，兩日內炸中三彈，已不能行駛。聞又有一艘黃安逃艦，亦被我空軍炸毀於連雲港內。此乃俄國不敢為共匪收容我逃艦於旅大，尚欲保留其假面具，然亦在我方搜索之嚴緊與決心之堅決所致也。

三、哲生來訪，暢談三次，未知果能感動其心否。

四、對於新組織之初步計畫以及理論宣傳之方鍼，已核定其綱要矣。

五、敬之已繼哲生組閣，其用駐俄大使傅秉常[1]為外交部長，能否發生微妙作用雖難斷定，然亦不失為突擊之舉也。

本星期預定工作課目

1. 約見徐培根、郭懺與海、空二部代表。

2. 海、空軍撫恤現洋之查報與處置。

3. 海軍集中整理之督促。

4. 浙江防匪與清剿之指示。

5. 政治委會秘書長與宣傳部長人選。

6. 軍與黨新組織之開始。

7. 組織經費之指撥。

8. 約見新組織各幹部之計畫。

9. 對國際與俄共局勢之檢討。

1　傅秉常，字褧裳，1946 年 7 月以中國代表身份出席巴黎和平會議。1949 年 3 月任外交部部長，未到職；4 月由莫斯科返國，取道香港，定居法國。

10. 共匪渡江與否，及其時期與地區之研究。

11. 研究此次失敗各種原因，準備講稿。

12. 常委約會之計畫，與全會之準備事項。

三月二十日　星期日　氣候：雨

雪恥：一、中心組織之編成，應分列以下各組：甲、總務。乙、財務。丙、監察。丁、人事。戊、情報。己、行動。庚、宣傳。辛、通信。壬、設計研究。癸、訓練。二、約見常務委員之準備。三、召開全會之準備。

朝課後，研究四明山志之「二十里雲」，即「過雲」、「桃花坑」及剡溪九曲地段，摘記數條。記事，記反省錄與預定課目表。正午召文、武、章孫與侄孫等聚餐，武孫嬉獻，常令人發笑，可愛。飯後帶領孫輩謁母墓後辭去。下午批示經國新擬組織意見書及余、薛 [1] 等函件。晚課後，約正綱聚餐，聽取其在滬聞見之報告。閱縣志，批記數則，甚願再訪石窗一次，以及東鄉之金峨與南鄉之鮚埼亭、鄞城山諸古跡，未知果有此福否。

三月二十一日　星期一（下弦）（春分）　氣候：陰

雪恥：閱縣志，吾鄉以禽孝名者，以昔有飼燕之女死後，燕乃死其塚，故名云。朝課後正綱來別，屬其主持上海新組織職務，致函勸吳市長 [2] 切莫辭職。復與沙孟海商談編訂直系宗譜計畫，名為小家譜，又談天一閣保存管理計畫。正午撰書宗祠聯語一對：「江南本姓同出𠤎亭」、「武嶺宗派上接龜山」，自

1　余、薛即余漢謀、薛岳。
2　吳市長即吳國楨。

認為得意之作。下午批閱電文，重題先妣易簣室之匾額後，遊覽祠廟與上代祖宗墓碑，其碑石太小，排刊亦不合式也。視察對岸砌岸工程，回庵。閱報，並擬電稿致禮卿轉何、顧[1]，以李、白[2]運動立委，欲將所存於臺、廈現金運回，支付政費，期以半年用光了事。此種卑劣陰謀，不惜其斷送國脈民命，貢獻於共匪以為快也，可痛。晚課後閱縣志。

三月二十二日　星期二　氣候：雨

雪恥：一、電問伯苓先生[3]狀況。二、海軍集中計畫之督促。三、編篹〔纂〕縣志之發起。四、臺灣民意機關之培植。五、各地立法委員之指示。

朝課後，面示經兒應辦各事。閱縣志及地圖，設計遊覽鮚埼亭與金峨山以及大嵐山之道路，批閱文電。正午約沈君怡[4]、倪文亞[5]等午餐。下午君怡陪其夫人來辭行。約見交警總局長，聽取其報告後，指示其整頓要旨。再書祠聯，總未合意耳。又題陟岵亭，在魚鱗嶴巔紀念先慈也。晚課後，約沙孟海研究編印小譜格式，祠聯下句改為「溪口宗派上接三嶺」而調為上聯，以江南本始〔姓〕同出四亭改為下聯，因原句龜山與四亭之結字皆為平聲，故改也，然已不若原意之佳矣。晚記事。

1　何、顧即何應欽、顧祝同。
2　李、白即李宗仁、白崇禧。
3　張伯苓，名壽春，字伯苓，以字行。南開大學創建人、校長，1948 年出任行憲後第一任考試院院長。
4　沈怡，原名景清，字君怡，1945 年起，歷任交通部政務次長，大連市市長（未赴任），南京特別市市長，兼任全國經濟委員會所屬公共工程委員會主任委員。1949 年受聘為聯合國亞洲暨遠東經濟委員會防洪局局長。
5　倪文亞，浙江樂清人。1948 年當選第一屆立法委員，1950 年至 1952 年任中國國民黨臺灣省黨部主任委員。

三月二十三日　星期三　氣候：晴

雪恥：一、組織注意之點：甲、應緊嚴而不狹小，應切實而不求速效。乙、組織條件與規範未形成以前，應以幹部自動發起，而不用領袖名義發起。丙、青年運動之起點，在組訓流亡學生。丁、對於高級軍政長官擇要通知，對於黨政機構秘密運用而不公開，如能把握，則應切實掌握之。二、對桂系應予以支持，但必須其服從黨的決議。三、對臺灣指導之要務。

朝課後，寫粵將覆信五封。批閱文電後，視察對岸築堤工程，遊覽涵齋與慈園，回庵。正午與沙學浚[1]談話，彼對「我的選擇自由」與「正午的黑暗」二書為反共宣傳之主要材料，又言文化運動「祖國」與「自由」為反共重要口號，相談頗久。下午研究組織材料與改正祠聯未成，進謁母墓。登峰後巡視牛場，叔銘來見。晚課後，與希聖、佛觀談組織。

三月二十四日　星期四　氣候：上晴下陰

雪恥：一、南京所派和平代表邵、黃、張、章、李[2]等，可決定其為十足投降之代表，但共匪是否接受其投降是一問題耳。二、李以欲往莫斯科之內心，竟明告美大使，請求其諒解，可恥。三、傅涇波以美國外交態度漸轉，而又來報信求見。此為一無廉恥之十足亡國奴，應不之理。四、南京和談方案，其中心條件，乃欲協同共匪消滅國軍之基礎耳。

1　沙學浚，中國政治地理學者。1945 年抗戰勝利後，隨中央大學復員南京，專任中大地理系教授。1947 年兼任中大訓導長。1949 年任臺灣省立師範學院史地學系教授兼系主任。

2　邵、黃、張、章、李即邵力子、黃紹竑、張治中、章士釗、李蒸。章士釗，字行嚴，曾任段祺瑞執政時期司法總長兼教育總長，國民政府國民參政會參政員，1949 年春被李宗仁邀為和談代表，前往北京參與國共和談。李蒸，字雲亭，1932 年至 1945 年任北平師範大學校長。1948 年在北平市選區當選第一屆立法委員。

朝課後，約見吳經熊[1]與徐可亭，示意徐不再爭中央銀行，而專注力於黨費之籌措，消弭內部之糾紛。正午辭修與逸〔一〕民來庵訪談，暢敘三小時，以商談臺灣財政與閩、廈構築工事為主要問題。下午批閱電文。晚課後，再約陳、朱[2]來談，至十時後方畢。入浴，十一時後就寢。

經國飛滬，參加新組織會議。

三月二十五日　星期五　氣候：雨

雪恥：一、函蔣伏生[3]、程潛。二、復顧[4]為滇軍事電。三、訓練處歸省主席指揮。四、復侯騰電。五、電妻早回。

朝課後，孔甥令傑[5]由美來見，聽取其報告，因妻派其來者，並無新消息，余不願求美援我，自失人格。所謂十五億美圓援華之提案，實不值一顧也。黃振〔鎮〕球辭別回粵。逸〔一〕民、辭修來見，懇談今後政治方鍼，直告以余決願以革命領導者地位指導革命，而決不願直接出而從政也，並詳示其要略。下午黃杰來談湖南近情甚詳。假眠後閱報、閱宗譜，修正祠聯尚未成稿。晚課後，約達雲聚餐，再示其湘省方略與今後處置。

1　吳經熊，字德生，浙江寧波人。曾新譯《聖經聖詠》、《荒漠甘泉》。1946 年 9 月至 1949 年 7 月為駐教廷公使。1949 年受聘出任美國夏威夷大學中國哲學之客座教授。1950 年出任美國新澤西州西東大學法學教授。
2　陳、朱即陳誠、朱紹良。
3　蔣伏生，曾任總統府特派戰地視察第五組組長，湖南省軍管區副司令兼長沙警備司令。1949 年 8 月任湖南省政府委員兼湖南綏靖副總司令，10 月與黃杰率部退到廣西，12 月撤至越南。
4　顧即顧祝同。
5　孔令傑，孔祥熙與宋靄齡次子。

三月二十六日　星期六　氣候：雨　雪子

雪恥：一、寧、溫、臺布防工事之促成。二、各省邊區根據地之建立。三、無線電之督造與分配。四、組織技術之研究。五、軍隊政工人選之注重。

朝課後，接閱張耀明電，稱第九十九師王宴〔晏〕清[1]率該師兩團渡江投匪，殊為賅〔駭〕異。王逆為軍校第六期生，竟被匪誘降，則其他各部隊之動搖更不可測矣。茫茫前途，究不知伊於胡底矣。上午入浴後，手撰祠聯稿未成，寫程、蔣[2]各函。正午約黃杰聚餐。下午接妻致令傑電，其與余意實相左，誠所謂徒勞無功，且大有損失，而彼不察也，催其速回。四時半在甬華美醫院照 X 光，以脊骨作痛，恐舊傷復發也。照後無恙，此心乃安。途中靜默卅分，以代晚課。

上星期反省錄

一、重慶艦已於二十日被我空軍在葫蘆島澈底炸毀，此於海軍今後之心理影響甚大，料其不敢再如過去之大膽逃投共匪，而間接使各種商船亦不敢被匪煽動圖降。至於空軍之威聲，亦為之一振，此舉裨益於民心與士氣甚大，否則海上幾乎為匪控置〔制〕，無論朝夕皆不能安於寢夕矣。

二、北大西洋同盟公約公布了，世界兩大壁壘無法泯滅，第三次世界大戰可說已經開始。此一壓力，俄國如不能忍受，則或再取和平攻勢以玩弄美國，延緩時間，亦未可知。但此亦不過一時之手段，決不能持久不發，根本改善耳。

1　王晏清，字兆平，湖南永興人。1948 年任第八十七軍副軍長，8 月改任第四十五軍第九十七師師長，該師為「首都警衛師」。1949 年 3 月率師在南京郊外北渡長江投共。
2　程、蔣即程潛、蔣伏生。

本星期預定工作課目

1. 對共和談之重點：甲、整軍。乙、聯合政府。丙、憲法。

2. 對英外交之布置：星島、澳洲、加拿大。

3. 常委與政會之加強，派二吳[1]駐京聯絡。

4. 廣州、臺灣金融整頓與新政策。

5. 對張學良問題。

6. 政會秘書長之發表。洪蘭友來談。

7. 立法委員在粵組織之準備。

8. 中央銀行與信托局之注意。

9. 中央銀行存美現金之監視。

10. 江西軍事與政治之注重。

三月二十七日　星期日　氣候：晴

雪恥：一、太平洋反共同盟之注重與參加之準備計畫。二、對共和談之態度與方鍼，及其結果之研究。三、聯合政府發表後，態度與方鍼之研究及其對策。四、俄共對我之政策，不論其緩急如何，而其惟一目的為消滅國軍，故我以保全國軍為一切對策之基礎。五、中央常會與政會決不遷回南京，對和談暫取監視，而不積極處之。六、反共政府之形式：甲、各區分別成立地方政團。乙、整個組織中央政府。丙、領導方式如何。

朝課後，先見朱國才〔材〕，報告黨費情形。次見陶希聖，報告上海聯絡組會議經過及對和議方鍼之報告，乃見禮卿詳談何敬之組院經過，及桂系與西山派結合反動之陰謀。正午約客八人聚餐。下午子文與彥棻先後敘談黨政與金融、外交政策。晚課後再與子文談話。

1　二吳即吳忠信、吳鐵城。

三月二十八日　星期一　氣候：晴　下午陰

雪恥：一、財政金融政策，以廣東、臺灣為整頓之起點。二、政委會改組與非常委員組織，應防反叛派之破壞，故待和議結果時再定。三、會計與監察、秘書人才之培植。

朝課後，與子文談經濟、外交之計畫與行動後別去。批閱文電，甚為湘、贛形勢憂慮。桂軍自動撤出安慶，以致安慶危急，幸匪不積極進攻，故得轉危為安，而桂軍則撤集九江，窺伺南昌，其用心之險，可痛。與王星〔新〕衡、唐縱、黃廳長[1]等談保密局之整頓問題。下午約張國濤〔燾〕[2]談話，自覺疏忽不慎，甚為愧悔。再約宋希濂、關麟徵[3]談話。晚課後，約俞大維談組織與技術，屬其負責主持，彼只允指導技術，而始終不願參加組織，並勸余不重黨務，而對余反對及破壞革命事業皆為黨員，而擁護余者則全國民眾也。

三月二十九日　星期二（朔）　氣候：晴

雪恥：一、對各省放大其權限，予以自主。二、科學的組織方法之研究：甲、情報。乙、設計。丙、考核。丁、實施課績：子、限期。丑、程度。寅、標準。卯、競賽。戊、通信網。己、縱橫聯繫。二[4]、土地政策實施之設計。三、宋

1　黃珍吾，字靜山，廣東文昌人。1947 年 12 月首都警察廳廳長，1949 年 3 月調任福州綏靖公署副主任，1950 年 2 月調任憲兵司令部司令。

2　張國燾，字愷蔭，又名特立，江西萍鄉人。中國共產黨、中國人民解放軍創始人之一，中共早期領導人之一。在中共黨內失勢後，改投國民黨。1948 年底因政治環境變化，舉家遷居臺北；1949 年冬又移居香港，至 1952 年 10 月任《中國之聲》雜誌社社長。

3　關麟徵，字雨東，陝西鄠縣人。1947 年 10 月，任中央陸軍軍官學校校長，11 月當選國民大會代表。1948 年 1 月，任陸軍副總司令，仍兼軍校校長。1949 年 8 月，升任陸軍總司令，11 月退隱，留居香港。1950 年 3 月仍留居香港，蔣中正復行視事，改任孫立人為陸軍總司令。

4　原文如此。

希濂與黃杰之武器。四、關之師部。五、政委副秘書長洪蘭友、鍾天心[1]。

朝課後與宋希濂、關麟徵談話，同謁母墓，朝餐。上午拜掃高祖永俊公以下各墓完，家人、媳孫、侄孫等在慈庵聚餐，彥棻參加掃墓。下午記事，批閱電文，與文白、禮卿談話，文白特來報告政府所定和談腹案，余對於同意重訂新憲法一條，表示不能如此明確之態度，只可以不堅持原有憲法之意，但必須經過合法之程度與方式之下修改之，乃為最大讓步也。晡與吳、張散步，由慈庵至慈園遊覽，再至涵齋見大維。

三月三十日　星期三　氣候：陰

雪恥：昨晚在報本堂邀請族長、各房長幹首聚餐後，觀影戲。回庵，晚課，禱告，十一時睡。

朝課後寫妻信，與令傑談話，對美進行各注意之事，對其軍部與白宮能切實聯絡，不受其為共左所操縱之國務院所牽制也。閱條陳後，約見文白與禮卿。據南京電話，李與共疏通，增派劉斐為和談代表，而文白等大不為然。以劉為三年來剿共作戰之參謀，而李、白必欲派其為代表，是其不惜以我方軍事計畫與內容貢獻於共匪，以表示其投誠之真意，再進一步，桂、共合以宰割國軍也，可恥可痛。但余屬文白仍應依理進行，並不顧桂系如何謀我，而我一本原來方鍼，非至萬不得已或無可如何時，決予之合作也。聞救國日報昨又作對余侮蔑之記載，關麟徵稱若輩必欲使余澈底毀滅，不能再出，奈何，余屬其靜耐毋急。聽取人鳳報告後，約黃埔組織同學聚餐。

1　鍾天心，字汝中，1948 年當選第一屆立法委員。同年，任行政院政務委員兼水利部部長。1949 年為南京最初所派的和平談判代表之一。1949 年到香港創辦逸仙學院並自任院長。

三月三十一日　星期四　氣候：陰

雪恥：昨下午二時半，約見郭懺、黃仁霖等談陸、海、空軍撫恤基金，現銀仍需集中保管，不得由各軍擅自動用事，言之過激，海、空各總司令太不爭氣，思之痛憤異甚，但不應對郭如此遷怒耳。晡批閱文電。晚課後，約張其昀[1]、沈仲聯〔宗濂〕、洪蘭友等聚餐，談至十時方畢。

朝課後記事，審閱對時局演變預測之條陳，及黃埔同學聯絡之綱要。十一時召見袁守謙、曾、李等同學，指示其組織要領，甚為其幼稚無識憂也。正午約谷正綱、陶希聖等研究時局及如何對抗聯合政府，確定國際地位，以繼承中華民國之法統問題，談至三小時之久。下午與蘭友談話，彼對于、居[2]二人分析頗明也。到涵齋與禮卿閑談，到豐鎬房與孝武玩耍後，回庵，晚課畢，約宴其昀等後，批閱文電。

1　張其昀，字曉峯，浙江鄞縣人。1948年當選行憲國民大會代表。1949年5月到臺灣，8月任中國國民黨總裁辦公室秘書組組長；9月任革命實踐研究院院務委員、講座兼教務組長；同年兼考試委員。
2　于、居即于右任、居正。

上月反省錄

一、此次失敗重要之原因，應澈底檢討，擬成條目，以便反省與改革也：

甲、外交失敗為最大之近因。

乙、軍事教育與高等教育之失敗為其最大之基因。

丙、黨內分裂、紀律掃地、組織崩潰為革命失敗之總因。

丁、經濟、金融政策之失敗，實為軍事崩潰之總因。

戊、民主憲政之時期與制度，以及國民大會代表等之選舉，以動搖剿匪之基本，此實與剿匪對共政策背道而馳也。

己、本身之驕矜、憤懣、自恃、忙迫，不能主敬虛心，一以主觀是行，此乃失敗之總因。

庚、無組織、無宣傳、無監察、無賞罰。

辛、幹部制度不立，幹部腐化自私。

壬、不研究、不學術、不注重客觀。

癸、無秘密、無偵探。

子、不科學、不前進。

丑、無策略、無輕重（無重點、無中心）。

寅、社會經濟政策與民生主義不能實行，此乃惟一之制〔致〕命傷也。

二、北大西洋同盟公約公布，東、西集團壁壘顯明，中國共匪且明白宣布其追隨俄國，反對西方美國集團，而美國對華政策仍頑固不化，以坐視共匪之坐大擴展，對其盟邦共同患難之政府不願為之援手，但余信公道自在人心，其民眾必不容其政府無道不智至極也。

四月

蔣中正日記
Chiang Kai-shek Diaries

蔣中正日記
Chiang Kai-shek Diaries

民國三十八年四月

本月大事預定表

1. 智囊團之組織與人選之研究。

2. 建立幹部制度之具體計畫。

3. 建立理論與研究方法，確立中心思想。

4. 組織要旨與內容之研究。

5. 北平和談情勢之注重。

6. 北大西洋同盟公約之訂立。

7. 太平洋反共公約進行之注意。

8. 訪問印度之準備。

9. 保密局之改組與情報工作之加強。

10. 民主救國運動之籌劃。

11. 各省聯絡之人選。

12. 幹部會報之成立。

13. 中央黨部陣容之加強。

14. 廣東、臺灣金融之改革計畫。

15. 沿海各港口據點工事之督導。

16. 培植軍隊政工高級人才。

17. 整飭青年部隊與組訓之加強。

18. 訓練各部門高級幹部之設計與實施。

19. 建立復興根據地之着手工作。

20. 整頓當地之軍隊政治黨務與財政稅收。

21. 訓練民眾，組織地方武力，編練壯丁。

22. 考訓幹部與建立幹部制度。

23. 實行民生主義之方案擬定。

24. 宣傳與刊物之計畫擬訂。

四月一日　星期五　氣候：上晴下陰

雪恥：一、民主救國運動之領導反共之具體計畫。二、省際聯防各項方案內容之擬訂。

本日南京和談代表由京飛平，張文白仍准劉斐加入代表團，並未照余意實施。余意如桂系必欲加派劉，則文白可趁此讓劉，而脫離其和談關係也，惜彼不能聽命耳。

朝課後約見蘭友，再談政委會秘書長事，決暫維現狀不動。復約禮卿談時局，彼述文白主張余出洋之意見：甲、避免攻訐目標。乙、卸去和戰失敗責任。丙、使一般將領減少依賴心。丁、可增長見聞。余以為其不知革命大道與責任也。另約沈宗濂，談派其訪印度聯絡事。正午再約谷、鄭[1]等研討民主救國運動實施辦法，下午約張其昀、陳訓慈[2]、沙文若談寧波文獻。批閱文電，晚課。召見侍從人員聚餐訓示，即以余所在地之奉化為革命根據地，積極進行之方略。

1　谷、鄭即谷正綱、鄭彥棻。
2　陳訓慈，字叔諒，陳布雷之弟。歷任浙江圖書館館長、浙江大學史地系教授、考試院參事。

四月二日　星期六　氣候：上陰　下雨

雪恥：一、軍統局高方中案之追究。二、張延哲[1]案之追究。三、余紀中〔忠〕[2]約見。四、上海市長人選：端木愷[3]、潘公展、谷正綱、何世禮[4]。

朝課後約見俞鴻鈞，談劉攻芸言行與中央信託局長人選，以及粵、臺金融改革問題後，到涵齋與聯絡組谷、陶[5]等敘別，指導其宣傳方鍼後，禮卿亦別去。十時後，到「風洞」掃墓（順恂公），再掃邦福公墓，回涵齋見客畢，過渡到溪南視察岸工。正午宴周佩箴[6]與姚味辛[7]等。下午約見葉秀峯[8]、俞嘉庸[9]，對情報工作訓斥之。入浴後記事，閱甬上萬氏白雲莊重修紀，鄉賢萬季野[10]先生貞忠之氣，與萬氏四忠三節一義之傳記，後輩覺有餘榮也。晚課後，約沙、陳[11]聚餐。祠聯修正成，記事。

1　張延哲，曾任臺灣省行政長官公署財政處處長、秘書處處長。時任浙江省政府秘書長。
2　余紀忠，江蘇武進人。1943 至 1946 年，任青年軍第二〇三師政治部主任，1945 年10 月，任中國國民黨中央宣傳部駐東北特派員。1946 年至 1949 年，任東北保安司令部政治部主任。1947 至 1949 年，任東北行轅新聞處處長、瀋陽《中蘇日報》社社長。1950 年 12 月在臺北創辦《徵信新聞》。
3　端木愷，字鑄秋，1948 年 7 月任司法院秘書長，同年 12 月任行政院秘書長。1949 年4 月全家遷臺，任總統府國策顧問。
4　何世禮，原籍廣東寶安，為香港富商何東爵士第三子。1949 年春，奉調廣東，以聯勤副總司令代總司令，負責指揮運輸華南國軍補給。隨政府遷臺後，歷任國軍東南補給區司令兼基隆港口司令、國防部常務次長。1950 年 6 月任駐日軍事代表團團長兼盟軍對日理事會中華民國代表。
5　谷、陶即谷正綱、陶希聖。
6　周佩箴，浙江吳興人。服務金融界四十年，抗戰勝利後，仍任中國農民銀行和交通銀行常務董事。
7　姚琮，字味辛，與蔣中正五年同窗。1947 年當選為第一屆國民大會代表，9 月任總統府戰略顧問委員會委員。1949 年到臺灣，1952 年 10 月假退役，改任總統府國策顧問。
8　葉秀峯，原任中國國民黨中央調查統計局局長，1947 年 7 月中統局更名黨員通訊局，仍任局長。同年，當選第一屆國民大會代表。1949 年出任政治行動委員會委員。
9　俞嘉庸，1948 年 7 月任浙江省政府主計長。1949 年春至奉化見蔣中正，備詢陳儀案，拯救張延哲後回助省府應變疏散，4 月下旬率所屬轉進定海，5 月轉臺赴粵，7 月赴廣州呈繳浙江省政府統計處關防後，轉赴香港。
10　萬斯同（1638-1702），字季野，浙江鄞縣人，明末清初歷史學家。師從黃宗羲，編纂《明史》，「刪述融汰，結構寵肅，遠在宋、元諸史上」。
11　沙、陳即沙文若、陳訓慈。

上星期反省錄

一、中共已明白宣布，其第三次世界大戰發生決隨俄國對北大西洋公約國家作戰，未知美國作何感想。中共對美如此侮辱，豈果毫不動心乎。馬歇爾之誤美害華，養成世界莫大之禍患，而又不自知其恥辱與咎累，是誠無心肝之妄人也。

二、南京求和代表團已到北平，未開談判而已受其輕侮與污辱，殊為文白危也，然而彼始終以共匪為可與，而不信余之警告，及反對其充任代表之忠言，惟有聽之。

三、子文只有其主觀，對於人情世態以及世人對其觀感，則毫不之顧，決不能望其政治上再有所成就耳。

四、黨務聯絡之組織與軍校同學會之擬議，皆已有端倪為慰。

五、智囊團之組織難得實行為慮，應特加注重，積極進行。

六、幹部會報未能健全，幹部制度之具體計畫亦未擬定，是為無組織之總因，應切實推進，此為事業成敗最大之關鍵。

七、理論之建立與中心思想之確定，乃為領導革命惟一之要務。

八、智囊團人選：

俞大維（經）、俞鴻鈞（財）、王世杰（外）、經國、陶希聖（宣）、吳國楨（外）、陳立夫（黨）、吳忠信（政）、昌煥、張羣（政）、朱家驊[1]（教）、翁文灝（經）、洪蘭友（黨、社）、顯光[2]、魏道明（外）、黃少谷（宣）、劉健羣[3]（社）、閻伯川（政、經）、谷正綱（黨、社）、

1　朱家驊，字騮先，浙江吳興人。1948 年 5 月 31 日，任行政院政務委員兼教育部部長。1949 年 6 月 12 日，卸下教育部部長職務，任行政院副院長。1950 年 3 月，調任總統府資政，7 月創辦《大陸雜誌》。

2　董顯光，浙江寧波人。1947 年 4 月，任行政院新聞局局長。1949 年來臺，擔任中國廣播公司總經理兼《中央日報》董事長。

3　劉健羣，原名懷珍，字席儒，貴州遵義人。1948 年 12 月當選立法院副院長，一度代理院長職務。1950 年 12 月升任立法院院長。

谷正鼎[1]（黨）、鄭彥棻（黨）、張道藩（黨）。

四月三日　星期日　氣候：晴

雪恥：為南京警察廳長問題，桂李必欲以劉誠之[2]繼任，敬之竟不負責而照辦，此乃桂系又進一步之進取也。然此為區區之事，若並此而亦較量，則太不值得矣。惜乎，敬之不能改變其出賣黃埔之根性，恐終為桂系所犧牲，不勝憂慮之至。

朝課後心緒悒鬱，未能工作。批閱文電，記本月工作預定表。正午與程天放[3]、蕭青萍[4]詳談時局，屬其赴粵，增強中央常會決定對和談方鍼，責成李、何、張[5]遵辦也。下午陳雪屏[6]與曹俊[7]來訪聚餐，三時後，王雪艇來談，詳商時局與對聯合政府方鍼，彼意大體相同也。晚課後，到報本堂宴客，王雪艇夫妻[8]同來。回庵後記事，十一時就寢。

1　谷正鼎，字銘樞，貴州安順人。1948 年 1 月，當選行憲後第一屆立法院立法委員。1949 年 1 月，任中國國民黨中央組織部部長，9 月改任中央改造委員會幹部訓練委員會委員。1952 年 10 月，任中國國民黨中央評議委員。
2　劉誠之，河北完縣人。1945 年任北平市警察局長，1949 年任總統府參軍。
3　程天放，原名學愉，字佳士，號少芝，江西新建人，生於浙江杭州。1948 年獲選為第一屆立法委員。1949 年 4 月，任中國國民黨中央宣傳部部長。
4　蕭錚，字青萍，浙江永嘉人。中國土地改革的先驅者之一，1948 年當選第一屆立法委員，1949 年到臺灣後，任土地銀行董事長等職務。
5　李、何、張即李宗仁、何應欽、張治中。
6　陳雪屏，1948 年 12 月任教育部政務次長，並代理部務。1949 年 4 月出任臺灣省教育廳廳長。1950 年 8 月任中國國民黨中央改造委員會委員兼第一組主任。
7　曹俊，字為章，江蘇寶山人。時任中國國民黨上海市黨部副主任委員。
8　王雪艇夫妻即王世杰、蕭德華。蕭德華，廣東香山人，為音樂家蕭友梅之妹。

四月四日　星期一　氣候：晴

雪恥：一、共匪全會宣言。二、適之臺灣講稿之檢閱。三、自由中國運動與宣傳計畫。四、自衛隊與征兵制。五、保甲長考選與便衣隊訓練。六、鄰縣協剿與不分界限。七、交警總隊伙食與雨具。

朝課後祭掃元淋公墓，回豐鎬房，會程、蕭、陳、曹[1]等，洽商黨務與時局之方鍼後，到下洪岙掃墓畢，特往過水渡下積善庵遊覽。以此為十歲時，陪先慈往唸伏佛之地，其屋宇內容猶昔，惟前住尼姑、今住和尚而已。回憶幼年母子相依及庵尼病情，當時笑話歷歷在心也。回老屋，見孝勇[2]活潑可愛。與經兒、孝武同遊慈園一匝，風景佳麗，桃柳爭春，父子同遊甚覺難得。正午約雪艇等，在慈庵午餐。下午約吳國楨與雪艇分別談話，晚約國楨聚餐後，晚課。

北大西洋公約本日在華盛頓簽字。

四月五日　星期二（清明）　氣候：晴

雪恥：一、共匪已非正式提出和談主要條件：甲、對戰爭責任，堅持對蔣之處置為其先決條件。乙、停戰可允口頭約定，但不能有書面協定。丙、和談成立後，共匪部隊必須渡江進駐江南岸，以監督條件之實施。丁、沒收四大家族財產。此甲、丙兩條，實為桂系之所要求，而與共匪早有默契者也，余擬告以如國家與軍民有益，則余必可隨時到戰犯法庭受訊，未知桂李將何以答之，其愚蠢誠不可想像者也。

朝課未能靜默，即到桃坑拜掃各祖墓地，回途，乘輿靜默半小時，以補朝課之不足。在庵約岳軍來談，報告南京情形及北平共匪和談所要求之先決條件，

1　程、蕭、陳、曹即程天放、蕭錚、陳雪屏、曹俊。
2　蔣孝勇，字愛悌，生於上海，為蔣經國和蔣方良三子，1949 年隨家庭來臺。

及李、白對國防部之陰謀等。雲南形勢嚴重，龍雲[1]必將回滇也。孫立人與吳國楨聚餐後辭去，下午雪艇亦來辭別。假眠後，到永思堂祭祖。與岳軍在涵齋廊前晤談，群魚跳躍，其狀甚樂也，回庵。晚課，再與岳談。

四月六日　星期三（上弦）　氣候：晴

雪恥：今晨四時後即醒，思慮時局，至六時半起床。朝課前，指示經國應辦各事，對中央常會所提各案及對和議應取態度，與指導委員會之方鍼，不宜拒絕其要求，應予追認，但應增加名額，積極監督與指導也。注意：一、白[2]必欲撤換林蔚文方得甘心。二、對李[3]等應否約會，予以切實商談，開誠交換意見，示以積極支持之意。二[4]、共匪昨對我政府代表要求和談條件，必須於十日以前有一解決，並提江南憲警必須全部撤換，而政府則可暫維現狀，並令李、白、何、顧[5]與于、居[6]等皆赴北平云。

朝課後批閱文件，記事後，聽取人鳳報告。岳軍來談北平和談情形及共匪梟張態度。午餐後，令經兒對常會補充指導：一、和會必須先訂停戰協定。二、如共匪何日渡江，則和談即何日停止，其破壞責任應由共方任之。一時前與岳軍出發，先至寧波新河頭乘民船，經寶林寺遊覽，到橫溪登岸，乘轎直抵金峨寺，已六時餘。峨山形勢之優勝，其鵝狀上騰，形容畢肖，實所罕見，其內容亦比較清靜，遊覽寺內一匝。晚課後，餐畢即睡。

1　龍雲，字志舟，雲南恩安人。1928 年任雲南省主席，主政雲南十七年。1945 年 10 月在重慶就任軍事參議院院長，1946 年在南京就任戰略顧問委員會副主任。1948 年 12 月從南京飛廣州轉香港居住。1949 年 10 月從香港赴北京，加入中共新政府。
2　白即白崇禧。
3　李即李宗仁。
4　原文如此。
5　李、白、何、顧即李宗仁、白崇禧、何應欽、顧祝同。
6　于、居即于右任、居正。

四月七日　星期四　氣候：晴

雪恥：昨夜宿金峨寺中，雖覺清靜，但睡眠不甚安恬，三時半後未能熟睡，思慮時局至六時即起床。朝課畢，出寺巡遊，先由左側經大廚房至坑谷，臨泉照相，再至羅漢院基址直靠寺之正後方，至此眺覽朝山形勢，平与可愛，再向南登白虎山，實即鵝山之中脈也，由此下山，遊覽引仙橋，照相，回寺，朝餐。與岳軍研討時局，及對桂系應再忍耐，予之開誠商談，示以利害，只要其能共同對共，無論和戰，必全力支持，如其要求余出國，亦可容其考慮也。八時半由寺出發，經田衖至樓隘，特訪蔣氏祖祠，再至金紫廟，謁見金紫神像後，乃行經蓴湖，至吳家埠午餐。下午三時到鮚埼，循埼麓遊覽沿海風景，至費宅之東，眺望象山港獅子口，參觀蚶塘與鮚後乃回。至下陳乘車，五時回慈庵，略憩，晚課。

四月八日　星期五　氣候：晴

雪恥：昨七日廣州開中央常委會，何[1]院長報告後，對和談方鍼之指示皆照指示通過，聞對李[2]仍多有不滿也。今見共匪北平新華社社論，其題為「要求南京政府投降」，其狂妄背謬已極，惟聞對張文白代表等，又有邀李濟深等出面轉圓〔圜〕之姿態，此皆共匪狡猾之老戲也。據報平漢路匪已佔領花園下游長江北岸之橋頭堡，除浦鎮以外皆已失陷，其匪砲已於本晡在龍潭落彈矣。共匪渡江進攻之形勢已定，桂系雖欲求降而不可得，故其又要求余出而領導，可歎。余決以全力支持，鼓勵其共同剿共為惟一要旨，乃派岳軍飛京洽商，總使李能安心領導作戰，而不必要我出山也。

朝課後批閱文電畢，特往溪南訪察機公、輝公各墓。正午會見高吉人、吳志

1　何即何應欽。
2　李即李宗仁。

勛[1]後，在庵約見董釗[2]等。下午為經兒寫匾，以祝其四十生日。切思智囊團人選，自覺腦力記憶日差，而且遲鈍已甚，必須有智士代為考慮策劃為助，並望經兒能代為主持也。晚課後，與張[3]商議時局。

四月九日　星期六　氣候：晴

雪恥：一、綜核與岳軍對李[4]支持其作戰之要點：甲、無論軍事、財政與外交皆以全力協助，並促成團結一致。乙、應恢復黨政正常關係，重要人事與政策必須通過於常會或政治委會。丙、作戰方鍼照余元旦文告，在京滬決戰，以長江全線防守則處處薄弱，以現在士氣兵力決不可能，如移京滬主力於皖南守江，則京滬必先失陷，而皖南主力必無形消滅與崩潰無疑。丁、如果作戰應照舊議，設立陸海空剿共救國總司令部，以敬之任之。如敬之不願兼行政院長，則由閻伯川繼之。

朝課後，與岳軍在涵齋商談對李支持辦法，惟一要旨以不使余出山，故應竭誠支李也。再與可亭談黨費籌劃與經營事。送張到機場，回豐鎬房，約見江杓[5]、鄭介民、朱國材、虞克裕[6]。聚餐後，指示段澐對浙東與定海、象山、寧海、鎮海、四明、天臺山作戰準備與遊〔游〕擊根據地要旨。下午批閱電文，清理積案。晡與經兒到藏山勘察公墓基地。晚課。

1　吳志勛，字鳴琳，湖北廣濟人。1948 年任交警總局副總局長，兼京滬杭護路司令。1949 年 4 月共軍渡江後，奉命指揮所部，在京滬線兩側掩護江防部隊轉進。1950 年回任憲兵司令部參謀長。

2　董釗，字介生，陝西長安人。1948 年 7 月接任陝西省政府主席兼保安司令、中國國民黨陝西省黨部主任委員。1949 年 5 月，共軍占領西安後，先撤至漢中，12 月撤往成都，轉飛臺灣。

3　張即張羣。

4　李即李宗仁。

5　江杓，字星初，上海人。1946 年起，任行政院物資供應委員會秘書長，兼物資供應局局長。1950 年 12 月，任國防部常務次長。

6　虞克裕，歷任中央信託局秘書處專員、中國國民黨中央財務委員會秘書。

上星期反省錄

一、學校飼牛，自余回鄉以來，屢去視察，其瘠〔瘦〕疲病毒實不堪入目，督其加料改良，約半月未去視察，而牛瘠〔瘦〕疲更甚，不勝痛憤。如此小事，以余之力尚不能使之積極改革，則其他國家改造事業更難可知，此豈我國人劣性使然，抑惡習如此？非有嚴法毅力，不能望其自動振作乎。

二、北大西洋共同防共協定，已經在美國簽訂。

三、美、英、法決定成立德國聯邦共和國，及美對八國實行軍火援助之答覆。此二、三兩項成立，又使第三次世界大戰逼緊一步矣。

四、共匪對桂系之威逼利誘，已至最後關頭，長江下游北岸各橋頭堡，除浦鎮以外皆已失陷，局勢緊極〔急〕。但此心泰然，屹立不撼也。

五、中央常會加強對和談指示及各部人事皆能確定，精神為之一振。

本星期預定工作課目

1. 智囊團人員之決定。

2. 國是研究會名單之發表。

3. 每一幹部令保荐人才一至三人。

4. 侍從室之組織。

5. 浙東與沿海防務之督導。

6. 對桂系方鍼之決定。

7. 研究共匪與俄國對華之策略。

8. 臺灣與廣東幣制改革之準備。

9. 臺灣設立政府之方式。

10. 上海取捨之方鍼。

11. 伯川主政與聯合政府發生後行動及其太原兵工廠問題。

四月十日　星期日　氣候：陰雨

雪恥：昨晚與孟海，即沙秘書，設計修纂〔纂〕奉化縣志事畢，翻閱宗譜，有不忍釋卷之感。

預定：一、軍隊經理與人事如何使之公開。二、經理與政工人才之訓練計畫。三、上、中級軍官眷屬安置計畫之籌備。四、馬公島、定海、象山根據地之籌備。

朝課後記事，記反省錄。至柔與宗南來訪暢談後，同謁母墓，登陟屺亭眺望風景。各述整軍要領，皆以為政治教育之重要思想與精神應使之恢復，而不任其長此崩潰也。午餐後，送周、胡至江口而別，帶文、章、武各孫到三嶺，謁浚明公之墓。問族長以明璿公之墓，據宗譜所載即在其父墓附近，而彼竟茫然不知也。進謁紫裔堂及其村內祖堂與摩訶庵，略息後視察祠基，擴充不易，只有將摩訶庵擴大尚有餘地，甚願新修浚明公祠，俾各地族人於其修譜時聚集敦睦也。回庵，晚課。

四月十一日　星期一　氣候：晴

雪恥：共毛與文白八日談話要點：一、戰犯在條約中不舉其名，但仍要有追究責任字樣。二、簽約時須李、何、于、居、童、吳禮卿[1]等皆到平參加。三、改編軍隊可緩談。四、匪軍必須過江，其時期在簽字後實行，抑或經若干時日後再渡江。四[2]、聯合政府之成立必須有相當時間，甚合〔至〕須經四、五月之久，在此期間，南京政府仍維現狀，行使其職權，免致瓦解。此第四項最可注意，是共匪意在拖延，使我軍政自然無形的崩潰，此為其最大之陰謀，南京不加注重，何耶。

1　李、何、于、居、童、吳禮卿即李宗仁、何應欽、于右任、居正、童冠賢、吳忠信。
2　原文如此。

朝課後批示文電，約見傅雲[1]、紀源博〔季源溥〕[2] 等，午餐後來妙高臺，沿圖〔途〕閱讀黃黎〔梨〕洲四明山志，極饒興趣，晡始閱完。晚課後七時許，閻伯川由京來訪，交閱李德鄰手書。餐後，敘談至十一時方畢。

四月十二日　星期二　氣候：雨

雪恥：昨晚在妙高臺前獨坐，閒吟得「靜觀明月松間照，閒聽清泉石上流」成句，加此四字，更覺表現妙高臺之樂居矣。與閻談話，其重點在共匪借和談以拖垮我軍民之陰謀，如何防制，使我內部不因此而崩潰，以免中其離間之毒計。余以為必須首重建立制度，加強黨政正常關係，為今後對共鬥爭之基礎，惜乎德鄰未能誠意接受此意耳。

朝課後再與伯川談話，並寫覆德鄰書後，送其到豐鎬房別去。居覺生、朱騮先、蕭紉秋[3]、程〔陳〕啟天[4]、方希孔[5] 等來訪，即在家中聚餐。與方、程〔陳〕等各別談話約一小時以上畢，仍冒雨回妙高臺休息，甚覺寒冷。假眠後記事，晚課。因北平和談，毛態忽轉懷柔、拖拉、拆散、延宕方式，乃屬經兒連電何、閻，約見李、白等在杭會商，並屬其對於黨政關係必欲有所確定也。

1　傅雲，字壯飛，曾任中國國民黨蕭山縣黨部常務委員，來臺後任臺灣省社會處處長。

2　季源溥，字匯川，戰後出任中國國民黨中央調查統計局上海辦事處處長、中央黨員通訊局副局長，1947 年當選國大代表，後任內政部調查局局長。1949 年到臺灣，在臺灣情報機關任職多年。

3　蕭紉秋，原名萱，曾任廣東大本營秘書、湖北省政府委員兼建設廳廳長、監察委員等職，精通堪輿。

4　陳啟天，字修平，1948 年任工商部部長，1949 年到臺灣，1950 年 1 月任中國青年黨秘書長，旋代主席，並創辦《新中國評論》。

5　方治，字希孔，曾任中國國民黨中央執行委員、宣傳委員會委員、政治委員會委員，1949 年來臺後，任總裁辦公室設計委員會委員。

四月十三日　星期三（望）　氣候：晴

雪恥：一、共匪態度，對桂系、對居、于，對我代表團，甚至對立法、監察兩院，皆用籠絡離間、拖拉、拆散、示恩辦法，尤以重視國共合作等語調，施其詐計，此乃為本黨一般投機份子最所得意，更加其投降熱中之意。二、共匪之所以欲在四、五月後再組聯合政府者，其意即欲借桂李之手，以行其共匪毀滅我黨革命之基業，使之澈底鏟除無遺也。應於此特加研討，以定對策，總使桂系能不中其毒計耳。

朝課後，八時一刻由妙高臺出發，經徐鳧登蛛蛛嶺至北溪，僅二小時三刻鐘。由北溪經大俞至石窗，實亦有二小時之久，由大俞至石窗路經以及石窗情形，大略與沈明臣[1]遊四明山記所述者相似，但並未有如此美麗與險峻而已。其地乃在華蓋山之東，對面間融一溪而已。余在民國十年冬遊石窗，有北溪盧姓者導遊者，乃為假冒，而非真今日之石窗也。

四月十四日　星期四

雪恥：續昨。在石窗之右窗閒坐一刻時，先由中間大窗口而入，中經隘口，伏身而進至右窗，其實為一普通隘狹之石洞，其左窗石洞則與其餘三窗之洞不通也。盤桓約三刻時而返其洞口，至巔上之大岩，高約十餘丈，其上有水滴至洞前，窗洞皆向西北華蓋山，惟其巔上則草木盛茂，不覺其為一岩巔，觀四窗則不如觀岩石較有意思耳。二時半回大俞，在其對岸岙背大路旁之竹林席地午餐畢，經百步階至仗錫之西，所謂六龍泉三峽與潺湲洞之前，略憩攝影。其路傍有一大岩可觀，余示侍從將在此石上鐫字，恐即為再來石，因時已不早，未能進至岩前詳勘耳。到仗錫近半路許，其寺如舊日，衰敗不堪，

1　沈明臣（1518-1596），字嘉則，號句章山人，晚號櫟社長，浙江鄞縣人。明朝詩人，為博士弟子，擅長書法。著有《越草》一卷、《豐對樓詩選》四十三卷。

僅有一半僧住也。問其過雲岩在何處，則茫然不知所答，問之附近李姓者，亦不知有過雲石，只知再來石與潺湲洞，指余以所在之方向，其實即同在三峽附近，但余只見三峽二字，其實仗錫風景祇此而已。四時半由仗錫起程，經屏風岩，鐫四明山心四大字即在路旁，可觀也。仍經蛛蛛嶺回妙高臺，時已七時半，即在轎中晚課，默誦養氣章等。回臺，陪客晚餐。

（明日為經國四十誕辰）

四月十五日　星期五　氣候：晴

雪恥：昨十四日，朝課後記事，得報共匪對政府具體要求條件已正式提出，除要求匪軍過江佔領江陰要塞及皖南沿江各據點以外，其對編軍與聯合政府之名額等，更為苛刻云。十一時半，陪居覺生、朱騮先、蕭紉秋等，往徐鳧岩觀瀑野餐，遊覽一小時後即回程。順遊第三隱潭，再到千丈岩麓仰止橋觀瀑，乃折回武嶺。送居到涵齋後，即到報本堂，見「寓理帥氣」匾額已掛上，自覺尚可為慰。見石鳳翔[1]，彼為緯國外丈，為經兒生日來賀也。回慈庵，晚課後，寫祠聯。回途中對時局與準備頗有所思，惟未能具體決定耳。

本十五日，朝課後記事，批閱電文，召見沈德燮[2]、萬耀煌、盧鑄[3]等畢，到報本堂觀禮。見孫仿魯[4]等，訪覺生夫婦於涵齋。正午約全家兒孫、媳婦在慈庵

1　石鳳翔，名志學，字鳳翔，湖北孝感人。西北近代紡織業的奠基者。先後擔任大興紗廠、西安大華紗廠、廣元大華紗廠經理，裕大華公司總經理。在臺灣創辦大秦紡織廠、中國人造纖維公司。其女石靜宜與蔣中正次子蔣緯國聯姻。
2　沈德燮，1945 年 2 月起任中國航空公司總經理，1947 年 5 月受聘任中航高級顧問。1950 年 3 月在香港經營珠寶店，後定居臺北。
3　盧鑄，字滇生，1947 年 11 月任立法委員，1949 年 3 月任浙江省政府顧問兼代秘書長。
4　孫連仲，字仿魯，1948 年 10 月任總統府參軍長。1949 年 3 月到臺灣，任總統府戰略顧問，11 月至 1950 年 3 月兼任東南軍政公署政務委員會敵後軍政指導委員會主任委員。

聚餐，祝經兒生日。居、朱、蕭、孫[1]、劉多荃[2]、石鳳翔等，諸親友皆同席。下午靜默卅分時。晚課後，陪居、蕭、石、朱等，到天童宿也。

四月十六日　星期六　氣候：晴

雪恥：昨晚到天童時已昏黑，適有八校學生旅行團亦在寺寄宿，僧眾、民人等在山門歡迎如禮，其熱情可感。八時後方晚餐，禱告後即就寢。但夜間睡眠不良，為回鄉以來所未有也。

今朝六時後起床，朝課如常，遊覽寺內一匝後，朝餐畢，與紉秋同登小盤山，謁摩訶祖師塔墓，其照山與墓位皆比第一次（民國十年？）來時察勘更詳，其墓地所謂金鉤釣魚者，紉秋指照山第三層像魚也。其彌陀精舍亦較前精〔清〕潔矣，擬在墓前添建三間小屋為塔院也。十一時由盤山赴育王〔寺〕，經過天童街小白等處，仍沿途放爆竹歡迎，於心不安異甚。到育王〔寺〕午餐，其歡迎民僧之熱忱一如天童。午後遊覽寺內一匝，在藏經閣觀其圖書室，甚難得也。在承恩堂休息後即登車，經寧波南門外，與紉秋覓得柳亭庵目講僧[3]之墓地及其塑像，甚為欣喜，以幼年聽鄉人所傳，目講勘輿之精，神奇無比耳。六時回慈庵，入浴後，晚課畢，記事。

1　居、朱、蕭、孫即居正、朱家驊、蕭紉秋、孫連仲。
2　劉多荃，1948 年 1 月任華北剿匪總司令部副總司令、熱河省政府主席，同年底赴香港，1949 年 8 月在香港與黃紹竑聯名通電投共。
3　目講禪師，福建泉州人。俗姓王名卓，字立如。擅以八卦論風水，終老於四明無量庵。

上星期反省錄

一、美國務院三月間答覆其參議院五十人援華提案之反對書，忽於本星期公布，此又為其對中共之鼓勵與助力，而予我政府對共和談期間之打擊，可知國務院被美共操縱已根深蒂固，若不將其中國科澈底改造，則中美平等合作與大量援華，是絕對無望也。

二、此次遊育王寺，發現鄮山即為其左山，而赤堇山為其背山之主峰，如此日前在金峨與白杜之間，所查得之赤堇（即在竹木嶺），實為誤傳耳。

三、遊育王〔寺〕回途中，在寧波南門外柳亭庵覓得目講僧之塔及其愬〔塑〕像，亦一平生之快事，直與遊訪四明石窗同樣快樂耳。

四、廣州警察局長黎鐵漢[1]又被李漢魂[2]授〔受〕李[3]指使而撤換，其事先聞余漢謀預告敬之，而敬之默許其請，殊所不料。此乃廣東舊將領對中央示威之開始，亦為桂系、兩廣大聯合反對中央之陰謀又進一步表現也。張發奎、李漢魂等所謂舊四軍系，自十五年北伐以來屢叛屢撫所養成之後患，致有今日忘恩負義與以怨報德之惡果，可知政治只有執法以繩叛徒，只有畏威而不懷德，決不能以情與誠所感召。此次下野之經歷，不僅增進我政治之常識，是亦改變我政治觀念，發現我往日仁義政治之錯誤也。

本星期預定工作課目

1. 上海肅清第五縱隊之準備工作。

2. 上海工人生活及疏散之計畫。

3. 上海煤米之儲備。

1　黎鐵漢，號瀛橋，1948 年任廣州警備司令，1949 年 4 月任總統府參軍。

2　李漢魂，字伯豪，廣東吳川人。1949 年任何應欽內閣及閻錫山內閣內政部部長，之後隨李宗仁赴美國紐約定居。

3　李即李宗仁。

四月十七日　星期日　氣候：雨

雪恥：一、共匪對政府代表修正條件二十四條款，直是無條件的投降處分之條件，其前文序〔敘〕述戰爭責任問題數條，更不堪言狀矣。黃紹竑〔竑〕、邵力子等據〔居〕然接受轉達，是誠無恥之極者之所為，可痛。余主張一方面速提對案交共匪，一方面拒絕其條件，同時將全文宣布，以明是非與戰爭責任之所在。

朝課後批閱公文，清理積案。約見鄭介民等，研討保密局改組問題，與叔銘談軍校同學組織問題，與朱世明談日本代表團工作與對日聯絡計畫。正午，約鐵城、驪先與覺生談和議問題，下午再約其三人來談。居為桂系所籠絡，不可救藥矣。與董霖[1]、端木愷談話。晚約居等聚餐後，指示對和談之意見後，記事。

四月十八日　星期一　氣候：上雨下陰晴

雪恥：一、共匪條件之對策及方式：甲、投〔提〕出具體相對條件覆之。乙、不提出對案，僅以不能接受其所提條件，而願先訂停戰協定，以表示和談之誠意。如其在此和談期間進攻渡江，則其戰爭之責任應由共匪負之。丙、用黨部名義駁斥其條件之前文，與消滅行憲政府而實行其共產專制政府，比之捷克與波蘭政府猶不如也之意，以昭告中外，宣表中共之毒辣罪惡，乃為國際共產中之尤者也。

朝課後寫德鄰覆信。約見鐵城，聽取其對時局與粵情之報告。又見仿魯、介

1　董霖，1948 年 12 月任外交部常務次長。1949 年 1 月負責外交部遷移廣州，嗣遷重慶，終遷臺北。9 月奉派赴歐安定駐法大使館。

民、振武[1]與朱騮先等。正午約居、吳、朱[2]等午餐,說明余對中行基金應負責監督之理由,以及決無干涉軍令之事,以間接剖明白崇禧造謠中傷之非當而已。下午到涵齋送客,忽得京電,德鄰要求余回京復職,而彼決下野,否則應戰必欲由余賦其全權云。

四月十九日　星期二　氣候:晴

雪恥:昨接京電,余即囑朱、吳[3]等轉示大意:以余個人今日已無權可授,如必欲余對軍政幹部用書面示意服從代總統命令,不得違背,則不如由黨決議授權為正式也。但如此必欲其遵〔尊〕重黨紀,恢復黨與政正常關係,今後凡重要政策與人事必須由政府提經政治委會通過,並由代總統對黨由一書面聲明以代誓詞耳。

本日朝課後記事,批閱文電,與道藩、正綱二同志談時局及聯絡組工作與粵、滇情形。龍雲致德鄰電及其對記者談話,是其想回滇,叛亂投共之心已昭然若揭。正午聚餐後,與雪艇談共匪所提二十四條款逼降書,決令黨部擬定聲明書,到期發表,揭發其奸計。下午清理積案後,與蕭紉秋兄謁母墓,登巔上視察形勢,順道遊覽魏墓與慈橋北塊之屋基,擬建築別墅。回慈庵,晚課。再約王雪艇與朱世明談印度與日本及韓國最近情狀,以印度態度冷淡,最出意外也。晚修正對匪聲明稿。

1　周振武,浙江松陽人。曾任國防部預備幹部局秘書、文書科長,1949 年 7 月任草山管理局秘書。

2　居、吳、朱即居正、吳鐵城、朱家驊。

3　朱、吳即朱家驊、吳鐵城。

四月二十日　星期三（下弦）（穀雨）　氣候：晴

雪恥：一、使李、白安心主政，盡其職守，不致動搖與逃避，應予之切實商定辦法，並定期晤面。甲、政策：澈底與持久剿共，不能再有和談（除非共匪能無條件歸降）。乙、改組中央政治委員會，恢復黨政常軌，委員人選可由其提供意見。丙、改組國防部。丁、政府遷粵。戊、如有必要，遷粵後再改組行政院。二、應使政府不能再與共匪中途謀和，否則等於自殺。三、約江杓與劉攻芸來見。四、徐志道工作之指定。

朝課後記事，補記反省錄後，回家到先慈易簀室，與公展修正黨部對「中共處分中華民國」條款之聲明文稿畢，接見宗南、恩伯、趙棣華[1]、張鎮、張鈁[2] 等，留餐。下午批閱文電，研究上海防守地區，令縮小面積，固守吳淞至閘北及高橋區，以新市區為中心也。五時後岳軍、禮卿由京來談，報告在京對共匪所提條款之會議經過及其結果，與李仍暗示我出國，其以不能負責，即日歸桂為要脅，余不為動。商談至十時半別去，約明日再行研討。晚課畢就寢，已十二時矣。

四月二十一日　星期四　氣候：晴

雪恥：昨夜共匪已在荻港渡江。據報第八十八軍許師長午言[3]叛變，引匪過江也。本夜共匪又在江陰附近渡江，據報海軍坐視，不肯擊匪，此必為前重慶艦叛變官長關係所運動之故。情勢至此，未知李、白能有悔悟否。自昨夜起，

1　趙棣華，別名同連，1945 年升任交通銀行總經理。還任上海市參議員，中央合作金庫常務理事、大中銀行董事長。1949 年隨交通銀行來臺。

2　張鈁，字伯英，1948 年 10 月任徐州剿匪總司令部政務委員會常務委員。1949 年 9 月任命為豫陝鄂邊區綏靖主任，12 月在川北投共。

3　許午言，四川眉山人。曾任陸軍總部第一署副署長、新十三旅旅長、第二三〇師師長。1948 年 12 月泰興黃橋之戰擅離職守，撤職查辦。1949 年 5 月化名許立新，在上海投共。

南京北岸江浦縣城被匪包圍，匪砲向南京發射。立法、監察各委員害國負黨，國家至此，大部責任應由若輩與桂系謀叛自私而成也，可痛之至。

朝課後記事，批閱文電，與禮卿、岳軍商談時局，及約晤李、白與處理大局之方鍼。正午再與張、吳、王（雪艇）商議改組中央政治委員會，以非常委員會替代之。下午靜默，晚課畢，召見吳崧〔嵩〕慶，談軍費動用廈門現洋事。晡遊覽樂亭舊址，視察溪南，築岸工程將成為慰。再與王、蕭、吳[1]等遊覽慈園。晚觀平劇。

英國紫水晶號軍艦被共匪在鎮江附近砲擊重傷。

四月二十二日　星期五　氣候：晴陰

雪恥：朝課後約見江杓、毛人鳳等畢，與禮卿、雪艇等飛杭。十二時前李德鄰、張岳軍、何敬之、白健生等亦來杭，即在空軍學校晤談約二小時。德鄰神態沉默，余對共匪與俄國情勢分析後，力主決定對共和戰方鍼，必須反共到底之態度明朗與澄清以後，方得再談軍事、政治、經濟與外交各項計畫。彼等完全同意，而李仍表示不能擔任艱鉅責任，必須要余復出，余乃堅拒，並明示不能再提此言也。休息一小時後再聚談，決定中央政治委會改為非常時期最高委員會，以代替政會職權。商定十一人，其他皆如公報所發表者，李、何[2]等即回京。余與張、吳、王[3]等入杭州招待所，即舊日本領事館也。途中及夜間研討，李之神態「惱羞成怒，積恨成仇」之色充分表見〔現〕於其面目之間，其傲慢仇恨憎惡而又不便發洩之隱情苦狀，似又不可言喻者，雪艇云此實由其力主求和，行之太過，一旦失敗，反又主戰之心理所造成也。晚課如常。

1　王、蕭、吳即王世杰、蕭紉秋、吳忠信。
2　李、何即李宗仁、何應欽。
3　張、吳、王即張羣、吳忠信、王世杰。

四月二十三日　星期六　氣候：雨

雪恥：昨日江北共匪在鎮江以東各渡口過江。據報江陰要塞司令戴戎光[1]叛變，並控制其附近海軍不能開砲擊匪，因之匪乃無甚阻礙，僅陸軍抵抗而已。至下午匪已逼近常州以北地區，敬之提議應下總退卻令，不然被匪節節截斷，再遲且受其大包圍，京滬沿線全軍有被殲滅可能，余完全同意。以今日軍情，除此無法保存，但應固守南京、上海，作背城借一之戰也。

本（廿三）日朝課後，與吳、張、王[2]商談德鄰行動，如其通電下野或其離京自返桂林時如何處理之計議。十時後到機場，適徐次辰〔宸〕、顧墨三由京過杭飛滬，面報昨夜已下總退卻令，並已決心放棄南京云。又知德鄰已於今晨飛桂，敬之飛滬矣。太原已入巷戰階段，所有製砲廠與鍊鋼廠皆未破壞，不勝憂慮。此次最大之失敗，乃在各軍戰敗被圍受俘時，未能將重要武器及彈藥破壞，皆為共匪所利用，此為軍事教育最大之恥辱也。上午致電常會，切屬對桂系與由京赴粵之立、監委員和愛，優禮相待，不生隔閡，俾得團結對共也。

戴戎光叛變。南京撤守。

上星期反省錄

一、桂系李、白[3]三個月來積極對中央各軍與黨政幹部從事挑撥分化與絡籠，皆未能生效，而李個人對其權利〔力〕亦未能盡如所欲，又以代總統名義而不能真除為正式總統，此於其競選時及其初行接任代職時所不及預

1　戴戎光，1948 年 6 月任江陰要塞司令兼京滬江防指揮官。1949 年 4 月 21 日在江陰被共軍俘虜。
2　吳、張、王即吳忠信、張羣、王世杰。
3　李、白即李宗仁、白崇禧。

料者。加之其接任求和，對共獻媚的作風，自覺過度，最後共匪提出之條件幾乎與拒降無異，故其處境實有啼笑皆非之感。此其不能不遷怒集恨於余一身之總因，難怪其然。但其心狹識淺，本來如此，何足為異，乃余亦不無過誤，應曲諒之。而今後更當負責輔導，俾桂系真能心悅誠服，團結奮鬥，完成大業也。

二、據報，南京自李、何[1]由杭回京後，當夜即下長江南岸京（蕪）滬線各軍總撤退命令，連南京亦完全撤空，亦不留憲警維持秩序，此為意想不及之事，未知如何對人民，尤其對國際，使國家與政府更無立足餘地，可痛之至。只有嚴囑湯恩伯固守上海，以期能如預定方案轉移墮勢也。

三、德鄰廿三晨由京飛桂，而不往粵，據報其到桂後，即命其飛機回去，豈其不再離桂飛粵，抑將在桂發表去職下野、不負責任之聲明，以一紙空文卸責乎，果爾，則其歷史與人格尚能保存乎，但應有所準備。

四、據廿三夕報告，南京已入混亂搶劫狀態，由馬青宛〔苑〕[2]出而維持，並聞吳貽芳[3]為公推維持會之副主席，殊為難得，但政府對國際地位更不堪設想矣。

四月二十四日　星期日　氣候：雨

雪恥：昨日正午回武嶺家中，與兒孫輩聚餐後，視察溪南岸工，已將完成，略慰於懷。下午回慈庵，假眠後記事與反省錄畢。晚課後，約陶希聖同志研究對時局宣言要旨，屬其擬稿。與經兒商議離鄉與目的地，本擬先往定海視

1　李、何即李宗仁、何應欽。
2　馬青苑，1945 年冬，任西北軍風紀視察團副主任。1947 年當選第一屆國民大會代表。到南京出席後定居。1949 年 4 月 20 日，聯合南京各界代表組織治安維持委員會，歡迎共軍入南京。
3　吳貽芳，號冬生，1928 年任金陵女子大學校長，先後主校二十三年。1945 年出席聯合國成立大會，成為在《聯合國憲章》上簽字的第一位女性。

察後，再往臺灣或廈門，未能自定。十時入浴後就寢。

朝課後記事與上週反省錄後，道藩、正鼎自粵、滬來訪，分析立法院主降派王〔黃〕宇人[1]等之行態，以及敬之、覺生、右任等態度。正鼎注重共黨與俄國對華之策略，必須於第三次世界大戰發生以前控置〔制〕全中國之誇妄意念，當在意中無疑，彼主張對俄絕交，與余意相同也，約談二小時之久。再約李樹正[2]談話，與谷、張[3]聚餐。下午審閱辭修對今後作戰方略，多有可取。召見段澐等，屬付其對軍紀與官兵生活一致之必須實行。晡赴溪南，冒雨視察岸工，在涵齋獨自觀景自得。劉攻芸來訪，商談金融方鍼，對軍餉發給現洋，余極反對，但本月底不能不發也。晚課如常，晚觀「擠」之電影，幼稚之至。

四月二十五日　星期一　氣候：晴

雪恥：約伯記一章二十節：「賞賜的是耶和華，收取的也是耶和華，耶和華的名是應當稱頌的。」又十三章：「他雖殺我，我還要信靠他。」今日南京混亂陷落，局勢惡劣，黨國危急，聲名掃地至此，余之內心實感激上帝，不知所止，並深信現局如此，是上帝所預定，亦為余預料所及。惟信賴上帝必能使我國家轉危為安，革命轉敗為勝之信念亦毫不動搖。朝、晚課業，自驗生生不息之意，與光明中和之象，亦並未減損耳。

本廿五日朝課後，劉攻芸來談，余切屬其速發兌現幣券，以延長軍餉發現之

1　黃宇人，貴州黔西人。1948 年在貴州省第二選區當選第一屆立法委員，1949 年 6 月移居澳門。1951 年 4 月任《獨立論壇》督印人，5 月任反共抗俄聯合陣線二十五人核心之一，6 月因不出席會議被立法院取消立委資格，旋加入第三勢力之自由民主大同盟。
2　李樹正，字清源，甘肅皋蘭人。1948 年 6 月，調任徐州剿匪總司令部參謀長。1949 年 3 月任第八十軍副軍長，7 月任第八十軍軍長。1950 年 3 月率第八十軍撤往海南島，9 月任陸軍總司令部副參謀長。
3　谷、張即谷正鼎、張道藩。

有效時期也。上午二謁母墓告別，依依不忍舍，似有母靈慰留之象。登山巔陟屺亭，指督官長填平工事。正午研讀對軍民文告稿，午餐後略憩。三時前由慈庵出發，乘車至寧海西墊，下車乘轎，約八里至團圓村下轎，乘木筏里許，再搭小汽艇到太康艦，已五時後矣。六時啟碇，經桐焦，視察象山港形勢，至天晚回艙，晚課。

四月二十六日　星期二　氣候：晴

雪恥：一、全國軍事管理之主張。二、廣州與廈門建築固守工事。三、各軍遊〔游〕擊根據地之指定。四、召集中級以上駐滬官長訓話與視察陣地工事。五、上海黨政社會與經濟之動員。

昨夜因霧，至佛肚水道拋錨，至十二時後啟碇向上海前進。本晨略感傷風，朝課如常，修正文稿，下午一時到上海復興島停泊。徐、顧、湯、周、桂、郭[1]等各高級將領登艦來見，聽取其報告後，再與林蔚文、徐、顧等研討今後部署與戰略，決令廣州作固守之準備，照預定方鍼，固守上海、廈門、廣州各海口，與敵持久周旋也。修正文稿畢，晚課後，約見潘公展、谷正綱、袁守謙等，商談上海注意問題後，辭去。

四月二十七日　星期三　氣候：晴

雪恥：一、金融混亂現象，實已成為作戰成敗關頭。二、軍餉發給現銀，又成為金融枯竭的焦點，若不澈底解決，則軍事、政治與社會生機皆成為不可

1　徐、顧、湯、周、桂、郭即徐永昌、顧祝同、湯恩伯、周至柔、桂永清、郭懺。

挽救之死症，應亟謀解決之道。三、駐滬主持作戰，使之固守不失，乃是惟一陣地，但應先謀金融之解決，社會恢復安定，而後乃能作戰，求得固守不失之目的耳。

朝課後，召見海軍各艦長由長江在匪軍兩岸砲火挾擊之下衝出來滬者十餘人，特加嘉慰。繼會徐、顧、林、郭[1]等，商定下月副食軍費之辦法。午餐後，登岸暫借濬浦局（復興島），休憩後與經兒巡視市區，到金神父路勵志社入浴，會客。鴻鈞由香港來滬，特屬其研究金融救急辦法。晚課後，約周至柔、湯恩伯來談軍事，由京撤退之第四、第四十五、第二十八各軍，尚在溧陽附近，被匪截斷為慮也。

宜興與蘇州昨日皆相繼失陷。

四月二十八日　星期四（朔）　氣候：晴　大風

雪恥：一、上海總動員要領：甲、民眾組訓及其業務之指定。乙、民間與各機關物資之監督與支配。丙、糧食之集中統制與計口授糧。丁、工人之分別疏散。戊、倡和主降之耆紳，勒令離滬。己、統制實物與分配實物。

朝課後，見俞濟時昨晚未回，侍從散漫，不勝憤悶，暴怒又起，應切戒之。上午約見黨務軍事人員十餘人，次辰〔宸〕、墨三赴穗來辭行。下午杜月笙[2]來見，據報顏惠慶被英、美僑商利用，宋慶齡[3]被共黨民盟分子利用，推其為主和代表，運動上海中立與國軍撤退。余屬其轉為警告顏某，並勸宋漢章[4]早

1　徐、顧、林、郭即徐永昌、顧祝同、林蔚、郭懺。
2　杜月笙，名鏞，號月笙，抗戰勝利後，曾短暫擔任上海市參議會議長。1949年4月赴香港，歷任新界青山酒店董事、中國航聯保險公司香港分公司董事長。
3　宋慶齡，原籍廣東文昌，生於上海。孫中山遺孀。1949年10月中華人民共和國成立後，曾任中央人民政府副主席。
4　宋漢章，原名魯，浙江餘姚人。1948年4月，任中國銀行董事長。1949年12月辭職，由香港去巴西，1950年赴美國，1951年定居巴西。

日離滬，不得再提此議。續見王克俊[1]、吳仲直[2]、闕漢騫[3]等各軍事〔長〕後，晚課畢，與至柔、蔚文、丁治磐[4]等晚餐，聽取軍事報告。

四月二十九日　星期五　氣候：雨

雪恥：一、以政略與戰略論我之位置，應在上海與匪周旋，使匪注力於此，而變換其向華南閩粵進犯之目標，對內政外交亦比較有利，惟上海經濟之紛亂與社會之複雜現象，可說世無其匹，誠有不可思議之感。惟此一點，應作合理解決，方可使上海軍事能為全局之轉機，不然決難達成任務也。

朝課後記事，召見中央銀行與中央信託局各重要人員，慰勉之，使其安心供職。徐道鄰[5]來談，留餐。下午約見谷正綱與方希孔，此二同志殊為難得，其他黨政各機關主管皆紛紛自逃，尤其市政府各局長皆已離職，可痛。聞今日銀元價已漲至金圓券二百萬元以上矣。晚課後，與湯恩伯、林蔚文、郭悔吾談上海防務及余應否留滬也。

1　王克俊，四川岳池人。時任第二十一軍軍長，1949 年 12 月下旬，在大邑投共。
2　吳仲直，字佐之，浙江諸暨人。1948 年秋，任第七十五軍軍長。1949 年後在臺灣歷任南部防守區副司令官、聯合作戰研究督察委員會主任委員、國防部高參室主任。
3　闕漢騫，字撥雲，1948 年春，任第五十四軍軍長，11 月兼任第六兵團副司令官，1949 年 5 月任上海浦東兵團司令官，7 月任臺灣中部防守司令，仍兼第五十四軍軍長；11 月任臺灣防衛副司令官。
4　丁治磐，字似庵、石安，江蘇東海人。1948 年 9 月，任江蘇省政府主席兼保安司令，12 月，任京滬杭警備總司令部副總司令。1949 年 1 月，兼任江蘇省黨部主任委員，2 月任第一綏靖區司令官，8 月兼江蘇省綏靖總司令，9 月兼東南軍政長官公署政務委員會政務委員，11 月兼東南軍政長官公署舟山指揮部副主任。1955 年 11 月改任總統府國策顧問。
5　徐道鄰，名審交，字道鄰，以字行。1948 年 9 月任江蘇省政府委員兼秘書長、實業廳廳長。1949 年滯留上海，1951 年抵達臺灣，在臺灣大學、東海大學任教。

四月三十日　星期六　氣候：陰

雪恥：一、青島守棄問題，令劉安祺來滬。二、西北主官人選張文白被匪扣留後，另定接替者：顧或朱[1]？三、墨三不能再任參長，戴戎光在江陰叛變，顧應負全責。四、林蔚文與蕭毅肅[2]可任參長。五、李[3]留桂不肯來穗，要求有財權，並要求以白[4]為參長，應加研究。

朝課後記事，召見陳良[5]與谷正綱。據陳報告其與美總領談話，其幼稚可笑，不勝憂悶。十一時召見駐滬團長以上軍官，點名、訓話約一小時。下午約見劉鴻生[6]及滬市黨部書記長陳保泰[7]、談益民[8]、徐鳴亞[9]、陳以德[10]與楊綽庵[11]，此皆臨難不苟免，在今日黨員幹部中最難得者也，此外黨政機關局長、處長以上者，皆藉故擅離矣。批閱，晚課後，約袁守謙等聚餐，甚為上海經濟憂急也。

1　顧或朱即顧祝同、朱紹良。
2　蕭毅肅，原名昌言，四川蓬州人。1948 年 6 月，任國防部次長。1950 年 3 月，調任國防部參謀次長。
3　李即李宗仁。
4　白即白崇禧。
5　陳良，1949 年 4 月至 8 月任上海市政府秘書長，兼代上海市市長。1949 年 9 月至1950 年 1 月任國防部參謀次長、行政院總體戰執行委員會秘書長。1950 年 2 月至 3 月任交通部部長。
6　劉鴻生，涉足煤炭、水泥、火柴等實業，有「企業大王」之稱。曾任上海公共租界工部局華人董事、國民政府火柴專賣公司總經理、國營輪船招商局總經理、行政院善後救濟總署執行長等職。
7　陳保泰，浙江諸暨人。時任中國國民黨上海市黨部書記長，1949 年 11 月任浙江省黨部主任委員、浙江省舟山群島防衛司令部秘書長。1950 年 1 月，派任浙江省政府委員兼秘書長，8 月任官派高雄市市長，1952 年 8 月，任陽明山管理局局長。
8　談益民，曾任浙江省德清縣縣長，1949 年 8 月任總裁辦公室第一組秘書，1950 年初任浙江省政府委員兼政務處處長。
9　徐鳴亞，字樹屏，安徽太和人。曾任重慶《商務日報》主筆、重慶《抗敵導報》總編輯、中國國民黨上海市黨部執行委員兼副書記長。1951 年 4 月任彰化縣立鹿港初級中學校長。
10　陳以德，安徽青陽人。曾任中國國民黨重慶市黨部秘書、上海市黨部秘書。
11　楊綽庵，1948 年就任糧食部上海糧食緊急籌儲會主任。1949 年春任財政部次長。5 月被中共華東區糧食公司聘為顧問。

上月反省錄

一、四月份最重要之事，莫過於共匪對政府所提國內和平條款，使李代總統主和求降，甚至謂投降即光榮之投降派無法接受，而不得不宣告決裂作戰，此固最近時局中遭遇重大之艱難，然中華民國之生機與國民革民〔命〕之復興亦即在此也。

二、共匪最初不宣布其條件，專用懷柔手段，邀約李、于、居、何[1]等以及立法委員赴平，參加和平簽字典禮為由，而實欲藉此成俘，假借中央政府名義以強逼其以代總統名義與行政、立、監各院首長履行其所謂和平條件，其用心顯然可見。不料李、于等受寵若驚，真誠應召，而于尤為熱心，幸共匪至十五日迫不及待提此最後之招降條文，于方中止，李乃斷念，此為求和派之慘敗，而李之內心負疚愧怍，自在意中。彼既不能奪取軍權，又未爭得財利，對於名位又未取得正名，而其主和之主張結果如此，難怪其不安。然而不應嫉忌毒恨至此，或其另有用意，激我之怒，使我痛憤之下予之決鬥，出而復職，以中其計乎，此非可用之於余者也。

三、共匪始則希望桂系局部投降以分化政府，使之無形消滅（即所謂李濟深、李宗仁與毛澤東三巨頭合作），繼欲以誆取李、何、于[2]等，俘獲政府之首要以期取而代之，俾得承受中國政權之法統，取得國際合法地位，最後則出之以處分條款，不得不顯現其猙獰之真面目。是其對余之方法不同，而其非得而不能甘心及非澈底粉碎國家之基力不可之目的則完全相同。不料其陰謀鬼計反皆為之澈底粉碎，若非上帝保佑其子民，豈能度過此最大之危局乎。

四、廿三日南京撤守，翌日共匪入城，首都又告淪陷，此又一次蒙受莫大之恥辱也。

1　李、于、居、何即李宗仁、于右任、居正、何應欽。
2　李、何、于即李宗仁、何應欽、于右任。

五、南京淪陷之日，俄國即對美國提議，解除柏林封鎖之交涉，美國政府居
　　然以俄為有誠意，有喜出望外之感，殊不知其太平洋上惟一之鄰國淪亡，
　　即為其太平洋之威脅，招致無窮之後患。

蔣中正日記
Chiang Kai-shek Diaries

五月

蔣中正日記
Chiang Kai-shek Diaries

民國三十八年五月

本月大事預定表

1. 共匪新民主主義青年團之組織，其果為實現其都市政策之幹部乎。

2. 為誰而戰之理由。

3. 對俄關係及絕交問題之研究。

4. 政工局長人選及其工作方鍼之速定。

5. 孫文主義學會應即宣布解散及逮捕其會員。

6. 今後工作應以組織技術為最要。

7. 幹部組訓計畫與革命哲學之研究。

8. 宣傳工作與技術之注重。

9. 戰術、戰鬥技術與指揮方法之研究。

10. 臺灣根據地黨務、政治、軍事、經濟、外交之根本政策及其建設計畫。

11. 訓練新幹部，組織基層群眾，如何選訓大批新幹部，使之秘密方式組織深入社會各階層，嚴格執行綱紀，提高組織尊嚴，黨政軍幹部痛改過去鬆懈散漫惡習，以群眾力量維護綱紀，保證每一黨員服從革命領導，執行革命綱領。

12. 鏟除空言不踐、因循敷衍、徇情任私、麻木不仁等官僚作風，而代之以實事求是、精益求精、急公尚勇、嚴正不苟、是非分明、賞罰公允。

13. 實行民生主義之具體方案與行動的擬議。

14. 同學會選拔優秀分子集訓之計畫。

15. 訓練黨政軍幹部之總計畫與總數及考核。

16. 後期革命三年準備計畫與五年準備計畫。

上星期反省錄

一、英國軍艦「紫水晶」號等被共匪擊傷，而且死傷至百餘人之多，不料彼英政府對共匪反送秋波，聲言將余〔與〕共軍作友好關係，又息英國將承認共黨政府，此乃英國只認事實與利害，而毫無道義與廉恥之表現，可恥之至。

二、數日前英領事在滬對我軍表示其贊助之意，及至最後則協同美國領事反勸我軍作和平撤退之妄議，英之外交圖利忘義固無足怪，而美國外交完全受英國之操縱，更為可恥。

三、英國對華政策現甚明顯，其恐香港將被共匪侵佔，故急欲承認共匪政府以期保全香港，而又欲使俄國勢力傾注其全力於遠東，以亞洲為壑，而延長其歐洲之準備，與緩和俄、英之衝突也。

四、俄、美對解除柏林封鎖交涉在上月底幾乎已接洽妥當，而且美、俄、英、法四巨頭會議之宣傳甚熱，美國愚昧如此，焉能不被其玩弄耶。

本星期預定工作課目

1. 道德重整與爭自由、爭生存之口號。
2. 臺、廈存儲金銀之處置。
3. 臺灣幣制之改革計畫之實施。
4. 對美、英外交與宣傳之研究。
5. 德鄰留桂不赴粵之注意。
6. 上海決戰方鍼之研究。
7. 青島撤守之決定。
8. 共匪進佔浙贛路後行動之判斷。
9. 重慶、貴陽儲油之督導。

五月一日　星期日　氣候：晴

雪恥：一、此時對匪之心理戰，既到上海再飛重慶，布置西南與西北軍政，使之安定，以為第二步政府遷移之準備。二、上海駐軍之眷屬應使之集中居住，不使佔住各處民房。三、重慶汽油之停積。四、皖、浙、贛各軍遊〔游〕擊根據地之指定。

朝課後記事，批閱。約中央銀行各局長及外交部駐滬特派員與陳良市長商議經濟與米、煤來源，令與美領事交涉接濟，未知結果如何。正午召集駐滬軍官第二次訓話。下午接見徐寄廎[1]與顏惠慶，屬顏速行，恐其被匪利用宣傳也。七時對各軍校同學會發起人二百餘名訓話後，回金神父路勵志社。下午胃甚不舒，至晚嘔吐數次，休息後看影片。

五月二日　星期一　氣候：晴

雪恥：李德鄰留桂不來穗，其目的在要求軍權與財權，但未敢明言又不能直說，以總統本有權，余亦無權可授，故以為余在幕後操縱以牽制其做事作宣傳，其真意乃欲余出國，否則他不願來穗以逼之。余對此惟有求其心之所安，如能使之諒解固佳，否則只有聽之。以余剿共之志，如國內有寸土可為我革命立足之地，則余不敢放棄此責任也。

朝課後甚感身體不適，反胃嘔吐，乃在日光下休養一小時，仍覺未癒，故假眠。下午四時約見黃埔同學會發起人梁華盛頓[2]，談話二小時。批閱，記事，又作嘔吐，因之晚間會談取消，晚課後即就寢。

1　徐寄廎，原名徐陳冕，字寄廎，以字行。1946 年任浙江興業銀行董事長，兼任上海商會理事長。1949 年 5 月上海陷共後，稱病請辭浙江興業銀行董事長職務，遭慰留。

2　原文如此。梁華盛，1949 年出任廣州綏靖公署副主任，後攜眷經海南至臺灣。即解其軍職任總統府國策顧問。

五月三日　星期二　氣候：晴

雪恥：本日胃病未瘥，昨夜以被厚天熱又未安眠，故晨起嘔吐不止，僅在床上朝課默禱，靜息如常。注射胃藥後，緯國來見，彼將赴臺灣接洽公務，屬經國約中國航空公司主任洽商由美接妻回國手續。香港政府對我國過境之武器不准放行，其必為英政府對華政策轉變之預示，故我政府存美、英之外匯亦又為其凍結止付之可能，乃命鴻鈞、德懋來商辦法。下午約蔚文、恩伯來研究上海作戰計畫與部署兵力，浦東為一弱點，應令加強。與蔚文談粵、桂情形，李、白目的在強我出國，否則李不到穗，主政無人，以彼等余在滬亦所不願，彼不願余有任何協助，且視為目中之釘也，固待閻、居[1]此次飛桂請李結果如何再定。晚課如常，與經兒談家事與大局，十時後就寢。
本日杭州撤守。

五月四日　星期三　氣候：晴

雪恥：本日病體較鬆，但胃仍作酸，體力疲弱，間有往年五月間倦乏之症，故朝課未行體操，其靜坐默禱，讀經唱詩，諸課皆如常未輟也。上午記事，批閱公文，為赴桂林訪李之代表閻、居等結果如何，未得詳報為念。下午四時約見蔚文、恩伯與劉安祺、石覺諸將領，研究上海陣地工事，余主張以蘇州河為核心工事之南端，石覺甚以為然也。與安祺研究青島棄守問題，余主張早撤，不再為美國守門上當也。晚課後八時許，接敬之航空來信，內附李德鄰六條件之要求，以及其談話錄之措辭，十足表示其蠻橫要脅，爭權奪利，最卑劣無賴之形態，乃以一笑付之。與蔚文、希聖商議覆信要旨，此李叛跡奸計已畢露無遺，決不能希望其回頭革命矣。

1　閻、居即閻錫山、居正。

五月五日　星期四（重五）　氣候：陰雨

雪恥：本日疴恙漸消，但體操仍未復課，其餘朝、晚課皆如常未間也。

上午記事後，修正答李書，致敬之轉達之函稿，頗費心力。以桂系之卑劣性行，害國叛黨，徒為其軍閥個人發展私慾，寡廉鮮恥，再不可為伍，應決然斷絕關係，不復有所希冀。故彼之來穗與否，皆可置之不顧。以黨國被其敗壞至此，再害亦不過如此，故不留餘地，予之盡情訓斥，如彼獠果能悔改自悟，當亦黨國之幸也。十一時召集各特種兵將領與警局長等談話，問答約一小時，下午提前晚課，靜默半小時後，約見鴻鈞、席德懋商談中央存美外匯處置辦法，預防美政府之凍結也。召見劉安祺、黃珍吾、袁守謙等五人後，晡與經兒同往虹橋路岳父母[1]墓前，敬謹告別。回程到東平路愛廬視察，全室皆空，但覺悽涼與愧惶而已。再度修正函稿，九時後觀影片，十二時修稿畢，就寢。

五月六日　星期五（上弦）（立夏）　氣候：晴

雪恥：本日胃病已癒，但體操尚未復課，其他朝、晚各課如常。

朝課後重檢何函稿，再加修正後，即命謄正，記事。傭工徐爾來見，十一時約見正鼎、希孔，談上海經濟、社會、宣傳、組織各事，嘉勉之。惟此二幹部在此窮困時期尚能奮鬥聽命，不肯離棄，殊不多得也。與恩伯研討上海防務與戰爭決心，並告其要旨與現金數目，對於中央銀行人員應特別注意與聯絡。對青島決心撤守也。正午屬蔚文攜何函飛粵，對於白崇禧扣械劫款、抗

1　岳父母即宋嘉樹、倪桂珍。宋嘉樹（1861-1918），字耀如，廣東海南文昌人，本姓韓，過繼宋姓。曾任美南監理會牧師，後經營出版業，以印刷和批發《聖經》致富。鼎力支持辛亥革命，民國著名宋氏家族的家祖，子女有靄齡、慶齡、子文、美齡、子良、子安。其妻倪桂珍，浙江餘姚人，父親倪韞山牧師，母親徐氏，為徐光啟後代。畢業於上海禆文女中，擅長數學，喜彈鋼琴，曾留校任教員。1887年夏與牧師宋嘉樹結婚。

命違調等事，不提其名而僅敘其事也。下午與海軍桂、空軍周[1]指示要旨，與鴻鈞談經濟與臺灣改幣基金以及中央銀行注意各事，甚慮該行幹部不穩也。與陸根記[2]談廈門、馬尾工事材料購辦及建築，為之撥定款項，命即開工。六時由復興島登江靜商船休息。

五月七日　星期六　氣候：晴

雪恥：昨晡登船，在上層船舷休息，覆妻電。晚課後，約見江杓談歐洲購械及運貨等事，撥俞國華[3]宣傳等費畢，默禱後十時就寢。

昨日經國往訪顏惠慶，請其遷臺灣，並為其預備飛機與住屋，不料彼反為共匪宣傳，其意似勸經國不必懼共、反共，殊所不解，乃知匪之迷惑人心，其技術高明與欺詐手段之害人，即使狡獪巨猾亦將墮其奸計，何況軍閥小醜之李、白乎，難怪其然也。

本日胃病已痊，體操亦已復課，惟又受感冒，喉部作痛。上午六時，江靜輪船由滬出發，在船上獨自遊目騁懷，眺望汪洋，意態適然，甚想專心建設臺灣為三民主義實現之省區也。批閱臺灣幣制改革方案。下午四時到瀝港島之埭西門，兩側山地肥美，森林亦多可愛也。五時半到舟山縣城，泊港中視察形勢，研究防務，頗樂也。晚課後，研究舟山地圖。

1　海軍桂、空軍周即海軍總司令桂永清、空軍總司令周至柔。
2　陸根記營造廠為陸根泉創辦，因創建百樂門成名。其後承建南京國民大會堂及國立美術陳列館等著名建築。抗戰時期建造昆明大戲院等工程。1949 年遷至臺灣，位列四大營造廠之一。
3　俞國華，浙江奉化人。1947 年至 1950 年，出任華盛頓國際復興開發銀行副執行董事。1951 年 1 月任國際貨幣基金會副執行董事。

上星期反省錄

一、美、俄、英、法對解除柏林封鎖之協定已經發表，四國外長會議亦定於月內在巴黎舉行，而且英國對中共積極尋求路線以求妥協，期保其香港，並運動美國一致承認中共偽政府之政權，而其本已贈送我政府之靈甫號艦亦要求繳還，此一國際階段又加重我國黑影，以勢論之，險惡已極，然而此心光明安定，深信天父必有深意，使我能自反自強，自求獨立之道耳。

二、軍校同學會非常委員會成立。

三、上海軍事經濟措置已大略完成，社會秩序恢復如常。

四、桂李致我談話錄，其逼我出國之六條件，比諸共匪對其所提之逼降條件，用意更毒，其愚拙荒唐，實為任何無恥軍閥所不及。國家不幸，既出朱[1]、毛，又生李、白，誠令人困迫不知所解，動心忍性，能不自勉。

本星期預定工作課目

1. 對於臺、廈存金之處理。

2. 巡閱舟山群島各要港口。

3. 設計定海防務。

4. 督導青島撤防。

5. 閩南防務與增加兵力。

6. 肅清舟山群島潛伏共匪之督導。

7. 桂李是否赴穗之決定。

8. 重讀三民主義。

1　朱德，字玉階，四川儀隴人。中國人民解放軍總司令。1949 年後，先後擔任中央人民政府副主席、中華人民共和國副主席、中共中央副主席。1959 年當選全國人大常委會委員長。

9. 宣傳經費之撥匯。

10. 對美外交經過實錄之編輯與研究。

11. 馬公島設住處。

12. 閩南布防與指調部隊。

五月八日　星期日　氣候：晴

雪恥：一、美國會已發動調查美對華政策運動，其國務院無論如何設計阻止援華與破壞助蔣，惡意中傷，顛倒是非之陰謀毒計，只要忍耐持久，終有一日水落石出，虛實大白於天下，決不至沉冤莫白也。馬歇爾誤美害華之罪，雖第二次世界大戰勝利之功勳，決不能掩其鑄成第三次世界大戰，貽害人類無窮之孽耳。二、湖南唐生智[1]等發起湘省自救會，一面降共，一面制桂歟。三、極思三民主義實施方案，再加一番研討，而以臺灣或定海為實現區也。

昨夜熟睡七小時之久，甚難得也。朝課後，派周宏濤赴滬轉達金融、軍事等要務。上午叔銘自臺灣來見，屬其面達陳主席[2]要務。聞孝勇病耳甚劇，念念。批閱文電，清理積案。下午閱定海縣志，審核情報。晚課聚餐後，閱普渡山志，見總理[3]序文，其間有一段神話，前月始聞於蕭紉秋譚〔談〕過，今復見之文字，若真有其事者，但此非總理之手筆，余仍不信以為真耳。本日風平浪靜，在船中漫游自得，意態瀟灑為樂也。

1　唐生智，字孟瀟，湖南東安人。1926 年加入國民革命軍，出任第八軍軍長，此後歷任武漢、南京國民政府等方面要職。抗戰初期南京保衛戰前，出任南京衛戍司令長官，撤守後閒居湖南。1948 年 11 月赴京滬提議國共停戰議和。1949 年在湖南參加組織「和平自救」運動。

2　陳主席即臺灣省政府主席陳誠。

3　中國國民黨總理孫中山，相傳 1916 年孫中山曾遊普陀山，有見「奇觀異景」之神話，1934 年有印順法師〈遊普陀山志奇〉之文，謂孫中山當年曾撰有〈遊普陀誌奇〉一文敘述此事，唯真實性仍待考。

五月九日　星期一　氣候：晴

雪恥：一、對於黨政制度、軍隊生活與社會政策，亟思有一具體方案，期能制裁共產，比看英、美也。二、定海可為反共根據地。三、穿山鎮與後所應切實控置〔制〕，以保障定海、大榭之安全。四、偵探情報與監察人員之組訓，為剿共惟一要務。

六時由定海啟碇，七時半大穿山口外之大榭山北渡燈塔附近，朝課後，乘汽艇至南渡西岸之關帝亭，登岸徒步里許到後所城之後山，瞭望形勢，再登東北城角，視察大榭與穿山周圍山海形勝，皆瞭如指掌矣。入龍睡宮稍憩，和尚招待慇懃，其庵宇前後二宅，惟風景不俗耳。由宮徒步至穿山碼頭，未入其市街，即登艇還江靜輪後啟碇，一時至瀝港，三時登岸，由南碼頭經街中到天后宮視察，工事薄弱，不勝慚惶。巡視後，向村西外緣到北碼頭登艇還船。瀝港僅三、四百戶口，而女子秀麗獨多也。六時到岑冊即岑港泊也。據報德鄰昨已到穗，略慰，晚課如常。

五月十日　星期二　氣候：晴

雪恥：瀝港一帶山脈雄秀可愛，惜樹木甚少耳。岑港為一長堤，戶口亦有數百家，聞其石質頗佳，其採石為業者甚多，以靠岸不便且非要地，故未登岸視察。

本日七時半，船由岑港啟碇，沿途眺望金塘背山形勢，風景更覺可愛，他日有暇能再深入金塘村遊覽（雪竇寺別院）則幸矣。船經金塘山北端盡頭乃朝課，風日清和，朝曦初升，海平如鏡，心神怡逸，莫京亂世敗時，尚能自得至此，豈非上帝賜予，以準備復興之朕兆乎。朝課後記事畢，本日十時船到南浦，其居戶不過二百家，而其西北方之搖星浦乃為岱山產鹽之中心區，其鹽戶約有二萬餘家，岱山實為定海縣富庶之區也。十一時前到東沙角，居戶約有四千家，其地有內港適於魚〔漁〕船避風，所謂岱山者，實以此為最重

要之魚場也，其北方有西沙角，亦與東沙角相連也。由東沙角至倒斗峇，途中參觀漁船張網捕魚實況，亦一樂也。下午一時到倒斗峇，乃衢山之魚商場也，其土質與富庶自不如岱山，但亦非貧瘠不毛之地可比耳。

倒斗峇地圖為島斗峇。

五月十一日　星期三　氣候：陰　大風

雪恥：昨下午在倒斗峇停泊二小時即啟碇，向普渡進發，對秀山與官山及長塗各島皆途過眺望而已，南浦、東沙與倒斗亦未登岸，僅在船上視察形勢，如地方民眾組織嚴密，巡查偵察周到，海軍布置監視勤奮，則共匪雖狡，無法渡海來侵也。五時後船到普渡，在船上不斷視察形勢，舊地重遊，更覺有趣耳。晚課，聚餐畢。設計明日遊程，在舷上獨坐伴月，大有月光如水水如天之感，十時就寢。

朝課後記事，處理要電。九時三刻登岸，徒步至三聖堂，為余民九年春侍奉先慈寄住之地，其房屋格式已變，多不如前。問其僧，則日廿三年焚如，現屋則重建也。視察一匝，相予噓吁而別，乃乘轎直上佛頂山慧濟寺，已近午刻，先遊菩薩頂燈塔，在塔上眺望遠矚，以風大不能駐足，即攝影而回，此為前數次來遊普渡，皆無暇登臨之寺，今始償我宿願矣。午餐後由寺取直徑，向東行下山，至古佛洞與梵音洞，此皆重遊之地。古佛洞，證光和尚肉身塑金所在之地也。

五月十二日　星期四（望）　氣候：晴

雪恥：昨日下午遊梵音洞後，直赴天福庵，途中僅在屪提庵前之淨土亭，息足片時，以其地在千步沙左端，位置甚佳，且有一亭佛像五幅，助益景地不少。以微未入法雨寺，沿途僧眾傍觀，無所表現，自覺慚惶無已。到天福庵，

其建築皆新，已改觀矣，此亦為余舊日寄住之地也。順道至南天門遊覽一匝，其地甚幽雅浩蕩，惜無泉水耳。遊畢回船已四時半矣，入浴，晚課後記事。終日以時局險惡，桂系奸謀未已為憂，故未能如往日之有遊興耳。

本十二日朝課畢，八時由普渡啟碇，經珞珈山、朱家尖、登步，十時後方見桃花島、蝦崎島，十二時至六橫島邊緣，由大小尖倉山轉向西北，經溫州嶼至佛肚島，遠眺梅山島，轉北循崎頭山角望見大貌山、穿鼻山而入吉祥門水道。三時（下午）到達舟山泊也。假眠後，空軍高級幹部十餘人來見，似由至柔令他來見，表示其一、臺灣行政希望交空軍負責。二、語意中不信仰王叔銘，而擁戴周至柔為空軍領袖。余斥責其驕矜自大，表示對空軍悲觀，而以訓勉作結論。至柔行動不正，甚為可憂。

五月十三日　星期五　氣候：上晴下雨

雪恥：一、電川張[1]供給宗南軍糧與兵員。二、預定定海、普渡、廈門與臺灣為訓練幹部之地區。三、建設以臺灣與定海為着手開始之點。四、訓練幹部，編組民眾，計口授糧，積極開墾，分配每人工作，不許有一無業遊民。三五減租保障佃戶，施行利得稅、遺產稅，籌辦社會保險，推進勞工福利，士兵與工人保險制度，推廣合作事業，實行平均地權，節制資本的民生主義為建設之要務。

朝課後記事，補記一月份反省錄，批閱電文。周捧〔奉〕璋主席與段澐軍長由甬來見，指示其定海防務與建設為民生主義實驗區之要旨等，定海對內地防務必須確保大榭與梅山兩島，因之必須穿山之後所城經門浦、官莊而至廓衢所城，即崎頭山之三角地帶也。下午讀民生主義第一講完。晚課後，再與周、段商討防務。餐後，觀海軍學習電影片畢，十時睡。

1　川張即西南軍政公署長官張羣。

五月十四日　星期六　氣候：晴

雪恥：努力生產，學習科學，為共匪對青年宣傳之口號，應加注意。

朝課後手擬電稿數通，記事，並記失敗原因要目。十時由定海啟碇，約一小時半至霩䘏所城前海面停泊。午餐後，換小砲艇至梅山島對岸獅子亭道頭登岸，其地有放水閘曰方門也，由方門循堤防，向北經官山之觀海亭、大度塘而至霩䘏所城。入吉安門，登城址瞭望形勢，其城已圮廢，僅留城基而已，其地三面環山，惟東面臨海，其周圍平面約有三、四華里，實為海防要點。入城隍廟視察，見自衛隊官兵正在賭博爭吵，地方基層組織腐敗至此，國家焉得而不敗亡，愧悔憤悶極矣。出南門至雲海堂略憩，即經舊堤岸而回方門，渡海至梅山鎮入梅子山廟參觀，其內有神室，陳設一如新房也。回艦後，巡遊至梅山鎮西南角上下道頭，此為第二渡海地點也，其兩岸相距僅六百至一千公尺而已，以水淺不能再進，乃即回航，經霩䘏返定海。

上星期反省錄

一、德鄰八日到穗後，發表書面談話及其正式命令，對共匪求和之期待與應戰之強勉，情見乎詞，可謂無恥之極矣。

二、到普渡時，以往昔總理到普渡曾有神話，甚恐余來此對上帝與基督教理之信心動搖為慮，時以此為戒。余既信奉基督，決不能再事他神，為人格之試金石也。在山遊覽一日，幸未隕越，此乃信心進步之重要階段乎。

三、本週周遊定海縣周圍足有七百華里之廣，其各島皆土地肥美，滿山綠影，間有林木，僅此已足為余革命復興根據地，況海、空軍皆非共匪所有，則共匪其如我何耶。

四、共匪已於十三日向上海楊行、月浦方面開始正攻，而青島部隊尚未有撤退之確期，甚念也。

本星期預定工作課目

1. 青島撤防之督促。

2. 上海戰況與增援之注意。

3. 各省自衛隊改革之計畫。

4. 移駐馬公島。

5. 臺灣金融改革之督導。

6. 建設復興根據地方案之研究。

7. 廈門現金之疏散。

8. 大陸基地應以重慶為主。

9. 對閻、吳[1]、李、白之調處意見如何對策。

10. 採負責保荐制度。

11. 工人與士兵保險制之實行。

12. 土地債券與限地制度及三五減租。

五月十五日　星期日　氣候：陰

雪恥：昨晡在回航渡中晚課畢，入浴。閱民生主義第二講未完，約黎艦長[2]等晚餐畢，閱定海縣志，載往日水師在定海鎮分汛巡防甚詳，足資參考。

朝課後，派經兒飛滬參加黨務聯絡會報，及轉達意旨於湯、周[3]各將領。記事後，接滬電，始知十三日夜，共匪已向上海楊行等處正攻矣。批閱電文，皆是軍事財務請求接濟之案，總之要錢要兵與諉過卸責之情形，不僅李宗仁、

1　閻、吳即閻錫山、吳忠信。

2　黎玉璽，號薪傳，四川達縣人。1948 年 12 月，任海軍第一艦隊參謀長兼太康艦艦長。1949 年 4 月 24 日，指揮太康艦護送蔣中正從寧波到臺灣，5 月升任海軍第二艦隊司令。1950 年 7 月，升任海軍總司令部參謀長。

3　湯、周即湯恩伯、周至柔。

白崇禧而已，凡有過責，皆要我一人負之，可痛之至。下午在金塘島南岸大浦口道頭登陸，經安瀾亭大象地至柳巷，入普濟寺後門，忽見果如和尚塑象〔像〕在其東廳，仰觀其匾額亦為果如而題，乃知此即雪竇寺之下院也。巡視二匝，尚有果如之徒性梵在也，予之敘談，果如及雪竇往事，又知其師弟性安和尚前二年方逝世，言下噓吁不已。約坐半小時，離寺時，民眾皆來歡迎，途為之塞，其歡欣之情，實出至誠，使內心為之感慰不置。

五月十六日　星期一　氣候：雨

雪恥：昨下午由柳巷經老碶頭回大浦口，沿途民眾空巷爭觀，其表情之精誠實難言喻，余何人斯，在此敗創愧悔之中，而尚有民眾如斯熱忱景仰耶，未知將何以酬其熱望耳。所可痛者，各地自衛隊之污腐形狀，防匪不足，擾民有餘，此乃各省行政主官負國負民，誤余太甚，政劣至此，焉得而不敗亡也。登船已三時半，即啟碇回定海。假眠後，讀民生主義第二講完。晚課後觀海軍登陸作戰影片，十時就寢。

本日朝課後記事，批閱電文。經兒自上海回來報告滬情，戰況尚佳，但南匯、川沙二縣城已失，浦東兵力與部隊較弱為慮耳。毛人鳳來報告滬情，稱高級將領雖有決戰之決心，但皆無固守到底之信心。乃致函湯、周、桂[1]三軍總司令激勉之，並指示其運輸物資。下午致劉安祺、湯恩伯督促青島撤防事宜。讀民生主義第三講，準備明日赴馬公島諸事，甚願在定海與普渡作常駐之計也。晚課後，閱報及廈門存金分配各省辦法，餐後記事。

1　湯、周、桂即湯恩伯、周至柔、桂永清。

五月十七日　星期二　氣候：上雨　下晴

雪恥：一、福建南平、古田情況不明已三日，據報福州情況亦甚混亂，又稱空軍站在閩者亦已撤消，謠言紛紜，未知真相，亟欲親臨福州與朱主任紹良晤面，在閩上空呼叫其站臺不應，無法降落，乃即直飛澎湖停機駐宿。此乃幹部無能，治理無方，以致有此現象，實余組織與教育失敗之過，不勝慚惶。朝課後以氣候不良，不能如期起飛。補記反省錄後，寫恩伯、至柔、捧〔奉〕璋各函，聞川沙海岸砲戰甚烈，上海航道大受威脅，焦慮之至。午餐後天晴，即由江靜輪登岸起飛。沿途視察三門灣、海門、樂清、鳶蕩山、永嘉、平陽等城，對於閩、浙交界之山地海岸以及三都澳皆瞰視甚詳，勝於遊覽一月旅程矣。自一時半起飛至四時五十分到馬公島降機，即至馬公城外之賓館駐也。其地形實為平灘，應名澎湖洲，而非海島，毫無山地，氣候頗熱。

五月十八日　星期三　氣候：晴

雪恥：昨晡在賓館附近沿海濱遊覽，瞭望對岸之漁翁島，面積雖大，但其標高不過五十公尺，亦一沙灘。樹木極少，植物難產，聞動物除印牛種較壯大外，餘亦不易飼畜。以其地鹹質甚大，無論動植皆不易生長，而且颱風甚多，惟其地位重要，實為臺灣、福州、廈門、汕頭之中心點，不惟臺灣之屏障而已。初到忽熱甚悶，入浴，晚課，聽取夏功權[1]廈門情形報告後，十時就寢。

朝課後以對臺灣電報、話皆不通，福州情況始終未能明瞭為慮。寫周、湯、桂各總司令函後，補記反省錄，甚以青島部隊能否安全撤退為念。下午研討國軍現有數量與記錄，對臺灣將來財政與軍費概算，極思有一個三年計畫與具體方案也。鴻鈞由臺北與經兒來訪，研究臺灣幣制改革之報告甚詳。晚課

1　夏功權，浙江寧波人。1949 年蔣中正引退，追隨至奉化，負責總務。到臺灣後，任總統府秘書。1950 年，奉派赴美協查空軍採購汽油弊案。

後，與鴻鈞海濱散步後，聚餐畢，在院外露天談話與觀星，入夜漸涼矣。入浴後，十時就寢。

五月十九日　星期四　氣候：晴

雪恥：近日甚覺三年前各處受降（日本）地方建築物以及寶貴物資，陸、海、空軍及社會良好之基業皆零亂廢棄，可說完全毀損，此乃半由幹部之無能力，尤其無組織保養之教育與習慣，而其大半之原由，實為余自無經驗、無識見，不能事前有充分之準備，對幹部作嚴格之警惕與監督及責成其效果，而使所部皆為物質所誘，造成其自私自利之惡習頹風，以致敗亡至此，實由余應負其責，而高級幹部之不能盡其職責，猶當別論也。

朝起，以傭工紹愷[1]愚拙，事不如意，乃大發怒氣，痛罵隨之，殊為不德之至。朝課後驅車至側天島，即海軍防務處所在地，瞭望馬公附近全境，瞭如指掌矣。回時已九時後，朝餐，記事，與希聖、叔銘分別談話甚久。午餐後，經國由福州回報，南平果已於三日前為土共所陷，福州動搖不安，乃決令朱[2]設法恢復，由閩、浙交界處敗潰將領張雪中[3]、李延年[4]、侯鏡如[5]等各自逃竄於

1　斯紹愷，安徽安慶人。1948 年 5 月任總統府第六局事務員，1949 年 8 月調任中國國民黨總裁辦公室事務員，1952 年 1 月任總統府科員。

2　朱即朱紹良。

3　張雪中，1948 年 8 月任衢州綏靖公署副主任。1949 年 2 月調任第九編練司令部司令官兼第七十三軍軍長，8 月調任國防部參議。

4　李延年，字吉甫，山東樂安人。1948 年春任第九綏靖區（駐海州）司令官，6 月兼徐州剿匪總司令部副總司令，後兼第六兵團司令。1949 年 1 月任京滬杭警備司令部副總司令兼南京江防司令。5 月任福州綏靖公署副主任。8 月退兵平潭島，為共軍攻克。後以「擅自撤退罪」判刑。

5　侯鏡如，號心朗，1948 年起任第十七兵團司令官、天津塘沽保安司令，1949 年 7 月調任福州綏靖公署副主任兼華東軍官團總團長，10 月策動部屬投共，避居香港。

閩東各縣，毫無秩序，紀律蕩然，尤其劉汝明[1]部到處搶劫以致共匪跟蹤入閩，痛心極矣。

五月二十日　星期五（下弦）　氣候：晴

雪恥：昨午假眠不成，致函逸〔一〕民設法恢復南平，並電張、李、侯[2]及胡璉[3]、孫〔沈〕發藻[4]等，約期晤面，亟圖恢復閩北，以鞏固閩南也。「敗軍引勝」於劉部更增證明矣，以匪本無入閩之意也。讀民生主義第四章起。陳辭修赴粵，多日未回，不勝系念之至。晚課後入浴，餐後與鴻鈞、經國在海濱散步，十時寢。

本廿日朝課後，即驅車遊覽文石書院，現改至聖廟，此為澎湖惟一之古跡乎。順遊千人塚，即經東衛港尾中墩至大赤坎下車，參觀中、小學校，其紀律與秩序皆勝於內地，愧慰交加。對師生訓話後，即到後寮崎舍山要塞營房，寂不見有人守衛，房舍本甚堅實，現因無人管理，破落不堪，但尚易修理，觀此更覺一般軍政幹部之誤國，而余之管教不嚴，領導無方，制度不立，以致勝而復敗，愧悔幾無地自容，甚欲遁跡絕世，了此一生，惟此乃為天父特賜余以自反懺悔之良機，使我能澈底覺悟黨、政、軍腐敗實情，俾得另起爐灶乎。

1　劉汝明，字子亮，河北獻縣人。1948年徐蚌會戰時任第八兵團司令官，1949年4月共軍渡江，率部入閩，任閩粵邊區剿匪總司令，駐守廈門。10月撤退來臺。

2　張、李、侯即張雪中、李延年、侯鏡如。

3　胡璉，字伯玉，陝西華縣人。1949年1月任閩浙贛邊區司令官，2月任第二編練司令部司令官，6月任第十二兵團司令，10月移駐金門，參與古寧頭戰役，12月1日，接任金門防衛司令部司令，4日兼任福建省政府主席。後又兼任福建游擊總指揮。1951年底，改兼福建反共救國軍總指揮。

4　沈發藻，江西大庾人。1949年2月任湘粵贛邊區總指揮兼第三編練司令部司令官。4月所部改編為第十三兵團，任司令官。5月第十三兵團改稱第四兵團，仍任司令官。10月率所屬第二十三軍、第七十軍轉進臺灣。1950年1月調任臺灣防衛總司令部副總司令。

文石書院為乾隆年間三水縣進士胡建偉[1]所創立，乾隆卅一年之臺澎分府也，有碑記尚存。

五月二十一日　星期六（小滿）　氣候：晴　風

雪恥：昨午前巡視崎舍山營房要塞殘基後，即到通梁，其地有保安宮神廟，廟前榕樹架蓬約有十方丈之大，據其記載為康熙年所植者也。瞭望西方對岸，即漁翁島之北頭橫礁社，兩島相距僅千公尺，甚易架橋連接也。在通梁北頭海岸視察後，入警察派出所巡閱後，在廟前與老者問話，其狀甚冷淡，自覺慚惶，略視遊覽，即驅車循原路回賓館，已近正午，約計馬公島自南至北足有直徑卅公里，東西直徑亦不亞二十公里耳。記事後，與黎玉璽艦長聚餐。下午接恩伯、逸〔一〕民、至柔各函，對於青島撤守之顧慮甚多也，立作處置，對閩北計畫亦甚可慮，但不敢或懈，凡一息尚存，如有可為，自應盡其心力，決不以所部敗亡，前途無望而灰心耳。讀民生主義第四講完，惜乎住行與育樂各章缺如為念。與叔銘談話，屬濟時飛臺北籌劃運船，以備青島撤退之用，晚課。

本廿一日朝課後，寫恩伯、至柔各函後，令曹秘書[2]飛穗轉達意旨於蔚文、辭修，屬其不可拒絕政府運金出臺，但有三原則：甲、此金必須用於剿共之軍費。乙、此金應仍為改革幣制之基金，不宜過於分散。丙、運存地點必須比臺灣更為安全，切勿為匪所劫奪，或送解於匪耳，此外決不反對其運出也。上午遊覽要塞、營房與市街，到漁港及三碼頭而回，記事。

1　胡建偉（1718-1796），名健，以字行，號勉亭，廣東三水人。清乾隆年間進士，曾任澎湖通判，編著《澎湖紀略》。

2　曹聖芬，字欽吉，湖南益陽人。1948 年 6 月，任總統府秘書。1949 年 8 月，任總裁辦公室第六組（秘書組）副組長，1950 年 4 月。任總統府第一局副局長。

上星期反省錄

一、金塘與瀝港為青年時嘗聞之於雪寶寺僧性安者，余在民國十一年，亦當革命失敗無聊時，甚思一遊其地而未果，不料竟於今年，時隔二十七年償此宿願，在此悲傷憂患中得此，未始非自慰之一助耳。

二、本週自定海飛來澎湖島視察各地，最使我愧悔者，以三年前所接受日降之物資與建築各物皆殘破零亂，廢弛荒蕪，無人承管，最足痛心悲憤，幾乎無顏見世，作遯世絕跡之念，以如此大好機會與黃金時代，不能應用積極復興，而反遭受此次之敗亡，誠無地自容，若非信仰上帝，與自信其必能完成上帝所賦予之使命，則早已厭世矣。

三、上海戰況浦東甚危，閩北重要各縣全失，一般將領皆如驚弓之鳥，尤其劉汝明部之到處搶劫，敗軍引勝，更為可痛。

四、行政院召集（在廣州）財政糧食會議，陳辭修不問利害與結果如何，貿然前往參加，如果桂系李、白向其要求運出臺灣存金，而彼應因不宜，甚可為其所害，白崇禧之卑劣毒謀，無所不為之往事，彼毫不介意，甚為其危，乃為之設法脫身，未知其果能領悟否。

本星期工作預定課目

1. 進駐臺灣（派董獻〔顯〕光、魏道明赴美）。
2. 組織（參謀）幹部會議，分政治、黨務、軍事三部。
3. 建設臺灣之基本方案。
4. 擬定一年半之軍費財政預算計畫，包括閩、浙、臺、贛。
5. 督導青島之撤退與廈門存金之移動。

五月二十二日　　星期日　　氣候：晴

雪恥：據報西安已於哿日放棄，西北局勢已陷於不可收拾之境，未知新疆國軍果能如計調回否，恐已無望乎。

昨午後批閱電文及臺灣情形報告，辭修與銘三[1]忽由穗飛來相晤，甚慰，數日來所焦慮者，至此釋然。其赴粵結果尚佳，未若所想之危也，聚談約三小時之久。以敬之已表示辭院長職，一因財政困難，二因白崇禧無恥弄權而無法安置也，要余指示其方鍼。關於運用存金，示以曹秘書三原則，決予以支持，勿使其為難，對於白題余不主張其為行政副院長，只留其國策顧問委員會主任之職亦已足矣，但余並不堅持己意。聚餐後，閒談畢，九時後晚課，十時半就寢。

本廿二日朝課後，再與陳、蔣等談政局與對桂政策。覆何函，屬銘三轉告其李不強其辭職，或其未准辭以前，仍應留粵盡職也。記事，再與辭修談臺灣軍政要務，彼仍不能務實為慮。

五月二十三日　　星期一　　氣候：晴

雪恥：昨下午批閱公文，曹秘書聖芬由粵回報，林蔚文對軍政意見皆先得我心，彼亦主張固守上海為惟一抗共之機，而亦不信可與桂李再有合作可能，惟彼惟一目的在消滅我黨革命勢力，其心之急切並不亞於毛匪耳，彼雖重宣抗共之決心，但其強勉與不願之情已見乎詞，人人知其為欺心之談耳。周菊

1　蔣鼎文，字銘三，浙江諸暨人。1947 年當選第一屆國民大會代表，並任總統府戰略顧問委員會顧問。1949 年 7 月，任國防部東南區點驗整編委員會主任委員，8 月到臺灣。1950 年 5 月，與韓德勤、劉詠堯負責審判「吳石匪諜案」。退役後任總統府國策顧問、光復大陸設計委員會委員。

村[1]參謀亦重〔從〕上海回來，面報浦東之東溝昨已收復，黃浦江畔威脅減少為慰。又見李處長大為[2]自美攜夫人及各友之函，來報美國對華近情後，再與辭修談臺灣重要政務。晚課後入浴，十時就寢。

本廿三日朝課後，連寫恩伯三函，為青島部隊運輸工作之指示，以濟時與經國運艦數目大錯，幾誤大時〔事〕，痛憤之至。又寫周、桂二總司令各函，及上海師長以上各將領之獎函數十封。正午約汪濟[3]、李振清[4]等聚餐。下午批閱文件，對適之、維鈞[5]、魏德邁、皮宗敢[6]各函與報告詳加研批作覆。

五月二十四日　星期二　氣候：晴

雪恥：昨批閱中英情報合作協定，彼英不願與政府合作，而只求與余私人代表簽約，以其對桂李所領導之政府，必將降共叛國，不能持久之故，聞之慚痛無已。晚課後記事。接敬之致石祖德，欲調運存廈現金，突如其來，令人不知所解，甚歉。政府要員與一般幹部神經皆失常態，不勝憂惶，而余之心神對事過於求全，亦往往操急貽誤，思之慚愧，應以安靜自處，少管非分內之事為要。晚課如常。

本廿四日朝起，感覺氣候壓悶。朝課後，與濟時視察東部地形，先到虎頭山，再到北寮，以車夫誤路，僅在北寮村青山館後海濱極處，瞭望奎壁山而已，

1 周菊村，歷任臺灣警備總司令部諮議、東南軍政長官公署署員、中國國民黨總裁辦公室高級參謀、總統府第二局高級參謀、臺灣警備總司令部副總司令兼臺灣省軍管區副司令。
2 李大為，1947 年至 1948 年任天津市外事處處長。1949 年任國防部駐美代表辦事處處長，赴美採購軍事物資。1951 年 3 月為裝甲兵旅裝備零件事，申請辭職，獲准假退役。
3 汪濟，安徽桐城人。海軍總司令部高級參謀，1953 年 2 月改任國防部第三廳副廳長。
4 李振清，山東清平人。歷任第一〇六師師長、第四十軍軍長、第十二綏靖區司令官等職務。1949 年 7 月，任澎湖防衛司令部司令官。任內爆發澎湖七一三事件。
5 顧維鈞，字少川，1946 年後擔任中華民國駐美大使長達十年。
6 皮宗敢，字君三，湖南長沙人。1947 年 3 月，任駐美大使館首席武官（大使顧維鈞）。1952 年 6 月回國。

再轉良文港、隘門、林投各處，而回良文。有要塞廢砲尚在臺上，無人保管，見臺灣光復碑與抗戰勝利碑，不勝慚惶之至。回館，劉攻芸、郭懺、陳辭修等已到，乃與談下月軍費之提用，及今後金融幣制之改革辦法。何、劉[1]等終想廈門僅有之現金完全運出，作無益之消費為快，而劉之言行前後不誤，尤為可痛，談商至二時後別去。

五月二十五日　星期三　氣候：晴　風

雪恥：昨下午甚覺文武幹部之驕橫，其對余之態度漸不如前，郭、陳[2]皆如此也。周參謀[3]由滬回報，上海南區徐家匯七寶一帶交通警察總隊陣地，及浦東卅七軍陣地皆已為匪突破，滬戰不能望其久守矣，可痛之至。經兒由福、廈回報，福州局勢已較前穩定，略可自慰。晚課後入浴，氣候窒悶，飛蟲圍身，擾攘不息，可惡。十時就寢。

本廿五日朝課後，指示經兒赴滬面告恩伯，縮短原定戰線後，再圖安全撤退，但余意如能固守，仍應不撤也，並告其撤退，武器與物資如來不及，亦應設法毀滅，總不使落匪手為其宣傳，此比戰勝更要也。九時與李振清司令談話後乃起飛，在澎湖上空瞰察一匝，其形勢更為瞭然，而其南面之望安島、將軍澳，實重要之據點也。過大嶼後即望見臺南諸山，到岡山下機，叔銘來迎，直上高雄要塞之壽山官邸。背山面海，坐北向南，林木蔥蘢，神悅心怡，自得之至。下午見呂司令國楨[4]與吳司長嵩卿〔慶〕，研討高雄地形與下月軍費收支要領，忽見經兒回來，報稱在機上得信，上海機場已不能降機。

1　何、劉即何應欽、劉攻芸。
2　郭、陳即郭懺、陳誠。
3　周參謀即周宏濤。
4　呂國楨，號幹誠，湖北沔陽人。曾任高雄要塞司令，1949 年 8 月，任臺灣省警備總司令部砲兵指揮官。1950 年 8 月，任陸軍總司令部砲兵指揮部指揮官。

五月二十六日　星期四　氣候：晴　風

雪恥：「續昨」。定海以氣候不佳，亦無法着落。又得報，湯[1]已上船，在吳淞口指揮各軍撤退云，此在意想之中，惟心中悒鬱不已，此乃上帝意旨，不足為憂，乃又轉樂矣，但未知青島部隊果能如期撤退否為念。晚課，入浴，餐後視察隨員住所一匝，十時就寢。

朝課後，與經兒登西側觀察所瞭望高雄市全境，歷歷可數，了如指掌矣，派經兒飛定海傳達意旨。記雜錄後，修正致魏德邁覆稿，再將其來函研究一回。此函必非偶然，當係其政府所授意，要求與余洽商援華方法試探之函也，與初觀時之感想大不同，可知余觀事閱書，粗心不能深入，而主觀太深也，應切戒之。批閱文件。正午鴻鈞與郭懺來見，屬其赴穗辦理軍費與金融等事。下午見劉翔[2]與孫立人，並致電指示恩伯撤退時之佈告大意，清理積案。晡知閻、于[3]等已到臺北要求晤面，殊不樂聞，但仍允其晤面，以彼等為中間人而非桂系也。晚課後入浴，餐後獨自閒憩，以南風甚猛，十時即睡。未得滬戰確息，惟知我國軍已於昨晨安全撤至蘇州河北。

五月二十七日　星期五　氣候：晴

雪恥：昨晚課靜坐時，自省應事待人總欠穩重寬緩，而且輕浮躁急，是余一生之大病，今後應以寬溫深重為箴，矢之終身。但今日對人應事惟能體察實現，然自審較之已往則有進步，對閻、于[4]等未作衝動過激之語為幸耳。黃昏接恩伯廿六日電稱主力部隊已經撤退離滬，彼自亦已到定海候命，則上海已

1　湯即湯恩伯。
2　劉翔，號鳳軒，湖北鄂城人。曾任湖北省第八區行政督察專員兼保安司令。1949 年 5月接任高雄市市長。
3　閻、于即閻錫山、于右任。
4　閻、于即閻錫山、于右任。

於昨日淪陷矣。

朝課後記事，處理業務畢。九時半起程，乘車赴臺南市，十一時到達，臺南附近車路惡劣為恥。閻、于與立夫、鐵城、驪先五人，十二時半方到，相晤道候，默坐無語者片時，乃由伯川先言，應李[1]之托來見請示，並對其前日談話錄表示錯誤。綜核五人所談，對李所出告民眾書，及請求與余晤面，皆極勉強，而並非出其本意，托彼等攜來政策及其致余之函，余不擬作覆，蓋此等軍閥不可再予共事矣。余對來者，只認自己領導無方，與二十年來一切之誤國害民，以致國危身辱，誠無面目以見世人，亦再不能聞問政治之決心。

五月二十八日　星期六（朔）　氣候：晴

雪恥：（續昨）。最後表示只要於大局無害，而余隨時可赴廣州晤李，但決不願其來晤，徒作為宣傳之資料，以增加余之罪愆，並表示余仍將覆李函，但今日應在旅中，不及作覆耳。余復面慰伯川，國家前途光明，共匪必滅無疑，望勿悲觀，彼稱光明前途寄於總裁一身，望保重之而別。聞彼等別去，並未返穗，以如此回去，更使政局崩潰，故仍留宿臺南，研究辦法，余乃獨自回高雄，不忍再見若輩，多作無謂之應酬。晚課後由臺南回來，已八時矣，入浴，餐後處事，十時後寢。

本廿八日朝課後記事，批閱電文，清理積案。青島撤防尚無確息，不勝系慮。下午三時經兒由定海回報，並接恩伯函，乃知上海主力安全撤退為慰，聽取谷正綱、陳良、方治、石覺等面報上海作戰經過，與黨政軍社有秩序、有計畫後撤出，對於地方毫未驚擾，為中外所稱許，殊為可慰。乃寫辭修、恩伯、至柔各函，處理臺灣駐軍地點等事，至柔與陳[2]尚爭意氣，悲痛之至。

1　李即李宗仁。
2　陳即陳誠。

上星期反省錄

一、美、俄、英、法四國外長會議已於本星期初開會，俄提對日和議，並反對法國參加，即以中、美、英、俄四國為主體，而其所指之中國，自然暗示為中共之政府，如此則中、俄為一集團，而可與美、英相對矣，未知美、英對之作何感想。

二、上海廿五日撤防，行動迅速，秩序整然，主要各軍皆安全撤退，此最足自慰。恩伯乃係有血心之健將也，谷正綱、方治、陳良諸同志與軍隊一致進退，社會、經濟與軍事皆賴其主持，殊為本黨最難得之同志，在此悲慘殘局之中，尚有同志始終不懈，奮鬥到底，自信革命前途大有可為也。

三、寧波已於廿五日晨淪陷，南昌亦已為桂系所棄矣。

本星期預定工作課目

1. 智囊團之組織。
2. 臺灣根據地，政治、軍事、經濟等業務機構之組織，分督察、執行與設計。
3. 青島撤防之督促。
4. 臺灣、海南、定海、廈門駐軍之指定。
5. 粵局政治動態之注意。
6. 對政府組織方式（各區）之研究與準備。
7. 臺灣、廣州、重慶三區金融之督導。
8. 臺灣軍事督練委員會之組織。
9. 東南區軍事指揮機構與人事之研究。
10. 練兵第一，東南、西南、西北各區總兵額之預定。

五月二十九日　　星期日　　氣候：晴

雪恥：昨晡處事畢，經兒仍回定海，約至柔來臺，勿赴廣州為桂系挑撥，令切戒之。晚課，餐後，覆核胡適之、魏德邁、顧少川、陳之邁[1]等各函，簽署後，十時就寢。

朝課後記事，記反省錄及下週工作預定表。雪艇攜稚老[2]函來談時局，對桂李[3]尚須包容，勿宜決絕，乃屬雪艇擬李覆函稿後，批閱文件，閱報。英國對於遠東共禍已漸積極，知所防範，提倡太平洋防共盟約，其各報亦紛紛提議矣。下午寫夫人長函，與雪艇談大局及臺灣防務。晚課後，再與雪艇泛論外交問題，午前以孫立人不願上海撤退之部隊來臺，令其設法代籌駐地，及讓出若干該部營房，彼設詞搪塞，並多說無謂攻訐之語，令人更覺悲傷矣。

五月三十日　　星期一　　氣候：晴

雪恥：桂李已准何[4]辭行政院長而提居正繼任，其致我電謂提中政會討論，而事實上乘黨部不備，彼用突擊方式臨時提出常會通過，即提出立法院請求其同意，未知明日立院會議是否通過，其關鍵全在於此，乃電鄭、陳[5]等設法阻止，如果不幸通過，則以後本黨革命環境更入悲境，若不能戰勝與克服彼獠，則惟有親自復職之一法，然而痛苦極矣。

朝課後，約見徐佛觀、毛人鳳，派其飛粵送李覆書與阻止居案。正午與黃仁霖、李大為聚餐，談對美外交與宣傳事，托大為帶夫人等函回美。下午記反

1　陳之邁，筆名微塵，天津人，祖籍廣東番禺。1948 年 10 月，任出席聯合國糧食組織特別大會中國首席全權代表，1950 年任駐美大使館公使，出席聯合國代表團成員。
2　稚老即吳稚暉。
3　李即李宗仁。
4　何即何應欽。
5　鄭、陳即鄭彥棻、陳立夫。

省錄。晚課後，桂李電到，乃與雪艇研討對策，一面覆電不能贊成提居任行政院，一面派曹秘書[1]飛粵通知立法院中黨員以此意，直至十一時方寢。

五月三十一日　星期二　氣候：雨

雪恥：昨日桂李[2]提居[3]案最為毒竦〔辣〕，其必欲澈底毀滅革命基本，毫不忌憚矣。所可痛者，本黨中央幹部皆袖手傍觀，視若無睹，而敬之不能擔當艱鉅，任人處治，周至柔與陳誠私見甚深，忽由滬赴粵而不願來臺，因其覬覦臺省主席而不得，恐其漸走極端，此皆令人悲觀，幾乎黑暗日甚，不知天父果要試鍊我究到幾時，若以人事而論，則國事已絕望矣。昨夜未能安眠，以居正事如立院通過，則桂系毀滅中央陰謀無法消弭為慮，幸於今日立法院未能同意，予以否決，此乃天父佑華，使我終能脫離此兇險，私心為之大慰，不知李將如何再作其害陷第二步驟矣。

朝課後記事，擬訂下月工作預定表。約見陳質平[4]公使談菲列濱武器購買辦法，又約董顯光先生談對外宣傳事。聚餐畢，與叔銘談定海空軍事，及轟炸京、滬船舶方鍼。下午審核宣傳方案後，記反省錄及覆李電。晚課後，約雪艇來談中央政局及臺灣保建方案畢，記事。

1　曹秘書即曹聖芬。
2　李即李宗仁。
3　居即居正。
4　陳質平，1946年7月任駐菲律賓公使，1949年8月升任駐菲律賓全權大使。

上月反省錄

一、于、閻[1]等攜桂李之信來見，邀余赴穗或指定與李晤面地點，余正色婉
　　拒，彼等以為失望。余以為桂系再不可與同群，如桂系當國或羼入革命
　　隊伍之中，一日存在，則黨國只增一日之害，決無挽救之望耳。

二、寬溫深重之箴，自二十六日晚課靜默中感悟，但次日對于、閻等銜李命
　　來談國事，而未能平心靜氣研討，事後思之猶覺慚怍，其間雖未作過激
　　難堪之詞，但已非大度寬容首領所出之容止，尤其最後之準備毫無，而
　　先作此無益不耘之決心，更非謀國者之所為，吳稚老嘗以「包荒為憑河
　　之上慮」，能不切戒乎哉。

三、武漢、南昌、西安各省城皆已先後不戰而退，上海亦已於廿五日失陷，
　　惟滬郊激戰二週，最後猶得安全撤退，實為不幸中之幸事，聊以自慰。

四、桂李對余提出無理要求之談話錄，最為平生所不可多得之經歷，此徒暴
　　露桂系軍閥為民國以來最卑劣之醜態，可以投機取巧，爭權奪利，寡廉
　　鮮恥，忘恩負義十六字表之，彼獠已以不惜毀黨亡國，對共可以投降，
　　而對蔣非澈底消滅不可之決心與姿態，公然不諱矣。

五、南京失陷以後，俄對美、英即洽商解除柏林之封鎖，繼之以四國外長會
　　議在巴黎之集會，其結果如何雖難逆料，而美國賣友助敵，必將後悔莫
　　及，此應由馬歇爾負其全責，實為美國歷史之最大污點也，可痛。

1　于、閻即于右任、閻錫山。

六月

蔣中正日記
Chiang Kai-shek Diaries

民國三十八年六月

本月大事預定表

1. 臺灣大廣播電臺之建設。

2. 練兵工作要務：甲、練成每個士兵為革命鬥士，注重自動與啟發。乙、政治覺悟與文化程度。丙、現代技術與科學方法。丁、組織習慣之養成。戊、練兵各種保證問題：一、給養。二、裝備。三、器材。

3. 特種兵集團編制與專技訓練。

4. 臺灣快輪巡查緝私。

5. 大政方鍼（李提）：甲、人事、財政與意見三公開。乙、恢復革命精神：一、上下同甘苦。二、不畏艱難，不怕失敗。丙、緊縮機構，整飭紀綱，層層監督，肅清貪污，提高地方職權，健全基層組織（以上為政治的）。丁、勵〔厲〕行節約，經濟平等，改革幣制（以上為經濟的）。戊、精兵主義，改善官兵待遇（軍事的）。

6. 情報調查處之組織（黨、政、軍、經之弊端）。

7. 科學方法與組織技術之研究。

8. 各兵種作戰配合，組織與設計之重要。

9. 智囊團組織之實施。

10. 人事調查與考核處之設立。

11. 練兵要練到每一士兵為預備幹部之程度。

12. 各連、各團士兵履歷及家族冊之設立。

13. 各種失敗之總檢討（軍、政、經、教、黨、社各門）。

14. 理論委員會與宣傳計畫及人選之確定。

15. 聯絡組與同學會之督導與改正。

16. 臺灣防區之劃分與防務之完成。

17. 政工主任人選之決定與業務之督導。

六月一日　星期三　氣候：雨

雪恥：一、軍事制度之研究。二、軍事教育之重整。三、臺灣軍政人員之調整。四、對何[1]指示：甲、莫辭國防部。乙、蕭[2]任參長或蔣銘三亦可。丙、白[3]任華南綏靖長官？丁、宋希濂可免職留任。五、對閻[4]之支持：甲、有事可派徐永昌來談。乙、外交、國防與財政及央行人選特別慎重。六、西北馬軍之切實聯繫。朝課後記事，及記組織要領。接見吳國楨與任顯羣[5]。又見張道藩，報告李、白在中政會議捏造中央銀行假數，指余藏匿美金有一億餘萬之多，當時幸有前財長徐堪與央行總裁明白宣布，其央行所有各種現款只有二億七千萬美金，並未如李、白所報有四億之多，更無七千萬美金之逃避，於是會中更覺李、白之用心害陷及其人格之卑劣，居、于[6]之投桂賣黨更為可恥。下午約見黃振〔鎮〕球、張耀明、張樹〔緒〕滋[7]後，晚課畢，與呂司令國楨登壽山巔視察形勢，西為左營軍港，南為高雄商港，壯麗雄峻，誠不愧高雄之稱。下山後，巡視外港與海水浴場。

1　何即何應欽。

2　蕭即蕭毅肅。

3　白即白崇禧。

4　閻即閻錫山。

5　任顯羣，原名家騮，江蘇宜興人。曾任臺灣省行政長官公署交通處處長，1949 年 12 月任臺灣省財政廳廳長，1950 年 1 月兼任臺灣銀行董事長（1951 年 3 月卸任），首倡愛國獎券與統一發票制度。

6　居、于即居正、于右任。

7　張緒滋，湖北黃岡人。1948 年 9 月，任傘兵司令部司令。1950 年 10 月，任陸軍總司令部第五署副署長，1952 年 6 月，任第五十二軍參謀長。

六月二日　星期四　氣候：大雨

雪恥：昨晡巡視高雄市區後回行館，聽取曹秘書由穗回報，當時立院對居正行政院長投票只差一票，未得通過，而且此一不信任票並有九張之廢票在內，實危險極矣。此誠天父佑華不亡之明證，是亦總理有靈，所以致之，不然桂系與居正合以賣黨亡國，可將國民革命僅存之殘餘力量澈底鏟除矣。又聽取袁守謙報告。晚餐後，得閻伯川已允出任行政院長消息，內心為之略慰。

本二日朝課後記事，記對匪作戰之要則。見陳大慶[1]，談上海作戰經過，砲兵幾乎全失，戰車亦失四分之三，湯[2]始報為全部撤出，完全謊妄，將領怯弱不勇，可痛。批閱公文。下午寫敬之、蔚文各函，研究臺灣整軍防務，軍政等問題之組織與人選。見萬耀煌，陳述其大局意見，頗有見地。晚課後，約袁守謙與王雪艇談話。據報中常會已通過閻任行政院長，今後政策與人事應予之切實明言之。

六月三日　星期五　氣候：上午大雨

雪恥：一、臺灣改革幣制基金已經撥定，今後應以臺灣防務為第一矣。二、立即召集臺灣軍事會議，解決兵額編組與部署巡防、通信、交通等問題。三、東南兵額總數之決定。四、水雷製造與敷設技術之研究與準備。

朝課後，手擬當前政府應取之政策及用人行政方鍼計八項，準備與閻[3]面商之。鴻鈞、攻芸、嚴家淦來見，報告外匯頭寸及廈門存金之支配，並指撥臺灣銀行基金，共計五千萬美金，此乃最重要之政策，得以強勉實施為慰。下

1　陳大慶，字養浩，江西崇義人。歷任第一綏靖區副司令官、首都衛戍司令部副司令官、衢州綏靖公署副主任、京滬杭警備司令官兼淞滬警備司令。1950 年 9 月到香港活動，不久去臺灣，1954 年出任國家安全局副局長，繼掌國家安全局。
2　湯即湯恩伯。
3　閻即閻錫山。

午批閱電文，青島部隊今晚可以撤退完畢。審核沈昌煥報告書，與雪艇商談非常委員人選及行政院改組時應注意問題。接洪蘭友秘書長報告，李、白在上週中政會之對余攻訐誣蔑以及當晚九人小組所說各語，彼之欲毀滅黨國及陷害於余之心事已明目張膽，毫不掩飾矣。晚課後，約嚴、俞[1]談話。

六月四日　星期六（上弦）　　氣候：晴　乍雨

雪恥：一、臺灣軍政協調與人事處理之困難。二、陳、周、湯[2]之協調方法。三、對孫立人之方鍼。四、東南軍政督理委員會或監理團之組織，由余自任主任。五、閩臺綏靖主任派陳[3]，由余代理。六、由東南非常委會分會產生軍政總監理。七、恩伯為臺閩防衛司令。八、孫立人為臺灣軍校校長兼辦訓練事宜，取消臺灣訓練處。九、恩伯駐定海？

朝課後，研究臺灣防衛準備事項，與對閻貢獻大政方鍼八條。十時後，召見恩伯、李延年、黃珍吾、侯鏡如、張世希[4]、張雪中等，聽取其各部隊在福州會議之報本與部署，並訓示之，約二小時。下午研究自共匪渡江以及上海失陷後，我軍被消滅者，足有十一軍之多，統計在東南，瓊、臺、定三島為基礎，可編併成軍者，尚有十五個軍。批閱公文後，約恩伯來談，彼欲在臺訓練部隊，此乃與立人工作衝突矣。晚課後，約正綱、道藩來談黨務，十時就寢。

1　嚴、俞即嚴家淦、俞鴻鈞。
2　陳、周、湯即陳誠、周至柔、湯恩伯。
3　陳即陳誠。
4　張世希，字適兮，江蘇江寧人。1947 年當選第一屆國民大會代表。後任首都衛戍副總司令、第七綏靖區司令官、京滬杭警備副總司令。1949 年 7 月任福州綏靖公署副主任，9 月到臺灣。

下星期工作表

1. 臺灣軍事整訓會議之召集。
2. 東南區軍事指揮機構與人事之決定。
3. 東南區、西北與西南區軍事、政治、經濟機構之組織與人事之決定。
4. 東南與西南區非常委會分會之設立。
5. 國防、外交、財政三部長人選之注意。
6. 智囊團改為顧問會之組織。
7. 上海、青島、天津、秦皇島、葫蘆島、連雲港各港口宣佈為戰區，封鎖海、空通航。
8. 臺灣與中央幣制改革之督促。
9. 臺灣政工與黨務之統一合併。
10. 定海防務之完成海、空軍。

上星期反省錄

一、居正行政院長案，立法院否決，桂李乃提閻伯川，則多數通過。此不僅革命之轉機，實亦黨國存亡之關鍵。展望前途，轉憂為樂矣。

二、青島劉安祺部安全撤退，毫無損失，乃為不幸中之幸，惟今後對華北、東北空軍之活動基地全失矣。

三、上海與浙贛線潰敗各部隊，至週末各主管皆來會見，失敗實數已知其大概，白崇禧如不強制湯[1]部主力西移皖南，則不惟無此重大損失，而且保衛上海之戰亦必全勝矣。

四、臺灣銀行基金已強勉撥定，此一重要事也。

五、軍事、金融與外交、政治方鍼已大體策定矣。

1　湯即湯恩伯。

六、巴黎四國外長會議，本週並無進步，而且俄國又阻止西方運輸，情勢較劣矣。

六月五日　星期日　氣候：晴

雪恥：一、海、空軍敷設水雷之準備。二、電影教育之具體組織。三、軍事會議。

朝課記事後，訪閻伯川，商談其組織行政院後之設政方鍼，及外交、財政、國防各部長人選，余聞其稱李荐邱昌會〔渭〕[1]為外交部長，不禁失笑，彼仍不知外交與國勢之嚴重，而以國事為兒戲也。余明告其軍事、財政、外交與政治各項要旨共七條，屬其參考之，並交非常委員會名單，屬其與李洽商之。約閻午餐後，泛談國際問題後辭去。下午召見劉汝明、王敬久、沈發藻、桂永清、湯恩伯等各將領，再與辭修、雪艇商談臺灣防務。將領意見日深，對余亦有妄加干涉之怨。周至柔來函，表示更為顯露，痛心罔極。晚課後，與雪艇聚餐後入浴。

六月六日　星期一（芒種）　氣候：乍雨

雪恥：一、覆閻，對非常委員人選案之慎重。二、臺灣防衛設備與作戰部署之督促。三、臺灣軍事最高機關之組織與產生方式之研究，應恢復黨的系統為革命最高權力機關。四、臺灣最高將領會議之日期、人選與議程。

朝課後，閱周至柔致經國函中，有「總裁亦有直接統御幹部，使空軍統帥權

1　邱昌渭，字毅吾，湖南芷江人。1948 年任行憲第一屆立法委員，1949 年 6 月 26 日為總統府秘書長，1950 年 3 月，改聘為總統府國策顧問。

有分裂之勢」，閱之不勝悲痛。余以為周之不願來臺者，與辭修有怨隙之故，不料其對余亦有爭權之疑忌，殊為匪夷所思也。人心至此，革命尚有何望？但余因此更應積極起而負責，不能為此消極，任其所為，使革命斷種也，故表示對臺灣軍政不能不負責監理。又接閻非常委員名單李提異議，更為悲惶。外則桂系，內則空周交迫，五中焚如，不知所止，環境至此，悲慘曷極。約恩伯與叔銘分別談話。正午宴會。下午批閱文電後，與黎玉璽司令乘永興艦，由高雄海關碼頭出港，沿海至左營軍港視察，到海軍總部巡視，再由陸路乘車回高雄。晚課，入浴，晚記上週反省錄。

六月七日　星期二　氣候：雨

雪恥：一、登記來臺人才與分配工作。二、來臺人士之財產登記與金銀儲蓄。三、住〔駐〕臺人員必須能戰鬥、戰生產[1]、有工作。四、生活平等，供應實物。五、苦幹實幹，快幹硬幹。六、分層負責，勤考速核。

朝課後，手擬復閻電稿與致彥棻電稿。朝餐畢，手草致辭修對臺灣防務緊急措施函，約二千餘言，記事。正午約顯光、東原等午餐畢，見溫崇信[2]，聽取其在北平共匪葉劍英[3]接收市府時之言行，以及共匪動態與社會之心理。香山慈幼園已為共黨總部所在之巢穴，當注意之。談至二小時之久，尚不嫌倦也。下午批閱文電，見江杓，談購械與整頓物資事。在此失勢之時，江忠勤如故，殊為難得，心竊慰之。蔚文、至柔自穗來見，報告其對臺灣軍政組織之意見，周對黨與領袖之領導皆設辭躲避，余乃諒而忍之。晚課後入浴。

1　原文如此。

2　溫崇信，廣東梅縣人。1948 年任北平市政府社會局局長、秘書長。1949 年 7 月，任臺灣省立農學院教授。1950 年 8 月任臺灣省物資協調委員會主任委員。

3　葉劍英，原名宜偉，字滄白。1948 年 12 月任中共北京市委第一副書記。1949 年 10 月後，先後擔任廣東省人民政府主席兼廣州市市長、中南軍政委員會副主席、華南軍區司令員、中南軍區代司令員等職務。

六月八日　星期三　氣候：風雨

雪恥：昨晡研究對外宣傳計畫，未能決定。劉安祺自青島撤退來見，帶其趙、胡 [1] 二軍長同來。劉乃一血心之將領，而且有決心、有信心、有理想之革命軍人也，私心竊慰。今見江杓與安祺二人忠誠可愛，為之大悅，而見至柔則極痛也。十時後就寢。

黎明即起，朝課，記事，雜錄，批閱文電，研究組織要領與辦事、練兵方法。召見胡璉，研討粵贛閩邊區進剿與掌握要旨。聞贛南民眾純良，恨匪仇共之心未忘為慰。下午批示廈門工事之催築及其指示後，聖芬由粵回報，閻對各部長只擬名單而未接洽，且其所擬者，多不能參加其內閣者，乃彼徒憑主觀之擬議，而不問對方與環境如何，未知何日可以組成，又以桂李制肘，甚恐流產也，乃不避忌一切，電示人事可否以促其速成也。三電彥棻，並電適之，勸其不辭外交部長。晚課後入浴，約顯光商宣傳事，十時寢。

六月九日　星期四　氣候：風雨

雪恥：一、約任卓宣來見。二、廈門要塞司令史宏烈 [2] 撤換。三、劉斐自北平到香港，甚可駭異，必為桂系與共匪撮合而來，且料其已經接洽有緒，此事極應注意，今後桂系降共之方式如何出之而已，至於實現則遲早必行，不過時間問題。彼桂主張早遷政府於重慶者，即以其兩廣讓共，而由桂系暗中指定人員，如黃紹竑〔竑〕、李任仁 [3]、李濟深之流與共合流，以保持其廣西

1　趙琳、胡家驥。趙琳，字靜塵，山東泰安人。曾任第七十一軍副軍長，時任第三十二軍軍長。胡家驥，1948 年 6 月任瀋陽市警備司令部司令官，1948 年 9 月任第五十軍軍長。12 月 18 日離開南京。

2　史宏烈，字潛峯，江西南昌人。1948 年任國防部軍法執行部第五區華北五省執行部主任。1949 年 1 月隨李文、石覺等乘機由北平返南京。同年秋到臺灣。

3　李任仁，抗戰勝利後參與發起組織中國國民黨民主促進會，1949 年 7 月赴北平參加政治協商會議，任第一屆全國政協委員。

地盤，而李、白則表面仍以反共姿態以把持政府，此一方式較多乎。

朝課後記事，批閱文件，審閱幹部與訓練要旨，殊為欣奮，此乃希聖、經國等在定海舟中所研究而得者，閱之不忍釋卷，今後革命組織當以此為標準也。下午再研讀要旨，加以批示。又審查現有陸軍基本部隊番號及人數，已得其概要，此亦最近重要之工作耳。本日兩大工作，甚為自慰，正在無聊悒悶之際，強勉自持，而竟獲此進益，可知困窮時在強勉行之耳。晚課後入浴。午前以濟時與侍衛皆消極潦倒，怒斥之。

六月十日　星期五　氣候：雨

雪恥：一、臺灣運入物資總檢查之組織。二、總體戰之研究。三、各部隊禁止自由補兵。四、制度、紀律、組織與檢討之方式。五、共匪民主批評方式，先有組織指導與管制，而並非其官兵自由批評也。

朝課，記事，批示文電，記錄訓練要旨，與賈幼偉〔慧〕[1] 談話。正午約徐學禹及青島代理市長等聚餐，徐實人才也。下午續錄訓練要旨後，與陳麓華[2]、張佛千[3] 談話，彼等對於共匪之認識甚淺，但可教也。希聖自香港來談，港人皆希望與匪區通航，忽聞天津來港之船檢查極嚴，且有已登船而被扣捕者，以及上海金銀存兌消息，則又畏懼。本來由滬逃港者多想回滬，因此又不敢回滬矣。晚課後，研究宗南由陝退康道路。與希聖聚餐，談宣傳事。

1　賈幼慧，1947 年 7 月，任陸軍訓練司令部副司令官。1949 年秋，訓練司令部改制為臺灣防衛司令部，續任副司令官。
2　陳麓華，1950 年任國防部作戰署署長。
3　張佛千，歷任國防部新聞局第三處處長、陸軍訓練司令部政治部主任、陸軍總司令部政治部主任、臺灣防衛司令部政治部主任等職。

六月十一日　星期六（望）　　氣候：雨

雪恥：一、臺灣軍事會議應解決要務：甲、東南總兵額。乙、臺、閩、浙之部署與編組。丙、海岸線防區與巡查部隊之編成。丁、通信與交通器材及設置計畫。戊、來臺各機關物資數量，限半月內查清。己、水雷製造與敷雷計畫及其經費之撥定。二、憲兵之加強。三、建立黨軍之研究與準備。四、整理臺灣之中央機構。五、重新入黨與宣誓。六、軍委會制須有重心。

朝課後批示文電，對於臺灣軍事會議要目等重要案件之決定，清理積案。約東原、卓英[1]、胡長青[2]等午餐。下午手抄雜錄數件。蔚文、辭修、至柔、永清等自臺北來見，報告其臺灣軍事機構組織之洽商經過及辦法，出示我幹部政策失敗之自反錄，令彼等研究。晚課後，再約彼等聚餐畢，訓示周之觀念與思想之錯誤與危險，說明余之革命領袖權力，並不關於總統名義職位之存否，尤其無總統職位，不有法律之限制，故今日對革命軍隊有絕對無上之權力也。

上星期反省錄

一、人心之惡劣，世態之炎冷，誠非夢想所能及。投機取巧與諉過卸責，豈僅李、白而已哉。

二、劉斐由北平秘密回港，其必負有勾結桂系，賣黨降共之具體條件，幸發覺尚早，不難暴露其陰謀，惟為黨國危也。

1 　羅卓英，字尤青，號慈威，1949 年 9 月任東南軍政長官公署副長官。1950 年 3 月，改任總統府戰略顧問。

2 　胡長青，1949 年 4 月率軍安徽宣城設防，共軍渡江後，舉槍自殺被救，調任第六十九軍軍長，進駐四川。年底在成都戰役中，守備新津機場，掩護政府官員撤退。繼而撤往川西。

三、青島部隊安全抵臺，閩、贛將領皆已召見，軍隊確數已可統計，部署亦可決定。兩月以來，朝夕系念而不安者，至此可以略定矣。

四、非常委員會（即決策會）名單幾經曲折而得通過，閻政院各部人選亦已發表矣。

五、臺灣軍事機構方案與守備區域大體已定，對於幹部政策與領導要旨亦能研究有得。本週工作，可說復興計畫已初步開始，但各種現象麋〔糜〕亂極矣，所見者無一而非毀滅之途，所恃者惟有對上帝之一點信心，與報國救民之赤忱耳。

本星期預定工作課目

1. 軍政制度第一，分層負責，考核與監察。
2. 官長在匪亂未平期間不准結婚。
3. 將領眷屬集體居住計畫。
4. 登記來臺之人才職業及其財產。
5. 中統與軍統二局之合併與整頓。
6. 人事、調查、宣傳三務之組織。
7. 智囊團或研究會之聘書發出，以雪艇為主任。
8. 剿匪戰術以秘密為第一，利用天時、地利與人和。
9. 影片教育與廣播事業。
10. 中訓團高級班與國防研究院同學統計遴選。
11. 約集軍事慰問團員來見。
12. 組織第一。

六月十二日　星期日　氣候：乍雨

雪恥：續昨。余為復興革命澈底反省，以往領導幹部之無方，不僅使革命重受挫折，而且使革命幹部對余之觀念與認識有此錯誤，僅重視法定總統之職位，而不以革命領袖之身分待之，殊為慚怍。但余在臺決不放棄革命領袖之責任與權力，無論對軍、對政，必盡我監督與指導之職責，任何人亦不能加以違抗也。臺北自青、滬各部來到後，殺人越貨，而且搶劫美僑住室，情勢之亂，無以復加。國既不國，國譽更難計及，展望前途，不堪設想矣。

朝課後記事，自九時至十四時，召見蔚文、辭修、至柔、永清、恩伯、立人各將領，分別談話，決定臺灣軍事指揮機構及東南戰鬥序列，仍以委員制改為長官制，但長官公署之下仍設軍事會議，以調節周、湯[1]等之意見。對任用孫立人為臺灣防衛司令亦頗費心力，此乃用之政策，屬辭修信任之。對至柔單獨談話後，其所存恐懼之心理與疑忌不安者亦已消失大半，自覺昨晚怒斥之非，不必如此也。下午記上週反省錄後，約見安祺、鄒鵬奇[2]等。晚課，入浴。

六月十三日　星期一　氣候：乍雨

雪恥：昨晚約林、陳[3]等聚餐，略改正戰鬥序列意見與督導廈門工事，水泥之發給及士兵蚊帳之急製，自覺今日工作為一重要之決定，私心竊慰，但終日為各處，尤其近日滬、青撤來部隊之軍紀敗壞，臺北秩序紛亂，以及一般驕兵悍將之貪婪無饜、內部之摩擦鬥爭，尤其李、白[4]之鴟張狂妄，必先欲殲除

1　周、湯即周至柔、湯恩伯。
2　鄒鵬奇，號東賓，湖南邵陽人。1949 年 3 月上海保衛戰時任第九十九師師長，率預備隊奉命殿後，安全撤至臺灣。來臺後任第十八軍、第五軍軍官戰鬥團團長。
3　林、陳即林蔚、陳誠。
4　李、白即李宗仁、白崇禧。

黨國根株，以隨其投共求榮之陰謀。言念大勢，憂心如焚，幾乎不知人生之有何意義矣。悒鬱悶損，莫可言狀。十時就寢。

朝課，記事，手擬電稿數通，洽商非常委會副主席人選。接鄭[1]電，桂李[2]逼閻[3]非任白[4]為國防部長不可之勢，彼桂與共匪合以謀我益急，必使我黨僅餘力量澈底毀滅為止也。見雷震[5]、蔚文、蘭友、許朗軒[6]、吳署長[7]等，解決各種問題。午餐後，與蘭友乘車，由公路經屏東社邊至四重溪（共計三點十分時間），入景福旅館休息後，遊覽村中，至光復橋而回，乃沐溫泉，甚適度也。晚課後，吃日本餐。

今日為先慈忌辰，早起讀經後，與經兒在十字架前默禱，父母親[8]在天之靈得慰也。停止朝餐。

六月十四日　星期二　氣候：乍雨

雪恥：一、唐代取士，先以身、言、書、判為標準，最後則以德、才、勞為任免之依據。體貌魁偉謂身，言語清晰為言，筆法秀美為書，文理密察為判。余有意於此而未能及也，應力行之。二、商船之處理。三、經濟制度與政策之確立。四、各職業與各省、各軍之聯絡計畫之確立。

1　鄭即鄭彥棻。
2　李即李宗仁。
3　閻即閻錫山。
4　白即白崇禧。
5　雷震，字儆寰，1949 年任京滬杭警備司部政務委員會顧問兼經濟委員會主任委員，8月任中國國民黨設計委員會委員，11 月 20 日，創辦《自由中國》半月刊。
6　許朗軒，號永洪，湖北沔陽人。1948 年 9 月，任整編第七十五師副師長。1949 年 9 月，出任國防部第三廳廳長。到臺灣後，曾任國防部戰略計畫研究委員會委員。1950 年 9月，任第六十七軍副軍長。
7　吳署長即吳嵩慶。
8　蔣肇聰、王采玉。蔣肇聰（1842-1895），字肅庵，浙江奉化人。元配徐氏，繼娶蕭縣孫氏，續娶嵊縣王采玉，生次子蔣中正。

朝課後記事，九時與蘭友、經國等往鵝鑾鼻遊覽，車行五十分時即到，登燈塔頂，瞭望形勢，三面臨海，北面背山，西北方有璧峰與石帆船，其形頗奇。自石帆船至鵝鼻約十公里，皆為原始森林，但並無高大樹木，不過濱海林木，其附近地多平坦，負山面海，甚適居住。因恆春前方有貓鼻子半島，突出海面，與鵝鑾鼻遙相對峙，形成良港，其間有捕鯨場，在日人時代設備頗周，今已為盟機炸毀，尚未修復為愧。回途過墾丁牧場，略憩參觀，多已廢頹矣。回館午餐，康區長[1]常識甚豐，可造之才也。下午研究今後軍政制度，覺有心得。五時後遊覽石門古戰場，其地險惡，形勢雄壯。進至石門村，觀高山族婚禮歌舞畢，乃回。

六月十五日　星期三　氣候：晴

雪恥：昨晡自石門村回寓已七時餘。入浴後晚畢[2]，聚餐，十時就寢。空軍內部不睦，甚憂也。

朝課後，與經兒談空軍安定，使之積極奮鬥，以挽目前散漫消極之頹勢，甚以自身不能實踐寬溫深重，燥〔躁〕急輕浮，危也。九時前由景福旅館出發，沿途左海右山，風光清秀，若無風季、雨季，則此地實為住家理想之地。途經東港，建築與民風皆優於其他各地，惟戰後並未恢復舊觀耳。十二時前回高雄，接閱妻函二封，為美國外交及臺灣地位甚憂，以美國確有收回臺灣與承認共匪之可能，國際信義與世態炎涼，益難為懷矣。接桂李保荐非常委會正、副秘書長電，又想利用該會以圖其私矣。又得古田集匪三萬，進攻福州之勢。朱[3]有準備飛機，隨時離職之可能。軍心將氣如此，更為悲傷。召見江

1　康玉湖，號明堂，福建龍溪人。時任高雄縣恆春區區長，1953 年 5 月任屏東縣建設局局長。
2　原文如此。
3　朱即朱紹良。

杓、魏某[1]等，談宣傳與軍械等事，與蔚文談軍事會議議案。晚課後，與蘭友談非常委會秘書長問題。

六月十六日　星期四　氣候：晴

雪恥：本日為黃埔開校第二十五年紀念日，亦為總理廣州蒙難第二十七週年紀念節。回憶當時赤手空拳，本黨革命環境之惡劣孤苦，與今日失敗之餘，其悲慘情景之比較，自有今昔不同之感，但實力之大與基礎之厚，當勝於往昔百倍而有餘。惟今日仇敵之堅強、惡毒、兇險亦不可同日而語，要當以新的精神、新的制度、新的行動以迎接新的歷史、新的時代、新的生命、新的使命，奠定新的基礎，完成剿共救國的新任務。

朝課後，九時到鳳山軍校訓練班，參加建校紀念典禮，訓話半小時餘畢，回寓。查閱電文後，約徐可亭，談財政金融二小時之久，決定其為財長兼中央銀行總裁。正午約賀衷寒[2]等十餘同學聚餐畢，聽取主計長報告財政收支現狀。下午批閱公文後，約集袁守謙等軍校同學會前往各省慰問軍校同學者十餘人，討論時局與指示擁護閻伯川之方鍼約二小時餘後，約辭修、蔚文聚餐，指示急務畢，已二十二時矣。晚課，入浴，廿三時就寢。

1　魏景蒙，浙江杭州人。先後供職於天津《庸報》、《明星報》、上海《時事新報》及英文《大陸報》。1949 年赴臺，1950 年 10 月任中央通訊社副社長。
2　賀衷寒，號君山，湖南岳陽人。1947 年 5 月，任社會部政務次長，1949 年 1 月辭職。1950 年 3 月，任行政院政務委員兼交通部部長。

六月十七日　星期五　氣候：晴

雪恥：朝課後，令經兒電話徐可亭，對於中央銀行人事及招商局補助問題予以指示。一、廈門與福州防禦工事之督導。二、閩東部隊之急運。三、廣州住處之準備。

朝課後記事，並記訓練要旨，至十二時方畢。下午批閱文電至劉斐與吳鐵城談話記要，乃知去年以來，對余之誹謗謠諑果皆出諸其口所製造，而三年來，對中央軍各將領間之挑撥離間與毀謗中傷者，亦皆由其一手所造成，而為桂系作有計畫倒蔣之內間。此乃余信人不疑人，人以為可疑，而余乃毫不之防，竟陷其陰謀而不測也，戒之。禮卿自廣州來，接李、閻[1]電，要求余赴穗指導，此乃出於閻之誠意，而非桂李所願也。一月餘來桂系各種行動，在政治上之追擊，必欲澈底使余毀滅，已公開不諱，思之寒心，但皆邀上帝眷顧，防護嚴正，未為其毒計所中耳。復與雪艇商臺灣地位與對美態度，未能決定。晚課後聚餐。

六月十八日　星期六（下弦）　氣候：晴

雪恥：臺灣主權與法律地位，英、美恐我不能固守臺灣，為共匪奪取，而入於俄國勢力範圍，使其南太平洋海島防線發生缺口，亟謀由我交還美國管理，而英則在摩〔幕〕後積極蹤踊〔慫恿〕，以間接加強其香港聲勢。對此一問題最足顧慮，故對美應有堅決表示，余必死守臺灣，確保領土，盡我國民天職，決不能交還盟國。如其願助我力量，共同防衛，則不拒絕，並示歡迎之意，料其決不敢強力收回也。

朝課後記事，見黃仁霖，商其赴美事。見禮卿，研討赴穗方鍼。決覆李、閻

1　李、閻即李宗仁、閻錫山。

電，表示短期內可赴穗，但暫緩行，以待臺灣軍事檢討會議後，處理防務完畢後，再看廣州形勢如何而定。以廣州軍警主官示好共匪，對匪諜不敢搜捕，因之第五縱隊潛伏省城，隨時可發生事變，甚為伯川危也。見徐次辰〔宸〕，接閻對其施政計畫報告，閻之堅忍積極，可感可佩。下午批閱公文，寫妻長信後，會客四人。晚課，入浴。約雪艇、次辰〔宸〕聚餐後，研討臺灣對美態度，決電麥克阿塞[1]（間接）洽商合作辦法。

上星期反省錄

一、美國務院已有承認中共之主張，司徒雷登[2]由京到滬，且發表其回國將作承認中共之建議，此必為其國務院所授意，以試探其內外之反響。如果美竟承認中共，則今後革命事業又加重無限之困窮。果爾，共匪將藉俄之承認，建立其空軍，更予我在軍事上以制〔致〕命傷矣，故以全神設法破壞美國務院反蔣之毒計，未知果能有效否。

二、共匪已於十五日在北平召開新政治協商會議，且將改國號與國徽，聞之悲樂交感。

三、對臺灣軍事機構組織與東南整軍計畫之大體已有定議。對周至柔訓斥，未知能否以誠感格乎。

四、在鳳山紀念軍校廿五週年建校典禮與遊覽四重溪、鵝鑾鼻旅行中，能深思時局與設計有得也。

五、李、閻[3]要求余赴穗，禮卿來告其詳，余允其請。

1　麥克阿瑟（Douglas MacArthur），又譯麥克阿薩、麥克阿塞、麥克合瑟、麥克約瑟，西南太平洋戰區盟軍最高司令，1945 年 8 月任盟軍最高統帥。

2　司徒雷登（John Leighton Stuart），美國傳教士，曾任燕京大學校長，1946 年 7 月起任駐華大使。

3　李、閻即李宗仁、閻錫山。

本星期預定工作課目

1. 情報機構重新組織會議。

2. 福州整軍訓話。

（2）[1] 辦公廳與顧問會之籌備。

3. 何[2] 任軍事革新委員會。

4. 令鄭彥棻荐立法委員。

5. 海、空軍封鎖各港口。

6. 臺北軍事會議訓誡，戒除派別與自私。

7. 各職業與各省、各軍之聯絡計畫與人選。

8. 建立黨軍之設計與重新入黨之辦法。

9. 各部隊自由補兵之禁止。

10. 匪軍民主方式之精神所在。

11. 軍與黨政關係之制度。

12. 禁止軍人在匪亂時結婚。

六月十九日　星期日　氣候：晴

雪恥：一、以勢論，美、英實有承認中共政府之可能，但以理與法而論，則其承認中共，實為不可想像之事。即為其本身較久利害計，亦不應出此不義不智之舉，但為其一時利害與情勢所蔽，以其少數人之成見，及其毀蔣一貫之政策與俄共宣傳之狡謀，當有中其毒計之可能。但余不信美國人民與議會無智無力至此，竟受其少數左派分子操縱而不能妨〔防〕制也。上帝有靈，必不容此背道逆理之狂舉能成也。吾不憂懼，但應盡我人事以制之耳。

1　原文如此。
2　何即何應欽。

朝課後記事，審閱要電。見郭悔吾、吳嵩慶，解決應解之款。聽郭據劉斐面告之語，其來為說李、白[1]降共無疑。彼稱李、白以黨國歷史關係不願投共，此乃詭語，誰其信之。正午與方天談話，全為孩兒氣態，不願回江西主席任，可歎。下午與經兒遊臺南古跡，先謁鄭成功[2]祠，再入孔廟，轉遊赤坎樓，現已地形變遷，並不臨海矣。見鄭真像，嚴正魁偉，仰慕不置。最後到安平堡，憑吊承天府遺跡。

六月二十日　星期一　氣候：晴

雪恥：昨遊臺南古蹟，讀延平群〔郡〕王略歷，感慨萬分。來往途中，研究整軍與革心要目，自反自慚，不知所止。十九時後回高雄，晚課。餐後與雪艇談外交與辦公室顧問人選後，別去。

朝課後記事，發朱世明轉麥克阿塞電，接子文、適之來電，主張各黨派人士及軍政長官聯名通電，表示團結一致，反共到底之決心。閱之甚慰，乃屬雪艇籌擬辦法。十時主持情報重整會議，至十二時半止。下午繼續會議，指示情報總機構組織要旨與內容，約一小時退席。批閱公文，記本週工作表。晚課，入浴。約雪艇聚餐後，商討聯名通電辦法及顧問會組織人選後辭去。本日以封鎖各海口案未見明令，又海、空軍皆未有準備，任令海船在上海出入自由，辦事延誤，不勝愁急，但愁急何益，只有盡我心力而已。

1　李、白即李宗仁、白崇禧。
2　鄭成功（1624-1662），原名森，字明儼、大木，南明隆武帝賜朱姓，名成功，永曆帝封延平王，為南明重要將領，被視為反清復明活動的代表勢力之一。1661年，率軍攻佔普羅民遮城、熱蘭遮城，1662年擊敗荷蘭東印度公司的援軍，以大員為基地建立承天府。

六月二十一日　星期二　氣候：晴

雪恥：對軍事會議訓詞要旨：一、此次革命失敗之原因與失敗歷史之教訓及比較。二、復興革命之要件：甲、國魂。乙、黨德。丙、主義黨制與領袖。丁、團結、失〔矢〕恥復仇。三、精神崩潰與心理失敗之挽救靈丹，不問階級，不計權利，共榮辱，同生死，無我無私，為黨犧牲，否則就是敗類叛徒。四、共匪必敗與本黨必勝，在大處、遠處、高處着眼，小處、近處、低處暗中着手。五、復興必須之方法、組訓、技能，黨政軍教之配合與科學方法之重要（研究與群力之重要，和睦同營與服從命令，軍人讀訓、黨員守則之重要）。

朝課後記事，記上週反省錄。批閱公文，發子文、適之及彥棻等徵求聯名通電之電。見封鎖匪區各港口令，甚慰。見巴黎四國外長會議，對奧國與柏林問題有一妥協決議，美國政府引為最大奇績〔蹟〕，殊不知此為俄國預定之糖衣陰謀，美國適中其計而不自覺，其幼稚至此，能不為俄、英所玩弄與竊笑乎。正午與桂總司令談話後，再與情報會議人員決定組織綱要，其幼稚無能已極，不禁悲憤係之，但尚能克自遏制為幸。三時後由高雄出發，至岡山上機，約一小時到桃園機場，辭修夫婦[1]來迎。到大溪駐公會堂，風景甚美也。

六月二十二日　星期三（夏至）　氣候：晴
溫度：七十至八十六度

雪恥：昨晡在大溪公會堂寄宿，與辭修敘談後，獨自遊憩。青山綠水，輕風和日，一如古鄉春季。寒暑表只有七十度，猶覺晚涼也。晚課後已八時三刻，

1　辭修夫婦即陳誠、譚祥夫婦。譚祥，字曼意，湖南茶陵人。譚延闓三女。1932 年元旦與陳誠結婚。來臺後協助宋美齡管理婦聯會，致力於婦女運動與救濟事業。

與經兒聚餐畢，再召功權，談空軍周、王[1]二人不睦及空軍內容，不勝憂愁。下午在機上整理講稿材料，甚有益也。

朝課後記事，作軍事會議訓稿之準備。約禮卿，談聯名通電反共與非常委會副主席一人或二人問題，屬其征求廣州各同志意見再定。對於桂系，仍應設法諒解合作，以維持今日政府德鄰之地位，彼亦以為然。決定下月初赴粵，成立非常委會，並巡視重慶等地。正午約蘭友來談。下午擬訓詞要目，並重閱毛澤東所著「中國革命戰爭的戰略問題」。五時與至柔談話，公開檢討其觀念錯誤之點，及對叔銘誤會各點，彼或更能冰釋疑慮也。談英國商船「安其色斯」號被我空軍轟炸事，余屬其立即承認此事，但並未見有英旗，自出誤會，想無大事。晚課後，入浴。餐後獨自納涼，甚欲早成訓稿也，十時睡。

六月二十三日　星期四　氣候：晴

雪恥：一、軍事會議訓詞要旨：甲、提高自信心。乙、掃除失敗心理。丙、指明革命基本力量並未消除，而且永（不能消滅）存不滅。丁、恢復革命精神，喚醒黨魂，健全戰鬥意志，建立（基本信仰）雪恥志節，和睦親愛，團結一致。

朝起已七時半，此為近來最晏起之一日，平日總在六時前後（夏季時刻）起床也。朝課後餐畢，遊憩。俞大維來訪，談辦公室組織顧問會事，彼又不贊成。彼總以為害余者，乃本黨黨員與組織，而愛戴信仰者，乃全民與非黨員而余所不認識之人，故其一提組織，必加反對，可歎。記事，擬訓詞條目。下午研究匪我兩方勝敗優劣之所在，整理要目約二小時以上，思慮頗切也。晡緯兒來見後，晚課畢，晚餐，記事。

1　周、王即周至柔、王叔銘。

六月二十四日　星期五　氣候：陰

雪恥：一、對家庭倫理，處理無愧而能得於心，最為快慰之事。二、英報造作我海軍在吳淞口外布雷消息，使共匪及中外船舶皆不敢出入黃浦江口，幾乎無形封鎖一星期之久。最後英人約美僑，有對共匪貢獻意見，願為其探掃水雷。及其探測回報，並無水雷。翌日，共匪乃覺察此乃完全受英人之愚弄兒戲，為之大肆攻訐，於是滬之英、美各報皆相繼停閉。此惡作劇只有英人能夠導演，難怪共匪以惡報惡耳，竊笑不置。英人所為，無論大小報復事，無不如此也。

朝課後整理講稿條目，九時與經兒乘車，由大溪出發，十時前到臺北介壽堂，即從前舊日總督府，已新建完成矣。對軍事會議訓話，約一小時十五分乃畢，自覺幸無大差。會後召見悔吾、蔚文等畢，閱畢。正午往訪稚老先生，約談半小時。彼雖年高八六，而對於政治、外交觀察研究皆能深入，決非任何人所能及，而其詼諧譬喻，尤能引用入扣，殊令後輩敬仰，自愧無已。到草山，入第一招待所，實比第二招待所幽勝多矣。與張其昀、丁治磐、王叔銘聚餐談話畢，已十四時半，休息。

六月二十五日　星期六　氣候：陰雨

雪恥：昨下午看毛澤東所製中國革命戰爭的戰略問題，頗有益於我也。芳娘[1]帶孫輩來見，武孫甚痎〔瘦〕弱也。與昌煥談對美宣傳後，在庭院中散步自遣。晚課後，約傅孟真[2]餐敘，別去。接子文電，知適之意，仍不脫書生氣也。

1　蔣方良，俄名芬娜，原取名芳娘，後改方良，祖籍白俄羅斯。1935 年 3 月 15 日，與蔣中正長子蔣經國結婚，1936 年 12 月，隨蔣經國回中國。生有蔣孝文、蔣孝章、蔣孝武、蔣孝勇三子一女。

2　傅斯年（1896-1950），字孟真，山東聊城人。中央研究院歷史語言研究所創辦者，曾任北京大學代理校長。1949 年 1 月抵臺接任臺灣大學校長，1950 年 12 月 20 日，在臺灣省參議會答詢時，因腦溢血而猝逝。

朝課後記事，我海軍在上海口外，用砲擊阻止埃及貨船行駛，檢查後放行。
各國認為驚異，不敢再派船駛滬，此乃最近時局沉悶中一霹靂，略可振奮
人心。見侯騰，談情報、現在工作及英、法關係，下年度法國軍費預算為
十一億美圓之多，更證明英、法備戰之急矣。正午約李石曾[1]談話。下午聽羅
澤闓[2]滬戰經過，與脫離匪手之經過，恩伯指揮無方，先自離滬，其信用盡失
矣。下午約見蔣渭川[3]、王新衡後，閱毛製後，入浴，晚課畢，約蔚文、雪艇
聚餐，聽取會議報告情形，並談英、美外交畢，記事。

上星期反省錄

一、巴黎四國外長會議之結果，對奧國和約雖已獲得協議，但尚未實行，而
　　對德國根本問題並無結果，此可謂俄史又得一陰謀之勝利也。

二、英國商船被我空軍誤炸案，英國雖提抗議，但無關重要，預料不至惡
　　化也。

三、政府封閉匪區各港口命令，美國表示不加反對，其西太平洋艦隊司令且
　　示好意與協助，而英國為其自利計，不惜違反道義，尚持觀望態度，預
　　示將有反對之表示，姑待之。由此一舉，以美國之態度測之，彼對承認
　　中共之政策或有改變之可能，此乃妻在美國宣傳之效乎。

四、本週對於建設課目，如情報局之改組、顧問會之計畫，以及軍事會議之
　　成立、閩廈軍事之督導皆有進步也。

1　李石曾，名煜瀛，字石曾，以字行，直隸高陽人。曾參與創建故宮博物院、籌備中央
　　研究院。1948 年任總統府資政。1949 年去瑞士，1956 年定居臺灣。
2　羅澤闓，1949 年 1 月調任第三十七軍軍長，防衛淞滬。5 月敗退到蘇州河，6 月逃抵
　　香港；下旬抵臺灣。
3　蔣渭川，1947 年擔任二二八事件處理委員會委員，1948 年當選臺灣省參議會議員。
　　1949 年 12 月出任臺灣省民政廳廳長，1950 年 2 月任內政部次長。

本星期預定工作課目

1. 軍事會議主要問題之研究。

2. 高級指揮部與軍隊編制之研究。

3. 財政與金融方針之指示。

4. 對封閉匪港案，英、美動向之注意。

5. 赴穗之準備。

6. 赴閩視察之準備。

7. 閩廈工事之督導。

8. 整黨方案之研究。

9. 總裁辦公室之存案與成立。

10. 各組組長與設計委員之派定。

11. 閩、臺各部隊之充實計畫。

12. 統一戰略思想之理論。

六月二十六日　星期日（朔）　氣候：晴

雪恥：一、組織軍官訓練班。二、東南軍政長官公署組織大綱之研究。三、匪情及其軍略之判斷。

朝課後約董顯光、湯恩伯來見。對湯滬戰撤退以前慌忙圖遁，而未能充分準備，且未及時通知各將領，致被陷被俘者大半，聞之痛憤，未知其將何以見來者。除湯本身之外，而其副司令石覺本為最有希望之將領，竟亦被其牽累，喪失信用，不能復令其指揮所部，是誠等於死亡矣。將領如此，若不重新教育，作育後進，何能復興耶。九時半到臺北介壽堂見客，紀念週致詞一小時半畢。召見正綱、樵峯等後，與其昀同車回草山，談編輯總理與本黨史略及

余之年表。回寓，又見訓畬〔念〕[1]與同茲[2]，談宣傳事。正午約臺灣大學校長、教授等十六人聚餐。下午與顯光、昌煥談對美宣傳及對其國務院將發表中美關係之聲明，其失敗之責全歸於余之消息，亟應設法處置之。修改講稿，甚費心力。

六月二十七日　星期一　氣候：晴

雪恥：昨晡見永清，知美海軍對我封閉匪佔各海口甚表同情，因之英國亦不敢發生異議乎。晚課後，與少谷談話，報告廣州與湖南近情，聞劉為章帶邵力子、章士釗二人致李德鄰函，更可了然，其來港粵為誘李再降也。察其內容，共匪對桂仍在誘降，亟謀政治方法統一西南，是其不願再用軍事攻取廣州，亦可相〔想〕像而知，但此等陰謀危險皆已防制，未知其今後之變化如何。桂系之無智不誠，未能以常情測也，但應再試，以誠感之。

朝課後，對湯恩伯浮躁荒妄，不知職責，欺上棄下，予以訓斥。所部將領如此惡劣，令人悲傷絕望，不知革命前途究如何結果矣。記事，思慮局勢，批閱公文。正午召見將領十餘人，聚餐。下午批閱對美國務院將來之聲明，應作反響之準備，令宏濤檢鈔八年來於美國有關之記錄，加以編輯之。見顧墨三、徐可亭，聽取其財政計畫之報告，一言以蔽之，要求動用基金而已。

1　陳訓畬，字叔兒，浙江慈谿人。陳布雷之弟，民國時期著名報人。1948 年當選自由職業團體新聞記者公會選出之立法委員。政府撤退來臺後，1950 年 10 月出任中央通訊社總編輯，1953 年 4 月調任《中央日報》社長。

2　蕭同茲，原名異，字同茲，以字行，號涵虛，湖南常寧人。時任中央通訊社社長。1946 年 11 月當選制憲國民大會代表。1950 年 10 月受中央通訊社改組，改任總社管理委員會主任委員。

王方舟主席來報四川近情，對岳軍利用熊克武[1]等中間路線為通匪之準備，甚為可慮。

六月二十八日　星期二　氣候：晴　下雨

雪恥：昨晡會客，至七時半方畢，心緒沉悶煩苦。晚課後，召將領十餘人聚餐後，與蔚文談話。想至湯部敗退損失實情，不勝悲憤，東南廿軍以上之兵力幾乎被其送完，而彼猶自以為不差，毫無羞愧之心，一般將領幾乎全失其魂魄矣。十一時睡。

朝課後記事，約見王方舟，聽取其川情之報告，甚覺岳軍在川之不宜，惟對方舟仍有以慰之，屬其對川中有功抗戰之將領，皆應設法安置之。批閱公文，研究徐[2]提財政計畫，指示其外匯運用次序之要領與方鍼，不必動用存臺基金也。正午約軍會將領十餘人聚餐。下午整理明日講稿要目後，約見左舜生、王〔黃〕季陸[3]與可亭，解決幣制基金及財政問題，此一要事也。晚課後，約海、空軍將領聚餐畢，再準備講稿要目，十一時睡。

六月二十九日　星期三　氣候：晴　下午雨

雪恥：桂李代表甘介侯，在美公然對余誹謗，美國務院凡對余不滿者，皆羅致利用之，幫助增加反蔣之聲勢。在此狼狽為奸，內外夾攻之中，惟有信賴

1　熊克武，字錦帆，四川井研人。1947 年當選行憲國民大會代表。1949 年 12 月與劉文輝等，在成都組成川康渝民眾自衛委員會。中共建政後，歷任西南軍政委員會副主席、全國政協委員等職務。
2　徐即徐堪，字可亭。
3　黃季陸，名陸，又名學典，四川敘永人。1945 年當選中國國民黨第六屆中央執行委員，其後歷任制憲國民大會代表、四川黨團統一委員會委員。1950 年 3 月出任行政院政務委員。

天父佑我拯我之外，再無其他出路可望。美國務院今日尚欲對余追擊不遺餘
力者，乃知其不僅毀我中國領袖之地位，實恐余出而領導亞洲之團結，是對
種族之見解與嫉忌如此也。

朝課後，與經兒到介壽堂開會，訓話足有二小時卅分之久，精神與體力皆不
覺甚倦也。正午約客，以臺灣銀行改革幣制有儲金兌現辦法甚不合理，可歎。
下午記事。見李友邦[1]與李彌後，修正講稿未畢。晚課後，召開辦公廳組織設
計會談，征求參加者之同意也。晚觀秋瑾碧血千秋影劇後，再與蔚文談商會
議決議要旨，睡時已二十三時半矣。

六月三十日　星期四　氣候：晴　晡大雨

雪恥：一、高等軍官研究班應以哲學與人生觀為第一課目。二、政治工作與
主管應速決定。三、國際政治與科學常識之重要。四、點編會與官兵糧餉之
決定。五、研究班主官之指定。

朝課後往訪居正，其形態似有一種難為情、甚不自然之表示也。回寓，接美
國不承認我政府封閉共匪區各港口之報告，但其語氣尚委婉，其理由為不在
我政府控置〔制〕之下也，應斥覆之。批閱公文，清理積案。正午約馬紀壯[2]
等聚餐。下午晚課（提早）後，到軍事會議致閉幕詞畢，往訪敬之，到中山堂，
劉瑞恆[3]帶夫人與適之各函來見。召宴開會將領百餘人。餐畢，回草山，拆閱
夫人來函及新聞記者問答稿畢，入浴，十一時前就寢。

1　李友邦，字肇基，臺北蘆洲人。1947 年二二八事件，以「通匪及鼓動暴動」罪逮捕，
　　解送南京監禁三個月後被釋放回臺，擔任臺灣省黨部副主任委員兼改造委員會委員。
2　馬紀壯，字伯謀，河北南宮人。曾任永順艦艦長，時任第一艦隊司令。
3　劉瑞恆，字月如，直隸南宮人，出生於天津市。歷任聯合國善後救濟總署中國區醫藥
　　組負責人、行政院善後救濟總署衛生委員會主任委員。1949 年隨政府撤退來臺，仍從
　　事公共醫藥衛生工作。1950 年 6 月，任善後事業保管委員會委員，12 月任中國紅十字
　　會總會會長，協助發展醫學教育。嗣後多次代表出席世界衛生組織大會。

補充意見

一、政治經濟革新案：應注意如何確立以三民主義（尤其民生）為基礎之政
　　治體制與經濟政策，儘速實施累進直接稅。

二、聯勤制度改革案：應確認聯勤缺點在財物不足與紀律廢弛。

三、教育訓練：應以本黨理論與實踐為精神教育之中心。

四、監察制度：應特別重視。

五、政工制度：應與政治、經濟革新平行發展，始能立信。又政工人員寧缺
　　勿濫，以免發生反作用。

六、作戰計劃：應注意即行開始毀滅匪區之大型輪船及木船。

上月反省錄

一、半年來，桂系推倒余之後（自余引退以來），接連用政治追擊戰術，扼咽握吭，使余不能有惴〔喘〕息之餘地，尤其利用西山會議派居正與改組派于、童[1]，以及失意政客與失業軍人，凡平時所不滿於余者，無不為其網羅，充其毀蔣之工具。近又利用共匪，藉黃[2]、劉（斐）之溝通，必使革命僅存之黃埔勢力連共合謀，期必澈底毀蔣而後快。天父乎，盍不速加援手，而使余脫離此諸逆萬惡之魔手乎。

二、繼劉斐之後，而有邵力子與章士釗聯名致桂李誘脅函件之發表，更可證明毛匪對華南政略與戰略之企圖，其必以誘降之政略為主，非不得已，及其至最有利態勢，決不肯用軍事冒險南進也。今日我方只要如何制止其政治誘降之陰謀，而一面在廣州積極作固守此一據點之計畫，使匪不敢輕進，則得矣。

三、國際局勢，巴黎四國外長會議並無多大結果，而英國經濟情況日劣，英磅〔鎊〕價值勢難維持。美國失業者增至三百萬人，其物價低落，出口量減少，而且英、美皆發生罷工風潮，此乃暴俄陰謀發展之結果，而英、美猶未能深切醒悟，不禁為全體人類危也。

四、共匪已於十五日成立其所謂新政協籌備會議，其偽中央政府之成立當不在遠。英國惟恐共匪拒絕其承認，而美國國務院亦將受英國之影響，殊為可慮，此實為我革命成敗之重要階段也。

五、政府宣布封閉匪區各港口，英國二次抗議，且不惜以武力護航相威脅，而美國國務院一次抗議被我拒絕後，尚在觀望之中。此乃我革命對共匪經濟制裁惟一之武器，不問英、美之如何反對與干涉，應貫澈初旨，澈底執行，如其用強權或武力阻擾，亦不惜以武力應之。

1　于、童即于右任、童冠賢。
2　黃即黃紹竑。

六、本月臺北軍事會議、高雄情報總機構組織會議與總裁辦公室組織會議皆已完成，此乃第三期革命剿匪戰爭之開始也。青島劉[1]軍撤退，已安全集結於瓊州，但經過之各種惡劣苦痛與憂患亦不少也。總之軍紀之敗壞，已成不可收拾之勢，而由滬浙贛湯恩伯所部撤來閩臺者，器械損失殆盡，思之更為痛心。

七、福建閩江區區土共不足兩團兵力，始佔古田，再迫水口。而我集閩號稱二十萬餘之軍隊，不能加以阻制，任其威脅福州，竟成朝不保夕之勢，痛心極矣。

八、閻伯川行政院組織成立，臺灣幣制改革實行，中央改為銀本位制，至月底亦已準備就緒矣。

1　劉即劉安祺。

七月

蔣中正日記
Chiang Kai-shek Diaries

蔣中正日記
Chiang Kai-shek Diaries

民國三十八年七月

七月一日　星期五　氣候：晴

雪恥：一、英、美反對我封閉匪區各港口，正式照會不承認我封閉命令。彼等賣友助敵，擬以余個人名義予以斥責：甲、英國一貫政策，使赤禍防止西進，而以東方為壑，耶爾達會議即為其今日賈禍於亞洲各國之根苗。乙、警告英、美第二次世界大戰之初，使我中國單獨受日攻擊之四年之久，最後仍將其供給於日本之油、鐵、綿〔棉〕花，製成軍艦、飛機與炸彈，炸到其珍珠港之頭上。丙、英、美照會，無異侵犯我主權，干涉我內政，而且毀滅其聯合國之憲章。西面反共，東面助共，一面援助民主，一面毀滅民主，不惟違反道義，而且自毀法紀。今後如有在我國違反我法令、侵犯我主權者，其所受之不良後果，當由其本國之政府負其全責，中華民族決不屈服於強權侵凌之下也。

朝課後手擬答記者稿，記事。召見黃、沈[1]，接洽見記者辦法，及研究問答要旨與重點。正午與敬之、墨三商談赴穗方針。下午改正對記者答語，頗費心力也。晚課，餐後修正講稿，召見恩伯後，就寢。

1　黃、沈即黃少谷、沈昌煥。

七月二日　星期六　氣候：晴

雪恥：一、桂李[1]希望我出任軍職，其用意何在。二、菲總統季氏[2]歡迎我赴菲面商遠東大局，其意可感。三、對斥責英、美之宣言或問答，似未到其時。四、中央改革幣制案之宣布。五、封閉各港口服務之海、空軍，嚴令其一面切實執行，一面實習國際公法，勿使英、美有所藉口。

朝課後記事，手擬斥責英、美反對我封閉匪港，以及英國以耶爾達密約移轉歐洲之共禍於東方，賈禍於沿太平洋之各國，約長千餘言，交設計會研討。正午研究對美記者問答文稿。下午批閱公文，研討問答稿，決定對英、美暫不斥責，研討赴菲與赴穗計畫。入浴，晚課後，與蔚文、至柔、佛觀等談話。

上星期反省錄

一、對軍事會議四次訓話，未知聽者果能動心否。

二、軍事會議結束。

三、英、美反對我封閉匪港之照會，殊為可痛，擬斥責之。

四、總裁辦公室之成立與人員之指定。

五、對美記者談話問答稿之研究，甚費心力，但未能依照我斥責英、美之意實行也。

六、美國參議院指責其政府對華政策之失敗，與反對國務院承認共產黨政權之聲浪日著，是乃宣傳之效也。

七、閩、廈形勢漸定，部隊整編已得開始矣。

1　桂李即李宗仁。
2　季禮諾（Elpidio Quirino），又譯紀利樂、季利祿、季里諾，菲律賓政治家，1948 年 4 月至 1953 年 12 月任總統。

本星期預定工作課目

1. 統一戰略思想理論之重要。
2. 保守廣州方針之決定。
3. 保守廣州兵力之部署。
4. 軍事會議決議案之核辦。
5. 福、廈工事材料與構築之督導。
6. 訪菲之準備。
7. 七七之聯合宣言。
8. 防衛廣州指揮官之指定。
9. 對美記者之接見與發表問答。
10. 臺灣銀行儲金規則之取消。
11. 整黨方案之檢討與決定。
12. 匪軍今後戰略之研究。

七月三日　星期日（上弦）　氣候：晴

雪恥：一、研討對記者談話稿之決定。二、赴菲之準備與目的之研究。三、約立夫談話。

朝課後記事，交少谷以聯名電稿準備七七發表。十時帶領文、章、武[1]等孫，由草山到大溪休息，武孫心思專一，研究問題與做事非達到目的不休，言行如成人，可愛也。午餐後，孫等回臺北，余留大溪休息。下午閱毛[2]製中國革命戰略問題，頗有所感，應研究今後剿共之戰略思想，務使我全軍將領對於戰略思想能求得統一也。記反省錄後，入浴，記事，晚課。餐畢，獨觀家鄉

1　文、章、武即蔣孝文、蔣孝章、蔣孝武。
2　毛即毛澤東。

影片解寂也。美國務卿艾氏問顧[1]大使與甘介侯，何以不用臺灣存金，是其有意挑撥我內部，毀損我威信，示意反動派對余之攻訐，又其對顧明示其援華白皮書不能不出之態度，此美國政府教唆桂系反蔣之又一姿態也。

七月四日　星期一　氣候：晴

雪恥：一、為接見美國赫斯脫系[2]報記者，與霍華特[3]系報記者同時接見問題，起了一個難以解決的爭持，最後仍同時接見。此乃董顯光之感情作用，必欲為霍華特爭取時間，而未計及夫人臨時特約赫斯系之特效，恐得相反作用，董之為人誤事往往如此，應加注意。二、閩江水口已失陷，福州可危，不勝憂慮。三、此次失敗幾乎不可收拾，前途不堪設想者，湯恩伯、顧祝同、郭懺、林蔚皆應負其重責，思之痛憤，自悔當時不應退休。果爾，則今日政治、軍事，決不致如現在無法無天、無政府之狀態耳，奈何。

朝課後由大溪回草山，協議對記者接見方式與問答語意，修正後核定。並覆菲總統約電赴菲訪問，決於本月十日成行。正午與立夫談話，下午以接見記者方式未妥，故未能假眠，再與沈、董[4]協商辦法，仍舊不變。四時靜默，晚課，卅五分時乃在第二賓館接見記者。回寓，入浴，晚約敬之、墨三等聚餐，本擬審核軍事會議決議案，以心思沉悶，未果而散。

1　顧即顧維鈞。
2　赫斯特報系（Hearst Newspapers）是總部設在美國紐約市的出版界巨頭。
3　霍華特報系（Scripps-Howard Newspapers），1936 年至 1952 年間負責人為霍華德（Roy W. Howard）。
4　沈、董即沈昌煥、董顯光。

七月五日　星期二　氣候：晴

雪恥：昨晚餐後，見高級軍事幹部無識誤事，以致軍事不可收拾，政治更不堪設想，實為從來所未有之敗象，又加之內外各種夾攻與惡劣消息，誠令不可想像者，悶損已極。昨夜夢魂顛倒之境象，實亦為近十年來所未有也。桂李忽來電，將欲來臺相見，令人莫名其妙，更覺其心叵測為慮矣。

朝課後，與經兒往後草山視察住屋，並為覺生代覓較寬住屋也。餐後記事，批閱軍事會議決議總報告，專心審核時，覺生不期來會，令人紛擾，難怪辭修等討嫌也。正午約由各處來臺之大學校長、教授丁文江〔淵〕[1]、朱敹春[2]等二十人談話，頗得益也。下午批閱電文未畢，召見上海退出黨員忠實者二十餘人談話，慰勉之。另見侯騰、恩伯等畢，審核對記者問答中文稿，至八時前方完。略憩後晚課。約墨三等聚餐，談廣州保衛意見計畫，督導實行軍會決議各案。

七月六日　星期三　氣候：晴　溫度：九十二

雪恥：最足悲痛之事，即左右幹部幾乎皆神志昏眛，利害倒置，莫過於近日董顯光之拙劣、失卻常識，甚至對朝報、晚報究屬何種緊要而亦不顧，忘了其宣傳職責，無異拋棄其主官，而討好其美友霍華特系之報館，致預定宣傳計畫被其消失，而適得相反之後果。此種愚而好自用之幹部，思之只有悲憤，不得不加以痛斥怒責，事後仍覺其愚可誅而不可恕也。

朝課時甚覺肺部作痛，恐係溫泉琉璜氣味太重之故，乃決心遷回大溪。召見

1　丁文淵，地質學家丁文江之弟，抗戰期間在四川李莊任同濟大學校長，戰後任外交部專門委員。
2　朱敹春，江蘇吳縣人。曾任上海法學院教授，來臺後從事教育工作，推動私立大同商業職業學校成立。

雪艇、江杓等，對董、沈[1]怒氣難遏，斥責二次。正午與經兒回大溪，為臺北招待所改充辦公室事，亦為人多生異議，尤其美國人妄加干涉，可痛。下午批閱公文，清理積案，致李承晚[2]總統函畢，晚課。發聯名反共通電，孫科與蔣夢麟[3]皆不簽名，可怪也。

七月七日　星期四（小暑）　氣候：晴

雪恥：「七七」十二週年之今日，本為革命光榮之歷史，而今祇有悲傷與恥辱。一般將領自不知其身敗名裂，以致黨國蒙受無窮之禍患與恥辱，其罪惡之大，而猶驕橫自大，惟爭權奪利、各不相下是尚，言念前途，不勝惶悚，因之憤怒忿激，不知所云。對於辭修之行態，不得不加以斥責也，悲乎。十二年來軍民之犧牲，竟成為這一般〔班〕無恥將領失敗之資本，何以對黨與國耶。

朝課後，為七七紀念默禱，心意悄然，不知所為。記事，記上月反省錄。墨三與蔚文來見，為東南長官公署與組織，辭修各種刁難、不顧大體，悲憤之至。湯恩伯來見，為福州整軍事亦加以斥責。見袁守謙，餐畢辭去。決派砲兵增援福州，以期恢復延平也。下午到草山，接見美友柯爾白[4]，其對援華與為余設法策劃，甚誠摯也。晚遷後草山，接閱陳質平電，菲總統已對余歡迎準備一切矣。

1　董、沈即董顯光、沈昌煥。
2　李承晚，號雩南，韓國黃海道人。長年推動韓國獨立運動。1948 年任韓國制憲國會議長，同年當選韓國大統領。
3　蔣夢麟，原名夢熊，字兆賢，號孟鄰，浙江餘姚人。曾任北京大學校長、教育部部長、行政院秘書長、國民政府委員等職。1948 年 8 月，任行政院善後事業委員會主任委員、中國農村復興聯合委員會委員（10 月為主任委員）。
4　柯爾伯（Alfred Kohlberg），又譯柯爾白、柯爾柏克，美國醫藥援華基金會（American Bureau for Medical Aid to China, ABMAC）和太平洋國際學會（Institute for Pacific Relations, IPR）成員，1946 年，出任美對華政策協會（American China Policy Association, ACPA）主席。

七月八日　星期五　氣候：晴

雪恥：昨晡接夫人三電，皆言在美宣傳及進行情形，似皆已有轉變較佳之勢。昨日發表團結反共通電，不料哲生拒簽，殊為可痛。晚課後，與王、黃[1]洽議訪菲辦法甚久。入浴後，十一時就寢。

朝課後，指派赴菲同行人員，約吳國楨、張其昀同行。決派孫立人之砲兵一營增閩江，決心收復延平也。十時召開整黨會議討論改造方案，至十四時半方畢。余力主本黨性質為革命政黨，而不能為純粹民主政黨，並應將縣市以下基層黨部改為秘密組織而切忌公開，大體已經決定。下午批閱公文，核定辦公室組織大綱。接蘭友報告，哲生住港，態度突變，對余攻訐最力。其必為共匪所誘惑，但其本身卑劣，性行下愚，不能移易，於此可見，殊為總理痛惜也。晚課後，再與立夫、正綱、道藩、少谷等商談改造籌會名單後休憩，十時就寢。

七月九日[2]　星期六　氣候：晴

雪恥：朝課後理髮，召見立人，知其增援福州之部隊已遵命準備為慰。續見蔚文、東原，商談設立革命實踐學院事。十時半由臺北飛福州，正午即在空軍補給站召集團長以上官長約五十餘人會議，聽取其各軍長報告後略憩，再行訓示約一小時畢。聚餐後，與逸〔一〕民談閩省軍政與人事，甚以李良榮好用左派人士為可慮。對福州附近各部隊，本月份伙食及辦公與草鞋等經費，親自籌發，以慰軍心。四時後即乘原機由福州飛回臺北，經平潭島，未尋得

1　王、黃即王世杰、黃少谷。
2　7月9日至7月12日日記，蔣中正因訪菲另帶日記本，故同日內容不只一份，此處將同日日記並列。

其縣城所在地為憾。晡回草山入浴，會客，晚課如常。宴柯爾白，彼對美政府白皮書在其聲明發表時，即由我方主動聲明歡迎其從速發表。蓋恐其徒為對我威脅，對美宣傳，其實並無重要內容，果真發表並無害於我，而反不能掩飾其對華政策失敗之過。果爾，則其預料其最後由杜魯門名義不准其發表之聲明，以了此案，則美民更以為其曲真在於我，而彼既不予發表，我亦無從駁斥其妄耳，余未之同意。十一時後睡。

七月九日　星期六　氣候：晴

（以下日記應〔因〕訪菲另帶第二冊）（故記於新冊中）

「補錄」朝課後見孫立人，乃知其增援福州部隊已經準備為慰。十時由臺北飛福州，即在空軍補給站召集團長以上官長五十餘人會議畢，訓示約一小時後聚餐畢，與逸〔一〕民談閩省軍政與人事，甚以李良榮好用左派人士為可慮也。福州附近各部隊，本月份伙食、辦公費及草鞋等經費無着，乃親自籌發，以慰軍心。四時後乘原機回臺北，途經平潭島，未能覓見其縣城所在地為憾。晡回草山入浴，會客，晚課如常。宴柯爾白克，彼意欲我主動聲明，要求其國務院發表對華白皮書[1]，蓋料其並無重要內容，不怕其發表也，余未之同意。十一時睡。

1　美國對華白皮書，指 1949 年 8 月 5 日美國務院發表之《美國與中國的關係：著重 1944-1949 年時期》一書，說明五年間美對華局勢看法與對華政策，把國民政府的失敗歸因於國民政府自身無能，不接受美政策之結果。蔣在事前已預知美國將發表白皮書的訊息。

九日

1. 朝課後薙髮。約見立人、蔚文、東原、耀明後，十時半由臺北飛福州，正午即在福州機場供應站，與團長以上官長會晤，聽取其報告畢，略憩，再行訓話約一小時，聚餐已二時半。與逸〔一〕民談福建省府人事，及良榮好用左派人士為慮。對各部本月份伙食及辦公、草鞋費等籌發完妥後，四時一刻乃即起飛回臺。途經平潭島，未見其縣城為憾。晡回草山，入浴，會客畢。晚課後，約柯爾白聚餐，彼對美政府擬發白皮書之聲明，最好由余加以聲明，歡迎其發表，否則遲恐其杜魯門聲明不予發表之聲明後，不能再要求其發表也。美國人性急，往往如此也。睡時已十一時矣。

上星期反省錄

一、桂李[1]以臺北軍事會議不先透過政府而先行召集，又認為余之越權，故其突然來電，即擬來臺灣、閩、廈巡視，乃為閻[2]勸阻，此其心襟與氣度褊狹，不顧大體，不度現實，難怪其然。而國事之難，在彼等之見，最好無人負責，任其敗亡，如果你一負責，則彼即暴怒死爭，且加你以重罪，可痛。但只可置之不顧，桂李褊狹既如彼，孫科惡劣又如此，是誠令人不知所懷矣。

二、七七領導各黨派及各大學校長等，聯名通電反共到底之決心，與七四對美記者談話，表示反共之決心，中外人心皆為之一振。

三、到福州慰勉殘敗將領，解決本月份軍費，軍心因之安定，福州局勢亦轉危為安矣。

1　李即李宗仁。
2　閻即閻錫山。

七月十日　星期日（望）　　氣候：臺晴　碧瑤陰雨
溫度：六十度

雪恥：昨夜二時醒後即未熟睡。五時起床，朝課畢，與經兒乘車至臺北機場起飛，已七時卅分，記事，休憩。機至菲國邊境，菲機一隊來迎，十一時到白沙機場，即時換機至碧瑤機場。其地在高山之中，比牯嶺為高，素稱菲國夏都也，以其迎接人員與準備，皆在山下另一機場，故在機場延駐一小時之久，到其迎賓館，菲國時間約一時半矣，菲總統紀利樂在門首親迎如禮，一望而知其為老練政治家也。午餐幾有十餘種樣色，中餐西吃，費時太多，蓋彼特以中式優待為貴也。四時後，紀總統陪余巡遊街道，我僑胞特在市口搭紮牌坊，熱烈歡迎為感。碧瑤風景之佳與市容之美，勝於牯嶺多矣。五時後即在總統辦公室正式商談開始，至八時半方畢。紀之老練精神，自為傑出之才，其政治經驗與國際常識亦甚豐富，談話詳情另記。晚課，入浴，十一時後睡。

十日　臺北晴　碧瑤陰雨六十度

昨夜二時醒後，即未熟睡，五時起床，朝課整裝，六時四十分與經兒乘車至臺北機場上機，起飛已七時卅分，休憩，記事。十一時半始到白沙機場，即換機至碧瑤夏京機場，其迎接人員與準備皆在山下另一機場等候，故延誤時間，在機場又消耗一小時之久，到政府迎賓館時，已一時餘矣。到時紀總統迎接如禮，但皆照英國禮節，覺甚麻煩，而其新興國家卻特注重繁文縟禮耳。午餐太豐，又費許多時候。四時菲總統陪余巡視街道，我僑民特在市區搭紮〔紮〕牌坊歡迎，甚感碧瑤風景之佳勝於牯嶺，人工修建者亦多，更增美麗。五時後商談開始，至八時半方止。紀總統老練精明，當為菲國不多得之人才，其統治經驗亦甚豐富也。晚餐後晚課，入浴，睡時已十一時半矣。
十日，晴，碧瑤陰雨。鞏固軍心，挽救民心，不吃空額，公平兵役。

七月十一日　星期一　氣候：晴

雪恥：僑領精誠報國，愛戴領袖之熱忱，令人感畏〔慰〕，其貢獻二語曰：鞏固軍心，挽回民心。又曰：禁吃空額，公平兵役。其語雖簡，皆獲我心，可佩也。

朝課後，屬雪艇草擬宣言稿，其要旨在聯合遠東各國共同反共，成立遠東聯盟，而不主張用太平洋或亞洲之聯盟名義。以太平洋英國集團，如澳洲、印度，本已由英國領導，始終主持其事，決不贊成我中、菲所發起之聯盟，而且英國必從中破壞此一聯盟計畫也。現在太平洋國家，向為美國所領導之中、菲、韓三國，今為美國所遺棄、不肯負其領導之責。至於東太平洋沿岸中南美各國，又惟美國馬首是瞻，亦必不願加入此一聯盟。故中、菲所發起之聯盟，只可先稱為遠東聯盟，即以中、菲、韓為主體，先由三國自動組織，一俟有效，再行逐漸擴充成為太平洋聯盟也。初以紀總統主張，本為太平洋聯盟在前，今日協商結果，仍照余所提之遠東聯盟定名也。八時後在外散步，紀總統同來遊覽一匝，乃在草亭中閒談，及至聯盟實施步驟之意見，彼擬在今秋大選後方能着手，余認為太晚矣。

十一日　晴　六〇 – 七〇度

朝課後，屬雪艇草擬宣言之準備，要旨在遠東各國聯合起來，一致反共，成立遠東聯盟，而不主張用太平洋或亞洲名義。以太平洋英國集團早由英國始終主持領導，決不贊成吾人中、菲所發起之聯盟。現在太平洋國家，向為美國所領導之中、菲、韓三國，為美國所遺棄不肯負責。至於美洲沿太平洋各國，又惟美國馬首是瞻，亦不願加入此一聯盟。故中、菲所發起之聯盟，只可先稱為遠東聯盟，即以中、菲、南韓為主體，先由三國自動組織，一俟有效，逐漸再行擴充為太平洋聯盟也。初以菲總統主張，名為太平洋聯盟在前，後以協商結果，仍照余所提之遠東聯盟定名也。在外散步，與菲總統遊覽一

匪，即在草亭中予之閒談，並及其聯盟實施步驟之意見，乃知彼須在今秋大選後着手，余認為太晚矣。十時前即在草亭中，正式商談開始，即將余所提之宣言稿作討論之基礎，彼猶以我國政府失敗為慮。余告以實情，只要美國等不承認將來新成立之共產政權，則余可保證我國政府決不致被共匪消滅，如果現在政府當局即使崩潰或投降，則余必繼起領導政府，反共到底。彼乃釋然，主張共同發表聯合宣言，余亦贊同，以余所提者為彼此單獨宣言，以余為在野之身，不想與在朝友邦之元首聯名也，彼既自動提出聯名聲明，自不便推卻耳。因此可知，余雖下野，而友邦仍以當政之元首視之，愧怍之餘，覺堪自慰。會談至十二時完，攝影，野餐。情緒融洽，氣候清涼，風景幽美甚於古鄉牯嶺，感慨係之。下午假眠甚酣，三時半醒覺，四時對華僑各地來迎者二百餘人致詞畢，召見各界領袖數十人，攝影，辭去。獨在室中休憩，頗覺閒暇。雙方派員商議宣言正文，至七時由余核定，略加修正後即行發表。此乃東方一劃時代之歷史也。私心竊慰，感謝上帝保佑我東方各國，從此果能自動聯合互助，而再不受西方之侮辱，為之祝禱不置。晚課後，即與菲總統面商實施宣言辦法，即先發表電征求南韓李承晚總統之同意也。宴請菲總統與華僑賓客共約百餘人，餐畢回館，默禱。就寢已十一時餘矣。

七月十二日　星期二　氣候：晴

雪恥：昨上午十時，即在園內草亭中正式商談，首先即將我方所擬宣言稿（單獨宣言）提出討論，彼方猶以我國政府失敗為慮。余告以現在我剿共實力，並不劣於共軍，只要美國等不承認即將組織之共產政權，則余可保證，我國政府決不致被共匪消滅，如果政府當局即使降共或崩潰，則余必繼起領導，反共到底。彼乃釋然，表示發表共同聯合宣言，余本擬各自發表宣言，以余在野之身也，今彼既自動提議，故不便推辭。因之亦可知，余雖下野，而友邦各國仍以當政之元首視之，愧怍之餘，猶堪自慰。會議至十二時方畢，攝

影，野餐，情緒融洽，氣候清涼，風景幽麗甚於古國之牯嶺，然而不及廬山之優美與雄壯耳。下午假眠甚酷〔酣〕。四時對華僑二百餘人來迎者致詞，召見其各界領袖十餘人。晡獨在室中休憩，頗覺閒暇。七時後，雙方發表聯合宣言，此乃東方民族劃時代之新紀錄也，私心自慰，感謝上帝不置。晚課後，即訪紀總統，面商聯盟第一步驟進行辦法，即先電韓國李承晚總統，徵求其同意也。談畢，乃宴紀總統與華僑約百餘人，餐畢餘興，回館，十一時半就寢。

十二日　晴　臺南　九十五度

六時起床，朝課，在萬松宮周圍遊覽一匝，陳公使[1]隨行，陳述菲國各政黨領袖人物性行頗詳。八時與雪艇等討論回程前應商各事，彼等皆以為此來之收獲比預想者為優也。八時半與菲總統敘別，約談十五分時，乃同車抵碧瑤機場，送行如儀。余即起飛到馬尼拉上空遊瞰一匝，其地左湖右海，高山不遠，島嶼星羅，實一理想京都，惟其氣候較熱耳。在白沙換機，十一時廿分起飛，發廿一砲送行，覺甚慚惶。十四時前到臺南，入行館休憩，下午閱報，審核各方文電，對於菲行，全國人心為之一振也。晚課後，與各顧問談大局及今後處各事，自覺失言頗多也。

閩西專員李漢冲[2]、大田縣長李逸雲[3]叛變，皆李良雲〔榮〕之人。

1　陳公使即陳質平。
2　李漢冲，1948 年 9 月任福建省第七區（龍巖）行政督察專員，兼第三清剿指揮部指揮。1949 年 5 月策動閩西投共。
3　李逸雲，時任永春縣縣長。

十二日

六時起床，朝課畢，在行館外遊覽一匝，陳公使隨行，報告菲國各政黨領袖人物性行，頗詳。八時半乃與紀總統敘別，同車抵碧瑤。

機場送行如儀，余即飛馬尼剌上空瞰視一匝。其地左湖右海，背負高山，島嶼星羅，實一理想之首都也。在白沙換機後，菲以元首之禮送行，自覺惶愧。

記事條[1]

1. 某位。
2. 戰區：西南、西北、東南、華南、華中。
3. 政區：臺、重（非常分會）。
4. 保粵（執行部）。
5. 黨務整理案。
6. 非常會副主席。
7. 國防與外交人選：朱、張、葉、吳。[2]
8. 財政與金融。
9. 閩主：良榮、銘三、珍吾、雄甫[3]、萬[4]。

1　黏貼於日記記事條，以鋼筆書寫，日期不詳。
2　朱、張、葉、吳即朱紹良、張耀明、葉公超、吳國楨。葉公超，原名崇智，字公超，廣東番禺人。1949 年 4 月以外交部政務次長代理部務，10 月真除。1950 年 5 月兼任僑務委員會委員長，6 月兼任故宮博物院中央博物院共同理事會理事。
3　陳肇英，字雄夫、雄甫，浙江浦江人。1947 年 12 月，當選第一屆監察委員，1948 年 7 月報到任職。
4　萬即萬耀煌。

七月十三日　星期三　氣候：晴　夜雨

雪恥：一、此時一切以從新做起為要旨，尤其着重於一點，由小處做起，不必為外物與現狀所眩惑。故對於各事應以制度與人事為根本之圖，不必斤斤於一時之得失與成敗也。

朝課後，召見江杓與曹士澂[1]，聽取其對日本調查之報告，運用日本人才，擬定具體整個之辦法，勿使稍有浪費也。對於李良榮好用左派人士，其實皆為共匪之外圍，不勝憂慮之至。批閱公文，清理積案。下午續批公文，召見至柔，商討購辦菲律濱剩餘炸彈事，再與曹士澂談駐日代表團內容及運用日人辦法甚詳。晚課後，餐畢，以臺灣電話腐敗不堪，憤怒異甚。十時後就寢。

昨十二日十四時，由菲回臺南，下機入行館休憩。下午閱報，審核各方文電，對於菲行，全國人心為之一振。晚課後與各員談大局，及今後處理各事，自覺失言頗多也。

七月十四日　星期四　氣候：臺晴　粵陰

雪恥：一、東南長官公署案之催促。二、非常委員會分會案之提出。三、非常會副主席一人或二人之方鍼，與對李[2]政策之決定。四、保衛廣州案之提出與督導。五、白[3]之位置問題。

五時前起床，朝課畢。七時半由臺南起飛，入粵境後氣候不良，因之十一時方到廣州天河機場，預定秘密不宣，惟叔銘與經兒迎接到東山梅花村，借伯

1　曹士澂，1948 年任國防部第二廳副廳長，1949 年 4 月任京滬杭警備總部參謀長，5 月派任中國駐日本代表團武官處處長，7 月聯絡岡村寧次促使日本軍事顧問團（白團）成立。
2　李即李宗仁。
3　白即白崇禧。

南[1]家為行館。略憩後，即驅車與墨三、握〔幄〕奇往訪李、閻、于、余、薛[2]等同志。回寓，與常委諸人敘談，與李、閻在寓午餐。下午接見來訪諸同志，審核消息稿件，晚課，默禱如常。初到廣州，萬感交集，腦筋微覺刺痛。十一時就寢。

七月十五日　星期五（中元）　氣候：陰雨

雪恥：一、重慶視察之決定，利害如何。二、寶雞失陷後之西北形勢。三、雲南情勢之研究。

五時起床，朝課畢記事，批閱公文。九時見岳軍，聽取西南各省之報告後，與鐵城商談哲生應否任非常會副主席問題。十時與哲生談話，贊成其出洋，暗示其不就副主席為宜。十一時與德鄰談話，本與經國昨日相約，希望與余單獨對談，解決問題，不經第三者之手也。余甚望其能與余接膝晤談重要問題，孰知談了一小時，只談不關緊要之事，始終避免談商正事，大失所望，更覺今後共事之難甚矣。只知權利而不知其他，又無知識者之難予相處，今後不知如何能精誠感召，以達成此行團結一致、共同救國反共之目的矣。下午與彥棻往訪海濱、君佩、哲生、鐵城諸同志，表示對粵省老同志之敬意。回寓，接見五、六人，五時約中央委員百餘人茶會，相聚甚歡，會後再見五、六人畢，晚課如常。

1　陳濟棠，字伯南，廣東防城人。1949 年任海南行政長官兼海南警備司令，1950 年到臺灣，任總統府戰略顧問。
2　李、閻、于、余、薛即李宗仁、閻錫山、于右任、余漢謀、薛岳。

七月十六日　星期六　氣候：陰晴

雪恥：一、見鐵城、伯南、哲生及克拉克[1]。二、立委、監委應否召見。三、重慶視察日程。

注意：一、宜昌之南津關已陷，則宜昌勢難保守。二、寶雞陷後，西北之形勢必變，甘肅問題應速解決。三、新疆部隊應速催調河西。

六時前未明即起，朝課後，與伯陵往黃花岡烈士墓致敬，回寓，便訪伯南、敬之。九時後召開中央常會，致詞約一小時，對於粵省走私與煙賭公開不法之惡政，特加申斥，責成改革，主張保衛廣州，以期由此轉敗為勝也。通過參加遠東聯盟案，及非常委會副主席與分會等案，皆為重大之事。會後見葉次長公超，聽取外交報告。下午會客六、七人後，召開非常委會第一次會議，討論閻[2]提扭轉時局案，原則通過。六時半約廣東耆紳、各界領袖與老黨員茶點畢，八時與經兒驅車赴黃埔新津，登汽艇到黃埔公園舊址小山巔，上行館休憩，甚覺安靜。餐後晚課，就寢已十二時矣。

上星期反省錄

一、訪問菲律濱，發起遠東聯盟，宣布中、菲共同聲明，達成訪菲第一步之目的，感謝上帝恩德。

二、臺灣通信甚壞，辭修褊狹，不能望其成事，因之悲憤痛斥，其實太過矣。

三、臺灣新練部隊已遵令調閩增援，其兵力雖僅步兵一團、砲兵一營，然效用必大，以對內可為整軍之骨幹與模型，振奮士氣，安定民心。而對敵寇土共亦可以威懾牽制，勿使土共猖獗無忌也。

四、張發奎聞余來粵，而先避香港，表示其反對本人，不惜反叛之決心，並

1　克拉克（Lewis Clark），又譯柯慎思，美國外交官，時任駐華大使館公使銜參事。
2　閻即閻錫山。

明示效忠桂系之精誠。此皆余對叛逆者屢赦妄用，不咎既往之過誤。凡自十五年以來，廣東一般軍官由余提拔、赦免、重用者，今幾無一人知恩感德，而且只懷怨恨，希圖報復矣。豈只張逆一人而已哉，此實為平生重大教訓之一也。

本星期預定工作課目

1. 東南軍政長官公署案之促成。

2. 保衛廣州之倡導與促成。

3. 廣州警備司令與警察局長之調換。

4. 國防部長問題，對李[1] 說明白[2] 暫不任為宜之理由，一至相當時間，可由余提案任白也。

5. 應否飛渝視察之研究。

6. 西北問題與甘肅主席人選之方鍼。

7. 雲南問題及對盧[3] 之方鍼。

8. 訪韓問題與方鍼之研究。

9. 澈底肅清廣州李濟深有關之內奸。

10. 通緝漢奸毛澤東案之提出。

11. 美國白皮書是否發表與準備反駁。

---

1 李即李宗仁。
2 白即白崇禧。
3 盧即盧漢。

七月十七日　星期日　氣候：晴

雪恥：一、雲南問題應速解決。二、四川內部應速安置，如何使之穩定。三、胡、宋[1]二部之方鍼。四、重慶人事之決定，岳軍似以專任分會代主席為宜。七時後起床，朝課，與彥棻商談明日紀念週應否參加問題。有鑒於廣州情形複雜，軍警鬆懈，人心動搖，昔日不能滿足其慾望者，今皆思圖報復與公開叛變矣，故決定留埔，不參加紀念週。餐後，即趨東征陣亡將士公墓，其沿江墓坊已經建立，已比二十五年來時壯觀矣，為之略慰。謁公墓，默禱畢，乃循平岡街道至舊日玉虛宮前之洋房（波斯產），與伯川敘談大局與今後軍政方略，約一小時辭去。獨自休憩。正午約岳軍來談四川與雲南及西北各問題，彼擬辭去軍職，推敬之為代也。下午白健生來談約一小時，彼稱劉斐言：文白自願留平，而非共匪扣留。余嚴斥其為共匪所迷與劉斐之發展也。晚課後，敬之來見，約遊黃埔軍校舊址與長洲要塞司令部，皆已廢棄，重建新屋，為之唏噓不置。

七月十八日　星期一（下弦）　氣候：晴

雪恥：一、岳軍器小量窄，對私人恩怨太明，又以根究怨仇、好弄權術，不肯渾厚自修，此其所以川事不能平定也。二、敬之不分親疏，不知氣節，毫無責任與歷史觀念，二十餘年來軍事制度與組織毫無進步與改革，以造成軍事失敗，軍閥重起之慘境，此其應負重大責任。然而余自領導無方，用人不察，自當更負其責也。

朝課後記事，與敬之在黃埔對同學會幹部致詞，回梅花村已十二時。會客，約見岳軍，彼以余有派敬之指揮西北、西南軍事，接替其重慶職務，未予明

1　胡、宋即胡宗南、宋希濂。

言為疑，言行皆表不滿，余乃慰之，其實彼乃自願如此耳。下午會客十餘人，四時召開中央常會，討論改造黨的方案，至七時後方得結論通過，此亦來粵一大事也。八時應德鄰之宴，至十時宴畢，在東山乘船到黃埔宿也。晚課，默禱如常。

七月十九日　星期二　氣候：晴

雪恥：一、接辭修覆電，拒絕撥借福建軍糧，並以封建自居，毫不顧忌。又聞雪艇言：辭修已派員持函來穗辭職。未幾果接其來函，余未忍啟封，仍將原封置案不拆，因拆視更生苦惱，恐誤要務耳。革命到此悲境，甚歎往日罪孽深重，不孝不德，致遭今日上帝之嚴懲，自覺猶為未足也，祈天佑之。

朝課後，與經兒回梅花村。會客，審核韓國李承晚總統邀請訪韓之覆電稿，以其意懇切，而且其國勢與處境危難，不能不有此一行。故決定應邀見美國公使克拉克，明告其美國放棄其領導遠東之責任，故余等不得不自動起而聯盟耳。正午約岳軍聚餐，告以余暫不赴渝，先回臺灣之意，彼自稱亦不辭職，余竊自慰。下午三時起，分別接見來會者二十餘人，德鄰本約其五時半相見，直至六時方來，出示其對整軍原則四條，余表示同意，彼乃辭去。七時半見客乃完，入浴後，與經兒回黃埔。

七月二十日　星期三　氣候：晴

雪恥：昨晚到黃埔已九時，略憩，即與墨三、毅肅、劍靈等商談軍事，聽取其全般戰況之報告。甚覺胡宗南部處境之惡劣，擬屬其此時不宜再求決戰矣。晚餐後，繼談保衛廣州計畫，決定大綱與指示要領，至十二時乃畢。晚課，默禱如常，就寢已過十二時半矣。

未明即起，朝課後記事，排約會客時間，先見伯陵談保衛廣州事，彼尚有勇氣也。約高級幹部會報，禮卿言今後用人，應以願幹、敢幹及能幹者為主要條件，其不願、不敢及不能者，勿再強其所難，余引為知言。繼見握〔幄〕奇即余漢謀，問其對保衛廣州之意見，彼認以為百不可能，詳述各種理由，余力加斥責，明告其余交廣東於彼，望其能建立反共基地，而今竟成為保庇共匪之淵藪，其現狀之腐劣實為民國十五年來所未有，何以對總理與先烈，何以對黨國與職責。余決以死保穗，如你不願聽命，保衛此革命惟一根據地，則余願出而親自任保衛戰之指揮。彼乃折服聽命，但極強勉，余亦強為自慰，以其尚有良心也。正午與伯川談財政、軍事與大局，餐畢，談至二時半辭去。

七月二十一日　星期四　氣候：晴

雪恥：昨日下午約見十餘人，岳軍未來，表示其辭職之決心，甚為悲傷，此或余待人有不誠之處乎。于斌[1]總主教來談，報告其在美宣傳經過之情形，彼經西班牙見佛浪果[2]，屬其代彼問候，表示敬意，彼實世界反共惟一之友邦同志也。最後召見墨三、握〔幄〕奇，決定保衛廣州計畫與撤換警備司令，委保李及蘭[3]繼任，此乃保穗之開始，如天有靈，保衛我中華民國亦即由此開始矣。見叔銘，屬彼與次辰〔宸〕飛滇，慰勉盧漢主席，事畢已十時。晚餐後，登華聯商輪，晚課如常。十二時半睡。

1　于斌，字野聲，1946 年為南京總主教，創辦《益世報》，並當選為制憲國民大會主席。1949 年遵照教廷命令，離開南京前往美國，在紐約成立中美聯誼會。

2　佛朗哥（Francisco Franco），又譯法郎哥，西班牙將領，1939 年在西班牙內戰中獲勝，任國家元首。

3　李及蘭，字治方，廣東陽山人。1948 年 7 月，任國防部參謀次長。1949 年夏，任廣州綏靖公署副主任、廣州衛戍總司令。1951 年 2 月由香港到臺灣。

今晨未明即起，朝課畢，致岳軍與伯川各函。八時後，德鄰、禮卿、墨三、伯陵、握〔幄〕奇、彥棻來船上送行，與李單獨談話，自動明告其此時提白[1]為國防部長尚非其時，但余亦以白任部長為宜，一俟相宜時機，余可提其為國防部長也。彼雖不能如願，但亦無詞可對，只有默認，不便再提矣。此為余來穗對桂系惟一要案，不得不作最後坦白之表示，以免伯川為難也。

本日為余下野之半年，正為余自粵回臺之日。在此半年之中，喪師失地，兩京淪陷，綱紀掃地，精神渙散，言念前途時切不可收拾之感。惟有力自振作，以求有濟而已，至於濟與不濟，聽之天命耳。

七月二十二日　星期五　氣候：晴

雪恥：昨晨來賓辭出後，即由黃埔啟碇，正九時也。船上休憩，一週來之忙碌煩惱，至此塵囂為之一掃，頓覺清淨，記事。十時半即到大虎山，已入虎門要塞區域之內，沿途視察至要塞區外為止。舊地重遊，感想萬千，補記日記。十二時三刻入新圳青山灣，其風景甚佳，無異長江之上遊〔游〕。乃登圖室研究香港全區地圖，其新界範圍幾乎囊括大鵬灣矣，船循香港之南淺水灣一帶，舊念新思，對香港問題不忍深思矣。三時方出大海，離開香港範圍後，假眠，入浴。與幹部閑談，記事，晚課。

本日七時起床，朝課，風平浪靜，在甲板上消遣，上午批閱公文，清理積案數十件。十一時船抵廈門，展望鼓浪嶼風光，不勝卅年前之感懷。下午假眠後，審閱閻[2]著保衛臺灣與瓊島各方案，甚為感佩。其對民眾組訓，已成為專門科學之研究，實有心得也。經兒由粵飛廈，面報離穗後一般情形，認為此

1　白即白崇禧。
2　閻即閻錫山。

行收獲極大也。七時後，舍舟登鼓浪嶼，寄住王玉柱〔黃奕住〕[1] 家中。

七月二十三日　星期六（大暑）　氣候：晴

雪恥：北大西洋反共聯盟協定案，已在美國參議院通過，此乃美、俄冷戰之終結，即為第三次世界大戰之開始。人類禍福，世界安危，革命成敗，民國存亡皆繫於此。上帝其必能使我民族轉辱為榮，剿匪轉敗為勝，決不使其忠誠之子民與基督之信徒長受羞恥也。

起床，體操畢，即帶經兒巡遊鼓嶼西部住宅區，經過舊德領館與墳山，覓訪舊寓太史第卅年前之住處，不見影跡矣，步行一小時返寓。

朝課後召見恩伯，商福建省主席事畢，記事與反省錄，批閱文件。對廣州警備司令之調換尚未發表為慮。岳軍今已回渝任，喜懼交感，不知川事如何變化矣。桂系強佔雲南，志在必得，而彼又想利用中央廿六軍與滇盧衝突，以坐收其利也，可鄙之至。正午朱主席[2]來談，聚餐畢，辭出。下午菲律濱駐廈領事約少谷、昌煥等茶點，聞其意至誠，可感。五時召集閩南各軍師長以上高級將領開會，並各別談話。敗軍官長隨帶眷屬逃難，最難處理，因之整軍亦難着手也，七時後登華聯船。

1　黃奕住（1868-1945），印尼首富、糖王，1919 年結束印尼事業，返回福建廈門市鼓浪嶼定居。創辦上海中南銀行，創建廈門市自來水公司、電話公司。
2　朱主席即福建省政府主席朱紹良。

上星期反省錄

一、此次在粵，提李德鄰一人為非常會副主席，是為李意外之滿足，或亦為對桂政策上最重要之一著。但對白任國防部長事，僅允其到相當時機，可由余自動提案，而未能即時實現，乃為其最大之缺憾乎。但只可以此而已，決不能盡如其意，否則國事更無法收拾矣。

二、余漢謀不肯保衛廣州，而又要把持廣州，以隨〔遂〕其包賭煙走私之私圖。經余痛斥嚴訓後，彼乃接受要求，保衛廣州之提案，如其真有誠意實施，則此行當以此為最大之成就耳。

三、美國參議院對北大西洋反共聯盟案，以八十一票對十三票通過，此乃世界全局安危最重要之關鍵也。

本星期預定工作課目

1. 嚴戒李良榮好用左派人士，如閩西專員李漢沖、大田縣長李逸雲。

2. 重慶長官人選：朱[1]。

3. 東南長官人選與組織成立：張、蔣[2]。

4. 福建主席人選：湯、蔣[3]？

5. 臺灣主席人選：吳[4]。

6. 臺灣防衛工作與建立。

7. 訪韓之準備。

---

[1]　朱即朱紹良。
[2]　張、蔣即張羣、蔣鼎文。
[3]　湯、蔣即湯恩伯、蔣鼎文。
[4]　吳即吳國楨。

8. 非常分會人選。

9. 政務委員會人選。

10. 軍政學院及課程之研究。

11. 黨政軍幹部之訓練方案。

12. 宣布漢奸毛澤東等通緝名單。

七月二十四日　星期日　氣候：晴

雪恥：一、約曹士澂、江杓、郗恩瑞〔綏〕[1]、王東原來見。二、鄭介民赴日招技士。三、研究院課程之籌備。四、設計委員會之召開。五、東南長官公署與非常會分會及政務委會之促成。六、調統行動委會與訓練班之促成。

昨晡登船後氣候悶熱，略憩，晚課畢，聚餐。今晨朝課後記事，記工作預定表。閱毛匪在中共廿八年紀念文，驕慢狂妄，不可一世，彼以消滅共黨、消滅階級、進到大同為其理論，是無異消滅人類為其目的，多行不義必自斃，其自取滅亡之日必不在遠矣。閱其新政協籌備會演詞，則以人民民主以掩飾其共產專政，而且彼以民主專政自認矣。

正午船抵基隆口外，二時靠岸，即登車與辭修直赴草山行館休息，入浴。約見至柔等，商討空軍與海軍事。

1　郗恩綏，號一厂，山東蓬萊人。1948 年 11 月任聯勤總司令部副總司令。1949 年 3 月奉派兼任第六補給區司令，擔任東南方面臺、閩、定海、海南地區之軍運補給。8 月 31 日聯勤總司令部裁撤，調任國防部部員參議。

七月二十五日　星期一　氣候：晴　申雨

雪恥：昨晡續閱毛製中國革命戰略小冊，至反攻開始一節完。晚課後，聞廣州衛警備司令已調換，此心略慰，十時半就寢。

朝課後，續閱毛製戰略集中兵力一章，乃料其現階段集中全力在長衡戰區，而對福州無力同時並攻乎。又據匪廣播稱，其所謂聯合政府定於十月一日成立，是其必欲於九月內侵佔廣州為第一目標。此乃其以過去廣州不設防、不抵抗之情狀而言，自可作此如意算盤。但自余到粵後，堅主守穗設防，恐彼不能不增加其準備與延長其時間，甚或改變其方鍼。以美院通過北大西洋公約之後，俄國對華之戰略，以其空間與時間論，不能不重考慮乎。正午接閱駐印大使[1]來電，詳述印政府對華態度之冷酷，令人寒心之至。與張曉峯同志談實踐學院之籌備及方針與課目，與雪艇商談訪韓之準備與遠東聯盟事。下午批閱文電，清理積案，晚課。約辭修談東南長官公署事。

七月二十六日　星期二（朔）　氣候：晴

雪恥：一、再運重慶武器來臺補充。二、革命實踐研究院之督導。三、挑選黨軍幹部之標準與數目，約二千總數，以一年半為期。四、課程：甲、黨務。乙、軍事。丙、運動戰。丁、哲學。戊、軍、政、經、教與人事等制度及辦法。己、革命理論及目標。

朝課後閱報，見劉哲[2]及桂總司令[3]等，研究訪韓航程及保衛長山島計畫，批閱文電。正午見樵峯與學禹，聽取其定海視察報告。下午續閱毛製至運動戰一

1　羅家倫，字志希，浙江紹興人。1947 年 5 月出任駐印度大使，1950 年 1 月下旗來臺，任總統府國策顧問，後任國史館館長、中國國民黨黨史編纂委員會主任委員。
2　劉哲，字敬輿，吉林九台人。時任監察院副院長（院長于右任）。
3　桂總司令即桂永清。

節完。到第二招待所開設計會議，檢討在粵工作之得失，與對毛匪八月一日廣播之駁斥等問題。聞美國務院今日發表其對華政策白皮書事，實全為反蔣而作，此心泰然，毫無憂懼。以其所欲詆毀者，皆早已絡續間接宣布，而此全為其政府掩護政策失敗之過，盡人皆知也。

七月二十七日　星期三　氣候：晴　下午雨大霧

雪恥：昨晡晚課後，約蔚文來談辭修就軍政長官事畢，商接待德鄰事。

預定：一、傘兵補訓計畫。二、臺灣各部不許自由募兵，長官署統一征募。三、非常分會名單之確定與成立。四、甘肅省府問題之解決。

朝課後閱報，考慮時局，記事。批閱文電，續閱毛製之速決戰節完。午餐後，與經兒至松山機場迎德鄰由榕[1]來臺，約等五十分時方到，乃予之同車，入臺北賓館，即舊日總督官邸也。回寓後入浴，休息。續閱毛製殲滅戰，即中國革命戰略問題完，復將其第一、二、三各章重閱一遍，摘要備考，再加研究。七時三刻晚課前，德鄰來訪，觀其情狀至快，但其不自然之形態，仍不能免除耳。晚閱民國卅一年與卅二年日記中，關外〔於〕英、美外交之經過，不勝痛惜，外交本如此也。

七月二十八日　星期四　氣候：陰雨　夜颱風　溫度：七十

雪恥：失言輕諾必有後悔，而況於越分賣情乎，對西北二馬[2]之處理運用，皆不應言之過早，而反失威信也，戒之，慎之。

1　福建省省會福州，別稱榕城。
2　西北二馬即青海省政府主席馬步芳、甘肅省政府主席馬鴻逵。

預定：一、白[1]如再求國防部長，應實告其軍令必須由我主持，則軍心方安，而作戰有效。如此軍政歸桂，使之安心，未知其果能諒解否。二、韓如能確保安全，不患共匪擾害，則直飛漢城，一觀其民眾對我之情感如何，亦非無益。三、美已正式邀請菲總統赴美，是訪菲之行已發生效果，而美國務院且已組織對遠東政策三人委員會，其政策之轉變已無疑矣。朝課後，重閱毛製圍剿與反圍剿章完，手擬剿匪理論根據之要目。下午批閱公文，會客，入浴，補記日記。晚課畢，宴德鄰等。聞茶陵之匪已向東撤退云，晚研究赴韓海、空各路行程，十時半睡。

七月二十九日　星期五　氣候：晴　溫度：七十

雪恥：一、訪韓人員之準備。二、對外交美國之動向。三、長沙軍事與政治醞釀之注意。

朝課後閱報，記事。十時半訪德鄰於草山第二賓館，約談三刻時，彼仍以白[2]任國防部為主題，外交部長胡適之問題亦略提及。余屬其親電適之敦勸之，對國防部問題，余告以應研究制度、軍政與軍令，如今日由國防部一人負責，則前方各部隊長必極不安。如白此時出任，恐於團結不利，而且於白個人前途亦甚不利之意詳道之，彼乃無言。但余仍告以對白任部長，待適當時期余可提名，以期解決也。回寓，重閱毛製戰略退卻節完。下午批閱公文，與禮卿談話，彼自穗來言粵情，自余去後皆有希望與安定多矣，為慰。晚課後餐畢，聽夏武官功權講解雷達與原子能原理與作用，約一小時餘，甚有益也。十時半就寢。

1　白即白崇禧。
2　白即白崇禧。

七月三十日　星期六　氣候：晴　溫度：七十

雪恥：一、武器之運輸與分配。二、重慶長官問題之決定。三、對菲態度與美國之影響。

朝課前，中央日報已到，閱之甚慰，以該報經理馬星野[1]能自立創業，為不可多得之後進也。朝課畢，德鄰來見，約談一小時，甚融洽，彼未再提白任國防部長事為慰。記事後，閱張曉峯駁斥毛匪論人民民主專政一文，未能深入，擬屬修正。午餐後，往臺北為德鄰送行至機場後回來，察彼形態與心神，此來似已減少其往日不自然之言行矣。下午約見杭立武[2]、沈熙瑞[3]、曹士澂，聽取其教育部、信托局，與日技組用等問題頗詳，亦甚感興趣。甚歎各大學校長，不為共匪威脅者十之一、二，甚至竺可正〔楨〕[4]與陳裕光[5]亦受其欺詐，不願出來，殊可怪哉。批閱文電，手擬岳軍復電稿，頗費心力。晡巡視臺電公司別墅後晚課。餐後，獨居甚寂，補記十一、十二兩日記事，十時半就寢。

上星期反省錄

一、印度纔得獨立，而其政府對中國態度不僅冷酷，而且欲取我聯常任理事而代之，甚至併吞我錫金、布丹，覬覦我西藏。最可痛心者，為明言

1　馬星野，原名允偉，筆名星野，浙江平陽人。歷任中國國民黨中央宣傳部特派員、《中央日報》社長。1947 年 11 月當選第一屆國民大會代表。1949 年到臺灣，繼續擔任《中央日報》社長。1952 年辭去社長一職，轉任中國國民黨中央設計委員會副主任。

2　杭立武，1949 年政府撤臺後，就任教育部部長，籌組並出長國立故宮中央博物院聯合管理處（國立故宮博物院撤臺後前身）。

3　沈熙瑞，1948 年 7 月 1 日，出任行政院美援運用委員會秘書長。1949 年 3 月 26 日，出任中央銀行副總裁，7 月 5 日免職。1950 年 2 月 23 日，辭任美援會秘書長，同年移居香港。

4　竺可楨，字藕舫，浙江紹興人。1929 年到 1936 年任中央研究院氣象研究所所長。1936 年 4 月就任浙江大學校長，1948 年當選為中央研究院第一屆院士。

5　陳裕光，字景唐，祖籍浙江鄞縣，生於江蘇南京。1927 年 10 月獲聘為金陵大學校長，直至 1950 年。1947 年 11 月當選南京選區第一屆國民大會代表。

其將爭先承認中共政權，其幼稚驕狂，實所不能想像。余仍不信印度民族其忘恩負義有如此者，此或尼赫魯[1]個人之性情乎，然人貴自反，此實自我不智無能，所以遭受如此之悲劇，世態炎涼本如此耳。

二、美國邀請菲總統訪美，並宣布隆重接待之禮式，是余之訪菲已奏其效，而余倡導遠東之目的，亦已達成其半矣。

三、德鄰來臺視察，一以誠摯待之，招待儀式無缺，公私皆全矣。

本星期預定工作課目

1. 撥發存臺宋[2]部武器，補充駐臺部隊。

2. 軍官團之點驗與處置。

3. 收購福州附近糧食之款項。

4. 運購福州木材。

5. 日技運用籌備處之組織與撥發經費。

6. 無後坐砲製造機器之拆運。

7. 撥定製造迫砲與重機槍之經費。

8. 破譯與陸戰隊二種技人之急要。

9. 東南軍政長官公署與非常分會之成立。

10. 東南十二個軍之整編與武器之分配。

11. 訪韓之準備。

12. 長沙程、唐[3]謀叛之注意。

---

1 尼赫魯（Jawaharlal Nehru），日記中有時記為尼黑魯、印黑，1947 年 8 月至 1964 年 5 月任印度總理。

2 宋即宋希濂。

3 程、唐即程潛、唐生智。

七月三十一日　星期日　氣候：晴　溫度：七十

雪恥：一、臺灣搶劫日多，治安日壞，應嚴加督責。二、保衛臺灣計畫速提實施。三、東南長官公署如辭修推辭，應先成立非常分會，實行督導。四、臺、福、廈情報機構之成立。

昨夜濕氣甚重，腿間生癬甚癢，故體操後沐浴、擦藥畢，始行朝課。閱報，記事。約見雪艇等，商訪韓準備，並手擬陳質平轉告菲總統訪美時特應注意之點要電一通。正午與蔚文談話，知辭修堅不就長官職，其意在怕余干涉其職權，余以其病態甚深，擬聽之。與孫輩遊草山公園野餐，至柔與蔚文參加同餐。下午修正覆韓國會議長電稿後，假眠，起床重閱毛製戰略反攻章完。召見曹士澂等日本留學生八人，準備組織聯合參謀團也。批閱公文，晚課，手擬邵毓麟[1]覆電及陳明仁[2]，指示對長沙守衛與撤退方鍼。以程潛與唐生智昨日潛回長沙，陰謀降匪，殊堪憂慮也。

1　邵毓麟，號文波，1946 年 5 月任軍事委員會國際問題研究所代理所長。1949 年 1 月 2
　　日受命首任駐韓特命全權大使，7 月獲韓國政府同意赴任。
2　陳明仁，號子良，湖南醴陵人。1948 年出任華中剿匪總司令部副總司令兼第二十九軍
　　軍長、武漢警備司令，後改任第一兵團司令長官、湖南省政府代理主席。1949 年 8 月
　　4 日與程潛率部在長沙宣布投共。

上月反省錄

一、為美國記者談話，董顯光發表新聞之偏見所延誤，竟動怒痛憤至不能自制，令人難堪，此又修養不足之又一證明，傷神失情不應如此，切戒之。

二、本月實為下野以後積極行動之開始，凡所進行皆賴上帝護佑，順利達成任務，而且其收獲照預期者為增加數倍，此乃得福有餘之明證，若非上帝所賜予，豈能有此意外之收獲乎。

三、美國參議院已通過其大西洋聯盟公約，此乃世界一大事，亦即第三次世界大戰之預報，人類之為禍為福，尚難逆料。然而英國經濟已入危境，其財政幾瀕破產，世界社會主義試驗之成敗端在於此。英國政策雖常為我國之魔掌，凡有我國對外之措施，未有不為其陰謀所破壞，然余仍不願其財政之破產，蓋現世紀整個之國際形勢，實有其存在之必要耳。

四、美國對華之反動政策雖未改變，但自余訪菲以後，對其外交政策實有莫大之刺激，其對遠東政策檢討，三人委員會且已成立。而其所謂對華白皮書，本定本月廿六日發表，亦因之稽遲延宕，且其全國輿論皆轉向於援華方面，而對其國務院外交之失敗，兩院有力者多加評〔抨〕擊，甚至歐洲武器援助案，亦多方反對與阻滯，不予通過，是其對華反動卑劣之政策，實有不能不改變之勢乎。

五、自封鎖匪港之後，共匪對內對外之行動，無不暴露其倒行逆施，自取滅亡之所為。而毛匪七月一日所謂「民主專政」之宣言，其荒唐狂謬，皆顯其急不可耐，圖窮匕現之末路。今後之成敗，全在於我之努力與奮鬥如何，至於奸匪之敗亡，則可計日而待耳。

六、我中央駐藏專員等，完全被西藏政府驅逐，經印回來。此乃英國多年之陰謀，而由今日印度尼赫魯政府導演之。印、藏之愚蠢與英國之陰險，竟使其能獲中一箭雙鵰之毒計，中、藏、印三民族之情感與關係，皆為英毀滅盡淨矣。

八月

蔣中正日記
Chiang Kai-shek Diaries

民國三十八年八月

本月大事預定表

1. 遠程飛機之設備（飛機場與水上飛機）。

2. 黃埔飛機場與水上及直昇飛機之籌備。

3. 運用日本技術人員之方策與籌備人員，張岳軍、朱逸〔一〕民、湯恩伯、鄭介民。

4. 日技收容及辦事地點（舟山、金門、平潭、玉環）。

5. 督促重慶與漢中工事之構築。

6. 充實臺灣各軍之武器。

7. 臺灣各兵工廠建立之督促。

8. 訪韓日期與路線之指定。

9. 經濟組與人選之研究。

10. 軍事、政治、經濟、教育各項理論與制度之研究與建立。

11. 上旬軍政長官署非常分會之成立。

12. 研究學院之設計與準備完成。

13. 中旬訪南韓，視察定海與普渡。

14. 下旬巡視廣州與西南、西北。

15. 閩、浙、臺灣各軍編組之完成。

16. 軍事、政治、經濟、教育之整個計畫。

17. 戰略、戰術與軍事教育及其目的之全盤有系統、有步驟之進行。

18. 臺灣防衛計畫之督導與實施。

19. 閩、浙、廈軍政主官人事之注意。

八月一日　星期一（上弦）　　氣候：霧陰　溫度：六十、七十度

雪恥：昨夜約宴馬鴻逵，談至十時半始散，彼猶以索取軍械為目的，以為余尚存有餘械也，念西北情勢，不勝憂惶，敬之誤事不淺也。

朝課後，雪艇來談訪韓諸事，決於三日由臺直飛漢城，並電朱世明知照麥克阿塞，以時間關係不能順道訪麥，表示歉意也。記事後批閱，約集辦公室各組長及主任，商討訪韓應注意各事，特別注意宣傳也。正午約王雲五[1]兄談話，乃知上海商務印書館完全為共匪統制，其財產亦皆被其利用，張菊生[2]、陳叔通[3]皆已入匪鉤供使用，老而不死，可歎也。下午重閱毛製反攻開始節完。召見董嘉瑞[4]與衣復恩[5]，研究飛韓航路，以防俄機或其潛艇之陰謀也。批閱，為長沙陳明仁態度甚憂，忽聞程潛被匪所俘，甚怪也。與馬少雲談話約半小時畢，晚課。本日總裁辦公室在草山正式開始辦公矣，革命實踐研究院地點猶未決定也。入浴後，十時半就寢。

八月二日　星期二　　氣候：晴陰　溫度：七十

雪恥：一、革命實踐學院之建立應分將與校二級，其地址以淡水為最宜。

朝課後批閱公文，致邵毓麟手書，令其準備招待事，愈簡愈好，並定明日飛

1　王雲五，字岫廬，籍貫廣東香山，生於上海。1948 年 5 月至 11 月出任財政部部長。1949 年後到臺灣，並主持臺灣商務印書館。
2　張元濟，號菊生，浙江嘉興人。長期主持商務印書館，1926 年任董事長。1949 年出席中國人民政治協商會議第一屆全體會議。
3　陳叔通，長期擔任商務印書館董事和浙江興業銀行董事，從事實業活動。1949 年出席中國人民政治協商會議第一屆全體會議。
4　董嘉瑞，湖北沔陽人。1947 年 3 月升任裝甲兵教導團副總隊長，1948 年 1 月兼第二線兵團第一督訓處副處長，駐南京。來臺後，曾任臺灣防衛司令部副司令官、陸軍總司令部副總司令、國防部戰略研究委員。
5　衣復恩，山東萊陽人。時任空軍第十大隊大隊長。1943 年至 1952 年為蔣中正專機美齡號、中美號機長。

朝鮮，不再改期。上午閱報，知印度已約達賴之兄[1]赴印，其政府又聲明尼赫魯並未赴藏之消息，是印度欲襲英國侵藏之陰謀。如故，可知尼之短視與無識，不禁為亞洲民族長歎息。西藏問題只可暫時置之，此乃國家不幸，如余不下野，當不致公然背離，即印度或亦不敢驕橫荒唐至此也，可痛。記事，記反省錄。到第一招待所，入浴後，巡視辦公室各組所及陽明山莊，回寓。下午記上月反省錄，批閱文電畢，與經兒、曉峯等巡視淡水及跑馬廳營房，蓋欲急擇學院地址也。七時半回草山，記事，研究赴韓宣傳要旨，及對韓國人民之聲明文稿。餐後晚課，入浴，十一時後睡。

八月三日　　星期三　　氣候：晴

雪恥：一、實踐學院之課程應分別為二：甲、軍事學：子、軍紀。丑、軍禮。寅、軍法、軍需。卯、射擊。辰、衛生。巳、遊〔游〕擊戰。乙、政治學：子、政治學（歷史、地理、黨史、主義、治亂興亡之道與民族盛衰之理、歷代漢奸始末與民族英雄）。丑、世界政治現狀。寅、民主主義與共產主義二大壁壘之鬥爭。寅、剿共勝負之因果及今後之展望與判斷。卯、文化工作（歌、舞、樂、大自然、組織、訓練、宣傳等科，服務，愛民，愛兵，愛青年）。

昨夜接邵毓麟電，稱李承晚總統務望遲延四十八小時到韓，以彼非親赴其鎮海籌備不可也。余乃決改期到韓，但仍定明日出發，以對美、菲關係，余訪韓必須在菲總統訪美出發以前為宜也。本晨朝課後，修正對韓民聲明文稿，批閱文電，另覆陳明仁電。與各顧問洽商，決定下午一時起飛，在定海落機往遊普渡，擬休息一、二日後再飛韓。三時後到定海，即轉乘永寧艦赴普渡，在艦上觀海遊憩，晚課如常。

1　嘉樂頓珠，青海人，西藏宗教領袖第十四世達賴二哥。

八月四日　星期四　氣候：晴　溫度：九十

雪恥：昨夜八時半登普渡山，入文昌閣，與各顧問談笑，月白風清，甚為自得，十一時後睡。

六時後起床，體操，頌贊，讀經畢。以其文昌閣〔閣〕俗鬧異常，不能安息，乃巡視一匝後，出遊多寶塔、天華堂、百子堂後，即到天福庵遊憩，以其後屋（即三聖殿）幽雅不俗，乃即在該屋靜默卅分時完結，朝課，且該庵為余往昔舊住之地，但未有如今日之新雅耳。朝餐後，約各顧問會談畢，客去，余乃與經兒及奉璋主席往遊圓通、梅福、靈石各庵，參觀梅福之佑靈洞、不夜天，在庵內煮泉辯〔辨〕味，但並不覺其有特味也。在靈石登磐陀石之說法臺，經二龜聽法石、大佛頭、金剛、觀音各洞，未至芥瓶庵、寶蓮庵而入普慧庵，其門前老樟樹之形如龍，直徑足有一丈，聞之和尚日有千年矣。順遊磐陀庵，其門前洗心池，清澄浩蕩可愛也，惜兩庵皆為軍隊駐紮污濁，可歎也。正午回天福庵，與江浙丁、周[1]二主席同餐，以丁主席司令部即在文昌閣內也。

八月五日　星期五　氣候：晴

雪恥：一、嚴令浙東公署應設於大陸，不得設置普渡。二、催築岱山大機場。昨下午補記日誌，審閱新聞，見董繼陶[2]軍長。五時出遊，先上法華洞登法華樓，經其北側第蓬過妙峰庵，下山至香林庵再轉悅嶺、鶴鳴、大乘、常樂、長生、龍壽、雙泉各庵皆甚覺寬敞，惟海曙、積善二庵並不大也。折轉原路順至仙人井遊覽，有二尼跟隨來，候於路傍，問之其住朝陽洞也，回天福已

1　丁、周即丁治磐、周嵒。
2　董繼陶，山東菏澤人。1946 年 5 月任整編第二十六師第四十一旅旅長，1948 年 9 月，任暫編第一軍軍長。

七時一刻矣，略憩，晚課畢。約各顧問同餐笑談，彼等為國運求籤，得第二籤上中，同時另一同人亦得同籤，認為靈驗，剿匪必成，此乃必然之理，以共匪自取滅亡之罪行日甚，得定海後所聞更多，現在惟一問題即在我自身之國軍，如何恢復精神與紀律耳。客去，與經兒在庵門口坐觀明月，靜聽濤聲，一樂也，十時後就寢。

本晨六時後起床，體操，讀經，誦贊畢。與經兒往百步沙浴日觀潮，閒踱於潮涯者，約半小時回庵，靜默半小時以完，朝課，記事。九時半約各顧問及經兒同遊洛伽山，乘砲艇半小時即到其麓。

今日美國發表對華白皮書，實為我抗戰後最大國恥也。

八月六日　星期六　氣候：晴　溫度：九十五度
地點：韓國鎮海

雪恥：昨上午到洛伽山，着岸甚費時，不知往昔先慈來遊時，如何艱險困難矣。曾憶民國九年春，侍奉先慈來普渡普濟寺施千僧齋，令余一遊該山，余因事未果，故此次往遊一以償宿願，一以慰先靈也。由西道頭登岸，經牌坊不上百餘公尺，即到第一茅蓬妙湛庵，其結構皆緊湊精潔，甚宜修行。登山巔四顧眺覽，遠近島嶼羅布多如滄海一粟，普渡各寺歷歷可數，山內四茅蓬與燈塔皆羅列腳下，與各顧問共同攝影為紀念。乃向東下行，圓通庵即在其傍，其茅蓬結構略如妙湛，而泉源淅瀝，細流不絕，甚覺可愛，如居洛伽當以此最宜也。再東行即為觀覺庵，其最後者即自在庵，此二庵雖不如上二庵之佳，但並不僦〔湫〕陋耳。再轉折東北行至北道頭，水晶宮三字刻留於岩壁，歷歷可觀。居〔據〕經兒言，其下只有一極窄小之幽洞，並無他物，故未往遊，即在北道頭登船回航，而燈塔員工特下山來迎，其情甚摯可感也。此外尚有一南道頭，惟余等由西道頭登山也，回短姑道頭已十二時三刻，便道入白華庵遊覽一匝，回天福已一時半矣。

下午記事，閱報，悉美國白皮書決於明日發表，此心泰然，毫不動心。五時後與經兒往遊潮音洞、紫竹林、西方庵、觀音跳、白蓮臺，此皆舊遊之地，然已於腦中毫無影像矣，再遊佛首庵、普門庵、永福庵而回天福，晚課。約曉峯等各顧問聚餐（在庵門外），觀月聽濤，談笑自若，對美國務院發表白皮書只覺可笑耳。六日朝課後，經兒以廣播消息即白皮書大意，及北韓共匪已向南韓全線進攻，與陳明仁降匪等報相告。余閱之並不驚異，而且心神安恬異常，到韓國後更覺定靜光明，內心澄澈無比，是天父聖靈與我同在之象徵也。對美國白皮書可痛可歎，只對美國國家之強權無理，不僅為其美國痛惜，不能不笑其幼稚無智，自斷其臂而已，甚歎我國處境，一面受俄國之侵略，一面又受美國無故之侮辱，此皆受英國陰謀之所賜也。若不求自強，何以為人，何以立國，而今日實為中國最大之國恥，深信其亦為最後之國恥，既可由我受之，亦可由我湔雪也。上午八時由普渡乘砲艦到沈家門登岸，與周、丁[1]二主席乘汽車上定海之路，沿途地勢寬狹不一，而勾山鎮附近乃有十五里周圍之平坦地，禾稻甚豐，人民安樂也。十時前到定海機場，聽取長山群島無異狀之報告後，乃即擬議對美國白皮書我國之宣傳方針與要旨，以指導黨政宣傳機關。十一時一刻由定海起飛，途中重閱共黨整風運動文件開始。下午二時三刻即到韓國鎮海機場，李承晚總統來迎如禮，其親切至於含淚，並言其見面了，說不出無限情緒，熱淚赤忱，余亦不禁含淚道慰，默然無聲。東方民族，尤其是中、韓兩民族之自然與傳統情感乃如此也，難怪西方強權國家對我等格格不入矣。同車到鎮海海軍司令部，彼領余入室後辭去，余略憩。以氣候甚熱，乃在院中樹蔭下休息，靜默半小時，晚課。八時前應李總統之宴，宴畢，與其夫婦[2]乘艦遊覽鎮海軍港，月白風清，賓主融洽，不覺此身在外國矣。

1　周、丁即周嵒、丁治磐。
2　即大韓民國總統李承晚及其夫人李富蘭（Franziska Donner）。

八月七日　星期日　氣候：晴　溫度：九十五

雪恥：昨六日晚十二時前就寢，本晨四時醒後，未能安眠，六時起床，朝課
如常。九時訪問李承晚總統，約談半小時後，與李檢閱其海軍部隊畢，同到
余行館開會，自十時廿分至十二時三刻，正式會議結論：一、推菲國紀總統
為遠東國家聯盟召集人。二、共同發表中、韓二國參加遠東國家聯盟聲明，
雙方派員起草，並電紀總統知照。此次會議結果，一如碧瑤會議之完滿，達
成訪韓最大之目的，惟聯盟名稱尚未決定，究為遠東或太平洋抑亞洲之聯
盟，尚待籌備會議之決定，余亦不欲堅持，只將遠東聯盟名稱之經過與理由
加以說明而已。正午會議人員聚餐，下午約見李範奭[1]、邵大使[2]、劉御凡〔馭
萬〕[3]、許紹昌[4]、申翼熙[5]等各別談話，又見金九之公子[6]，其體格精神皆甚活
潑，極有希望。今日在其政府中任重要職務者，如其內閣總理、陸、海、空
軍主管長官，幾乎皆由中國學校畢業，皆以學生為多，否則亦已加入本黨之
黨員，故感情、精神融洽非常。

1　李範奭，號鐵驥，1948 年 7 月出任大韓民國第一任內閣總理兼國防部長。
2　邵大使即邵毓麟。
3　劉馭萬，湖北宜昌人。1948 年 8 月為駐韓國大使銜外交代表，兼任聯合國駐韓國委員
　　會中國首席代表，並曾充任該委員會主任委員。1950 年 6 月調任駐日代表團（大使銜）
　　副團長。
4　許紹昌，字持平，浙江杭州人。1948 年任駐韓國大使館參事，1949 年任駐韓國漢城總
　　領事。
5　申翼熙，字汝耉，號海公。流亡中國之韓國人，曾在上海共組「大韓民國臨時政府」。
　　1948 年 8 月被選為國會議長。1949 年為韓國民主國民黨委員長。1950 年當選第二屆
　　國會議員兼國會議長。
6　金九（1876-1949），號白凡，韓國獨立運動領導人，所領導的大韓民國臨時政府成立
　　於上海，抗戰期間遷於重慶。韓國光復後，1949 年 6 月 26 日，被李承晚的支持者安
　　斗熙暗殺。其次子金信，後為韓國空軍中將、駐中華民國大使。

八月八日　星期一（立秋）　　氣候：韓國鎮海晴　臺北陰雨

雪恥：昨晡應其海軍參謀長雞尾酒，來賓濟濟，相敘甚歡，往日同志、學生如李青天[1]等睽違已久而重見於此，不勝今昔之感，酒會畢，觀韓國古舞三劇畢。審閱李承晚總統修正稿件，即聲明緒言數語，余甚同意，乃即定稿矣。八時半入宴，中外人士參加者五十餘人，記者卜士純亦參加也，雙方致詞畢已十時，散會，晚課如常。

本八日未明即起，朝課，補記前日日誌。八時三刻往訪承晚總統辭別，以此次訪韓僅談聯盟事，而未及兩國經濟、軍事、文化等合作問題。乃特提及海上與空中，兩國空中交通應先建立，以我國不乏海、空交通之器材，對於空軍之訓練亦願協助，但應顧慮到美、俄兩國之疑忌也。彼亦以我國革命應注重喚起民眾，挽救民心，對於顯宦富毫〔豪〕避往外國製〔置〕產者，應加嚴處，以收拾民心。彼又言革命者，就是扶助被壓迫之平民，而推倒其特殊階級，以提高其生活與信心。余聞此甚感其言之懇切，發於至誠，非泛泛之國交可比，乃特致真摯感佩之忱，彼此共推為知交也。

八月九日　星期二（望）　　氣候：陰晴

雪恥：昨晨辭別承晚總統時，最後彼提及金九被刺，甚為不幸，並提起當時金九回韓，我助其美金二十萬元，以及其中十萬元為其作宣傳費事，余更覺其高明精強之可佩也。話別約四十五分時之久，乃與其夫婦同到行館攝影，發表聯合聲明，對記者談話後即到機場，已十時四十分。送行如儀，即上機別離，途經濟州島上空瞰視片刻，假眠。下午在機上閱共匪整風文件，三時

1　池青天，一度化名李青天，韓國獨立運動者。1948 年 8 月大韓民國政府成立後，任第一任無任所部長。1949 年任民主國民黨最高委員，12 月 19 日，被推為大韓青年團最高委員。

後返臺北機場,即回草山行館,檢閱各報關於美國白皮書之反響之報導,約二小時之久。入浴後,七時晚餐,聽取叔銘對西南、西北各方視察之報告後,晚課,十時後就寢。

本九日朝課後,補記七、八兩日日記,自覺邪思妄念未能消除,而且有復萌之勢,若不克制淨盡,何以立德,何以治人,應以肅清此心中之賊為第一急務為要。閱報,研究美國對其政府白皮書之輿論,甚至英國各報皆不直其所為也。批閱公文,研究巡視西南時機。正午聽取蔣銘三點驗報告。

八月十日　星期三　氣候：陰雨晴霧

雪恥：馬歇爾、艾其生因為要掩護其對華擁護中共、遏制政府政策之錯誤與失敗,不惜對中、美兩國國交之基本澈底毀滅,侮滅中國,打倒蔣某以快其心,而不知其國家信義與外交應有軌儀亦被彼等掃地盡淨。馬、艾無知不德,全為其私情所蔽不足為異,而其堂堂領導世界之美國總統杜魯門,竟准其發表此失信鮮恥之白皮書,為其美國歷史遺留莫大之污點,不僅為美國羞,而更為世界前途悲。此種毫無自主之智能,而全為英國政策所控制,將來中、美之關係與太平洋上之影響,思之但有寒心而已。

昨九日下午約見徐次辰〔宸〕,聽取其對西南與西北各方情形之報告,及桂永清對長山八島與定海群島缺乏米、煤之情勢,與其附近之匪情,長山危險已可消除。晚課後,與鴻鈞聚餐。晚閱卅三年來關於外交之日記,甚有所感也。

八月十一日　星期四　氣候：陰晴

雪恥：昨十日朝課後，審閱舊日記後，召見曹士澂、孫立人、霍亞民[1]等後，核定本黨改造籌備委員會名單，甚費心力。下午手擬總裁辦公室人員守則五條，及審核革命實踐學院規則後會客。四時半在第二賓館開會研討訪韓經過情形，及對美國白皮書研究對策及宣傳指導要領。余意暫觀其國內對白皮書發展之影響與結果，再定答覆與否，及其時間之遲早，以早不如遲，以其發表該書以後必有重要弱點與漏洞為我反攻之資料，且可使其國務卿倒臺也，故留而不發，更使其有所顧忌耳。而且犯而不校與不出惡聲，是為我中國民族之道德，暫置不答以待事實之證明，此則為最高明之辦法。故不急決定，惟須積極研究準備具體之明辯也，惟會中說話粗漫無次，甚覺自慚。晚課後，見墨三攜其反攻計畫請示，可知廣州心理皆為白皮書與程潛降叛所威脅，乃出此孤注一擲之所為，[2]

八月十二日　星期五　氣候：晴

（續前）不勝為之憂慮。乃知白皮書對於我國內政治影響之惡劣，比之俄史[3]侵害我國，制我死命之毒計為更惡也。

雪恥：昨十一日朝課後記事，閱報。對於新國恥之如何湔雪，以及政府內心之動搖如何安定，苦思焦慮未得其道，惟有盡力安常而已。十時約墨三等談戰略，余實不能贊成衡陽決戰，而致廣州防衛撤空，使廣州基本重地隨時動搖也。長沙叛降，人心叵測，更覺此次改設衛戍總部與集中兵力一着之難得，

1　霍寶樹，字亞民，1946 年任中國銀行副總裁兼總稽核，10 月任行政院善後救濟總署署長。1949 年底，辭中國銀行副總裁職，赴美任中國技術團主任。
2　接次日日記。原日記格式如此。
3　俄史即史達林（Joseph Stalin）。

而不可再行放棄也。正午與辭修談話，見其體弱面瘠，不勝憂慮，而其心理病態多疑不決，以致諸事延誤，尤其福州軍事緊張，而東南長官部拖延不就，更為着急，故訓斥之，未知其果能覺悟否。下午令恩伯赴福州指揮軍隊及示以要旨，聽取黃仁霖美國報告，余對美國人心輿論雖好轉，夫人鼓勵倍至，實毫不動心。以後如不能自立則再不受人援助，為人奴屬矣。晚課後，屬黃少谷定星六日召集非常分會，晚閱舊日記、外交記錄。

八月十三日　星期六　氣候：晴　風

雪恥：近日極思自立自主之道，並使一般幹部能澈底掃除其倚賴外國之心理，而能從此發憤為雄，雪恥圖強，務使中華民國不再受異族之侮辱，永遠脫離次殖民地之悲慘境遇，故乃得箴言八句（如雜錄欄），立志自箴，永矢勿諼。昨十二日朝課後，致朱逸〔一〕民手函。十時約見墨三，告以辭修言行病態，令人憂憤。余受內外侮辱欺凌，忍痛茹苦已勿能勝，如欲我再受一般幹部之凌辱與抗拒，為人所譏刺，則余年越六旬決不能忍受。如欲余在臺而不預聞軍政，亦決不可能，余今正欲發奮圖強、矢志雪恥之時，如其真不願就東南長官職，應即實告，俾可另選，切勿延宕時間敗乃公事之意。轉告之後，得消息稱決於十六日就職云。記事及記雜錄箴言。下午致逸〔一〕民函，屬恩伯攜去解決福建軍政人事問題，與雪艇談話後，批閱文件。晡接外交部對白皮書所擬政府正式聲明稿，無力無氣，專求速了此案，為艾其生開脫罪惡焉乎可，余主不急作答也。晚課如常。

八月十三日朝課後，召開非常委會分會第一次會議，以三事訓勉：一、嚴守紀律，勿再有以往無政府之惡習。二、引白皮書為最大之新國恥，應矢志自立，勿再求人與倚賴他國，免受侮辱。三、團結精神，共同奮鬥。會畢，審核軍隊點編報告表後，批閱文電。下午約見李良用〔榮〕，討論閩廈軍政與

肅奸等事，其大意疏忽毫不警覺，亦無緊張精神，無任憂惶。見羅堅白[1]報告其共英諒解與英國對華之陰謀，尤以自余訪問印度以後，英即發動此陰謀，密助中共以牽制我政府，此乃必然之事。閱舊日記畢，對幹部無人、貪污怯弱，尤以教育無人為苦，不勝悲憤之至，晚課，記事。

本星期預定工作課目

1. 東南長官公署與非常分會之成立。
2. 岱山空軍機場之建築與韓國之協助。
3. 本黨改造籌備委員人選之決定。
4. 廣州保衛部署之督導（工事與部隊）。
5. 重慶與福建主官之決定。
6. 革命研究院之組織。
7. 日、美、英、德，陸、海軍學生之挑選。
8. 政治部人選與制度之研究。
9. 東南各部隊武器之補充。
10. 對美白皮書答案之準備。
11. 視察西南、處理西北。
12. 對立、監委員主持人之選定。

---

1 羅堅白，號文軾，湖南衡陽人。抗戰時期任國際問題研究所顧問室第二處處長，曾奉命赴緬，處理中英緬間涉外戰地事務。

八月十四日　星期日　氣候：晴

雪恥：美國白皮書未發表以前，彼以神秘方式為威脅余之惟一武器，人人以此為憂懼，今其既已發表，則神秘性完全喪失，彼再無更大法寶制我之死命。而且此一白皮書發表，雖於我內政與人心之影響不尟，但實際上根本反於我利多而害少，無異其國務院自授余以精銳之武器，應緊握其柄而不可輕發，奈何政府急求作答，圖速了案耶？無奈太卑乎？

朝課後記事，恩伯來見，談及根本博[1]事。十時往第一賓館入浴，以皮膚關係後草山石灰質溫泉反影〔應〕不良也。回寓與銘三、良榮談編軍事，並與曉峯、東原談革命學院組織與教育方鍼事。正午約經兒、文、武、章諸孫往頂北投聚餐，其地幽雅，在兩谷間之山麓，水岸林影可愛也。但一念人才缺乏，幹部無能，對於革命教育之前途又感憂愁重重矣。下午見根本博等畢，審閱東南部隊與武器之分配辦法，及手擬革命教育方鍼。八時到空軍總部，祝其空軍節，晚課如常。

八月十五日　星期一　氣候：晴

雪恥：自強自立之道莫急於興學養廉，而興學之要在於窮理致知，實踐篤行，養廉首務在節約勤儉，敦厚樸素，戒浪費袪消耗，明禮義重廉恥而已。昨晚約雪艇等，研討對白皮書答案至十二時方畢，約今午再談。

本晨五時半醒後起床，先將昨日答案親自修正後約一小時，再作朝課，此為第一天之破例，以十餘年來每日必先朝課完畢，而後再從事工作也。朝課後記事，批閱文電。十一時召集外交人員，研究對白皮書答案之定稿，自覺比

1　根本博，日本福島人，為最後一任日軍北支那方面軍兼駐蒙軍司令官。1949 年 5 月至 1952 年 6 月化名「林保源」赴臺灣協助訓練軍官對中共作戰，曾參與 1949 年 10 月的金門戰役。

較完整，總不予美國朝野仍以我有求援示弱之意也。下午手擬學院課目與方針數十條，召見徐培根、馬志超[1]、童平山[2]等。晚課後，約東北及湖南舊日從政人員聚餐畢，馬子香長官來訪約談一小時，見事果決，見理明澈，彼對果守蘭州甚有決心也，甚慰。

八月十六日　星期二　氣候：陰晴雨霧

雪恥：一、學課比例數之決定。二、學員比例數之決定。三、制度戰略政策各種原則之研究與決定。四、理論基礎與行動綱領及哲學思想之決定。五、此次訓練幹部，以生動活力使學者能發揮其蓬蓬勃勃之朝氣，與堅忍不拔之決心，則幾矣。

昨夜與馬子香談話後，方接朱一民福州被圍之報，其勢危急，不勝憂慮。本晨朝課後，約至柔談空軍增援蘭州，以鼓勵子香保衛蘭州之決心。約宗南來朝餐，報告其西北及陝南情況與今後戰略，彼甚有決心且毫無頹唐之色，此乃幹部中之麟角也。余示以共匪與俄國之關係及其內容之惡劣，乃在我等想像之上，此時惟患我軍之無力，不患共匪之不敗於吾人之手也。禮卿來談西北、西南與桂系之近況。正午約宴馬子香，下午寫逸〔一〕民信，派恩伯回福州代行逸〔一〕民之職權。整理學院教育方針與課目等意見約一小時，假眠後再加整理。五時召開學院籌備會畢，晚課。福州似已放棄矣。

---

1 馬志超，字承武，1947 年 6 月任第一交通警察總局副局長，同年當選為國民大會代表。1949 年任第一交通警察總局局長。同年到臺灣，曾任大陸工作發展研究室主任等職。

2 童平山，浙江黃岩人。1947 年 11 月任國民政府警衛總隊副總隊長，兼新聞處處長。1949 年初任京滬警備總司令部政工處處長。來臺後，任保安司令部政工處處長。

八月十七日　星期三（下弦）　　氣候：雨

雪恥：閱卅一至卅四年日記外交部門，對於俄國反覆無常，毒辣殘忍，美國有頭無尾，輕諾寡信，與英國之陰險狡詐，惟利是圖，令人寒心，總之世界只有強權毫無信義，余一以信義對之，焉能不敗乎。

朝課後手擬講稿要領。九時後到介壽堂對臺灣整編會議訓話約一小時半，不覺疲乏，可知身心加強矣。下午批閱文電，清理積案，閱卅五年外交記錄，甚有所感。五時後召見李延年、唐守治[1]等，彼等仍自私自欺，不守信義，不聽命令，可痛。與于斌談外交，彼對美國白皮書持論甚平也。八時晚課後，往第一賓館，入浴，回寓記對共匪之最近觀察於雜錄欄。今日甚感辭修之病態，可痛，與將領之罔信自私、負上欺下為更可痛也。

央行情形估計

甲、黃金：(1) 原有表　美國　345,000 兩
　　　　　　　　　廈門　430,000　　　　共計　964,207
　　　　　　　　　臺北　189,207

　　　　(2) 現有表　一、美國　　　　　　45,000 兩
　　　　　　　　　二、廈門（存臺）　125,778
　　　　　　　　　三、漢中（存臺）　50,000
　　　　　　　　　四、抵押金　　　　150,000　　　共計　485,778
　　　　　　　　　五、準備金　　　　100,000
　　　　　　　　　六、美款餘額　　　15,000

　　　　(3) 已知表　應為　　　　　　　　　　　　　　　478,429

1　唐守治，字浩泉，湖南零陵人。1948 年春，任青年軍第二〇六師師長，率部到臺灣鳳山接受訓練。1949 年初，升任第八十軍軍長，在福州、金門等地與共軍作戰。

乙、銀元：(1) 原有表　美國　　　　3000 萬　　　　　　　　　　共計　4200 萬
　　　　　　　　　　國防部貨　　1200

　　　　(2) 現有表　一、美國原購　600
　　　　　　　　　　二、美國續購　1200　　　　　　　　　　　　共計　2600
　　　　　　　　　　三、各地庫存　500
　　　　　　　　　　四、造幣廠　　300

　　　　(3) 已知表　應為　　　　　　　　　　　　　　　　　1600 萬

丙、美金：(1) 原有表　約為　2050 萬

　　　　(2) 現有表　約為　　600 萬

　　　　(3) 已知數　約為　1450 萬

總計　已支 (1) 黃金 478,000= 銀元 4000 萬

　　　　　(2) 銀元　　　　　　1600 萬

　　　　　(3) 美金 1450 萬＝　　2400 萬　　　　　　　共計 9800 萬

　　　　　(4) 銀元券　　　　　1500 萬

　　　　　(5) 稅收　　　　　　300 萬

軍費收支總數

七月一日至九月三日

奉　行政院核定數　75,927,513 元

財政部已撥數　　70,927,513 元

財政部欠撥　　　5,000,000 元

註：已扣由臺運來廈門存金 5 萬兩，以 1:89 拆算，計 445 萬元，寔欠 55 萬元，細數詳附表

八月十八日　星期四　氣候：大雨

雪恥：一、將領不顧部下只下命令，不能負責監督先自撤退，無異放棄所部獨自逃亡，信義全失，廉恥道喪，湯[1]之行動屢戒不改，殊為可痛。二、明知其所部警察通匪，不敢主動逮捕肅清，惟恐其自將退卻被警發覺，為其所俘，故福州重要公物皆不敢事先移動，安之若常，名為穩定而實怕因，最後臨時脫逃，一無所有，此朱[2]之性行，聞之可痛。三、福州失陷，臺灣如此危急，而辭修事事消極，表示不負責任，更為痛心。四、福州閩安鎮之失，是匪由海上乘船偷襲，七十四軍勞冠英[3]部漫不察覺，任匪襲取閩江出口之要隘，使福州部隊後路完全杜絕，幾乎全軍覆沒。部隊如此腐敗，將領如此惡劣，何以革命，言念前途不勝傷悲，幾乎無地自容。半年以來，今日實為最痛心之一日也，惟有聽之天命，盡我職責而已。

八月十九日　星期五　氣候：雨

雪恥：昨日朝課後，督促海、空軍赴援馬尾未出險之部隊，以氣候惡劣，將領怯懦，卒未能達成任務，痛恥之至。批閱文電，劉斐與李默庵[4]等四十四逆，在香港發表反蔣文字，特找李逆參加以為增加黃埔學生之污點。其實此種敗類之公開反叛，雖為余之恥辱，但能早日發見未始非福，毫不為其所動。而且此次陳逆仁明〔明仁〕之叛變，其所部三軍官兵幾乎百分之八十以上來歸，此則更增余革命前途之信心，大多數之學生皆不願降匪自污也。巳刻與

1　湯即湯恩伯。
2　朱即朱紹良。
3　勞冠英，字方成，廣東合浦人。1949 年原任第二交通警察總局副局長，調任第七十四軍軍長，於浙江金蘭地區重建部隊，4 月共軍渡江，第七十四軍沿麗水向福建撤退。
4　李默庵，湖南長沙人。1948 年任長沙綏靖公署副主任兼第十七綏靖區司令官，1949 年移居香港。

禮卿談話，彼屬余特別注重所部之人和也。正午約銘三與朱逸〔一〕民談話聚餐，相見但有悲傷而已，何高級將領皆頹喪無氣如此耶。下午見立人、珍吾，又見敬之，其言行無識無氣，更為可悲。晚課後，入浴。晚會商學院方針與組織後，閱外交記錄，十時就寢。

本十九日朝課畢，批閱文電。與道藩討論廣播與電影事業重整計畫，見毛人鳳來報告制裁叛逆事。正午召宴駐臺高級將領，聚餐訓話，宣布整編計畫與官兵待遇辦法，訓示約一小時之久，辭修最後致辭，表示其以往過錯與悔悟之誠意，聞之大慰。

八月二十日　星期六　氣候：晴

雪恥：昨下午約見天放等畢。閱卅五年外交記錄畢，甚感當時美馬[1]回美以後，俄國極望調解國共問題與解決東北經濟合作問題，而我政府堅拒不理，殊為失策。但萬不料美馬之頑固，仍為共產間諜在其國務院內操縱蒙蔽，甚至放棄亞洲大陸亦所不惜之劣計，為其個人之嫌怨，竟將其美國安危之基本問題亦置之不顧，演變至今猶不肯回頭自救，固為可痛。但外交無信義全在自立，余在當時如能以自主之精神與利害，而不顧美國之策略，即與俄國解決問題，則美或對我反有顧忌，而不致如今日之慘狀也，此乃最大之教訓，不能不加反省也。晚課如常，約蔚文晚餐，催辭修速即成立長官公署，十時後睡。

本廿日朝課後記事，批閱文電，手擬研究院（即學院）人選辦法。正午約人

1　美馬即馬歇爾（George C. Marshall）。

鳳與健羣談話，下午召見許丙[1]、謝壽康[2]等十五人，李宗黃[3]對滇政甚關切也，滇盧[4]問題實為一西南根據地之根本問題，不能不早有準備與決定也。晚課後，約徐堪談話，彼以中國銀行不肯接受其財部命令為恨，且怨閻院長[5]，可慮，應教戒之。

上星期反省錄

一、福州與長山群島淪陷，定海之大榭島亦被匪攻佔，此乃過去戰略與部署不當，軍隊不力所致，福州陷落後，臺灣屏蔽全撤，時局更趨嚴重矣。

二、西北之匪已迫近蘭州，如果匪之主力進佔蘭州，則匪之戰略似以先解決西北，打通新疆，建立俄國之統一防線地帶，果爾則其對於西南緩圖矣。

三、政府對於美國白皮書之聲明，嚴正不屈也。

四、宗南來見，其精神志節始終如一，而勇氣與見解亦超乎常人，此為逆境中最足自慰者一。程、陳[6]二逆所部各將領成剛[7]、彭鍔[8]、杜鼎[9]各軍長，

---

1 許丙，1946 年 2 月因「臺灣獨立事件」被捕入獄，出獄後擔任薇閣育幼院董事，藉顧正秋劇團來臺，重建人際關係。

2 謝壽康，字次彭，1943 年 1 月至 1946 年 9 月為首任駐教廷特命全權公使。1953 年 10 月再度擔任駐教廷特命全權公使，前後出使教廷十七年。

3 李宗黃，字伯英，雲南鶴慶人。1945 年 10 月回雲南，任省政府民政廳廳長、代省政府主席兼中國國民黨雲南省黨部主任委員。1946 年 2 月，調任中央黨政考核委員會秘書長。1949 年到臺灣後，專任國民大會代表。

4 滇盧即盧漢。

5 閻院長即閻錫山。

6 程、陳即程潛、陳明仁。

7 成剛，號應時，湖南寧鄉人。1948 年 9 月升任第一〇二軍軍長。1949 年 7 月接任第十四軍軍長，陳明仁投共時率部隨黃杰經由越南撤至臺灣。

8 彭鍔，湖南湘鄉人。時任第七十一軍軍長。

9 杜鼎，湖北棗陽人。1949 年 2 月任第一〇〇軍副軍長，5 月接任軍長。8 月程潛、陳明仁投共，自率軍部及第十九師、第一九七師一部南撤，退回廣西，入越南，後轉赴臺灣。

與蔣當翊[1]、劉召東[2]正副總司令，皆能自動率部來歸效忠，此乃軍心未去，事猶可為之明證，足以自慰者二。又以華北、上海各淪陷區來報，人心皆恨匪思漢，望國軍之拯救如大旱之雲霓，尤其各地人民自動起而殺匪自衛，此乃人心未去之明證，足以自慰者三也。

本星期預定工作課目

1. 西班牙問題與教庭〔廷〕使節。

2. 軍隊應注重機動與主動教育。

3. 對臺胞宣言與廣播。

4. 定海空軍歸周主席[3]指揮。

5. 約岳軍來粵會商。

6. 調查收羅全國人才，分區指定人員專責辦理。

7. 電顧[4]切實掌握虎門要塞，胡璉部集中。

8. 嚴申政治警覺。

9. 發給臺灣部隊武器。

10. 西南與滇康問題方針及政策與措置之決定。

11. 糾正廣東軍略之錯誤。

12. 飛渝督導西北戰局，巡視西南。

---

1 蔣當翊，字芝山，湖南零陵人，國民大會代表，1948 年 12 月調升為第九十七軍軍長。於湖南、廣西力戰後，率殘部退入越南。

2 劉召東（1905-1951），字建中，湖南華容人。1949 年時任湘鄂贛邊區總司令部副總司令兼參謀長，湖南陷共後率部赴重慶。重慶陷共後，改名劉啟明，1950 年 1 月被中共逮捕，次年被處決。

3 周主席即浙江省政府主席周嵒。

4 顧即顧祝同。

八月二十一日　星期日　氣候：晴　申雷雨

雪恥：吳鐵城自日本視察回報，特稱麥克阿瑟將軍對消滅共匪復興中國非余莫屬之信賴心仍未減損，此乃美國軍民一般之心理，惟獨其國務院遠東司與馬歇爾極少數之頑固自私，與共產左傾分子必欲一手掩盡天下耳目，強制我於冤獄，沉沒我於苦海，而使之永遠不能復起，其如天理人心乎，吾何懼哉。朝課後記事，召見立人，報告其視察廈門，海、陸軍毫無互信，陸軍間對友軍視若路人，道德紀律完全掃地，憂痛之至。召見彭孟緝[1]，令其準備招待日人事務後，批閱文電。正午約銘三、蔚文來談閩江口及定海群島守備方鍼畢，聽取鐵城報告。下午修改研究院教育宗旨，幾費三小時之久也，又審核對白皮書宣傳要旨與黨改造委員人選。晚課後，約設計委員等聚餐，討論宣傳及改造委會此時發表名單是否相宜問題，決先從運動着手也。

八月二十二日　星期一　氣候：晴

雪恥：今日最令我悲憤的，就是將我所決定保衛廣州的劉安祺部，由瓊州忍痛調來與匪作最後決勝負成敗的軍隊，不料顧祝同欺蒙不報，擅調粵北增防，以致廣州空虛無兵，一任廣州潛匪隨時可以突擊佔領，甚至彼自〔置〕生命於不顧，捨本逐末，罔知大局，其愚劣不可想像，所謂舊幹部者就是如此，能不敗亡，寒心極矣。
朝課後批閱文電，記事。召見可亭、鐵城商討財政與廣州保衛事。正午接劉安祺電，乃知該部調防北軍，祝同欺負至此，痛憤極矣，廣州軍事今後只可

1　彭孟緝，字明熙，湖北武昌人。1946 年 6 月，任臺灣警備總司令部高雄要塞司令。1947 年 3 月二二八事件發生後，進行強力鎮壓，受國防部長白崇禧賞識，升任臺灣全省警備司令部司令。1949 年 12 月，調任臺灣省保安司令部副司令兼臺北衛戌司令。1950 年 3 月，任革命實踐研究院軍官訓練團主任。

聽天矣。下午記雜錄後，會客。嚴令至柔對定海大榭島踞匪施以大轟炸，與海軍裁斷其水上接濟使其無法立足，必驅之回竄陸上，為惟一制匪之道，並命叔銘親往指揮。晡晚課後，再修正教育宗旨，約籌備研究院者晚餐，指示要務，認此為今後革命成功惟一之道也，十時後睡。

八月二十三日　星期二（處暑）　氣候：晴

雪恥：本晚與薛伯陵談話，又見伯川與德鄰談財政事，而德鄰又提白[1]任國防部長事來逼也。

六時前起床，朝課，記事，手擬研究院學課，以陸、海、空軍聯合作戰演習為軍事首要之課，特令蔚文召集研究，期其實施。並手書周喦主席函畢，約見林顯〔獻〕堂[2]等十餘人。十時後由臺北起飛，下午一時三刻方到廣州，見白、余[3]等已到機場來迎，未知何以洩此消息也。假東山達道路歐陽駒[4]同志別寓住宿，會客後，往訪德鄰與伯川後，以心緒紛煩，乃往梅花村舊寓非常會樓上避囂，與立夫、彥棻等閒談，復約劉安祺、顧墨三面詢部署實情，告顧以太不負責與急令改正，勿命劉部再北調為要，未知其能聽命乎。經此更覺往日舊幹部之愚劣與不忠至此，更知高級將領皆已離心背馳，不勝慚惶。晡回歐陽寓，入浴，晚課如常。

1　白即白崇禧。
2　林獻堂，名朝琛，號灌園，臺灣霧峰林家，日治時期推動臺灣議會民主運動，被稱為「臺灣議會之父」。1946 年 5 月當選第一屆臺灣省參議會參議員。1947 年 2 月二二八事件發生，被列名為「臺省漢奸」，幸得友人相助，方免牢獄之災。1949 年 9 月離臺寓居日本。
3　白、余即白崇禧、余漢謀。
4　歐陽駒，字惜白，廣東香山人。1946 年 6 月至 1949 年 10 月任廣州市市長。後到臺灣，任總統府國策顧問。

八月二十四日　星期三　氣候：晴　晚雨

雪恥：昨晚十一時半睡，今晨三時初醒，不能成睡，乃起床靜坐默禱，朝課約一小時再睡，七時前醒起，體操、唱詩如常。七時半起召見劉安祺、余漢謀重要將領十餘人，再叮囑墨三、握〔幄〕奇澈底改正其已往之部署，未知其果能實施否。賈鈺〔煜〕如[1]來談閻院長對國防、財政二部為難之情形。九時後由穗起飛，正午十二時半到達重慶白市驛機場，岳軍、子惠[2]等來迎，同入林園，後院之荷屋花木茂盛，欣欣向榮，建築如故，此皆舊日手造之物也。客去，休息，讀經，記事。申刻與經兒巡遊園內與正屋，展謁林主席[3]陵墓，俯仰唏噓，感歎無已。行至紫薇廳前園，紫薇盛放興賞愛覽，亦親手植之花也。即在廳樓上與岳軍談話，召集西南軍政人員來會辦法。晚餐後，再與岳軍談軍事、政治等問題，彼並未再提辭職之事。晚課後入浴，十時半就寢。「手擬電稿七、八通，對於劉安祺部隊之留守廣州事，甚費心力。」

八月二十五日　星期四　氣候：上陰　下晴　溫度：五十度

雪恥：廣州軍政紛歧，明爭暗鬥，借公濟私，惟利是圖，無論中央與地方之首要，除伯川誠能為難比較負責以外，其他無不為其自私自利，害國害黨是為。其政治空氣之一種沉悶悲慘，非僅表現其分崩離析，十人十心之象，其實為不可想像，莫能名狀之亡國君臣的真象，不幸由吾目睹此悲劇，能不哀

1　賈景德，字煜如，號韜園，山西沁水人。1949 年 3 月，任行政院秘書長。1950 年任全國公務員高等考試典試委員長，同年任考試院院長。

2　楊森，字子惠，四川廣安人。1948 年 7 月，任重慶市市長、重慶綏靖公署副主任、中國國民黨重慶市黨部主任委員。1949 年 6 月，兼任西南軍政長官公署副長官，11 月任重慶衛戍總司令，12 月任西南軍政副長官並兼代川陝甘邊區綏靖公署主任。同月，撤退臺灣。

3　林主席即前國民政府主席林森。林森（1868-1943），字子超，號長仁，福建閩侯人。1931 年 12 月 15 日至 1943 年 8 月 1 日擔任國民政府主席。

痛。惟一至林園頓覺心神清快，入夜更覺幽靜可愛，除二月間在慈庵休息時寬舒自得之外，此地乃為第二之靜居，是重慶誠為我第二故鄉矣。昨夜熟睡八小時之久，安恬可知矣。

今晨七時前起床，朝課記事後，遊覽庭院欣觀紫薇。與少谷等談話時，見報載甘介侯對美白皮書之聲明，其內容離奇無稽，不可想象〔像〕，德鄰竟派其為駐美私人代表，必敗國事。乃即令少谷、彥棻糾正其謊〔荒〕謬，以免被俄國駁斥牽累國格也。正午約子惠帶孫甥女友冰[1]來見，其相一如培甥，已能言行，不禁悲歡交集，含淚暗傷，如培風同來，則喜何如之。

八月二十六日　星期五　氣候：晴

雪恥：昨午睡，酣眠一小時半之久，誠慈庵第二安息之處也。約見慕尹[2]後，與王方舟談話一小時之久，甚覺四川實為共亂中之一片乾淨土也。晡遊覽園西，視察後門通路之路線，回園在「林泉」池旁獨坐靜觀，復起往日「水心雲影閒相照，林下泉聲靜自來」之句，乃口占數語，至晚間修正完成：「蟋蟀爭鳴不知秋深，天高氣清快哉重慶，抗戰得勝實祇初慶，剿共果成名符重慶。」晚課後記雜錄，濠游自得，閱定海戰報，又起愁思矣。

本廿六日朝課後，與少谷、希聖談宣傳與中央社電稿多不妥當，編輯更無人負責為慮，並談對滇、康方針後，批閱文件時，特接蘭州已於昨晚撤守，電信中斷之報，此乃意中之事，然猶望匪之錯誤而焉能幸勝也，此烏乎可。正

1　竺友冰，蔣中正胞妹瑞蓮之孫女，其父竺培風為空軍飛行員，1948 年 1 月執行空運任務，因飛機機械故障墜毀殉職。

2　錢大鈞，字慕尹，江蘇吳縣人。1948 年 2 月，任重慶綏靖公署副主任。1949 年 3 月，任川康滇黔四省聯合剿匪總指揮部副總指揮，6 月任西南軍政長官公署副長官，12 月任總統府戰略顧問委員會委員，以陸軍中將加上將銜終老。

午留孫德操[1]聚餐,彼仍一公忠之將領也。下午修正空軍學校二十週年紀念文,召見李彌、羅廣文[2]、向敏思[3]等各將領六、七人,並與岳軍談戰局,蘭州撤守以後,四川軍略應從新作全盤之打算也。

八月二十七日　星期六　氣候:晴

雪恥:昨晡會客畢,遊覽園中,仍到林泉池畔溋游自樂,乃得對川中戰略在川北部署之要領。回屋審閱匪方廣播後,晚課如常。

朝課後記事,朝餐。遊覽園中,與宋希濂談話,聽取其川、鄂、湘邊區軍事報告,回屋批閱文電。正午約川中向育仁[4]、王治易[5]等聚餐,談其四川自衛委員會與省府經過之糾紛約一小時餘,擬設法為其調解,並告其本黨黨員組織鬆弛,凡有一會議,最後必為共匪屬入利用,尤以態度不可不明也。下午召見重慶附近各團長訓示,據報傅作義已到包頭,其必為匪來包說服其舊部降匪,未知其脫離匪巢後,果能恢復其志節否,應設法勸導之。晡訪張伯苓院長於其沙坪壩南開中學,其身心衰弱大不如前矣。辭出後,與經兒車遊上清寺,經復興關新橋而回,晚課。

1　孫震,字德操,號夢僧,1948 年 9 月調任華中剿匪總司令部副總司令兼川鄂邊區綏靖公署主任。1949 年 2 月改任川東綏靖司令,6 月升任西南軍政長官公署副長官,12 月到臺灣。

2　羅廣文,四川忠縣人。第十五兵團司令兼第一〇八軍軍長,1949 年 12 月在四川兵敗率部投共。

3　向敏思,字利鋒,湖南永順人。1948 年底任第一一〇軍軍長,1949 年 9 月兼任第十五兵團副司令官,12 月 24 日在四川郫縣率部投共。

4　向傳義,字育仁,四川仁壽人。1941 年 1 月當選四川省參議會議長,1946 年 11 月當選制憲國民大會代表。

5　王纘緒,字治易,四川西充人。1948 年 5 月調任重慶行轅副主任,1949 年 6 月任西南軍政長官公署副長官,12 月任西南第一路游擊總司令,月底投共。

上星期反省錄

一、蘭州撤守後，馬步芳帶其全家來渝面報請求處分，一面將其全家送至臺灣，以示其與余同成敗之精誠，其意可嘉。在美國白皮書發表以後，內外情勢最為惡劣之際，而舊部如馬者仍能信仰如故，毫不為外力壓迫所影響，此實足以自慰者也。

二、最痛心之事，莫過於墨三對保衛廣州之意旨陽奉陰違，蒙上欺下，任人擺布不負職責，必致粵局如長江之不可收拾。而薛伯陵猶以爭權奪利為業，怨天尤人為事，而不知其危在旦夕，葬身無地。言念粵事，誠不堪回首矣，天乎奈何。

三、盧漢已被奸黨包圍，不肯來渝會晤，是其已不能自拔，此乃勢所必然也。

本星期預定工作課目

1. 四川整個保衛方案之決定與實施辦法。

2. 軍政主管意見之調正。

3. 雲南政治方鍼之決定。

4. 西康政策與部署之研究。

5. 重慶兵工廠之加工。

6. 卅九軍砲兵之南調。

7. 準備運輸船艦。

8. 召集茶會（黨政耆紳）卅日？

9. 軍事會議，廿九日。

10. 黨務會議。

11. 視察成都，一日至三日。

12. 駐日代表團之處置。

八月二十八日　星期日　氣候：晴

雪恥：一、約二馬[1]派代表來見，解決西北戰略與部署。二、電余程萬勿離防地。三、約何、劉[2]來見，面授機宜。四、派李彌赴粵處理後回滇。五、漢中兌現。六、發宗南械彈。

朝課後記事，批閱文電。與宋希濂談話後遊覽園中，甚愛紫薇花色，瀏連不忍去也。與少谷談對川政策，其複雜情形思之可痛可厭。正午與谷紀常談滇、黔政情，彼對滇局之處理意見與我實同也。下午召見宗南，研討川陝戰局與西北今後戰略，有二小時之久，更覺四川可以穩定，不慮陝甘共匪來侵犯，但必須加倍努力，宗南實為將領中之麟角，可愛。晚課後，應岳軍之宴在曾家岩舊寓，其味津津，實近年來所不能常嘗之珍饈，但其餐並不豐也。

八月二十九日　星期一　氣候：晴

雪恥：一、目前急須處理之事：甲、雲南政治問題：子、用盧[3]。丑、去盧。寅、對盧明說與其滇省交匪降匪，最後被俘，不如繳還中央，保全公私為得計。乙、四川問題：子、張、王[4]間之調解。丑、屬王謙和勿傲，改變態度。寅、省府與參議會之調解。丙、寧青部隊方略之指導與決定。丁、對傅[5]問題。

朝課後記事，十時到長官公署開會，除盧漢未到，其他川、黔、康各省主席

1　二馬即馬步芳、馬鴻逵。
2　何、劉即第十九兵團司令官何紹周、第八十九軍軍長劉伯龍。何紹周，貴州興義人。1949 年 1 月任陸軍第四訓練處處長，旋改任第六編練司令官，駐昆明。嗣率第四十九軍移駐貴州，改任第十九兵團司令官，7 月兼任貴州綏靖公署副主任，11 月 12 日，第十九兵團司令部撤離貴陽，旋奉召赴重慶，後轉香港經商。劉伯龍（1899-1949），貴州龍里人。1948 年 9 月，調任總統特派戰地視察第十三組組長。1949 年 2 月，調任第八十九軍軍長。年底率部駐防貴州，有意投共，11 月 18 日為伏兵槍殺。
3　盧即盧漢。
4　張、王即張羣、王陵基。
5　傅即傅作義。

與川、陝、甘及川、鄂、湘各邊區將領、宗南、希濂等皆到會，檢討與指示直至十三時後方畢，決定拒敵於川境之外，以隴南與陝南為決戰地帶也。下午召見李彌所部各師長，准其編成三個師。召見渝市黨部各委員，點名詢問與訓示畢，孫震、宗南等來要求常川駐渝坐鎮，只婉言慰之。晚課後，約劉自乾、鄧錫侯[1]等晚餐，皆攻擊王方舟，殊為難也。應楊市長[2]音樂晚會，十一時後睡。

八月三十日　星期二　氣候：晴

雪恥：一、據各種情勢觀察，滇盧已陷入共匪奸計無法自拔，滇局危急萬分，應速定收復之計，使西南仍得保全整個局勢也。二、王方舟今日不到政務會議，而且不辭而回成都，其行動跋扈，其言辭荒妄，內部糾紛，決非安川扶危之才，言念西南不勝憂惶。今日國家之亡，並非亡於共匪之兇，而將亡於內部意氣與私見之爭，本日實為憂患莫可名狀之一日，惟有信賴天父解脫我國家危亡而已，廣州紛亂既如此，西南複雜又如彼，民族自殺，其悲慘有如此也。

朝課後記事，批閱文電。下午約見宗南、育仁等，而方舟對育仁又驕矜不禮，毫無政治作風，省參議會對省府又取敵對態度矣。巡遊林園二次，憂心悄悄不能自解。晚課後，約子惠談川局，屬其設法勸王謙和轉變作風，未知有效否，見何紹周後就寢。

1　鄧錫侯，字晉康，四川營山人。1948 年 12 月任重慶綏靖公署副主任。1949 年 6 月任西南軍政長官公署副長官兼政務委員會委員，12 月通電投共。
2　楊市長即楊森。

八月三十一日　星期三（上弦）　氣候：晴

雪恥：一、令余程萬應準備各事：甲、受何[1]指揮。乙、蒙自機場運款。二、令羅廣文研究毛匪戰略問題。三、川、黔再編四個師。四、對盧[2]回信大意。五、封閉大公報等。六、督導部署。七、滇、黔副司令之決定，及平滇之方式與人選應切實研究。

朝課後，與楊子惠談調解要旨後，宗南來辭行，寶雞方面燕門關又失利矣。記事後，約見谷紀常，決提其為滇黔剿匪總司令，指示對滇部署與要務，復見黔省各將領。正午俞局長[3]由滇回報，盧果不來，乃派其朱秘書長[4]與楊文清[5]為代表請示，其已為龍雲所部與共匪所包圍，復以其本人不明利害，不識大體，玀玀習性不能感化，乃不得不作斷然處置，以保全西南而固復興之基地。下午約見盧之代表，婉悅接待。三時後致季〔紀〕常函指示具體辦法，召見孫震、宋希濂等，決定川東與川北軍事部署。晚課後，與岳軍談川、滇事。

1　何即何紹周。
2　盧即盧漢。
3　俞局長即俞濟時。
4　朱景瑄，曾任社會部參事、雲南省政府委員、秘書長兼民政廳廳長。
5　楊文清，曾代理雲南省政府建設、民政廳廳長，1946 年 12 月任雲南省政府委員。1949 年協助雲南省主席盧漢投共。

上月反省錄

一、八月二日夜夢谷正綱在場，有人宣揚中國所持有之撲克牌為「同花」、「順子」之外加上「福爾好武斯」，認為世界上再沒有如此優勝精奇之妙牌，醒後仍覺記憶甚清，毫不含混也。

二、軍事：北洋之長山八島、福州、蘭州皆失陷，長沙程、陳二逆且叛變降匪，此為四、五月京、滬、杭、漢淪陷後之大敗。惟程、陳雖叛降，而其所部自軍長起皆自動來歸，此為憂患中最足自慰之一事。又華中、永豐（湘中）、青樹坪附近之戰，擊退匪之進犯，亦為半年來連敗中之少勝，甚願以此為轉敗為勝之開始也。

三、外交：美國務院對華白皮書發表以後，其國內輿論多不直國務院之所為，對我反多同情，此亦其始料所不及也。韓國之行與韓總統聯名宣言，使遠東聯盟之計畫又進一步，但美、英、印亦更因之對余嫉忌，暗中策動破壞，不遺餘力。美、英之不願亞洲有一領袖出而領導，而且不願亞洲有一聯合組織，此乃其白種之傳統政策，固無足為異。而乃印度尼赫魯亦不惜為其附庸，從而反對，是誠亞洲之敗類，不僅負恩忘義而已。

四、政治：因白皮書之影響，凡投機分子皆紛起叛變，對余誣蔑陷害，無所不至。四川內部糾紛擴大，滇盧且拒不來見，尤其薛岳竟勾結桂系，對余公開詆毀。余所保衛廣州之戰略，彼等糾合各民意機關肆意破壞，且必欲臺灣駐軍與存金盡調廣州，不惜毀滅革命之根基，使之一無所存而後快，名為攻顧（祝同）而實則毀蔣也，兩廣聯合反蔣之趨勢，應勿忽略。

五、八月進行建設性各事：甲、辦公室正式成立。乙、革命實踐研究院籌備已具體化。丙、臺灣整軍會議完成，惟駐閩部隊潰散未能如期整編為憾。丁、聘雇日人組訓方案已着手實施。戊、第二非常分會已在臺成立。己、東南長官公署已成立，但辭修心理病態甚劇，恐難有望耳。

九月

蔣中正日記
Chiang Kai-shek Diaries

蔣中正日記
Chiang Kai-shek Diaries

民國三十八年九月

本月大事預定表

1. 點編臺灣軍用與公有物資。

2. 四川各兵工廠炸藥裝置之準備。

3. 馬尾巡防處吳[1]處長不顧友軍，擅令海軍撤退，即於八月十六日晨海軍撤完，不負責掩護友軍。

4. 同時有白、灰色艦在十五日協同陸軍甚力，此 3、4 兩項應即查明，實行賞罰。

5. 奠定西南各省基礎：甲、嚴督永衡澈底清共，與改革雲南黨、政人事。乙、改革川、康人事。丙、羅[2]部增防隴南。丁、加強胡[3]部實力，鞏固陝南防務。

6. 確立對粵戰略方針，鞏固廣州基地。

7. 確定反攻兵力與編練地區。

8. 革命實踐學院籌備完成，月杪召集。

9. 東南軍政主官人事之改革，與各種根本問題之解決。

10. 同學會核心組織之督導與確立。

11. 新軍與將校團組訓之籌備。

12. 出處問題之研究。

1　吳志鴻，1950 年 7 月任海軍總司令部馬祖巡防處處長。

2　羅即羅廣文。

3　胡即胡宗南。

九月一日　星期四　氣候：晴

雪恥：一、關麟徵之謊〔荒〕謬背離，其軍閥自私甚於明仁，觀其最近言行，更足悲憤。二、廣東黨部高信[1]聚眾要脅，公然發表謊〔荒〕謬言論，攻訐墨三為反動之爪牙，彼等不覺自反，而反噬軍事當局，使軍心士氣格外墜落，無異為共匪作倀，思之痛心欲絕。積此二因，本日惱怒幾難自制矣。

朝課後記事，約見希濂等，研討武器增產與滇南軍情。對希濂切戒其浪漫自私，教其剿匪戰術要領。正午手題林園各廳樓堂區額，此乃抗戰時之所思，而未及完成之事，今始了此心願。下午批閱公文，會客至晡七時。次辰〔宸〕來報，傅作義來包綏後動態與言論，更明其為共匪妥協，主持西北而來也。晚課後，巡遊園內一匝，月白風清，憂心未消，為余程萬軍籌軍費。十時後入浴，就寢。

九月二日　星期五　氣候：晴　風向不定　悶熱非常

雪恥：昨夜一時前醒後，不能成眠，乃服安眠片，此為本年下野以來第一次之現象也。

朝課後，致余程萬手書二十葉，詳示其向昆明行動應準備與注意各點，並屬谷正綱同志赴蒙自協助其宣傳。上午修正廣播「九三」勝利紀念對重慶民眾文稿後，與日人根本博談話，討論組織反共義勇軍事。正午約馬少雲與徐次辰〔宸〕聚餐，談商寧夏部隊今後行動之方鍼與傅作義之態度，聞其將發表政治主張，殊為駭異，切屬少雲部隊自主的決定計畫，毋以傅之態度為轉移

1　高信，字人言，廣東新會人。日本投降後，出任中國國民黨廣州市黨部主任委員，1947 年當選第一屆國民大會代表。1949 年 6 月出任內政部常務次長。1950 年 4 月任教育部常務次長。

也。下午又修正廣播稿，會客，督促羅[1]部向川北移動，及其行軍日程之規定。晚課後約方舟聚餐，指示其對各方謙和合作，勿為眾怨之府，而對張[2]長官與向[3]議長尤應恭順毋忽。

九月三日　星期六　氣候：陰

雪恥：昨晚廣播灌片，預備明三日對遊行市民講演，不料陝西街市中心區大火，延燒十二小時之久，不勝憂慮，乃命明日停止遊行與廣播，當晚又決定寧夏部隊行動之方針，就寢時已午夜矣。今日事情最煩最忙，而四川內部所謂宿將集合，獨對方舟非欲去之不可，川中人心本善，而若輩反不顧大局如此，殊堪痛心，苦極矣。

朝課後，屬少谷調處川中內部，令經兒慰問火災區，以本黨名義賑損五萬銀圓。延燒八千餘戶，死傷數百人，實為重慶空前之火災。以重慶本常大火災，但未有如此次之廣耳。上午約見次辰〔宸〕等畢，復見根本博，決定組織新軍方案，指示要旨後，即令回廈，手書湯[4]函十餘紙，詳示組軍應準備事項。下午召見馬繼援[5]，不料其部五萬餘人完全潰散，只留騎兵兩團，而彼隻身飛渝，避不來見，可歎。西北從此完結矣，奈何。批閱文電，接盧漢電，苦悶極矣。晚課。

1　羅即羅廣文。
2　張即張羣。
3　向即向傳義。
4　湯即湯恩伯。
5　馬繼援，字少香，經名努日，原籍甘肅河州，生於青海湟中。1948 年 9 月任第八十二軍軍長。1949 年 5 月任青海兵團司令官兼第八十二軍軍長，7 月任西北行政長官公署副長官，9 月攜眷去香港。1950 年抵臺灣。

上星期反省錄

一、盧漢本無膽識之人，因見勢劣力弱，所謂大勢已去，故其背離自保乃
　　為常事，不足為異，而關麟徵之狡詐懷恨、忘恩負義等於叛變，實所不
　　料也。

二、粵黨部高信等受人指使，聚眾要脅，攻訐墨三不遺餘力。黨德掃地，人
　　格蕩然，為軍閥驅使，為共匪張目，其勢不待匪之攻粵，已自崩潰。亡
　　國之慘有如此者也。

三、余、薛[1]等必欲中央留瓊，駐梅各部，甚至在臺全部皆要調粵保衛，供其
　　犧牲，不使中央保有殘部，然後彼等乃可為所欲為，而其必欲調守穗劉[2]
　　軍移防粵北，使廣州空虛，中央不能控置〔制〕，未知其用意究竟何在，
　　長沙程、陳[3]之變即如此也。

本星期預定工作課目

1. 滇事處置方針：甲、魯道源任主席。乙、谷正倫為滇黔剿匪或綏靖總司令。
　　丙、龍澤匯[4]恢復九十三軍長。丁、盧漢專任西南副長官。戊、魯應待滇事
　　平定後，再入滇就職。己、空運應先準備待運。庚、應以政治解決為主，
　　避免流血。辛、如對滇作戰，則後方動搖，前線必受影響，務須極力避免
　　軍事解決。

2. 川、康問題之研究，張、楊、王、劉[5]之安置。

1　余、薛即余漢謀、薛岳。
2　劉即劉安祺。
3　程、陳即程潛、陳明仁。
4　龍澤匯，龍雲之姪，龍澤清（盧漢夫人）之弟。1948 年 3 月任第九十三軍副軍長。
　　1949 年 2 月任雲南省保安第三旅旅長，10 月任重建後第九十三軍軍長，12 月 9 日率
　　部隨盧漢投共。
5　張、楊、王、劉即張羣、楊森、王陵基、劉文輝。

3. 閩省軍、政、人事之決定。

4. 對粵軍、政問題與保衛廣州之決定。

5. 西南訓練幹部計畫之研究。

6. 組訓青年與喚起民眾具體辦法之研究。

7. 組訓反攻軍之督導。

九月四日　星期日　氣候：晴

雪恥：朝課後得盧漢昨夜致岳軍電，其自動欲來渝晉謁，料其已知白[1]到筑與廣州對滇之計畫，桂系有非得滇不可之勢也。又得粵電，稱李[2]今日召集臨時非常會，將提國防部長之調換及追究西北與福州失敗之責任，及至會畢，皆未提及以上各事，是其必為滇事先求解決，並強欲以魯道源為主席也。上午與岳軍談滇盧[3]事甚久，另見三人，經兒送向議長飛成都，以了結省府與議會之糾紛。下午與黃少谷商談盧事畢，即乘車經九龍坡聽江亭瀏覽，唏噓約半小時，聽取火災詳情，死約千人，慘痛極矣。渡江至黃山，先到歲寒亭略憩，幽雅自得，繼上雲岫樓舊室，故物安置一如四年前無異，不勝感慨係之。晡巡遊山北之草房舊址與清泉池，復登左右各山巔，極目瞭望，悲樂交集矣。

1　白即白崇禧。
2　李即李宗仁。
3　滇盧即盧漢。

九月五日　星期一　氣候：晴　氣壓甚低　極悶

雪恥：昨晡登山遊覽後，回至歲寒亭觀月，悄然獨坐。蕭毅肅由粵來告，桂系對滇、對顧[1] 之目的，必欲取而代之，而薛岳為其個人權利之爭，不隨其所欲，乃竟與桂合流，明為攻顧，而實為反蔣，必欲將中央所有軍隊供其在粵北作無謂之犧牲，消滅盡淨而後快也。桂李[2] 已強索閻院長密委魯道源為滇主席委狀，一面要求余准空運魯部入滇，與中央駐滇廿六軍聽其指揮，而此等重大變更則反不先行洽商，亦不敢提出非常會，用法定手續辦理，李、白各函皆以決定性的強言令余遵行而已。彼等近以湘中戰事勝利乘機要脅，測其用意，如所求不隨，乃必將其桂軍由湘撤退，進佔滇、黔，而以湘、粵、桂拱手讓敵，亦所不惜，此為最複雜、最難處之一事，應深加考慮再定。蕭辭出已九時半，晚課後，十一時就寢。

本五日丑初即醒，考慮滇事，應以對桂方針如何為基準，而以盧事如何處理為附件，乃決允桂之所求，委魯主滇，以顧全湘、粵之戰線，故決去盧之方鍼以處置一切。六時後起床，朝課畢，遊覽黃山全境一匝，而以桂堂側背陂上所植楠木皆已欣欣向榮為快也。

九月六日　星期二　氣候：雨

雪恥：昨上午與岳軍商談滇事之處理，決令盧漢中止來渝，乃派其代表楊文清返滇，明示方針，進與退皆賦予具體辦法，任其自定也。約見正綱，報告余程萬軍情形，再約甘麗初[3]，告其對滇事須考慮後再覆白[4] 也。

1　顧即顧祝同。
2　桂李即李宗仁。
3　甘麗初，廣西容縣人。1949 年 5 月任桂林綏靖公署副主任兼桂東軍政長官，8 月任廣西軍政督導團團長、反共救國軍第十軍軍長。1950 年冬，與共軍戰鬥中在大瑤山陣亡。
4　白即白崇禧。

記事後，到松籟閣約中正福幼園師生聚餐，以示慰勉，並在雲峰美國申博士夫婦家，即鶴歸來亭中茶點，其情甚摯也。復約彼與陳文淵[1]牧師夫婦在雲岫午餐。下午三時半由黃山回渝，約集渝士紳茶會。六時後返林園，以氣壓低悶為苦。入浴，晚餐後晚課。

本六日朝課後，聞盧漢決於下午來渝，此事又生波折，恐更不易處理，乃約岳軍研討滇事，仍待盧到再定一切。約見何紹周與王錫鈞[2]等。下午盧果到渝會晤略談，彼流淚者，再表示其苦衷與精誠也。晚課後，與盧、張[3]聚餐後，閒談共匪近情。辭去，乃與岳軍、少谷研討滇事方針，未能決定，以盧所要求者新編六個軍與二千萬現款，中央斷難允許，事實亦不能辦到，彼仍以為余有權將存臺金銀可任意支配也。就寢已十一時矣。

九月七日　星期三（望）　氣候：雨

雪恥：七時後起床，朝課畢，約見關麟徵、張耀明，令張早接軍校校長任。復見岳軍、少谷、毅肅，商討對盧方鍼，僉主予以合理之接濟與增加兩軍之番號，表示信任與全權授之，但此不能為政府明言，否則反對者，尤其桂系，必以余為獎惡欺善，更增其誹謗之口實。但雲南實為國家存亡革命成敗之最後關頭，如其能不血刃而能和平爭取，殊為最大之幸事，而且中央入滇與駐滇各軍皆無必勝之把握也，故決予以相當之滿意也。十一時至十三時，與盧懇談二小時之久，申之以道義，動之以利害，即以初醒時考慮之所得，與默禱時所感覺之要旨進行談話，結果彼似皆領受意旨。下午閻院長[4]自粵飛來，

1　陳文淵，戰後曾擔任中華全國基督教協進會總幹事，並被選為國大代表。1951年初，在上海被捕。

2　王錫鈞，1945年任成都中央陸軍軍官學校政訓處長，第二十八軍官總隊總隊長。1949年到臺灣，任國防部高參室副主任等。

3　盧、張即盧漢、張羣。

4　閻院長即閻錫山。

奉李[1]命屬余扣留盧漢，勿使回滇。余明告其不可之意，不惟道義應如此，即利害亦應令回，否則滇事即將為龍雲與共匪乘機而得，更難解決，而且最重要之後方另闢一戰，兵連禍結，前途更危矣。又談徐堪，欲大用存臺現金之大部，否則彼即辭職，並限二日作答，可惡，痛心盍極。

九月八日　星期四（白露）　　氣候：上雨下晴

雪恥：昨晡巡遊林園二匝後，晚課畢，約閻、盧[2]等夜餐後，雜談對共匪與民意機關及現行法令妨礙剿匪國策之大，到處束縛軍、政，無法剿匪，思之痛心。所謂民主與憲政，其害國之大，竟如此也，誠悔莫及矣。客散，與伯川獨談財政與國防二部問題，以及桂李之猙獰面目與陰謀百出，總使其不能安位，非為白[3]取得國防部不可也，言之唏噓。十一時半別去，就寢。

朝課後約見朱景瑄、黃杰等，與岳軍再談滇盧事，昨夜已擬定肅清滇中共匪與反動分子令稿四通，聞已表示其實施之決心，乃發其剿匪經費壹百萬銀圓以堅其心志，未知其回滇後，是否仍為其環境所阻為念。寫李、徐[4]各函後，到閻寓聚餐畢，特與永衡作最後之談話，促其即日行動。自愧對於外交事之要旨未能中肯，與於我有利各點反漏而未述耳。

1　李即李宗仁。
2　閻、盧即閻錫山、盧漢。
3　白即白崇禧。
4　李、徐即李宗仁、徐永昌。

九月九日　星期五（重九）　氣候：晴　上午重霧

雪恥：昨下午盧永衡回滇，已儘量予其希望矣。記事批閱後，五時半與伯川兄談話，約一小時半，所商決者：一、國防部。二、財政部及方針。三、對粵方針。四、川、康方針。五、對桂方針。六、行動積極。七、不希望美援，決定自力更生。八、檢討全般局勢。彼之見解皆能先得我心為慰。晚課後在青蘭樓聚餐畢，乃與季〔紀〕常談滇事之經過，仍令其照預定計畫派軍入滇也。本日為總理在廣州第一次革命起義紀念日，時用慚惶。朝課後記事，九時與伯川談國防部長問題，余告其如白[1]必欲爭取國防部，則國軍內訌必起，彼除奪取美援以外，必以澈底毀滅本黨所有基本軍隊為目的，此不能不為之防制，如此不如余自出任總司令，而以白為參長，使之安心，但其志在毀滅基本力量，恐其不能容忍耳。伯川甚贊成余說，且其喜形於色也。同訪馬少雲後，送其上飛機，回寓。

九月十日　星期六　氣候：晴　溫度：八十五

雪恥：昨上午回寓後，批閱文電。正午約季〔紀〕常聚餐，談黔事。下午酣睡一小時後，批閱，清理積案，約共五十餘件畢。入浴後與少谷談話，五時後由林園至九龍坡聽江亭略憩，乃渡江。七時後到黃山，晚課，記事，十時就寢。

朝課，體操後，巡遊福幼村一匝，到歲寒亭讀唱，靜默約五十分時，乃登右巔，眺望四周山景，更覺黃山可愛也。回禱告，默禱完結，朝課。朝餐後獨在雲岫靜思，深慮今後積極工作，錄雜錄欄十二項後，審閱袁守謙對同學會工作之條陳，能先得我心也。下午記上月反省錄畢，與經兒乘車經放牛坪向

1　白即白崇禧。

廣元壩，以江橋被淹，不能渡江而回。見蕭毅肅，對寧夏部隊令轉移隴南，
又聞昆明已於上午開始逮捕反動分子，如其事果確，則雲南局勢穩定矣，感
謝天父拯救我中華民國也。晚課，記事。

「本日在黃山休息，實為近來在患難中身心最安適之一日。」

上星期反省錄

一、本週之初，滇盧[1] 已經絕望無法挽救，只有冒險用軍事解決之一途。而廣
州、香港，尤其共匪、龍逆[2] 與桂系，皆望滇魯〔盧〕叛亂，其各種宣傳
皆以為魯〔盧〕已宣布獨立，並偽造盧電，有使其非叛不可之勢，不料
盧最好〔後〕覺悟，毅然飛渝來見，商決一切，而共、龍等幸災樂禍、
挑撥離間之大陰謀，竟得於一日間澈底粉碎。盧回滇後，居然遵命實施
清共政策，此實國家轉危為安最大之關鍵，如非上帝佑華，人力決難挽
此既倒之狂瀾也，感謝上帝護佑。

二、與伯川研討大局政策，對於國防部、財政部與今後出處，皆擬定其大綱，
而對於建設性反攻各種方略亦已規定大體，本星期實為積極工作開始之
一週也。

三、美參議院討論援華，爭辯激烈，其政府黨無法自辯之時，外交委員長康
納利[3] 竟誣蔑余私捲公款，偷藏臺灣之謊言，可謂污辱已極，不知何以雪
此大恥。當時其參院議員雖對此表示反對，即其報章輿論亦大不直康之
謬論，而康本人事後亦雖有修正圖賴，而其政府黨必欲打余到底，非根
絕余之地位，使之不再抬頭之毒計，固甚顯著，對此幼稚之政府與政黨，
惟有一笑置之，不屑計較也。

1　滇盧即盧漢。
2　龍逆即龍雲。
3　康納利（Thomas Terry Connally），美國民主黨人，1929 年 3 月至 1952 年 1 月為參議員（德克薩斯州選出）。

本星期預定工作課目

1. 西北人事與處理方法之決定。
2. 川、康問題之研究。
3. 傅作義之態度。

九月十一日　星期日　氣候：晴　溫度：八十八

雪恥：朝課後約見少谷、正綱、希聖等，研討大局與雙十節告書要旨後，記上月反省錄與本月課程預定表。見守謙，商談同學會組織問題，及要求國防部整頓紀律、核實名額等事。屬人鳳飛昆明協助清共事宜。手擬致盧[1]與朱景瑄兩函，聚餐。午後見劉耀（？）東[2]，獎勵其脫險，率部來歸也。本擬下午飛蓉，一以黃山幽靜可愛，欲多住一宵，一以為美參議員康納利受反動宣傳，竟在其議會與反對黨激辯援華問題，誣蔑我把持公款，私藏於臺灣。當時議員反對其失言誣蔑，責其應向余道歉，而此等事實，我宣傳部毫不注意宣傳，反被美聯社先將證〔誣〕蔑語意作反動宣傳，徒使我國人又發生一種不良與悲觀影響，故痛憤不已也。晡見李彌同志，談粵中部隊部署之亂，中央各軍幾乎任人宰割，顧[3]不能負責，可痛。

本晨重登右山巔，眺望重慶、長江，環抱四山排翠，實為黃山風景結晶之處，乃決築亭，名曰望江，以償宿願。

1　盧即盧漢。
2　應指劉召東。
3　顧即顧祝同。

九月十二日　星期一　氣候：渝晴　蓉陰

雪恥：昨晡與李彌遊覽汪山，徒步經雙龍井而回，約行五里。此皆舊地重遊，悲憤中猶能自舒也。回寓後晚課，與李聚餐畢，入浴，十時半睡。

本晨五時前起床，朝霞東呈，其光明彩色，誠非拙筆所能形容也。欣賞後，乃朝課，記事，手書余程萬，令集中待命，勿斷交通。九時半到九龍坡見馬步青[1]，詢以西北近情，擬令其赴西北收拾殘局也。正午飛到成都，天雨頗涼，與重慶旱熱大不同也。此次來蓉秘密，未使其主官探悉最為難得，私心甚慰。入軍校，駐舊室，一切如舊，毫無變更，亦甚自慰。下午與向育仁謁季陶夫婦之墓，感想萬千。回途巡視城內後，返校見客畢，在校後城牆上，與經兒散步遊覽，此乃成都惟一樂遊之地也。審閱告黨員長書。晚課後修正文稿，尚未完畢，十時後就寢。

九月十三日　星期二　氣候：陰

雪恥：一、川北，令胡宗南組訓民眾為第一急務。二、西北殘局之收拾：馬步青、陶峙岳[2]、郭寄嶠[3]。

朝課後，手擬湯、周[4]等保衛海島訓令電稿後，召見軍校處長、大隊長以上高級將校，訓話畢，往劉甫臣〔澄〕[5]墓地致敬。回寓，見任覺五[6]，談四川內情

---

1 馬步青，字子雲，西北馬家軍主要人物之一。1949 年 8 月共軍進攻甘肅臨夏時，全家逃往西寧，轉往重慶，後經香港到臺灣定居。歷任國防部參議、總統府國策顧問等職。
2 陶峙岳，字岷毓，1946 年任新疆警備司令，1949 年 9 月 25 日宣布投共。
3 郭寄嶠，原名光霱，安徽合肥人。1949 年任甘肅省政府主席，兼代西北軍政長官公署副長官，來臺灣後任東南軍政長官公署副長官。1950 年任國防部參謀次長。
4 湯、周即湯恩伯、周至柔。
5 劉湘（1888-1938），字甫澄，川軍領導人之一。歷任四川省政府主席、第七戰區司令長官、第二十三集團軍總司令。
6 任覺五，四川灌縣人。1947 年當選為行憲國民大會代表。1950 年到臺灣，擔任中國國民黨中央改造委員會幹部訓練委員會委員，1951 年 10 月任副主任委員。

約一小時，修正告黨員書稿完。下午三時後，靜默。晚課後，先見民、青兩黨代表，再見耆老後，見陣亡將領遺族劉甫臣〔澄〕、王銘章[1]、李家鈺[2]等遺孤，與之攝影。五時約各界人士茶會，講演半小時，由向[3]議長致答詞後散會。神態和愛，可慰。另約章嘉活佛[4]單獨談話，不知新班禪下落為念。焦易堂[5]來報告青海、河西軍心民氣皆可大用，應督促子香父子速回，則西北仍大有可為也。晚約省黨部委員聚餐後，巡視校務一匝，記事。今日心神較舒也。

九月十四日　星期三　氣候：晴

雪恥：一、郭秉彝[6]之處置。二、軍校新畢業生組織新軍之意見。三、川、康問題之研究。

朝課後記事，九時對軍校全體師生訓話畢，約見政治學校及軍校各畢業生代表數十人，點名，訓話。十一時到華西大學新修假牙製型。正午約熊錦帆等聚餐畢，續修牙型，假眠，已二時半矣。下午召見省府各廳、處長等卅餘人畢，約見川中退伍將領與民、青兩黨代表。批閱文電，對於粵中政治、軍事複雜牽扯，不勝憂慮。晚課後，與可亭談財政，至十時後，彼尚咻咻不息也。

1　王銘章（1893-1938），川軍將領。徐州會戰中，因誓死保衛滕縣而犧牲殉國，為臺兒莊大捷奠定基礎，國民政府追贈為陸軍上將。

2　李家鈺（1892-1944），字其相。1944年春，奉令任第一戰區後衛總指揮，阻絕日軍，5月21日在河南陝縣秦家坡遭日軍圍攻，力戰陣亡。國民政府明令褒揚，追晉為陸軍上將。

3　向即向傳義。

4　章嘉呼圖克圖十九世（章嘉活佛七世），生於青海大通。抗戰期間，號召蒙藏人民加入抗戰建國，受封「護國大師」。1948年受聘為總統府資政，1949年隨政府來臺，1952年當選為中國佛教會理事長。

5　焦易堂，又名希孟，陝西武功人。1947年當選為第一屆國民大會代表。1949年來臺，1950年10月20日病逝。

6　郭秉彝，1940年3月，參與中共地下黨車耀先主謀之成都搶米事件被捕。其後任中共川陝邊區綏靖公署顧問。

十時半就寢。本日雲南清共方鍼正在進行實施，余程萬軍當不致與滇保安團衝突，寸衷略慰。而川中人事與粵中政治紛亂及財政問題，尤其西北惶惶無主，更生憂慮也。

九月十五日　星期四（下弦）　氣候：晴　陰悶　夜大雷雨

雪恥：一、軍校新畢業生使用計畫之決定。二、成都准成立三個軍。三、鳳山成立實踐分院。四、準備住處。五、西北方針之決定，甘、青主席之指定。朝起（六時），曉霞如炎，氣候大晴為快。朝課後，八時修牙畢，記事，與羅廣文等談話。十時單獨召見軍校總大隊長等，考察其履歷，多半未帶隊伍作戰者，甚至畢業後即留校服務十餘年之久，而未曾外調者。制度不立，無怪乎失敗也，但其中尚有優秀，可為練新軍之用也。下午批閱文電，清理積案，甚想立飛西北巡視，處置部署，或足以轉移匪方視線，使之不敢輕快挺進也。召見四川現役將領，及補見軍校官長畢，在城上散步遊覽，城堞多半塌倒為慮。晚課後，約關[1]、張（耀明）聚餐，商談軍校編練新軍事，修正告黨員書未完。

九月十六日　星期五　氣候：陰雨　昨夜大雷雨

雪恥：每念印度對華以怨報德之情勢，不禁寒慄，此雖英國之陰謀，而亦尼赫魯驕矜自大，不知其所以然之故耳。

今日二時為雷驚醒後，終夜大雷暴雨，未能成寐。七時前起床，朝課如常。

1　關即關麟徵。

決定軍校畢業生分派計畫，考選其三分之一為政工之用，另留三分之一為本
校編練新軍之用，此亦建設性剿共反攻之重要計畫也。修補牙齒一小時之久，
但吉士道[1]醫生技術甚精也。與王治易談川事，彼等狼狽互助而又暗中磨擦，
同床異夢，面是心非，其言行真可笑也。召見教官三人，記事，修正告書。
下午召見四人，又見國大代表十七人畢。出外巡街，為傅作義強制其部屬通
電降匪事，不勝憤忿，幸尚未發表，不知次辰〔宸〕飛綏勸阻尚能及否。晚
課，批閱文電，手擬電稿數通。晚約加拿大牙醫林則[2]與吉士道及周少吾[3]等
聚餐，記事。

九月十七日　星期六　氣候：上陰　下晴

雪恥：一、空軍運輸機之污穢不潔，應令澈底革新。二、貴州新編師之師長
及部隊之考察。三、約見馬少雲、郭寄嶠，商定西北整個計畫。
朝課後手書劉任[4]、周嘉彬[5]、黃祖壎[6]各函，勗勉河西各將領團結抗匪。上午
召見關、王、向、劉、鄧、張[7]各將領，單獨談話，並切囑劉文輝澈底清除其
所掩護下之共匪分子，以昭信用。及見王方舟函件，不禁駭異惶恐，實不適
再令從政。言念川、康，憂心如焚。十一時前由蓉飛渝，在九龍坡下機，即

1　吉士道（Harrison J. Mullett），加拿大安大略人。為蔣中正夫婦的專屬牙醫師。
2　林則（Ashley W. Lindsay），加拿大人。1917 年創辦華西協和大學牙醫學科，為中國現
　　代口腔醫學發源地，被譽為「中國現代牙醫學之父」。
3　周少吾，號筆梧，四川榮縣人。中國口腔矯正學院事業的奠基人之一，時任華西協和
　　大學牙醫學院院長。
4　劉任，1948 年 8 月任西北軍政長官公署副長官兼參謀長代長官職務，並兼政務委員會
　　常務委員。西北陷落後，奉調華中軍政長官公署副長官、總統府戰略顧問。
5　周嘉彬，字尚文，張治中女婿。1947 年起任第八十軍副軍長、第一二〇軍軍長。1949
　　年秋由重慶轉赴臺灣，任職國防部。1950 年由香港回大陸，任水電部參事。
6　黃祖壎，1948 年 10 月任第九十一軍軍長。1949 年 9 月升任河西警備總司令兼第
　　九十一軍軍長，11 月於雲南麗江被共軍俘虜。
7　關、王、向、劉、鄧、張即關麟徵、王陵基、向敏思、劉文輝、鄧錫侯、張耀明。

與岳軍到聽江亭，聽取其在粵經過之報告，約一小時餘畢，再渡江到黃山午餐，已三時矣。下午假眠不寐，考慮下週應理要務目錄與批閱文電。約見寄嶠，此實有為之將領也。晚課畢，聚餐後，談西北問題，再修正告黨員書，仍覺不妥之處甚多。與張掖劉、黃、周[1] 三將領通電話，十二時睡。

本星期預定工作課目

1. 滇盧[2] 態度仍不澈底，應嚴加督導，澈底解決。

2. 川、康人事與方鍼。

3. 西北軍事部署與人事之決定。

4. 粵省市問題之方鍼。

5. 出處、時間與方式之研究。

6. 粵省市防衛計畫與部署。

7. 華中與華南戰局之觀察與判斷。

8. 臺灣人事之研究。

9. 財政部人事與政策。

10. 告黨員書之發表。

11. 新軍編練之地點與人事之決定。

12. 控俄案提出國聯問題得失之研究。

1　劉、黃、周即劉任、黃祖壎、周嘉彬。
2　滇盧即盧漢。

本星期預定工作課目 [1]

1. 星期二發表告黨員書。

2. 星期三飛粵。

3. 在粵應處理急務之準備：甲、戰略之說明。乙、財長之解決。丙、廣州市
   糾紛之解決。丁、臺灣性質之說明。戊、瓊州性質之說明。己、黨的改造
   委員會之組織。庚、國防部長問題之方鍼。辛、立法院開會問題。壬、雲南
   兩軍問題之提出。癸、川、康、粵問題之研究。子、軍隊冬服經費之籌撥。
   丑、西北問題之處理。寅、軍校新軍組織之提案。

4. 派機運軍校畢業生來臺灣。

九月十八日　星期日　氣候：陰

雪恥：一、傅作義回綏，真強制其所部通電降共，以圖苟安，此為意料所不
及。二、徐堪有款不發，要挾提取存臺現金，以供其無限計畫之消費，可痛。
三、華南戰區歸併於華中，受白 [2] 指揮，以脅制中央在粵各軍作無謂之犧牲，
凡其可以消滅中央力量之勾當，無所不用其極，可恥。

朝課後重視望江亭地址，其四周風景，當為黃山第一矣。在歲寒亭朝餐後，
繼續修正告書，足有三小時之久。正午召見左曙萍 [3]、曾元三 [4]、龍澤匯等將領
聚餐。下午巡遊黃山南區，與少谷等商談粵情及告黨員書發表地點與日期，
最後決在重慶即日發表，使粵中思叛之徒或有所感悟也。批閱文電，晚課畢，
修補假牙，晚記事。

---

1 原文如此。
2 白即白崇禧。
3 左曙萍，號庶平，湖南湘陰人。1948 年 8 月派任新疆省第八區行政督察專員。時任新
　疆警備司令部參謀長。1950 年 1 月任浙江省政府委員兼祕書長，襄助石覺撤退，經定
　海、舟山，後至臺灣。
4 曾元三，1948 年任第三十九軍第一〇三師師長。1949 年 10 月 17 日在廣東三水以西投共。

九月十九日　星期一　氣候：陰　夜雨

雪恥：一、共匪由青海民樂突入張掖與武威之間，張掖部隊已星夜西撤，以後西北形勢更為險惡，新疆部隊更無法東調。孤懸萬里塞外之十萬忠貞之士，不知何以善其後。此乃馬步芳不學無術之過，而亦李、白[1]對西北人事亂調之誤，思之痛心。二、東南之平潭島已為匪佔領，駐軍不知去向。士氣之低，紀律之壞，已達極點。辭修器小，不顧大局，恐誤大事，奈何。

朝課後重修告黨員書，直至十四時方畢。下午召見鄧文儀[2]等五人後，假眠畢，再修正告書，補牙，與岳軍談川、康、滇事與方鍼。晚課後，與寄嶠聚餐，談西北事，被若輩貽誤至此，不勝唏噓。本令彼去重領西北，現恐無及矣。批閱文電至十一時就寢。

九月二十日　星期二　氣候：雨

雪恥：一、傅作義對徐次辰〔宸〕之言，一面表示其待機復仇報德之意，一面不惜靦顏事仇，以求苟安偷生，此乃既經投降一次，何不可投降多次之心理有以致之，此種首鼠兩端之卑劣情態，若不死於敵手，亦為人類所不齒，可絕望矣。二、馬鴻賓降匪，而馬鴻逵則反是，殊為難能者也，但必須待事證明，此時仍難斷言也。

朝課後，召見龍澤匯、卿雲燦[3]諸將領後，自讀告書，再加修正。十二時與楊

1　李、白即李宗仁、白崇禧。
2　鄧文儀，字雪冰，湖南醴陵人。1947 年任國防部政工局局長兼國防部新聞發言人。1950 年 4 月，任中國國民黨臺灣省黨部主任委員。
3　卿雲燦，四川威遠人。1948 年 12 月任第三三五師師長。1949 年 5 月任第七十二軍副軍長兼敘瀘警備司令部副司令，10 月兼任自貢警備司令部司令，12 月隨軍長郭汝瑰投共。

子惠、盧作孚[1]談話。下午約見十餘人，修補假牙，再讀告書，自覺得意。晡見次辰〔宸〕，由綏遠與傅談話歸來報告者也，馬敦靜亦同來，決令其向武威敵後移轉也。入浴，晚餐，晚課。

九月二十一日[2]　星期三　氣候：晴

雪恥：本日綜核西北三馬言行及事實，可以斷言者：一、馬步芳不學無術，才不稱職。一敗之後，只保身家，一走了事，不知職責，不知恥辱，然其政治上尚是單純，而無通匪求降之情跡。至於馬鴻賓，通匪求降並不掩飾推托。而馬鴻逵之用心，實際求降通匪，表面上則聲稱忠貞不貳，一切罪過皆推在鴻賓身上，甚至痛哭流涕，一若藎〔盡〕忠報國無雙，其實通匪求降之陰謀皆出其所為，而假手其子惇〔敦〕靜主持之。昨日其子來渝，即請示鴻逵作最後之決定者也，回徒口是心非，行不顧言一至於此。西北可說因三馬之叛降完全斷送矣，其總因乃在中央處置失當，李、白以擴張私人勢力，假馬家之手，以期消滅西北國軍之勢力，而國家存亡與西北安危則在所不顧也，可痛極矣。

九月二十一日　星期三　氣候：晴

雪恥：朝課後巡視桂堂松廳，指示對各省與西北空運軍費辦法。經兒飛昆訪盧漢，獨在歲寒亭朝餐。到望江亭址，留戀不忍舍。今將別離黃山，對於一

1　盧作孚，原名魁先，別名盧思，民生輪船公司創辦者。1949 年 10 月去香港，1950 年 6 月回四川。
2　9 月 21 日至 9 月 25 日同日內容不只一份，此處將同日日記並列。

草一木，皆覺可愛，未知何日重來矣。上午與岳軍研究雲南剿匪計畫後，商議今後領導方式及對國防、財政等問題，決定在非常委員會內設置軍事、財政與外交三委會，一切重要政策皆在三委會公開決定，尤其存臺現金亦移交財政委會保管，以免再受指責，但不知桂系果能滿足否。下午四時由黃山乘車，在海棠溪過江，巡視火災區後，訪張伯苓先生。辭別，再訪馬少雲，彼即痛哭流涕，詳述其兄馬鴻賓降匪情形，晚即接長治艦逃逸與沅陵失守消息，悲痛已極。晚課後，十二時前方睡。

九月二十二日　星期四（朔）　氣候：晴

雪恥：自本日起，日記另記於第三冊中（擬抄補）。

昨朝課後巡視桂堂松廳，指示對各省與西北空運軍費辦法。經兒飛昆訪盧，獨在歲寒亭朝餐後，到望江亭址，留戀不忍舍。今將離別黃山，對於一草一木，皆覺可愛，未知何日重來矣。上午與岳[1]談滇剿匪計畫與今後領導方式，及對軍、政問題，決在非常委會設置軍、財與外交三委會，一切政策皆在此三會公決，尤其在臺現金亦移交該財會保管，以免再受枉屈，但不知桂系果能滿足否。十三時乘車，由海棠溪過江，巡視火災區後，訪張伯苓先生。辭別，順訪馬少雲兄，彼痛苦詳述鴻賓降匪情形。晚接長治艦逃降與沅陵失陷消息，悲痛已極。晚課後，廿四時寢。

本廿二晨六時起床，朝課畢，召見周嘉彬、馬惇〔敦〕靜及胡競先[2]等，再見左曙萍，令其攜親筆函，分致陶峙岳等各將領及致河西劉任、黃祖壎，未知果

1　岳即張羣，字岳軍。
2　胡競先，字勉修，江西鄱陽人。1948 年 3 月任騎兵學校校長，1949 年任騎兵編練處處長，1950 年 3 月任總統府參軍。

有效否。據報新疆降電將於日內待發，而綏遠董其武[1]等則已於十九日次辰〔宸〕離綏時發出宣布，今晨實為余平生最悲痛之一朝也。十時後由渝起飛，正午到昆，在盧[2]寓午餐，寫致余、劉[3]各將領信畢，起飛，八時前到穗，在空中晚課。

九月二十二日　星期四（朔）　氣候：晴

今晨六時起床，朝課畢，先召見周嘉彬，即張治中之婿，報告河西軍隊失敗及內部猜忌情形。復見馬惇〔敦〕靜，言彼不能再回寧夏帶兵，否則必為共匪與馬鴻賓所扣留。復次再見騎兵學校胡校長[4]由西北回來，不能再去西北參加投降集團云。又見左曙萍，屬其攜帶親筆手書，致陶峙岳等各將領及致河西之劉任、黃祖壎各函，不知其果有效否。據報新疆投降通電將於一、二日內即可發出，而綏遠董其武等則已於十九日徐次辰〔宸〕離綏時即已宣布，今晨實為平生最悲傷痛苦之一朝也。十時後由渝起飛，十二時後到昆明，在盧寓午餐，致余、劉各將領信。下午四時由昆起飛，空中靜坐，默禱，晚課。八時前到穗，與李、閻[5]等略談西北情形後，再與鐵城等晤談。辭去後獨自悶損，以桂永清之糊塗、其長治艦又降匪逃逸無蹤，可痛。

1　董其武，山西河津人。1946年10月，出任綏遠省政府主席兼綏遠省保安司令，後任西北軍政長官公署副長官。1949年9月19日宣布綏遠投共。
2　盧即盧漢。
3　余、劉即余漢謀、劉安祺。
4　胡校長即胡競先。
5　李、閻即李宗仁、閻錫山。

九月二十三日　星期五（秋分）　氣候：晴

雪恥：朝課後悶熱異甚，接見鄒海濱、葉公超等，與伯川院長商討政治、財政等重要問題，彼對立法院開會在即，國防部長、參謀總長及軍事失敗以及倒閣問題皆不易解決為慮，而李代總統將其行政院議決案，湯恩伯福州綏靖主任之任命退回，不允簽署，此乃違憲之舉，可痛。惟此事尚小，擬置從緩解決。與禮卿談政策後，岳軍由德鄰處商談非常會內設置三種委會，一切公開，以期公平解決。聞談至三小時餘，而彼不以為然，必欲以白[1]為國防部長，而對余誣蔑詆毀乃毫不忌諱。察其言行，已不惜決裂矣，此乃為意料所不及也。正午與禮、岳[2]二同志談話，聲色忿怒，對李、薛[3]等已不耐煩矣，戒之。下午約見墨三、悔吾、安祺、蘭友、彥棻以及于斌等。晚課後，與居、陳、洪[4]聚餐談話畢，再約同學會幹部談時局後，遷宿於宋子文舊寓，十一時半就寢。

九月二十三日　星期五（秋分）　氣候：晴

雪恥：朝課後悶熱異甚，接見海濱、公超等，與伯川商討財政、政治等問題，彼對立法院開會在即，國防部長、參謀總長問題，以及軍事失敗之責任與倒閣風潮，皆不易解決為慮，而李代總統將其將其[5]行政院議決案，湯恩伯綏靖主任之任命退回，不允簽署，此乃違憲之舉，彼亦所不惜矣。惟此事不要緊要[6]，擬置之不予計校。與禮卿談政策後，岳軍由德鄰處商談組設三種委會，

1　白即白崇禧。
2　禮、岳即吳忠信、張羣。
3　李、薛即李宗仁、薛岳。
4　居、陳、洪即居正、陳立夫、洪蘭友。
5　原文如此。
6　原文如此。

一切公開解決，討論三小時之久，而彼仍不以為然，必欲以白為國防部長，而對余之誣蔑詆毀乃毫不顧忌矣。察其言行，已不惜決裂矣。正午與禮、岳二同志談話，聲色忿怒，而對李、薛等已不耐煩矣，戒之。下午約見顧、郭、劉、洪、鄭及于斌等。晚課後，約同學會幹部談時局畢，遷住子文舊寓，十一時半寢。

九月二十四日　星期六　氣候：晴

雪恥：美、英政府同時聲稱俄國原子彈製造已成之報導，必使美民驚怖，以提前第三次大戰之將臨。英國促成美、俄戰爭之陰謀誠無所不用其極，其對美國之玩弄，一如牧童牽牛，可憐極矣。

朝課後，回梅花村見徐堪，報告財政。另約握〔幄〕奇，直告其言行隨聲附和之不當，並令其警告伯陵之荒唐狂謬之可痛，期其覺悟也。令墨三、及蘭，指示保衛廣州計畫與工事經費之墊撥，限期完成。十一時召集閻、張、吳、陳[1]等高級同志，研討政策與出處，以時以勢似皆無法退避矣，否則亡國責任仍在於此也。桂系昨日之態度實已逼至最後關頭，而且西北全失，西南孤立，國族阽危，若不再出，恐無報國之時矣。言時忿怒難遏，聲色俱厲，不覺已失常態，可知神經刺激已極，切戒之，應注重安定靜止之修養為要。

九月二十四日　星期六　氣候：晴

雪恥：美、英政府同時聲稱俄國原子彈製造已成之報導，必使美國人民驚恐，以促成第三次世界大戰之提前爆發。英國之陰謀對於美、俄戰爭之促成，誠

1　閻、張、吳、陳即閻錫山、張羣、吳鐵城、陳立夫。

無所不用其極，而美國幼稚，任其欺弄，無異如牧童牽牛，何其蠢哉。

朝課後，即回梅花村接見徐堪，報告財政，再約握〔崿〕奇，直告其言行隨聲附和之不當，並囑其轉為警告伯陵之荒唐狂謬之可痛，使之自覺也。令墨三、李及蘭，指示保衛廣州之計畫與工事經費之墊撥限期完成。十一時後，召集閻、張、吳、陳等高級同志十餘人研討政策與出處，以勢以時似皆無法退避。桂系昨日之態度已逼迫至最後關頭，而且西北全失，西南孤立，國族阽危，若不再出，恐無報國之時矣。言時忿怒難遏，聲色俱厲，已失常態，可知神經刺激極矣，應切戒之，特別注重於安定靜止為要。

上星期反省錄

一、美、英發表俄國已有原子彈之消息，是第三次世界大戰已迫不及待，預計其時明年夏季，恐難再延展矣。

二、美、英對臺灣地位，皆已承認其為中國領土之聲明，關於人心之安定，甚有作用也。

三、長治艦逃逸投匪，其砲位威力皆比現有各艦為大，三日不見其艦蹤，最後在南京燕子磯附近偵獲，予以炸傷，此乃一大事，不可為非不幸中之幸。如其直向北洋逃逸，則空軍無法偵炸，以後東南與臺灣各島即不能安定矣。

四、綏遠、寧夏皆相繼降匪，新疆與酒泉來報，亦將於日內宣布投降，西北整個淪陷之速，殊非夢想所及，悲痛極矣。

本星期預定工作課目

1. 川、黔對東防務之布置，電宋[1]遵辦。

2. 榆林港要塞司令換人。

3. 提非常委會設立軍事、財政、外交三會。

4. 財政部長人選與外交部長人選。

5. 立法委員之組織。

6. 國防部長與參謀總長林、郭[2]。

7. 重慶非常分會人選。

8. 廣州市長之方鍼。

9. 訓練新軍地點之決定（普渡、海南、滇黔）。

10. 江西、福建二省主席之撤換。

九月二十五日[3]　星期日　氣候：晴　乍雨

雪恥：昨日下午召見喻英奇[4]師長，是一血心男兒，可愛。再約見韓國申大使[5]，談接濟其武器事。六時後與蔚文、至柔乘汽艇同到黃埔。據報辭修近來態度積極，處理軍事皆能負責，聞之大慰。聚餐後，林、周[6]辭出，乃晚課默禱，十時後就寢。

朝課後記事，記上週反省錄。召見劉安祺、程鵬[7]等，談北江與瓊州軍事方鍼後，與雪艇談出處問題，彼以軍事劣勢徒負失敗名義，犧牲無益，不主出山，

1　宋即宋希濂。

2　林、郭即林蔚、郭懺。

3　9 月 21 日至 9 月 25 日同日內容不只一份，此處將同日日記並列。

4　喻英奇，1948 年任閩粵邊區剿匪部總指揮，兼任第三二一師師長。1949 年 10 月升任暫編第五軍軍長，旋兼任粵桂東邊區剿匪總部總指揮，11 月 11 日在廉江被俘。

5　申錫雨，韓國獨立運動人士，曾於上海參與組織大韓民國流亡政府。時任韓國駐華大使。

6　林、周即林蔚、周至柔。

7　程鵬，字鴻鯤，貴州水城人。1948 年任第三十九軍副軍長，1949 年任第三十九軍軍長。

此時應忍耐與開誠，團結反共為惟一方鍼。下午白崇禧來談戰略與李代總統仍退為副總統，應由余復職負責之表示，余不表示可否。觀其意仍在國防部長也。余告其除出爾我配合工作，方能達成整軍目的，不然決無良法，以徒法不能以自行也。李登同[1]來，告歐陽市長[2]貪污。五時後，岳軍、禮卿等來討論對桂方針及昨、今二日情況。客去晚課，餐畢，與經兒在三樓洋臺納涼談天。

九月二十五日　星期日　氣候：晴

雪恥：昨下午召見喻英奇師長，實一血心男子，可愛也。約見韓國申大使。六時後，與蔚文、至柔同到黃埔。餐後林、周辭去，乃晚課默禱，十時後寢。朝課後記事與反省錄，召見劉安祺、程鵬等，談北江與瓊州軍事方針後，與雪艇談出處，彼以軍事劣勢徒負失敗之名，犧牲無益為言。下午崇禧來談戰略與李代總統仍退為副總統，由余復職負責領導之表示，余不置可否，其意仍在得國防部長也。余告其除了你我精誠合作乃能整軍，否則決無其他良法也。李登同來，告歐陽市長貪污不法。五時後，岳軍、禮卿等來討論對桂系方針及昨、今二日情況後辭去。晚課，餐畢，與經兒在三樓洋臺納涼閒談。

九月二十六日　星期一　氣候：晴

雪恥：未明即起，朝課畢記事，批閱文電，清理積案後，由黃埔回梅花村，與李代總統談話，約一小時餘。彼對國防部長問題仍堅持白健生出任，而對

1　李福林，字登同，廣東番禺人。曾任廣東國民政府政治委員會、軍事委員會委員，國民革命軍第五軍軍長。1949 年任廣東省游擊總指揮，1950 年 4 月移居香港。

2　歐陽市長即歐陽駒。

非常會軍事委會認為不能生效，表示不甚同意，余力說該會重要，必須白與余在會負責，一切公開誠意合作，經過一度共事以後，則白為國防部長時，方能使全軍將領安心無懼之意之必要，否則整軍目的必不能達成，而且適得其反也，其後果不堪設想，故堅持軍委會之設立也。下午與伯南談廣州市長問題。四時約見高級同志研討國防部長問題。七時半健生親自來談彼願就國防部長之真意，余告以將領心理與環境事實皆非其時，必須經過軍委會一度之共事，並提余下野以前彼之來電，一般軍民皆認為由彼所逼成，故此種遺憾決非一時一語所能消除也。

九月二十七日　星期二　氣候：晴

雪恥：續昨：明告彼必先由軍委會機構合作，使各將領了解之後，再任其為國防部長，彼知我之決心已定，故不再要求，未知其今後之行動與心理如何耳。與鴻鈞談財政問題畢，晚課後入浴，就寢已十一時半矣。

朝課後召見薛伯陵，婉教之。見墨三等，知白健生已派兩軍由湘入粵，並在廣州設指揮所，此事嚴重，彼等似已決心聯合兩廣控制中央政府為其最後目的，而置湘西敵之主力於不顧，放任匪向川、黔進展，此何如事，特加注重。十一時約高級幹部會商國防部長問題，桂系仍欲強求國防部，實有非達目的不可之勢，僉以時局嚴重為慮，伯川與禮卿皆以為不可再事遷就也。下午會客十餘人，陳大使[1] 報告菲總統之態度與意旨，對遠東聯盟事甚堅定也。岳軍、蘭友等來報，桂系仍堅要國防部長，可恥。晚課後，約劉健羣、羅志希聚餐，聽取印度與西藏報告。

1　陳大使即陳質平。

九月二十八日　星期三　氣候：晴

雪恥：朝課後，八時往訪伯川院長，討論時局與軍政部長及財政部長問題，彼以為此時不宜任白[1]以軍令、軍政大權職務也。回寓，與余握〔幄〕奇談長官公署成立事，彼甚不願就職，其言甚切實，可慰。十一時再與岳軍討論國防或參謀總長問題，與鐵城討論廣州市長問題後，批閱文電。正午宴客十餘人。下午召見李漢魂、李揚敬[2]等。五時召集會議，討論國防部與參謀總長予白以一席，多主以參謀總長授白，國防部長仍舊閻兼也。最後結果與閻切商，如此辦法，則華中白部必調廣州，而廣州原有衛戍部隊必被參謀總長調赴前方，則政府與政局皆危矣。故決緩議，以待華中戰局之結束再議。會畢已八時矣。

今夜約粵中同志談廣州市長問題，爭嘈甚烈，余決心令歐陽辭職，但不能由薛[3]兼任。晚課如常。

九月二十九日　星期四（上弦）　氣候：晴

雪恥：未明即起，朝課後約見伯陵，告以切勿兼任市長，為公為私皆有害無利也。記事。九時到中央常會主席，講評最近軍事、外交、財政、黨務等業務與指示黨務，應特別加強匪區之游擊組織與領導也。對改造黨務進行未能收效，亦加指導。會畢，與總統府秘書長談話，勗勉之，再與岳軍、雪艇談話，雪以為必須與白以參長，方能維持現局，余言余意已定，利害輕重、禍福遠近皆已研究比較，以不予其軍令權為最妥，而令墨三辭參長職，派次長代理

1　白即白崇禧。
2　李揚敬，字欽甫，廣東東莞人。1946 年當選制憲國大代表。1949 年任廣東省政府委員兼秘書長，10 月臨危受命接任廣州市市長。同月廣東省政府退邁海南島，任海南防衛總部副總司令兼參謀長。1950 年，奉令撤至臺灣，調任國防部參議。
3　薛即薛岳。

而不另委總長，以表示余之決心。參長與部長，以待華中會戰後同時解決，並此時免生參總長人選之波折也。下午批閱公文，會客。五時半與岳[1]往訪李代總統，面告其對國防部長與參長問題，決待華中會戰後，再提白案，彼即同意，毫不勉強，此乃出乎意料之外，於是月來最難問題得告段落，但尚未解決耳，感謝天父。

九月三十日　星期五　氣候：晴

雪恥：昨晡晚課如常。入浴後，約墨三、銘三等聚餐，研討中央部隊運用生效方案。

未明即起，朝課後，與可亭談財政現狀與閻院長[2]心理，徐[3]恐不能再留任矣。與賈秘長[4]（政院）談財政與中央銀行人選關係，囑轉告伯川院長，伯川之意似太堅強，近於固執，不顧成敗與利鈍，無任系慮，但此時除彼外，再無第二人能不辭勞怨，為黨國負此重任也，奈何。十時後研討全般戰局與部署及保衛廣州計畫，僉以中央兵力應形成幾個重點，而廣州附近為重點之一，以求決勝也。批閱公文。正午宴客。下午召集非常委會，通過三個小組會規章、人選等。李德鄰神態冷淡，其不滿之意溢於眉目，昨、今二日如出二人，可歎。彼無定見蓋如此也，然余以〔已〕盡我心力與禮讓矣。惟伯川所提人事，尤其蒙藏委員長周崑〔昆〕田[5]更不適宜，將受人攻訐，於彼甚不利也。會後憂悶異甚，尤其看人冷面，聽人冷話，為國受苦乃如此也。處理業務畢，乃與經兒乘船，來黃埔休息。船上靜默，晚課。

1　岳即張羣。
2　閻院長即閻錫山。
3　徐即徐堪。
4　賈秘長即賈景德。
5　周昆田，號彥龍，曾任貴州省政府秘書、《新疆日報》社長、新疆省政府委員、蒙藏委員會簡任秘書、副委員長等職。1949年11月至1950年3月任蒙藏委員會委員長。

上月反省錄

一、我向聯大控訴俄國案提出後，以十二票對二票通過，此乃外交上之優勝，如運用得法，或可使大多數國家在法律上不承認共匪偽政權也，惟俄國必惱羞成怒，更明目張膽援助共匪矣。

二、美國兩院已通過援助中國區域七千五百萬美圓案，此乃余妻等在美運用全力之效果，但余並不以為意也。

三、美國兩院通過其對遠東反共聯盟之贊助決議，此為余三個月來之奮鬥，今日始見其初效矣。

四、西藏有宣布獨立之消息，但未得確報也，不能不加注意。

五、美參議院外交委會長康納利，在辯論援華案時，無言可為其政府辯護，竟以余私藏國庫現金之荒唐謬說出之。事後，其本人雖有修正，我政府亦負責駁斥糾正，但此實美國務院對余之陰謀，有非澈底滅蔣決不甘心之情態，可見一般矣。

六、西北自蘭州於上月底失陷以後，馬步芳父子相繼棄職逃遁，所部無形潰散，官長投降。因之西北無主，新疆陶峙岳動搖叛降，西北四省不到一月時間整個淪亡，此誰之罪？而李、白[1]不知自責其任命步芳之失當，政策、戰略之失敗，而反責胡宗南等增援不力，能不痛憤。而綏遠自傅作義到後，又不料其無恥不道，挾眾降匪，因之寧夏馬鴻賓亦隨之降匪。二十餘年來，對西北用盡心力，正期鞏固邊陲，竟為若輩喪失殆盡，而且喪失之大而速，誠為不可想像之悲劇，不知何日方能收復矣。

七、雲南情勢之惡劣，幾乎完全入於共匪掌握之中，幸而天父佑我中華，卒使盧漢能回心轉意，來渝面晤之後，又能服從命令，實行反共，此不僅雲南為反共最後基地，乃能失而復得，而且中華民國整個之國家，亦因之轉危為安，此實足抵償西北全部喪失而有餘矣。

1　李、白即李宗仁、白崇禧。

十月

蔣中正日記
Chiang Kai-shek Diaries

民國三十八年十月

本月大事預定表

1. 東南非常分會召開軍事會議。

2. 北平匪政府成立後，我軍應取之行動與重要對策之決定。

3. 保衛廣州兵力之集中與部署之決定。

4. 保衛臺灣軍政與經濟之措施。

5. 東南各省主管之人選。

6. 防空設備之加強。

7. 組訓新軍籌備之完成。

8. 革命實踐研究院之成立。

9. 訓練基本幹部團之籌備與建築。

10. 政工、情報（人事與會計）、通信、遊〔游〕擊、組民眾武力等之特訓。

11. 設計研究小組之成立。

12. 視察金、廈與定海。

13. 檢查倉庫與武器。

14. 陸、海、空軍聯合演習計畫之籌備。

15. 黨務改造之督導。

16. 軍中政工與黨務之建立。

17. 衛兵教育之改造。

18. 情報組織之加強。

19. 三灶島設防。

20. 特種訓練班：甲、情報。乙、政工（民眾組訓）。丙、通信。丁、爆破（敵後遊〔游〕擊指導與滲入之研究）。
21. 訓練精神與修養要旨：秘密、確實、精實、澈底。

十月一日[1]　星期六　氣候：晴　溫度：九十

雪恥：未明即起，朝課後記事，批閱。十時岳軍等來會，始悉鴻鈞離穗赴港，不肯任中央總裁也，聞之悲傷。時局如此，關係複雜，不能強人為難耳。惟非此則財經不能支持，乃令經兒赴港挽之同來。與岳軍等討論軍事小組及開會時期，最好能在余離穗以前組織完成，以免指責予人以口實耳。為恩伯任閩綏署之任命，府院爭議不決，貽笑中外，此乃李不識大體之所為，不知何以善其後矣。下午批閱後，召見粵省市黨委談話後，與彥棻談話。彼出示桂系在港機關報，以蔣、李二人對比，並以美白皮書為之根據，其欲毀滅黨國已無所不用其極矣。又為墨三辭參長後，新任未到，即不能辦公，聞之更為憂傷，此事處置太不審慎，今後國防部更無辦法矣。晚課，入浴後，孤獨在黃埔公園屋頂納涼，憂慮黨國，不知何以為計矣。

（自四月一日起至本日止，皆為夏令時間，即提早一小時）

十月一日　星期六　氣候：晴　溫度：九十

雪恥：未明即起，朝課後記事，批閱公文。十時岳軍等來會，始悉鴻鈞為不願就中央銀行總裁而離穗赴港，聞之悲傷。時局如此，強人為難是不忍也。

1　10 月 1 日至 10 月 3 日，作者因旅川、滇、粵另帶日記本，故同日內容不只一份，此處將同日日記並列。

但非此不能支持現在政局，則國難更難挽救，乃令經兒飛港挽之，未知能有效否。與岳軍等討論軍事小組會開會時期，與余回臺之期有關，最好能在離穗以前組織完成，以免猜測與予人口實耳。為恩伯任閩綏署之任命，府院爭議不決，貽笑中外，此乃德鄰不顧大局、不識大體之所為，不知何以善其後矣。下午批閱後，召見廣東省市黨委談話畢，與彥棻談話。彼出示桂系在港機關報，以蔣、李二人對比，一毀一譽，並以美白皮書為資料的根據，其欲毀滅黨國已無所不用其極，奈何。又為墨三辭總長職後，新任未到即不辦公，聞之更為憂傷，此事處置太速，今後國防部更失重心矣。

上星期反省錄

一、據報共匪已於十月一日在北平成立偽人民政府，毛澤東為主席，副主席六人，宋慶齡為其中之一。總理在天之靈必為之不安，國賊家逆，其罪甚於共匪，痛心極矣。

二、伯川意志固執日甚，德鄰意氣用事不識大體，以小害大，以私害公，拒絕湯恩伯福州綏靖之任命，並發表其非法之理由，殊為痛心。今後府院之爭必日趨激烈，言念前途，憂心如焚。

三、鴻鈞不願就任中行總裁，不辭而離穗赴港，不勝為之嗟異，頓感悲戚矣。

四、共匪偽政府之成立，是增加我宣傳之力量甚大。彼匪倒行逆施之所為，行見其自斃之日不遠矣，故余於此但有樂觀而已。

五、美國兩院正式決議，贊助遠東反共聯盟之主張，可知吾道不孤，而且正義伸張，其效必速也。

本星期預定工作課目

1. 視察廈門戰事與慰問。
2. 審定革命實踐研究院學員名單。
3. 決定新軍組訓計畫與地點。
4. 督導胡璉部隊調粵。
5. 保衛廣州計畫之實施。
6. 西南增編補充部隊之督導。
7. 臺灣人事問題之研究。
8. 閩、贛二省主席之撤換。

十月二日　星期日　氣候：晴

雪恥：今晨一時前即醒，自思為參謀總長事處理失當，不能成眠，以德鄰阻礙，無法了結也。五時起床，朝課後接恩伯電，以李反對其任命之聲明，彼對所部無法指揮，不能再駐廈門作戰，決今日離職遠引之報，令人刺激。湯[1] 正與匪拚命作戰，而為代總統者竟出此謊〔荒〕謬之聲明，太不顧大局。又聞其對非常會所通過之財政部長與中行總裁之任命亦扣而不發，而故與閻為難，此種非法行為，長此以往，不知如何結局矣，言念國事，悲憤無已。八時後由黃埔回梅花村，與岳軍及顧、林[2] 等商談應立飛廈慰湯，俾得繼續作戰，以另無其他人可以代替其事也。因非常會各委力主對湯任命有一解決辦法後，再行離穗，否則李之誤會必甚，有關大局，應忍之，乃允其請，改為明日離穗，以繼續所預約之軍事小組會議，勉維大體。正午鴻鈞與經兒由港回來，研討結果，將順其意不強其為難，准予不就。下午靜默半小時後，與

1　湯即湯恩伯。
2　顧、林即顧祝同、林蔚。

伯川談話，勸其再加忍耐謙讓，保持大局，惟極為黨國前途憂也。晡開軍事小組會議，白[1] 由衡來穗參加。宴後討論華中與華南作戰計畫，余極同意華中戰區出擊先取攻勢也。十一時回寓，入浴，默禱。晚課畢，召見李、吉、劉[2] 等軍警長官等完，就寢已十二時一刻，此為近月來最遲睡之一日也。

十月二日　星期日　氣候：晴

雪恥：昨晚課如常，入浴後，孤獨在屋頂納涼。悲戚憂傷，黨國不知何以為計。今晨一時前醒後，為參謀總長事處理失當，補救困難，德鄰牽制阻礙，無法了解，終夜不能成眠。五時起床，朝課畢，接恩伯電，以李對其任命反對之聲明，對部下威信全失，不能再駐廈指揮作戰，今日離職遠引之報，刺激異甚。湯在前方正與匪拚命作戰，而為代總統者竟出此荒唐聲明，且激起府院之爭，太不識大體。又聞其對非常委會所通過之財政部長與中央銀行任命亦留中不簽發，而與閻院長為難，此種非法行動，無理取鬧，長此以往，不知如何結局矣，言念國事，悲憤無已。八時後回梅花村，與岳軍及顧、林等商談立即飛廈慰湯，使其威信不失，繼續作戰，以另無其他將領可以代替其事也。張、洪、黃[3] 各同志力加勸阻，余意已決不能轉變，後以非常各委員力主對湯任命有一解決辦法後再行離穗為宜，否則李之誤會必甚，大局有關，應忍耐之，乃允其勸止，[4]

1　白即白崇禧。
2　李、吉、劉即李及蘭、吉章簡、劉安祺。吉章簡，1949 年任第二十一兵團副司令官兼廣州警察局長，年底到海南島，任反共救國軍總指揮。
3　張、洪、黃即張羣、洪蘭友、黃少谷。
4　接次日雪恥項下。原日記格式如此。

十月三日　星期一

雪恥：（續昨[1]）改為明日離穗，以實行預約下午軍事小組會議，保持大體也。正午鴻鈞與經兒由港回來，私心為之大慰，商談中央銀行總裁事，研討甚久，余將順其意，准予不就，以其苦心與立場可感，乃不強勉。孰料代總統對其任命竟擱置不發，其有意違反非常會之決議，並與行政院以為難，毫不忌憚矣。下午靜默半小時後，與伯川院長談話，勸其再加忍耐謙讓，甚為黨國憂也。五時至七時到軍事小組會議，健生亦由衡陽趕來參加。八時宴客。九時後，討論華中與華南作戰計畫，余甚同意華中戰場主動出擊，先取攻勢，當有八成把握為慰。回寓已十一時，入浴，默禱。召見李及蘭、吉章簡、劉安祺等軍警長官畢，就寢已十二時一刻，此為近月來最遲睡之一日也。（以上為二日記事）

十月三日　星期一　氣候：風雨

雪恥：一、俄國已宣布承認北平中共偽政府，並通知我駐俄使館，與我中央政府絕交，此乃既定與必有之事，而其所以如此急速者，全以我在聯大控訴俄國違約有效，故彼不能不出此一着以對之。今後俄、偽必訂立其軍事同盟，供給其空軍與海軍，則我軍更處劣勢，此為最大之顧慮。然而天父必佑中華，決不使我因共禍而滅亡，只有盡我職責，行其所當行之事，即「行之如素」、「履險如夷」，既無愧怍，何足憂懼。

五時起床，朝課如常，召見彥棻等畢，六時出發起飛，九時抵臺北，入草山寄廬。得俄承認偽政府之報，何其速耶。記事，下午入浴，批閱公文，與辭修商談東南軍政要務後，晚課畢，約辦公室各幹部商討俄、偽事及應否發表

1　續 10 月 2 日日記。

告書等問題。張曉峯甚以中俄友好條約為今日失敗之根，此乃書生之見，以成敗論人者也。正午與白健生親通電話，屬其調解府院隔閡，使之更能安心剿共也。晚十一時就寢。

（本日以前日記，因在川、滇、粵旅中，故另記第三冊）

十月四日　星期二　氣候：風乍雨

雪恥：一、俄、偽必將同盟，否則亦必供給匪偽以空軍，使我不能收復長江以北之匪區，故今後我軍戰略與政策皆應作重新之考慮。二、廣州如果失陷，則外交形勢更將大變，倘匪偽果能承認其對國際條約義務，則英國必承認匪偽，美國即使暫不承認，但其必追隨英國政策，准由匪偽加入聯合國，以替代我政府代表之地位，果爾則我政府在國際上已無立足之地，一般軍民心理更難振作。余以為到此地步，反可自立自主，於事實上並無所損也，要在自強不息而已。

朝課後記事，記本月要事預定表，批閱公文，約見徐局長[1]談招商局困難情形。下午召見彭孟緝，談籌備校官訓練班與招聘教官事。三時半至七時，召開東南非常分會，研討保衛臺灣與外交問題。晚餐後，晚課。

十月五日　星期三　氣候：風雨

雪恥：一、每一想及俄、偽軍事同盟如果出現，則其空軍必較我優勢，剿匪前途更覺憂慮，今日且現驚悸之象，此乃杞人憂天，思之自覺可笑。余之心理如此，他人更可知矣。對此惟有積極準備防空與建立新生力量，其他非我

1　徐局長即徐學禹。

所知，憂懼更無益也。二、共匪與俄諜到處活動，而且深入各國，其挑撥我內部，望我自相殘殺之陰謀，思之殊堪驚悸。現復以孫立人為其目標，將行讒間矣。我國政軍黨之失敗，皆中其毒計而不自悟所致也。

朝課後記事，批閱公文，審定研究院課目、人選與經費，及新軍組訓計畫，皆甚重要。胡璉兵團決增援定海、廈門，而不調穗矣。正午宴客。下午武孫來見，其體力與智力皆已增強，可愛。與唐縱研究情報組織原則及其經費，亦一要務也。與雪艇等商討研究院教程後，晚課，入浴，餐後記事。接妻密函報告立人事，其全被共諜所利用而不察，如非余之明見，則誤大事矣。

十月六日　星期四　氣候：陰　風

雪恥：耶穌被審受屈卻不開口，此乃用緘默來容忍誤會，用溫和來容納冤屈之道，而余自八月初受艾其生白皮書之侮衊，九月間復遭康納利在其議會之污蔑，可謂極人世未有之枉屈與侮辱，余惟有以自反來接受其誣陷，毫不予之計校，此乃每日朝夕默誦「不愧不怍」與「自反而縮」、「何憂何懼」箴言之效歟。

朝課後記事，上午清理積案三小時之久，本年所有積閣案件幾乎掃清，內心亦為之一清。正午由草山到基隆，登華聯商船，經、緯二家皆來送行。武孫言語清晰，行動健全，可愛。下午二時出港，風浪甚大。臥床至五時，起而審閱雙十節告書，多不能用，乃另擬要目，至十一時後方畢。就寢。

今日中秋。風浪雖大，仍能在甲板上賞月，惟月色濛隴〔朦朧〕不明耳。晚課如常。

十月七日　星期五（望）　氣候：晴　風

雪恥：一、給養必須由聯勤直送至團部，嚴防延誤。二、沿海守兵棉衣速發。三、夜間守兵加餐。四、草鞋按期照發。五、金門給養直運當地，不轉廈門。六、東南區衣鞋統籌。

風浪至今未息，朝課如常，手擬告書要旨，補電希聖修正。十時後船到廈門，停泊於大學前海面。恩伯、方治等來見，報告匪情，對於情報與偵探可說毫不注意，可歎。劉汝明、曹樂山[1]、毛森[2]等皆來見。在船上聚餐後，假眠。酣睡三刻時，甚覺難得。四時登陸，停駐於恩伯寓，在海濱游泳場，月色潮音，風景可愛。召集團長以上訓話後，會見廈門耆紳聚餐，覺太奢靡矣。八時後，回船與湯恩伯等話別，切囑其在廈打一大勝仗，擊退犯匪，鞏固廈、金，為公私爭氣，再言其他也。晚課後開船。十時半就寢。

十月八日　星期六（寒露）　氣候：晴陰

雪恥：陸、海、空軍在東南區者，作整個之整頓計畫：一、臺灣征兵與組織新師。二、劉汝明與廿五軍武器之補充。三、新編師地點之決定。四。[3]

昨夜在船上風浪甚大，但酣眠如常。今晨六時後起床，已見馬公島甚近矣。朝課畢，召見馬公海、陸主官後，登岸直赴機場。九時後乘機起飛，在空中視察彰化、臺中、新竹、桃園，經大溪到臺北機場。下機後，即得韶關撤守，衡陽亦已準備放棄，白[4]之主力已向湘西武岡轉進，欲先擊破芷江匪陣，再退

1　曹福林，字樂山，河北景縣人。時任第八兵團副司令兼第五十五軍軍長，1949 年初率部進駐青陽、貴池等地，擔任長江南岸江防守備任務。共軍渡江後率部退守廈門，兼任廈門防守司令，後率殘部來臺，任國防部參議。

2　毛森，字善森，曾任軍統局杭州站站長、東南辦事處特派員、上海警察局局長，1949 年任廈門警備司令部司令。廈門被佔後，組織「東南反共救國軍」，自任總指揮。

3　原文如此。

4　白即白崇禧。

貴州之企圖甚明，恐已不能及矣。自午至夜，除接見江杓等數人，處理急務以外，其餘時間皆修正告書，覺太長冗，但時間匆促，無暇詳刪矣。晚課如常，十時三刻就寢。

本星期預定工作課目

1. 實踐研究院專科之部：甲、情報。乙、通信。丙、保密（秘密）。丁、防奸。戊、組織。己、用間。庚、宣傳（反間、暗示、領導、爭取）。辛、檢討。壬、監察。癸、批評改革（由下而上）提議採納，注重精神要旨。

2. 經理、人事、意見、賞罰、公開辦法之擬議。

3. 管理、整理、修理、調理方法之研究。

4. 廢物利用之提倡。

5. 自立更生之決心與精神。

6. 現代戰爭之組織與構成之要素，黨政軍民經教合一。

7. 精神、方法、技術之改革（積極建設、新生進步）。

8. 教育訓練經過階段：一、設計。二、準備。三、示範。四、實驗。五、檢討。六、覆習。

9. 訓練以秘密、確實、精熟、澈底為基本精神。

十月九日　星期日　氣候：晴

雪恥：一、廈門官兵發鞋。二、劉汝明部發槍械。三、恢復金塘島之準備。四、電閻[1]財政。

未明起床，朝課後閱讀日報。告國民書文字顛倒錯誤且多不通，希聖神經衰弱不健，往往如此，不可托其要務也。心緒鬱悒異常。上午重加修正告書。十時後，召見毛昭宇[2]等空軍六人，即由寧夏被扣繳械以後，強逼其飛平附匪，在起飛時反擊匪之監視人員，設計飛回，其勇敢精忠可嘉，特加面獎也。批閱公文，正午約少谷、蔚文，商談美援戰況與武器之分配。下午約見禮卿，報告彼與德鄰談話經過，望余復位之意。禮卿不知余意，其心太急，以為此時廣州若失，政府遷渝，倘不復出，以後再無機會，其實不然也。陪右任往視第二賓館住室。六時後，灌音片畢，入浴。晚課後，約宴研究院籌備委員，商討訓練及課程等。十時後就寢。

十月十日　星期一　氣候：陰　乍雨

雪恥：今日國慶雙十節，四時起床盥洗後，凝神默禱，卜問中華民國存亡前途，得使徒行傳第九章四十一節之啟示，有彼得拯救多加起死回生之象，感謝上帝，使我中華民國得由忠貞子民介石之手，能使之轉危為安，重生復興也。

朝課，靜坐半小時後再睡。七時半始醒，起床後，補行朝課。上午記事，研

1　閻即閻錫山。
2　毛昭宇，C-47 型 303 號運輸機駕駛，隸屬空軍第十大隊第一〇四中隊。1949 年 10 月西北陷入共軍之手後，在寧夏被扣押，迫飛北平。起飛之際，設計反擊監視人員，奪機飛成都、衡陽、廣州轉臺北。303 號機組人員六人為：飛行員毛昭宇中尉、副飛行員潘肇雄少尉、通訊員王近愚中尉、機工長陸培植上士、機工長馮明鑫下士、參謀姚全黎少校。

究訓練要旨，預定工作課目。約禮卿午餐，與孫輩同席。下午約彭孟緝司令同往湖口視察訓練新軍地址及新營房基地，該地環境甚適於練兵也。晚課如常，約鐵城晚餐，談出處問題，對時局已無法收拾為慮。晚批閱文電，記事。十時半就寢。雙十節告國民書又嫌太長，但掬其精誠而已。

據報衡陽今日已放棄，其實並無激戰，不知白[1]之用心如何矣。

十月十一日　星期二　氣候：晴

雪恥：（雙十節讀荒漠甘泉有感）我心已碎，我腦已枯，可憐的迷途小羊，又不可不看顧。舊的傷痕尚未愈，新的傷痕又生了，但是眼望着手造的中華民國危亡，怎敢不揮淚前進。走這條路的，誰都知道艱難崎嶇，但是途上已滿了先聖的足蹟，點綴着血和淚跡。前進呀，莫退。莫退呀，前進。現在四圍雖都黑暗，只見失敗，魔鬼勢力更強，似乎大不可當，環境惡劣比前更甚，神也似乎遠離了我、遺棄了我，但是感謝天父，我仍能藉着這一線光明的信心，已足使我按步前進，毫未失望，絕不喪心。

朝課後記事，約見朱世民〔明〕等，手擬夫人等電稿數通。聞伯川已由穗來臺，乃候之。在長官公署研究廈門敵情，大嶝嶼已為匪所佔，則金門大受威脅矣。正午與伯川談財政，彼來要求撥存金四十萬兩，作兩月支出之用，余即允之，惟望其注意財政部勿浪用，或將此現金為貪污投機者所得耳。一時半由臺北起飛，四時到定海，搜集敵我情報。

1　白即白崇禧。

十月十二日　星期三　氣候：晴　地點：定海

雪恥：昨晡召見陸海空將領，聽取其報告，六橫、蝦岐各島皆已放棄。金塘失陷情形，實由於軍隊腐敗、將士無鬥志所致，據報從未有見軍隊如此腐敗者，周喦無能，害國害鄉，痛心之至，決澈底改造，以求有濟也。晚課如常，聚餐後，切屬悔吾準備接浙省府事也，九時半就寢。

朝課後在廊簷記事，傷風。上午自八時半至十時召見桂永清，嚴斥其海軍不能盡職，又見石覺、周喦後，召集陸海空軍將領會議，研究防衛定海與收復金塘、六橫島計畫。正午召見駐定各軍師團長，聽取其報告，訓話後，說明朱式勤[1]師長失守金塘責任，與交軍法審判理由。會餐畢已三時餘（在定海縣署），乃回行寓休息，直至五時半方醒。起床後，再召各軍長單獨訓話畢，晚課，九時後就寢。

十月十三日　星期四　氣候：晴

雪恥：朝課後召見至柔、悔吾談話，屬悔吾準備浙事後，即來定就職。上午九時，與石覺司令乘車出西門，到天童山徒步二、三里，至天童山麓，沿海視察陣地，自排經連至營部（礁頭）約行十里許，工事薄弱且多暴露，形同兒戲，官兵皆面黃骨瘦〔瘦〕，未見有強健之一人，無冬衣、無被服、無草鞋、無藥品，目睹病兵臥床呻吟，問之，則無醫無藥以對。此為帶兵以來從未見過之悲劇，不知如何收拾矣，若天父不賜我以特恩，則決無不亡之理。回城已一時半矣。下午三時記事後，接美國各報，皆登此次廣州與衡陽失敗，大局形成如此惡劣者，皆由余扣留現金不發，以致崩潰之故也，閱之心痛。此乃內外仇讐，皆使余永無翻身之日，凡有罪惡皆歸余一身，非澈底毀滅蔣某，不足以快其心也，但亦惟有置之而已。

1　朱式勤，曾任砲兵第五十七團團長，時任第一〇二師師長。

十月十四日　星期五　氣候：雨

雪恥：昨日下午四時，召集高級將領會議，促成陸海空軍聯合會議，規定各種辦法，嚴戒其腐敗頹落之失敗主義，未知果能振作奮發否。六時後休息，晚課。約叔銘來見，報告空軍一般情形，聚餐後休息，九時就寢。

朝課後，召見黨政軍主要人員指示要旨畢，對於情報員多能奮鬥不懈，略為自慰，其他皆萎靡不振，尤其海、陸軍官長為然，惟空軍尚能照常盡職而已。十時由定海起飛，十二時廿分抵臺北，聞廣州已於今日放棄之報，驚駭之至。國政無主，中樞無心，其何能久，若輩只知爭權奪利，何能再望托其重任，而薛、劉、余[1]更不知廉恥，不顧大局矣。下午召見墨三，見其處置劉、程[2]二軍，又為其所斷送矣，可痛。四時半約見伯川，彼以人定勝天為言，望余出處早下決心也。晚課後，閱扭轉時局方案，約張君勱晚餐後，閱書。

十月十五日　星期六（下弦）　氣候：陰雨

雪恥：一、不歡迎「極塞浦」[3]，亦不拒絕。二、浙省主席人選。三、史米斯[4]談話之準備。四、定海伙食。

朝課後記事，審閱扭轉時局案完。伯川對共匪認識最為深刻之一人，但其所設計之對策尚不完備耳。十時召見辭修、少谷，聽取其對余出處之報告。與郭悔吾談定海事，催其速去就職。十一時召開研究院準備開學會議，指示各教程方案與訓練程序，對於學員之遴選訓練與任用關係，研究甚詳也。

1　薛、劉、余即薛岳、劉安祺、余漢謀。
2　劉、程即劉安祺、程鵬。
3　吉塞普（Philip C. Jessup），又譯傑塞浦、急煞鋪、極塞浦、結煞浦、吉煞浦，美國外交官，1949 年至 1953 年任無任所大使。
4　史密斯（H. Alexander Smith），又譯史米斯、史米思，美國共和黨人，1944 年 12 月至 1959 年 1 月為參議員（紐澤西州選出）。

正午與蘭友談李代總統表示進退，似各居其半，但其仍望余能予其全權也。下午準備明日開學詞稿，至晚未完。晚課後，約君佩、星樵聚餐，君佩主張余復職之理由，為軍心民心非復職決無法挽回也。晚閱伯川對白皮書之感想，未完。

上星期反省錄

一、研究院講課要題：

甲、國軍之靈魂與基幹及核心：子、黨為靈魂。丑、紀律為精神。寅、黨員與主管為基幹。卯、政工為核心負責與示範。

乙、風氣、生活、學術、行動之改造：子、風氣：和愛、民主、勤勞、節儉四大公開，以對今日惰貪虛浮之弊。丑、生活：官兵一體，整潔簡素，以對今日爛污繁奢之弊。寅、學術：由下而上自我批評，科學方法、客觀態度，以對今日主觀教條、頑固經驗、自大自是之弊。卯、行動秘密，協同一致，澈底緊張警覺，活力實在。

丙、學習：組織、情報、調查、宣傳、領導統御、管理、政工檢討，具體研究，基本官兵整個名冊，人事結果，經理法紀訓練，秘密、準確，三〔主〕動專一，精熟堅實。

丁、總體戰之性質與方式及其精神。

戊、為誰而戰：為國家主義與本身而戰。扶助農工，平均地權，實行減租減息。

本星期預定工作課目

1. 出處問題之研究。
2. 朱[1] 師長之處治。
3. 革命實踐研究院開學。
4. 對學員點名與單獨談話。
5. 對研究院講話（軍事改革案）。
6. 定海人事與防務之決定。
7. 廈門、金門防務之加強。
8. 臺灣防務之督導。
9. 中級研究院之籌備。
10. 西南防務與部隊調動之研究。
11. 新軍訓練與日員之工作準備。
12. 軍歌之征集與軍名之研究。

十月十六日　星期日　氣候：晴

雪恥：朝課後，接廈門已被匪多方面襲擊登陸，又稱已有數股被殲滅，情勢尚不嚴重，惟此心甚覺不安。閱共匪整風文件，補充講稿。九時到研究院舉行開學典禮，講演約一小時。攝影後，入浴畢。約見蔚文、少谷，聽取廈門戰報，忽報登陸之匪已被肅清，此空軍得地面電話通報，並見地面沉靜，並無戰事云。余疑信參半，甚願此報不虛也。正午陳納德[2] 來見，談此次參院

1　朱即朱式勤。
2　陳納德（Claire L. Chennault），曾任駐華美國陸軍第十四航空隊司令。1945 年 12 月，在上海與盛子瑾合股，開設「中美棉業公司」。1946 年 10 月與魏勞爾（Whiting Willauer）成立民航空運隊並參與經營。

對援華通過之經過，又談美國私人甚願以現金供給白崇禧所部，可知桂系對美之宣傳譽己毀人，並不亞於共匪也。下午見馬繼援、關麟徵。五時見美參議員史米斯，約談二小時而別，彼特由東京來臺訪余也。晚接廈門情勢混亂，已有撤退之象，乃知上午所報者全非事實，或空軍被匪所欺耳。晚課如常，餐後批閱電文、積案。十一時就寢。甚感軍情惡劣，官兵怯弱，不能作戰為慮。

十月十七日　星期一　氣候：晴

雪恥：一、黨政軍制度與紀律如何建立。二、經濟、社會、教育政策與實施方案之訂立。

朝課後記事，處理業務。召見立人，督促其工事與訓練。又見端木傑[1]等，報告其各航空公司與招商局困難情形，與香港政府之態度惡劣及共匪在港之鴟張，且港政府准其組織工會，以吸引我各公司工人之叛變，交通機關幾乎無路可通矣。批閱文電，清理積案。正午約墨三、辭修等，研討今後東南軍事整個計畫，蓋廈門失陷，全為劉汝明、曹福林所部，以不願作戰為藉口而叛變所致，得此教訓，更覺軍事必須純一，而且待遇必得溫飽也。下午寫妻信，清理積案。召見董釗後，視察研究院畢，入浴。晚課後，與郭寄嶠談話。晚考慮大局與今後軍事部署，及個人出處問題。

1　端木傑，字文俠，1949 年 3 月任交通部部長兼中國航空公司董事長，11 月在香港率所屬交通機構投共。

十月十八日　星期二　氣候：雨

雪恥：一、軍歌之征撰。二、總體戰推行方案。三、結煞浦之迎拒。四、臺灣為建設模範省實施方案。

朝課後，研究西南軍事部署與運輸計畫，批閱文電。十一時與曉風〔峯〕談出處問題後，召集設計會議研討出處利害問題。余以為只問應該不應該再起，不能問再起後之利害得失，只要人民、軍隊與國家有再起必要，則不必研究外交上美國加我之害及其後果如何。此時只有自立自強，決無外援可望也。大多數皆主再起，惟對李、白應使之諒解不反耳。下午接見國大代表四人，又見丁治磐等畢，審閱軍政改革案數件畢。晚課後，約丁鼎丞 [1]、于右任、吳禮卿等十餘人，商談出處問題，最後結論對本題不作主動推進，對李 [2] 又應取被動態度，必須李以自動退職，出於至誠，不使內部分裂也。十一時就寢。

十月十九日　星期三　氣候：雨

雪恥：一、軍隊戰勝之基本條件：甲、主義與信仰為軍魂。乙、紀律公正（無私），組織嚴密，理論與學術為精神。丙、主管長官與黨員（忠實）為骨幹。丁、政工與黨部為核心（負責與示範）。二、戰爭目的：甲、為誰而戰：子、為救護民眾自由。丑、保衛國家獨立。寅、為實行主義，掃除革命障礙。卯、提高人民生活，實行減租減息，反對剝削苛虐，反對壓迫專制，反對侵略，反對漢奸。為平均地權，耕者有其田，實現民生主義而戰。三、軍隊生活方式：甲、官兵一體。乙、生活一致。丙、經理人事公開。

1　丁惟汾，字鼎丞，山東日照人。1949 年到臺灣後，任監察委員和中國國民黨中央評議委員會委員。
2　李即李宗仁。

朝課後記事，召見悔吾與蕭特[1]，長談一小時。彼一美國退伍少尉，其政治常識與見解充實如此，可感。批閱文電，約集顧、林、郭[2]等，研究今後剿匪戰略與決定川、康、滇、黔軍隊之部署。正午宴客。下午研究整軍要旨，會客，約見英國武官後，入浴。晚課，晚準備講稿至十時半就寢。

十月二十日　星期四　氣候：雨

雪恥：一、美國軍費預算案已於前日全數通過，而且特增加其空軍預算。此乃美國人民真意之表示，一致擁護備戰防俄也。此為俄國原子爆炸以後，繼北大西洋公約國軍援案如數通過以後，為第三次世界大戰又接近一步。甚恐大戰不能待至明年六月，而將提早暴發，當由俄國先發制人也，不勝為民主國家，更為此眛國憂矣。

朝課後記事，準備講稿。九時蘭友來談對李、白[3]方針與出處準備，立夫亦來談，至十時辭去飛渝。十時半到研究院點名講話，約一小時卅分畢，回寓審閱講稿。下午修正開學詞稿至七時方完。召見韓國大使，婉謝其此時無法接濟其武器也。晚餐後晚課如常，十時後寢。

1　蕭特（Irving Short），又譯消脫，美國陸軍退役上校。1949 年底、1950 年初來臺，返美後向國務院舉發柯克（Charles M. Cooke Jr.）秘密擔任顧問活動。
2　顧、林、郭即顧祝同、林蔚、郭懺。
3　李、白即李宗仁、白崇禧。

十月二十一日　星期五　氣候：雨　霧

雪恥：失敗之時，事事失意，處處煩惱。海關內容複雜，總稅務司[1]為美藉〔籍〕，尚有其洋人尚能顧全大體，盡其職守，而本國服務海關者反多叛離投匪，因之海關在港之船舶，尤其小艦未能運出，供匪使用，恐於將來對定海、金門與臺灣之作戰為匪利用之以登陸也，不勝憂慮之至。

朝課後記事，上午專心草擬革命研究院講課整個目錄與內容，直至正午方畢。下午批閱公文後，到研究院與學員談話，自覺缺點甚多也。入浴後，寫健生信。晚課畢，與墨三聚餐，再談西南軍事，甚為前途憂也。十時半就寢。

十月二十二日　星期六（朔）　氣候：雨

雪恥：下野迄今已逾九月之久，北自北平，南至廣州，西北與東南之大陸已全部淪陷，此為二十五年以來所未有之逆境。惶愧恥辱，實極人世未有之慘狀，晦暝否塞，黑暗陰沉，可謂極矣。清夜白日，每自問心覺無愧怍，故憂懼悲愁雖不能免，而內心神明毫不為動。語云剝極而復、否極泰來，以理以勢，將至物極必反之時也。天父果不遺棄其子民，基督厚愛其信徒，當不能使余長此沈淪而無顏立世，以遺累我聖靈也。

朝課後，寫陳、余、薛[2]及宗南各函後，墨三來辭行，指示其胡[3]部向康、滇分路前進，不必全走雅安一路也，為邵光明[4]所欺。召見總稅務使〔司〕李杜（美藉〔籍〕），其成績尚好也。記事。正午與鴻鈞談中央存金數目，只有一百五十萬兩矣。與雪艇、少谷談全局及臺灣保衛處理之辦法，至十四時半方畢。

1　李杜（Lester K. Little），美國人，曾參加國聯李頓調查團，1943 年至 1950 年 1 月為最後一任外籍海關總稅務司。
2　陳、余、薛即陳濟棠、余漢謀、薛岳。
3　胡即胡宗南。
4　邵光明，山東即墨人。1949 年 7 月任陸軍訓練司令部高級參謀，1950 年 9 月調任陸軍總司令部砲兵指揮部副指揮官。

上星期反省錄

一、辭修由定海視察回報，軍心士氣墮落，高級官長幾乎皆病，貪婪怯弱，束手待俘之現象，毫無生氣，絕無希望。又接劉汝明函，訴湯恩伯在廈先自乘艦撤退，又犯上海與福州二次擅逃之罪狀，此人實不可再恕矣。週末一日，愁鬱悲痛，不知所解也。

二、美國會一致通過其龐大軍費之全數以後，聯合國又舉南斯拉夫為常任理事，一面俄國始則驅逐其高架索各國僑民，繼則封鎖奧國邊境，其備戰形態日急，似已有迫不及待之勢。

三、出處問題研究結果，再不能遷延，否則國事更無挽救之望。本週對研究院工作已如期開始，進行積極，此為九個月來最重要建設工作之一也。

本星期預定工作課目

1. 日員用運〔運用〕及地點之研究。

2. 朱師長[1]交軍法審判。

3. 臺灣防務與人事組織之加強。

4. 西南軍事與中央政治之方針。

5. 財政與金融問題之研究。

6. 中央人事與四川人事之研究準備。

7. 雲南問題及省府之改組。

8. 智識分子、才智之士集中運用之方案。

9. 青年組織與訓練之方案及人選。

10. 戰術思想之統一問題。

1　朱師長即朱式勤。

11. 臺灣軍人眷糧之決發。

12. 立、監委員之組織與運用。

十月二十三日　星期日　氣候：雨

雪恥：昨下午批閱文電與學員自傳，接妻電，稱馬歇爾願荐顧問來臺備用，此心不安，甚恐其如過去作為，並無好意也。但繼思其如果此舉再壞，亦不能比現在再壞，語云繫鈴還須解鈴人，如馬果有一線良知與對世界現狀之目光，當不致再犯過去之罪惡，而急應自贖也。

朝課後記事，記上週反省錄與工作預定表，批閱文電，修正臺灣光復紀念日演詞稿。正午與鄭介民談美國與英國對我外交情形。英國在我廣州陷落之前後，本已決定承認共偽政權，且對我方明言，但到二十日忽報其變更政策，不承認共偽云，此必美國之關係，而馬歇爾對余妻允荐顧問之言，亦正在其前一日也，如此英、美對共匪偽組織不承認之政策當已決定，此乃我中華民國外交之危機又渡過一關乎。下午約經兒與彭孟緝冒雨視察圓山訓練班址及北投招待所，回草山入浴後，研究講稿。晚課畢，餐後，閱共黨黨章完，十一時寢。

十月二十四日　星期一（霜降）　氣候：晴

雪恥：一、眷糧速定發。二、冬服與軍被速籌發。三、部隊軍品必須送達團部或連部。四、非常分會之召開。五、臺灣部署與人事。

朝課後記事，準備講稿。召見墨三，指示胡[1]部先調重慶之理由，對桂系所宣傳美願協助海南防務與援桂之說，置之一笑。十時在研究院紀念週講演一小時卅分之久，並不覺十分疲乏，是心身皆較前強健矣。與雪艇商談派介民赴美事。正午改正講稿後，召見魏汝霖[2]等午餐。下午批閱情報組織文件後，召見江杓等及學員五人。晡在第一賓館入浴後，對臺灣同胞告書灌片。召劉汝明、曹福霖〔林〕及道藩聚餐，對劉、曹慰之。與道藩商立法委員組織事畢，晚課如常，十時後就寢。

十月二十五日　星期二　氣候：雨

雪恥：一、訓練要旨：甲、各級指揮機構與各級官長訓練方式與課程之規定。乙、提倡企圖心。丙、勿憑命令與權威領導所屬。

本日為臺灣光復紀念日。朝課後，忽得金門島昨夜已被匪登陸，正在激戰之報，又稱大部分之匪已被消滅，現只有千餘匪佔踞我碉堡頑抗中，我二〇一師作戰極為努力云。本日內心雖得此惡報，仍甚安逸，不像已往之焦灼，此或天父已賜我以轉危為安機紐之象徵乎。上午審閱全局處理之方案，甚得益也。召見唐縱，追究憲兵欺壓臺人事。批閱公文，清理積案。正午召見鄭介民等，聚餐。下午審閱政治改革案，空泛無內容，不能用也。約見華僑周某[3]等後，召見學員及辦公室人員，共計十餘人，此亦建設工作之一也。晚課後獨自晚餐，以金門之匪尚未肅清為慮，指示明日進剿辦法後，閱學員自傳。

1　胡即胡宗南。

2　魏汝霖，河北滿城人。1948 年任上海師管區司令。1949 年來臺，入國防研究院第一期受業結業。時任革命實踐研究院講座。

3　周錦朝，美國舊金山華僑，與美國民主黨關係密切。1949 年 10 月古寧頭大捷後，曾赴金門勞軍。1950 年 5 月曾將蔣中正函件轉交杜魯門總統。

十月二十六日　星期三　氣候：陰

雪恥：一、再起後之政治、軍事、財政之整個政策與計畫。二、青年收容與組訓計畫。三、匪區地下組織與游擊計畫。四、游擊與組訓民眾之關係。五、轟炸匪區登陸艇及船隻。六、第二廳技術組之待遇。

朝課後接辭修電話，稱其接恩伯電話，金門登陸之匪已肅清云。余乃問空軍再探，則稱尚未肅清，仍在昨日匪踞工事內戰鬥中。再問辭修探詢，則真未肅清，前方報告之不實，幾乎每每如此，可痛。及至下午六時，乃始完全肅清，並俘獲其軍長等高級將領數人，又得經兒自金門視察回來，乃知確已肅清，始得安心。[1] 上午批閱後，研究伯川扭轉時局方案。正午與正鼎談香港情形及立法院事，又與雪艇等商討課目與內容。下午召見學員，會客十餘人，在第一賓館入浴後，晚課畢，約宴周錦朝夫婦。十時半就寢。

十月二十七日　星期四　氣候：晴

雪恥：一、時代與思想，及青年組訓宣傳方案與實施辦法之擬訂。二、外交與國際環境，民主潮流與國內人民智識，及政治議會制度現狀與對共鬥爭，剿匪反共救國之需要，相反之實際情形應如何方針。三、智識青年組訓之重要。四、克苦耐勞、勇敢犧牲、身心鍛練，為訓練青年之要務。

朝課，記事。召見桂永清，指示海軍急務與海南島榆林港根據地重要性。與辭修討論劉安祺部由陽江運駐定海、岱山及對海南島方針，甚慮兩廣將領只知爭權奪利，而不能協力保衛也。召見江杓，屬協助中國航空公司由香港撤

---

1 1949 年 10 月 25 日至 27 日，國軍以第十二兵團、第二十二兵團約四萬人，由湯恩伯、胡璉、高魁元等指揮，對抗陳毅、粟裕、葉飛等指揮之中國人民解放軍約二萬人。10 月 24 日解放軍發起攻擊金門，27 日在古寧頭遭遇重大失敗，是為「金門大捷」，或稱為「古寧頭大捷」。此一戰役，國軍取得決定性勝利，成功守住金門，鞏固臺灣地位的穩定。

退之經費與運輸等事。正午到設計委員會聽取香港實情，及桂系對外宣傳。對余之毀謗毒辣過於共匪之反動，對於廣州之失陷，其罪責完全推置余一人之身，何不幸如此。而亮疇之怨憤亦與哲生相同，更出意外也。

十月二十八日　星期五　氣候：晴

雪恥：昨正午自設計會聽取逆耳之言，可謂黑暗悽慘已極，但猶覺此為必然之情勢，無足為異。如不黯澹至此，決不會有光明之到來，惟願此為最後最痛之一劇，深信天父必不長陷此絕苦之悲境也。經兒夫婦領孝武、孝勇來謁，聚午餐，以廿七日為勇孫一週年之生日也。下午批閱公文，召見學員及辦公室秘書共九人畢，入浴，回寓審閱條陳。晚課後寫妻長函，十時半寢。

朝課後記事，手擬非常分會議案要旨。十時召開非常分會，皆以臺灣防衛工作不能密切配合聯繫與統籌為慮。聚餐後，與正綱、少谷等談重要工作，以青年組訓與宣傳以及監察人員組訓為首務也。下午召見蔣渭川等及學員五人後，入浴後，批閱。接劉安祺部在陽江被殲滅之報，不信為真，晚間果接劉電報，告其單身脫逃至陽江口外之報，此心並不如過去聞敗之悲駭矣。晚課如常。

十月二十九日　星期六（上弦）　氣候：晴

雪恥：一、中央工作組織化（權威制裁、紀律責任之功效）。二、領導不憑地位與命令。

朝課後審閱講稿，記事。九時與立人同車，研究金門戰爭之實情。九時半訪于右任院長，言語帶憤慨與驕矜，應戒之。十時在長官公署與辭修談海南島防務，與劉安祺部調防定海之方針。兩廣主官皆以削弱中央力量為目的，而

其本身如何保全與生存則在所不計。彼等又不能合作互助以求共存，此種卑劣心理實無法改變也，可痛。正午到烏來遊覽，乃兩山夾水之幽景，因其有溫泉故得名。此地小蚊子甚毒，不能久住。三時參觀發電所後即回，途經龜山，便覽其發電所，皆甚偉大之工程也。晡遊碧潭後，乃回草山入浴。晚課如常。晚修正講稿。

本星期預定工作課目

1. 禁止軍人打人民與車船員工。

2. 上下船隻之演習。

3. 反共教育與青年組訓。

4. 營房構造與被服材料之織造。

5. 軍官從新宣誓。

6. 剿匪問答之檢討。

7. 保密通信專課之研究與訓練。

8. 立、監委之聯繫（道藩、正剛〔綱〕、少谷、守謙、文亞）。

9. 臺灣省黨主委之另派：倪、谷[1]。

10. 曹開鍊〔諫〕[2]（蘇）擬派榆林要塞（海軍）。

11. 日員之運用計畫。

12. 匪區組織與主持機構。

13. 西昌與定海之廣播設備。

14. 黨務改革着手之點之研究。

1　倪、谷即倪文亞、谷正綱。

2　曹開諫，號一東，江蘇鹽城人。曾任海南島要塞司令部總臺長，1949 年 9 月升任第三軍區司令部司令。

15. 臺灣省黨部主委人選之決定。

16. 政工與監察制度之配合及實行起點。

17. 出處問題之決定。

18. 對美外交之步驟與方法。

19. 政府遷移昆明之利害。

20. 對立法院之政策。

21. 對李與白之政策。

22. 西南軍事計畫與海南島部隊之決定。

23. 情報組織與匪區工作之決定。

十月三十日　星期日　氣候：晴雨

雪恥：昨晚夢見亡甥培風二次，醒後清晰非常，本定今日飛臺中遊日月潭，乃決中止。

朝課後預備講稿，以時間匆促未能完備。十時到研究院紀念週講演一小時餘，甚覺詞不達意為愧，因之心神惶惶，不知所止，終日猶未舒解也。下午批閱文電後，召見恩伯，聽取其金門作戰經過之報告畢，往第一賓館入浴。與經兒研究俄國戰爭藝術化之意義，乃知此為馬克斯[1]所傳「暴動與藝術」之教條，其意專在準備周到、研究精熟如藝術，而非表示欣賞與愛慕之意也。經兒全家來草堂聚餐，預祝壽辰也。晚課後聚餐，武甥〔孫〕已能知數字至八矣。晚與悔吾談定海防務，至為可慮，幸金門勝利以後，定海士氣亦受良好影響，官兵較能積極奮發也。修正講稿，十時半就寢。

1　馬克思（Karl Marx, 1818-1883），又譯馬克斯，普魯士人，馬克思主義的主要創始人，發表著名的《共產黨宣言》和《資本論》。

十月三十一日　星期一　氣候：晴　中途微雨

雪恥：本日為余六十三歲初度生日。過去之一年實為平生所未有最黑暗、最悲慘之一年。當幼年時，命相家曾稱余之命運至六十三歲而止，其意即謂余六十三歲死亡也，惟現在已過今年之生日而尚生存於世，其或天父憐憫余一片虔誠，對上帝、對國家、對人民之熱情赤忱，始終如一，有增無已，所以增添余之壽命，而留待余救國救民，護衛上帝教會，以完成其所賦予之使命乎？

未明即起，先默禱後朝課，記事。手書令稿五條畢，仍食水菓而未朝餐。九時與經兒同車，上宜蘭之路，經新店、坪林，穿越深谷叢山，而至礁溪臺灣銀行俱樂部午餐，正十二時半也。下午經宜蘭而至蘇澳，其港灣形勢如羅椅，風景亦佳，惜其吃水不深耳。乘魚〔漁〕船在港內巡遊一匝，參觀魚市場，見旗魚與魴魚，其重皆在百斤以上，是皆初見之物。

上月反省錄

一、月初視察川、滇回臺後，續巡廈門與定海，祇見將領之萎頓與浮誇，官兵之苦痛與散漫。廣州中央政府之內容，小之則分贓奪利，大則如何消滅中正，為其共同之目標，不知再有其他如何救國自救之意，更不見其對共匪有何敵意也。中央既成無政府狀態，地方更不知有其政府，此時之所以未至完全消滅或投降者，實為余一人有名無實之關係，其對於道義情感尚有所顧忌耳，至於李、白[1]則自作別論，情勢如此，其能免於滅亡乎。

二、衡陽、韶關、廣州相繼失陷，共匪如入無人之境，而李、白對外宣傳其一切失敗責任，皆歸余之不肯撥付存金所致，不惟陷余於牽制與越權之罪，而並誣余為貪污盜劫之賊矣。

三、俄國於廣州未陷以前即承認中共偽政權，實非所料，而偽組織在一日成立於北平，則為意中之事。惟俄國承認其傀儡以後，其必繼之軍事同盟，則今後對匪之軍事完全改觀，決非往日想像之易矣，此為最大之憂患，而外交形勢與聯合國代表權問題亦將動搖矣，可惜此時羅斯福[2]不能復生也。

四、美國軍費已如數通過，南斯拉夫竟舉為聯合國非常任理事，此皆於國際變化雖有重大影響，然已不能挽救我國之危急矣。

五、革命實踐研究院竟能如期成立，東南政治分會亦已勉強舉行，金門登陸之匪部完全為我肅清，此乃為年來第一之勝利。甚願上帝佑華，使我國軍由此重振，得以轉危為安耳。

1　李、白即李宗仁、白崇禧。
2　羅斯福（Franklin D. Roosevelt, 1882-1945），美國民主黨人，1933 年 3 月至 1945 年 4 月任總統。

蔣中正日記
Chiang Kai-shek Diaries

十一月

蔣中正日記
Chiang Kai-shek Diaries

蔣中正日記
Chiang Kai-shek Diaries

民國三十八年十一月

本月大事預定表

1. 西昌廣播電臺之速設。

2. 各區各級訓練課程與方式之規定。

3. 開設書坊，發行本黨宣傳書藉〔籍〕。

4. 眷糧與其住所之決定。

5. 失業軍官集訓與使用。

6. 傘兵之訓練。

7. 如何實踐（實踐即科學精神自強不息與有恆篤行）。

8. 黨務與監察之秘密。

9. 辦公室各科組之學習常課之規定。

10. 每幹部必須訪問十人之辦法。

11. 理論方法與精神之欠缺。

　　行動與準備，敵人就是自我。

12. 軍訓以紀律、射擊為第一（城市紀律）。

13. 政工、監察、通信、情報四種學校之籌設。

14. 軍訓、黨政人員組訓，對兵民以謙和、扶助、服務為主。

15. 政工必有系統整個的領導組織學習，必須經常地督促檢查學習，結束時還要測驗作為考績要條。

16. 飛渝指導軍政。

17. 東南分會由陳代王任秘書[1]。

18. 派陳[2]代研究院長。

19. 復興宣誓？

　　宣傳方法　訪問認識

十一月一日　星期二　氣候：晴

雪恥：昨下午三時半由蘇澳改乘火車沿海岸而行，龜山島忽前忽後伴我而行，幾乎二小時之久（該路風景頗佳），直至底澳〔澳底〕車進隧道而別也，車上靜默，晚課半小時。七時後到臺北，回草廬修正講稿。辭修夫婦來聚餐祝壽，我父子與彼夫婦四人同席也。食之過飽，出外散步，月明星稀，風物宜人，甚覺自慰。到前草山第一賓館，擬名為草堂，而名後草山住室為草廬也。入浴後，回草廬已十二時，即飲酒就寢。

本（一）日朝課後記事，修正講稿，批閱文電，清理積案。約見郭悔吾與陳辭修，研究定海防務。匪部在江浙沿海一帶皆積極征集船舶，輪船、木船共計多者千餘隻，少者五百隻以上，對定海與岱山有同時進攻使我不勝其防範之形勢，我決增派五十二軍前往增防，未知時間果能趕及否，此乃一重大決定也。正午與晡刻皆修正講稿第三篇完，下午召見學員與會客。入浴後，約見宗南，研究西南防務及方針，至廿二時半尚未決定也。晚課如常，廿三時半就寢。

1　陳誠代理主席，王世杰出任秘書長。
2　陳即陳誠。

十一月二日　星期三　氣候：晴

雪恥：一、白崇禧昔對余之毀滅方式不僅誹謗誣蔑，而今且公然造謠，以白為黑，以無為有，是非倒置，功過混淆，投機取巧，寡廉鮮恥，其惡毒陰險有過於共匪之借刀殺人者，黨國不幸生此奸回，蒼蒼者不知將何止極耶。二、德鄰患得患失，難怪其然也。

朝課後記事，九時約見宗南，商談戰局與政情。彼對白之卑劣言行挑撥離間，本極鄙視，而白亦竟用其醜態向其施用，可知其已不擇手段，不知可否，不問親疏，而一意倒行逆施，非毀滅中正不足以甘其心矣。上午召集林、郭（寄嶠）、周[1] 等，研究西南軍事部署，實令人無以為計。余昔明告當局除上海與廣州二地可作反擊戰場之外，失此則再無抗共戰場矣，而廣州防守之主張與決心竟為李、白私心自用所反對，而薛、余[2] 等且竟為其所買弄，受其蠱惑而不知敗亡也，思之痛心，故對顧祝同之愚昧喪失亦為之斥責不置也。

十一月三日　星期四　氣候：晴

雪恥：昨下午批閱文電後，會客，召見學員與僚屬後，到第一賓館（草堂）入浴。回寓，據報美國務卿明日有長電致余，甚怪也。晚課後，審閱學員自傳後，十時半就寢。

朝課後記事，九時見根本博與恩伯。十時見富田直亮[3] 等，指示其工作與慰勉之。十一時見美國駐臺總領事[4]，提其國務卿備忘錄，始則感覺其措詞仍傲慢不馴，指責我政治不良無效，毫未變更其舊態。及詳加研究，復與妻號電稱

1　林、郭、周即林蔚、郭寄嶠、周至柔。
2　薛、余即薛岳、余漢謀。
3　富田直亮，前日本陸軍第二十三軍參謀長，化名白鴻亮，1949 年 11 月 1 日抵臺協助訓練國軍幹部，為實踐學社（白團）之總教官。
4　師樞安（Robert Strong），美國外交官，1949 年 12 月任駐臺北總領事館領事。

馬歇爾準備代聘顧問來援之案相較，乃知國務卿之電為馬之指使而發，即以此電為轉圜之地步，要我覆其一電，將順其意，要求其派軍政顧問來臺協助，然後彼乃可正式派其顧問來援，否則彼昧自白皮書後無法轉圜，其幼稚實可恥可笑。正午與徐培根談海陸空聯合演習計畫。

十一月四日　星期五　氣候：晴

雪恥：昨下午批閱文電，會客，召見宗南，商談西南軍事部署及對桂軍使用方向不能作一定主張，以該軍即加入貴州方面亦不能有補於戰局，徒增滇、黔當局之恐怖，使西南政治更趨複雜，軍事更難部署，故任其自處可也。致墨三函。晡往情報訓練班訓話，回寓。晚課後研究對美覆稿，十時後方畢。默禱後入浴，就寢。

朝課後發妻二電，接馬歇爾夫妻[1]祝壽電，乃知其對余尚有一縷私交，未盡決絕也。召見五十二軍軍長劉玉章[2]，彼怕戰貪安之心及其畏縮怯餒、不肯調增定海之意，現於聲色之間，思之痛心，而其部隊即使調援，恐亦徒供犧牲，以其訓練確未完成，加之其將領如此怯弱，更難望其生效。但如不調，則定海更難保衛矣，奈何。又得報定海登步島昨夜匪已登陸，正在激戰中，則定海情勢更為危急，惟登步島之勝負可決定定海之成敗，故待該島決戰後再定劉軍之去留，現仍令其遵調待運也。

1　馬歇爾（George C. Marshall），日記中有時記為馬下兒，美國陸軍將領，曾任陸軍參謀長、駐華特使、國務卿。1949 年 10 月任美國紅十字會主席。馬歇爾夫人（Katherine T. Marshall），凱薩琳‧馬歇爾，美國女演員、作家。

2　劉玉章，字麟生，陝西興平人。1948 年 4 月任第五十二軍軍長，1949 年 5 月至 1950 年 5 月任舟山防衛副司令官。

十一月五日　星期六　氣候：晴

雪恥：昨上午與經兒飛嘉義，約李君佩與馬超俊二同志同遊阿里山。正午由嘉乘輕便鐵道，至十八時方到阿里山。經過奮起湖、神木各站，下車視察民情，到神木站已近黃昏，惟對神木全身尚能遊覽詳察（周圍約十九公尺餘，即華尺六丈餘也），其樹椏杪多已枯衰矣。觀察登山鐵路，更覺日人經營之刻苦篤實，當時維新幹部之首領真能為國家建設與奮鬥，思之但有慚惶愧怍，此皆余領導無方，而使革命幹部錯過光陰，以致有今日之失敗與國家危急至此也。進駐賓館，晚課。八時晚餐後，早睡，預備明早往祝山觀日出也。

本（五）日三時半起床，與經兒祈禱上帝與基督畢。四時在月光明澈之中同上祝山之途。五時廿五分到達祝山之巔，靜觀明月西沉，而旭日猶未上昇，惟東方已漸啟明，乃在山上立正默禱，深信慈悲天父自今以後必能賜予我中華民國轉危為安，革命剿共戰事轉敗為勝，勿使我常受羞恥與失敗到底也。六時十五分旭日方自玉山（即新高山）巔上昇，並未有特別景象，惟今生日卻在祝山禱祝，實一佳兆也。同行者在巔上燒柴取樂，照相，六時卅五分由祝山回程。

虛度六三，受恥招敗。毋惱毋怒，莫矜莫慢。不愧不怍，自足自反。小子何幸，獨蒙神愛。惟危惟艱，自警自覺。復興中華，再造民國。「六三自箴」。今後自號「復蘇」。

上星期反省錄

（續五日記事）經林場辦事處，七時廿分回寓。來回里程約共二十華里，皆係山徑小道，崎嶇嶙峋，徒步登降，未甚疲困，此為三十餘年來陸行不備肩輿之第一次也，可知體力較三十年前更強健矣。昨晡車中忽見雲海，正在夕陽西沉，回光返影於雲海之面，其色灩麗無比，實為平生所未見之晚景，聞之君佩亦云讀盡古詩，亦未見有如此詩意可以形容於萬一也，惜乎好景不長

耳。今晨登坡惟艱之時，未知前程尚有幾許，正在疑慮莫測之中，忽聞鐘聲突起，心神為之一振，甚歎今日之身世亦如此時之征途，前程莫卜究竟，惟信天父決不致遺棄其忠孝之子民，只要向前行進，不必疑問艱鉅與遙遠如何也。回寓後，朝課如常。十時乘車遊覽塔山，參觀吊樹鐵索機器與殘橋隧道，其艱其險，四川、陝西之殘〔棧〕道見此則不足道矣。回阿里山站參觀鋸木廠後，即往俱樂部、博物館遊覽，其前面即天然林，到處可見舊日樹根，其在三丈周圍者不計其數。又見三代木，其孫木甚幼，乃照相而別。在萬歲檜前午餐，其樹之大，雖次於神木，但其枝葉繁榮可愛，實甚於神木，惟其周圍恐亦在五丈以上耳。餐畢仍徒步回寓，未往慈雲寺，以今為生日，不願參觀異教寺院也。下午一時三刻休息至三時起床，靜默幽會如常，入浴後記事。晡往車站，甚望能再一見昨晡之雲海，而未得也。晚課後，七時約同侍從人員及李、馬[1]諸同志聚餐，父子相對，感謝來賓祝意，又過一年生辰矣。極念先慈生育之恩，故今晨仍未敢進餐耳。今日定海登步島戰事，並未將匪澈底消滅，惟已驅至海濱，尚在激戰之中，海軍未能得力為憂。九時寢。

十一月六日　星期日（望）　　氣候：晴

雪恥：一、海島作戰急備之件：甲、探照燈。乙、水雷。丙、地雷。丁、雷達。戊、無線電機之搜集（檢查倉庫）。

五時起床，月光皎潔，空氣清新，毅如仙境也，先靜默半小時，而後體操、讀經。朝課畢，記事約一小時之久。八時半由阿里山乘火車，回程沿途欣賞天然古林，經神木時又仰觀詳察其枝葉，已枯其半矣。塔山對車並行，其形狀偉大美麗有如塔形者，亦有其巔如華蓋並列者，相伴約卅公里，至十字路站始別而不見也。其山腹之毛竹一如我法華庵之竹山，其筍味亦甚佳也。

1　李、馬即李文範、馬超俊。

十二時後抵竹崎站午餐，一時半到嘉義，在衣復恆〔恩〕家稍憩，即入機場乘機起飛。到臺中特訪果夫之病，並見英士夫人[1]約談半小時，仍乘原機回臺北，乃知登步島登陸之匪已於上午九時完全肅清。此戰繼金門島勝利之後，不僅影響於定海今後之防務，而於全般士氣亦更為振作矣。

十一月七日　星期一　氣候：晴

雪恥：昨晡回草廬後閱報及渝電，李、白近以巴東失陷，川、黔、桂形勢危急，要求余復職之意漸露而切矣。入浴後，晚課畢，與少谷談時局與復美國務卿備忘錄大意後，記事。

本（七）日朝課後補記生日記事，即「六三自箴」完，準備講稿，匆忙異甚。十時研究院紀念週講演，剿匪作戰與建國立業應以精與實二字為基本精神，甚歎文武幹部皆好高騖遠、空洞虛浮而不能精細切實，此乃余對教育宗旨未能注重之錯誤，所以國家危急至此也。自閱修正講稿，下午整理「戰爭藝術化」之講稿後，召見學員、職員如常，又見人鳳指示情報組織，再與雪艇等商議復艾其生備忘錄稿後，入浴。晚課畢，與蘭友談話，聽取其德鄰對余復職意見與態度之報告甚詳，禮卿以不應研究李、白之有否誠意為出處之基準，其言甚切也。十時後就寢。

---

[1] 姚文英，名中醫姚仁卿次女。1901 年與陳英士成婚。1916 年陳英士殉難，1932 年長子馼夫罹難，早年喪夫，中年喪子，自此信佛一生。

十一月八日　星期二（立冬）　氣候：晴

雪恥：一、共匪對貴州已攻陷鎮遠等黔東之重鎮，對鄂西亦已進踞恩施，逼緊川東，其先取貴陽使川、滇、桂不能聯繫，一面進佔重慶中央所在地，使之根本解決，其一面對廣西則陳兵桂邊脅制桂系李、白降伏而暫不進攻，此其陰謀與暴力並用之形勢甚明也。今後李、白之態度究竟如何：一、其本人出走，主使其廣西軍政所部交黃紹竑〔竑〕等整個投降。二、白率殘部向越桂邊境掙扎，希圖與法越聯繫反共，以保其反共之地位，而為將來再起之地步。三、以其知難而退，希圖歸政於余，以逃避其敗亡之責。四、李自動通電下野，依憲法規定交行政院長代理職務，其以余阻礙把政為藉口，一切責任歸之余一身。如余不予復職，則當不外於此四種結果也。

朝課後寫慰勉定海將領手書九封畢，與雪艇等研究對美備忘錄作最後之核定。十時聽徐培根講解原子彈效用，及其對今後戰略、戰術之影響。正午記事，下午批閱文電後，會客十餘人。五時半召見美領事，交其備忘錄之復文，晚課如常。

十一月九日　星期三　氣候：陰雨

雪恥：昨晚與蘭友談李德鄰之心理及其態度，並非出諸心願誠服而退職者，然而實有知難而退之形勢，故川、渝人心皆能望余早出也。十時後睡。

近日起床甚早，皆在五時與五時半之間，心身更覺強健。朝課後記事，研究桂系動態。上午批閱文電，清理積案，召見孫立人、鄭果[1]，垂詢金門戰況及其經過情形，友軍間之隔閡誤會，互相爭奪甚至死傷，不勝憂惶，軍事紀律

1　鄭果，號維盛，湖南寧遠人。1949 年春，接任青年軍第二〇一師師長；9 月奉命率師部隊，轄步兵第六〇一、第六〇二團，擔任金門防務；10 月下旬獲致「古寧頭大捷」。1952 年 4 月任第八十軍軍長。

與教育掃地盡然，應力矯之。正午約宴陳伯南夫婦，談瓊州防務與人事問題，不勝浩歎。下午接彥棻、岳軍電，詳報李、白近態，李且欲由滇直回桂林，不敢回渝主政，必待余抵渝後彼再來渝，此何為耶，其無政治家骨格與不知責任果如此乎，殊為可歎，因之彼如其不回渝，則余亦更不能赴渝矣，乃以此意屬蘭友轉告。三時開非常分會研討出處，至六時後畢，晚課如常。

十一月十日　星期四　氣候：陰

雪恥：昨晚得中國航空及中央航空二公司總經理劉敬宜[1]等與九架飛機同逃匪方，此乃政府無組織之結果，必然如此，愧怍異甚，乃命交通部與空軍總部迅速處置該公司及其在各地未逃之機，澈底改組之。[2]

今晨朝課後記事，召見趙琳，訓戒其不服從劉安祺命令、自由行動之誤。批閱公文，清理積案。正午約俞樵峯、何雪竹[3]等聚餐，與俞大維談美國外交與第三次世界大戰以人力多寡為優劣之分，英、美工業雖超過俄國三倍，但恐不能決勝也，而美國當局之愚昧不悟，可歎。下午審定軍校教導團長人選，會客，召見學員十餘人。英國商輪為我海軍監視其偷運匪港貨物，其海軍為之掩護不退，雙方堅持，看英國究取如何決心也。據報英國新嘉坡會議已決定承認中共偽組織，並驅印度為之倀也。晚課如常，晚約耀明、侯騰聚餐。

1　劉敬宜，1947 年任中國航空公司總經理。1949 年 11 月在香港與陳卓林，率中國航空公司、中央航空運輸公司員工集體投共。

2　兩航投共事件，發生於國共內戰後期，屬於中華民國交通部的中國航空公司（簡稱中航）以及中央航空運輸公司（簡稱央航）兩家航空公司的飛行員於 1949 年 11 月 9 日集體自英屬香港駕駛十二架飛機飛到中華人民共和國。之後兩航停泊在香港國際機場的七十一架飛機引起臺海兩岸爭奪，中華民國政府將這批飛機售予陳納德（Claire L. Chennault）在美國成立的民航空運公司，經過國共美英各方外交角力與法律訴訟後，最終香港最高法院於 1952 年 10 月 8 日判決：民航空運公司勝訴，取得七十一架飛機。

3　何成濬，字雪竹，湖北隨縣人。1947 年 11 月，當選為第一屆國民大會代表。1948 年 4 月，在第一屆國民大會第一次會議上當選為主席團主席。1949 年 2 月，避居香港。1951 年 3 月，遷住臺灣，任總統府國策顧問。

十一月十一日　星期五　氣候：晴

雪恥：一、渝寓準備。二、工廠處理（暴〔爆〕破準備）。三、研究院與訓練班之交代及準備。四、黨政方案之審核。五、立、監委之約見。六、日員處理。

朝課後記事，寫余、薛[1]各函。九時訪伯南後，特訪吳稚老先生，其對國內外時事之觀察與批評，皆比任何人為明瞭精確，尤其對英、美、俄政策與人才之評判更為可佩，彼對余赴渝贊成，但不可使德鄰脫除包袱云。回寓，批閱公文，為二航空公司處理事電閻院長辦理。正午約至柔、蔚文商談航空公司處理辦法，與九九軍問題後，聽取昌煥報告臺灣兵工各廠皆有進步為慰。下午清理積案後，會客畢，入浴。晚課後，禮卿、公超由川來見，詳談軍政民皆渴望余飛渝主持大計，挽救危局，確立重心也。得報李德鄰今下午六時由昆明已飛抵桂林，在戰局如此危險之際而不速返渝負責主持，人格何在。

十一月十二日　星期六　氣候：晴

雪恥：一、軍事部署完成以後再言其他。二、國防部問題緩決，暫以軍事小組委員會主持軍事。三、情報、政工、監察、通信各科訓練班之籌備與人選之決定。

朝課後記事，審閱伯川來書勸余飛渝，語出至誠，代謀甚忠，可感，所言皆能先得我心也。見萬舞韶〔武樵〕，定明日研究班行結業典禮。批閱文電，審閱國防部西南作戰方略，甚為不妥，乃急止之，令其不發，未知能及否。正午約正綱、文儀等商討軍隊黨務與政工條例，至十四時方完。下午會客十餘人，商談處理二航空公司案。入浴後，晚課畢，準備講稿。晚召集高級幹

1　余、薛即余漢謀、薛岳。

部商討飛渝方鍼，十時後睡。

本日經兒由定海慰勞回報，軍心民氣皆已好轉為慰也。

上星期反省錄

一、舊歷生日適值登步島登陸匪部被我軍掃除盡淨，此或國家轉危為安之機運朕兆乎。

二、對艾其生備忘錄忍辱照覆，明知其用意所在，但彼雖以橫暴侮辱加我，而我不能不以禮義還之，無論其結果如何也。

三、航空兩公司皆在香港投匪，其兩總經理皆相約飛平，此乃於我政府對外最大之打擊，表現政府之無人負責、一盤散沙、分崩離析之象，能不痛憤。

四、李由滇直回桂林而不返重慶，在此貴陽危急，川東陷落，重慶垂危之際，政府豈能無主，黨國存亡繫此俄頃，不問李之心理如何，余為革命歷史及民族人格計，實不能不順從眾意，決定飛渝，竭盡人事，明知其不可為，而在我更不能不為也，至於生死存亡尚復容計乎，乃決心飛渝，尚期李能澈悟回頭也。

本星期預定工作課目

1. 飛渝決以無名義負責指導，期有補救。

2. 對黔恐已不及挽救。

3. 對滇盧[1]應堅定態度，示不放棄。

1　滇盧即盧漢。

4. 對康劉[1]擬懷柔，先安其心。

5. 集中力量擊破川東之一股。

6. 令黃杰部向黔東南獨山方向急進。

7. 胡[2]部退守大巴山脈，其主力速調川西。

8. 控置〔制〕西昌。

9. 策定保川方案：一、組訓民眾及幹部之訓練。二、籌組第二線兵團。

10. 組訓監察官督戰。

11. 組訓四川地方武力與訓練幹部辦法。

十一月十三日　星期日（下弦）　氣候：晴　甚熱

雪恥：本日決心從速飛渝督導軍務，以貴州馬場坪已陷於匪，四川黔江、酉秀皆為匪佔領，宋希濂所部不戰而潰，此為萬萬不料及也。德鄰飛桂後，閃避不回重慶行都，整個政府形同瓦解，軍民徨惑，國難已至最後關頭，只可不管李之心理行動如何，余不能不先飛渝主持殘局，明知其挽救無望，但必盡我革命職責，求其心之所安而已。

朝課後手擬臺灣應辦各事多條，屬辭修力行。召見孟緝商討日員工作，又見端木傑，處理二航公司辦法後，到研究院紀念週講演一小時一刻後，會客，舉行布雷週年紀念。正午與傅思〔斯〕年談話，下午修正講稿後，約日員白鴻亮等茶點畢，約立法委員六十人茶會，講演半小時，回寓。見侯殿成[3]者，彼在鳳山六月間舉行軍校紀念，本欲刺余也，後聞余言領導革命負責到底之語而感動，以變更其初意而中止也。其人甚聰明，只廿二歲，余令孫立人不必懲治，並善待之。

1　康劉即劉文輝。
2　胡即胡宗南。
3　侯殿成，曾任砲兵第二十三團團長。

十一月十四日　星期一　氣候：朝雨　途晴

雪恥：昨晚晚課畢，約辦公室組長聚餐，指示業務改正各點後，入浴，晚課如常，十一時前就寢。此次飛渝乃為中華民國之存亡，全國人民之禍福惟一最後之關頭，如幸邀天父眷顧，此去果能轉變局勢，使民國轉危為安，革命轉敗為勝，是乃天父之全恩，若以人事與現局而論，實是存亡危急之秋，已至成敗利鈍非所逆睹，鞠躬盡瘁，死而後已之時也，言念前途，不知所止，惟內心不愧不怍，故能無憂無懼耳。

前昨兩夜睡眠較差。朝課後，召見辭修、至柔、恩伯、蔚文等，叮囑臺灣諸事，尤以人事不睦更為不安。十時三刻由臺北起飛，休息二小時，在機上視察湘西沅陵一帶地形，四時後安着重慶，入林園接見軍政要員，研討戰局至八時，決定調回羅廣文部，先向川東南股匪進取攻勢也。與伯川談政局後，晚課，十時就寢。

十一月十五日　星期二　氣候：陰

雪恥：日來默察美國外交喜怒無常、進退不定之形勢，以及我內部到處磨擦、互相疑忌，彼此怨恨之情景，甚至我黨自胡展堂[1]案、廖仲愷[2]案以來直至今日之崩潰，無一而非受共黨陰謀之暗算也。美國國務院為其共黨之操縱，幾乎使其最高決策不能實施而卒被破壞，在此次艾奇遜備忘錄與馬歇爾允派顧問

1　胡漢民（1879-1936），名衍鴻，字展堂，號不匱室主，廣東番禺人。中國國民黨元老和早期主要領導人之一，國民政府立法院院長。1931 年 2 月 28 日國民政府主席兼行政院院長、國民革命軍總司令蔣中正，與立法院院長胡漢民爭論約法問題，並於次日將其軟禁於南京近郊湯山，史稱「湯山事件」。引起中國國民黨內部的公開分裂，造成寧粵對立的局面。

2　廖仲愷案，係指 1925 年 8 月 20 日廖仲愷被刺案件。廖仲愷（1877-1925），原名恩煦、又名夷白，字仲愷，以字行。籍貫廣東惠州，生於美國加州。追隨孫中山革命、討袁、護法，1921 年任廣州政府財政部次長。1924 年任中國國民黨中央執行委員、財政部部長、工人部部長、農民部部長、黃埔軍校黨代表等職。1925 年 8 月 20 日被刺身亡。

之諾言最後完全變更是益明顯，就是其海、空軍間之磨擦亦未始非受共黨之
陰謀，彼美誠暗昧不察，必有後悔莫及之一日，奈之何耶。

朝課後記事，接妻電稱美國顧問團又遇挫折矣。上午見子惠、次辰〔宸〕、
玉琮[1]等詳詢渝情。正午與元靖[2]談西昌運兵與駐地之準備。下午與岳軍談政
治三小時之久，召見彭丙〔斌〕[3]、雨卿[4]、敏思等，未能假眠，此為第一次也。
晡謁林故主席墓，巡遊林園一匝。晚課後檢閱地圖，記事。

十一月十六日　星期三　氣候：陰雨

雪恥：一、派各軍聯絡參謀。二、調陸大畢業生組訓為聯參。三、西昌通信
與交通設備。

美國在臺灣的外交人員竭力慫恿臺省民眾反對政府，並以武器引誘其投美，
一面公開反對陳辭修主臺，運用各種方法間接的要求撤換辭修就可以得美援，
另一方面對余施用恫嚇，非撤換舊人決不能得美援，而對各處用反宣傳，揚
言美國決不助蔣，使我幹部與人民對余背叛之陰謀無所不用其極，此決非其
國務院之所能及者，其實皆為其美共所操縱指使。我國大陸已為美國要求其
民主與聯共而崩潰，今日所餘者臺灣彈丸一片乾淨土，再不能任其愚昧之要
求與幻想之美援而再上其大當，連此一點小島亦為其所要脅，竟受俄共之指
使而葬送於美國共黨及其外交敗類之手也。馬歇爾實為滅亡中國之禍首也。

1　晏玉琮，字琮林，1946 年 6 月任駐重慶空軍第五軍區司令。1948 年 9 月晉升空軍少將。
　　1949 年由成都飛臺灣，任空軍總司令部督察室督察長。
2　賀國光，字元靖，湖北蒲圻人。1949 年 9 月，就任西南軍政副長官兼西昌警備司令，
　　12 月接任西康省政府委員兼主席，以西昌為據點同共軍抗衡。1950 年 3 月共軍佔領西
　　昌後，經海口往臺灣。
3　彭斌，內政部第二警察總隊總隊長，1949 年 12 月 24 日在四川彭縣通電投共。
4　劉雨卿，字獻廷，1948 年任重慶警備司令、第十六綏靖區副司令長官。1949 年重慶淪
　　陷，隨政府遷臺，任國防部參議。

十一月十七日　星期四　氣候：雨

雪恥：昨朝課後處理業務，巡視林園一匝，記事。約見次辰〔宸〕、鈺〔煜〕如，據談總統府劉[1]參軍長稱李代總統赴桂為黃紹竑〔竑〕作祟，恐有所接洽云，此語出諸劉口，殊為奇突也。正午留覺生、立夫聚餐。下午召見黃杰，彼由白派來，表示桂決不會降共，告余放心，余乃安而任之，料其將侈望美援關係，不致即降也。續見驪先、廣文、健羣等十餘人。晚課後批閱文電，約王方舟主席晚餐，商討四川總動員事，本日為胡、宋、羅[2]部行動及西昌、成都之處理甚忙也。

本日朝課後處理要務，修正國防部命令稿，其內容與文句皆足使受令者輕視與任意解釋，自由行動也，難怪部隊對上官與政府毫不感威，參謀人才萬不料無能至此也。十時半研討對彭水作戰計畫至十二時決定，再討論雲南問題，盧[3]主席辭職三次，自動休假半月，其消極可慮，乃決定全力協助使之安心，未知果能有效否。

今日為林故主席安葬紀念日，特冒雨謁陵，所感所念，所見所聞，無不為之悲痛慚愧之事也。

十一月十八日　星期五　氣候：晴

雪恥：昨下午批閱文電，召見關麟徵，彼尚為舊情所感，似仍不願離此而投人也。獨自研究戰局，督導胡[4]部，決令增援重慶也。晚課後，約方舟、子惠聚餐，自覺失言不慎為愧。接彭水已於昨夜撤守之報，又聞桂系向美國記者

1　劉士毅，1948年任總統府戰略顧問兼華中軍政長官公署政務委員，1949年任總統府參軍長。1949年2月，任總統府第三局局長，5月任總統府參軍長。後到臺灣，1950年3月，仍任總統府參軍長。
2　胡、宋、羅即胡宗南、宋希濂、羅廣文。
3　盧即盧漢。
4　胡即胡宗南。

公開宣傳，以為非澈底毀滅余之歷史不能售其計也，此比共匪尤為毒辣，余
之此來本為黨國存亡，乃一心助彼，而彼竟如此，能不痛心。

今日朝課後處理要務，對於抽調胡部計畫最為關切。審核（彭水）渝東作戰
計畫畢，召見白鴻亮等，彼對西南作戰敵情與地形之判斷甚為正確，另召見
十餘人。為調胡部事，本擬飛南鄭，以氣候不良未果。下午遊覽林園一匝，
批閱文電，召集黨政幹部商討桂系及對李方鍼甚詳，決電白屬其陪李回渝。
大家以為必須桂系來渝合作，而不知其不能勉強從事，昔日陳逆炯明[1]未叛變
時，全體幹部皆以為非孫、陳合作不可，惟余認為不可能也，今日之事更顯矣，
故只可任其自然也。

十一月十九日　星期六

雪恥：昨晚閻[2]提滇盧[3]態度急變為可慮，此乃意料之中，但中央尚有相當兵力
駐滇，料其不敢公開背離，惟對之不能不有堅決之方鍼也，十時半寢。

朝課後處理要務，昨報第二軍在芙蓉江東岸地區得勝，而今晨又得其被圍消
息，匪部正規軍已竄入烏江西岸，江口右側已被威脅矣。召見王方舟後，即
赴陸大對特訓班八期畢業訓話。正午約張、顧[4]等商討滇事與渝東作戰部署。
下午以氣候晴朗在園中散步二次，午睡甚酣為快，審閱川省新委師團長等人
事。李揚敬自瓊州由伯南、握〔幄〕奇、伯陵共同派來，請委其各人任務，
並稱昔日差誤現已澈悟，今後必協同努力，不再自相磨擦云，無殊廣東已被
其無故斷送，悔悟亦恐無及矣。晚課後，批閱文電畢，入浴。今日為宗南只
肯調第三軍來渝，而不願調其有力之第一軍，不勝感慨之至。

---

1 陳炯明（1878-1933），字競存，粵軍將領，1922 年 6 月起兵反對孫中山，失敗後退居
　香港，創建中國致公黨。
2 閻即閻錫山。
3 滇盧即盧漢。
4 張、顧即張羣、顧祝同。

上星期反省錄

一、美馬[1]之冷酷殘忍甚於俄史之陰狠毒辣，彼既對我懷恨報復，不惟阻止其
　　政府援華，而反欲使其援華經費、武器為餌引誘我各軍，使我忠實將領
　　皆因此（美不援華）之口號而怨我、離我，以助長其叛亂之企圖，一面扶
　　助反蔣之桂系，一面挑撥我將領，而又以援助自由民主派，養成第三力
　　量相號召，務使一般智識階級與投機分子反共擁蔣者而皆變為反共反蔣，
　　必使我國僅存反共之殘力，完全支離崩潰，一無所留，以助成共匪統制
　　我全國而後快，其個人之私心，時代不幸，既生俄史[2]，復生美馬，害人
　　類者俄史，亂世界者美馬，不僅我中華民國已為其害陷，即其本國之美
　　利堅亦必將為其所斷送，如能得天父眷佑，使美馬果能悔悟，則幸矣。

本星期預定工作課目

1. 第一軍集中重慶完畢。
2. 戡建總隊現狀之查報。
3. 智識青年之組訓計畫。
4. 反共自衛軍之組織與利害。
5. 時代與思想，青年與宣傳之研究。
6. 南川與涪陵地區作戰計畫之指導。
7. 雲南問題之方針。
8. 西昌空運部隊與器材之督促。
9. 公務人員資遣與待遇應加優。
10. 兌現情形之注意。

1　美馬即馬歇爾（George C. Marshall）。
2　俄史即史達林（Joseph Stalin）。

11. 車運第一軍之督導。

12. 海南島人事與部隊之處理。

十一月二十日　星期日（朔）　氣候：陰

雪恥：朝課後遊覽林園一匝。召見李揚敬商定海南人事，函閻、顧辦理，再見裴成範〔存藩〕[1] 聽取雲南情形報告，滇盧態度如果只是消極尚易為也，決派岳軍飛滇處理。正午聞白啣李命飛渝，復聞李已於上午飛港，殊為駭異，此乃稍有人格與政治常識者所不為也。三時半健生來見，乃知李真已飛港，此實臨危棄職，烏乎可，而且飛往英屬香港，其將置國格於何地，且其宣言與私函對其職權並無交代，仍將以國家元首名義，名為養病實為求援，廉恥、國格為其掃地殆盡，甚悔當時所托非人，誠以為天下得人難矣。晡與覺生談話後，晚課畢，約中央常委商討對李方鍼，最後決定派員赴港，先行訪李之病與挽其回國，待其反響再定行動，甚為其個人惜也，十二時就寢。

十一月二十一日　星期一　氣候：陰

雪恥：李出國既不辭職，亦不表示退意，仍欲以代總統名義向美求援，如求援不獲即留外不回，而置國家與政府於不顧，完全為其個人之利害作打算，此種無恥無知之所為，實為國家羞也。本日與白談話，表示余決不復職，必須李回渝面定對內對外大計，如此則未始不可贊同其出國，但必須由行政院長代理職權，故首須召集立法院，提出行政院長通過，改組行政院使之健全，

1　裴存藩，1946 年起任軍事參議院總務廳廳長，兼雲南省駐南京辦事處主任。後當選立法委員。1949 年到臺灣，續任立法委員等職。

彼再出國方能安心云。白之神態不安不定已極，何耶。

朝課後批閱文電，研究戰局，處理要務。上午見白後，見覺生、驪先。下午會客着寒，傷風又起。晚課如常，寫李、于、王[1]各函，研討戰局與部署，遵義已於昨日放棄，甚慮。川黔公路之匪將北進與川東之匪會攻重慶也。

十一月二十二日　星期二（小雪）　氣候：雨

雪恥：一、政府公務員之善後安頓成為最難解決之問題，行政院只發其每人七十銀圓，自然太少，又將釀成請願罷工之風潮，各機關人員之精神喪失，工作雖未停止而實已無形停頓，情緒惡劣可想而知。特告行政院對此必須增加其賫費，每人以二百至三百圓為準，以安其心。相從政府有廿年以上，睹此能不憫惻。二、兌現風潮甚擠，此乃不了之局也。

朝課後批閱文電，處理要務，與岳軍商討大局。下午記事，批閱文電，會客八人，召見江防艦隊官長[2]，乃知尚有七艘軍艦可用，上週問岳軍、墨三稱軍艦皆不能行動且無燃料，不能於戰事有助，今召見其艦長司令乃知皆可行駛，余問其渝有燃油可購否，答曰可，可知國防部長官部對戰事之消極情緒，乃急購燃料為之補充，得此無異增加我一軍兵力也，審定重慶守備部署。

據報桂林已於今日放棄，惟白[3]尚未報告也。

1　李、于、王即李宗仁、于右任、王世杰。
2　海軍江防司令葉裕和、民權艦艦長程法侃、英山艦艦長陳迪及英德艦艦長王大恭。
3　白即白崇禧。

十一月二十三日　星期三　氣候：雨

雪恥：昨晡審定渝郊防衛部署，嚴督數日今始提出，可歎。本日兩事最足自慰者：一、軍艦能有效使用參戰。二、渝防已有計畫，但尚在開始之時，未知果能有效否，實施否。三、對羅廣文部決使用在南川、涪陵間地區：甲、可集中兵力。乙、後方移置重慶，不懼綦江、南川為匪襲擾，此乃對匪戰術之新策，惟未知時間能及否，以宋[1]部今日已放棄白馬矣，可痛。

本廿三日朝課後，處理要務，派經兒慰勞第一軍到渝部隊，與準備其駐宿等事。批閱文電後，研討戰況及召見第一軍張銘梓[2]參長，其行動迅速為慰。下午審閱今後政府組織及各種政策總方案，召見黃季陸等研究戰況與羅部[3]後方聯絡線之改設等事。晚課如常，手覆宗南、廣文各電後，十一時就寢。

十一月二十四日　星期四　氣候：陰

雪恥：本日為運兵車輛之調管，國防部無人負責以致貽誤時機，聞之痛憤。一切急要業務均草率敷衍，高級人員幾乎成為睡眠不醒狀態，徒等匪來逃遁，坐待失敗，今而後乃知束手待斃之情狀如此矣，因之大怒，對顧、錢[4]等老幹部皆為之痛斥不置。其實彼等仍能患難相從，實為鳳毛麟角之舊人，事後思之，歉慚無已，近日暴怒輕躁，應切戒之。

朝課後，與富田研究作戰方鍼。十時後與顧等商討運輸與作戰計畫，下午以假眠不寐，起而寫盧漢覆函，以道義相勵，未知果能有效否，其態度變幻不

1　宋即宋希濂。
2　張銘梓，1948 年至 1949 年任第一軍參謀長。後任江浙反共救國軍總指揮部第一處處長。
3　羅即羅廣文。
4　顧、錢即顧祝同、錢大鈞。

測，可慮。召見民航大隊副經理魏勞爾[1]，報告兩航公司在港交涉情形頗詳。晚課後記事。

十一月二十五日　星期五　氣候：陰

雪恥：朝課後審查各方戰況，據涪陵楊師長[2]報稱，匪四十七軍主力已由白濤渡過烏江西岸，昨夜火把行進，終夜不絕。聞之疑奇，但彼硬說確有其事，甚恐羅廣文尚不知此事為慮，如果羅能偵知或與楊聯絡確實，則該匪適在我軍囊中，甚易為也，而羅今日由南川向冷水場轉進中，電話終日不通，令人憂惶，最後乃知楊言完全子虛。此乃我軍情報不實，聯絡不確，所以失敗之大原因也。羅部轉進時南川完全放棄，不留一兵，此亦所未料，如此匪如直進，則綦江亦將陷匪，更為憂慮。上午巡視市區，先訪張伯苓院長，再訪伯川與岳軍，回寓已十三時矣，途中停車二次，但市況尚不壞也。下午發羅二電，皆追回作廢，恐妨其決心也。羅倫（即諾蘭）[3]夫婦四時來訪，相見如故，其夫人[4]尤為懇切，親愛可慰也。晡以居、朱[5]由港與德鄰交涉回來，最後以美國不歡迎其赴美乃變計，願以副總統私人名義出國，極望余早日復職也。

1　魏勞爾（Whiting Willauer），1946 年 10 月與陳納德合創民航空運隊（Civil Air Transportation, CAT）。
2　楊漢烈，時任第七十九師代師長。
3　諾蘭（William F. Knowland），羅蘭、羅倫，美國共和黨人，1945 年 8 月至 1959 年 1 月為參議員（加利福尼亞州選出）。
4　海倫‧哈里克（Helen D. Herrick），又譯羅蘭夫人，諾蘭夫人，美國參議員諾蘭（William Knowland）之妻。
5　居、朱即居正、朱家驊。

十一月二十六日　星期六　氣候：晴

雪恥：昨晚商談李事未能決定。八時宴羅倫夫婦，賓主交杯極歡，實為近年來第一歡快之事，談至十時後方別。晚課後十一時半就寢。

朝課後，與羅倫談話三小時後，召見第一軍官長訓示。下午召集中央常委，商討李事甚久，決明開常會對李明白表示，此事關余出處，對余復位雖皆一致，但時間問題則主張相反，尤以李之此次來函，並未表示要求余復位也。晡疊接羅廣文告急與撤退電報，憂慮之至。晚餐後，召集顧等商討戰況，決定計畫，准令羅向重慶南岸山地轉進，惟此一行動無異放棄重慶，尤以綦江無兵，匪必由此先竄江津，則重慶後方全受威脅矣。十二時後就寢，晚課如常。

上星期反省錄

一、黨與國由總理一手創造，由中正一手完成，余愛此黨此國甚於愛子，豈僅視如至寶而已。時至今日，由余養育完成之黨國而由余之手毀滅之，此境此情，將何以堪，如果黨國果真絕望，則尚有此殘軀立足之餘地，其將有何面目見世人乎，故近日時有殉國問題盤旋於腦海之中。然此尚非絕望之時，而且全國軍民之生死皆繫於余之一身，只要一息尚存，此志不渝。何況大陸尚有殘破之西南，海洋尚有完整之臺澎，只要此身一日不死，深信黨國必可由此身而再造、而復蘇，其何可自殺了此一生，以自毀父母之遺體，更何以上對一生眷愛之天父洪恩也。

二十八日在林園蓮亭記。

本星期預定工作課目

1. 援華計畫之提出。

2. 羅倫希望之文件。

3. 防守內江、瀘州之部署。

4. 重慶轉移部隊之程序。

5. 政府遷移地點之研討，臺灣？西昌？

6. 西南設立大本營指揮大陸作戰。

7. 復位問題與時間之考慮。

8. 行政院改組與人選之準備。

9. 立法院授權之提案。

10. 國防部與參謀總長人選。

11. 胡宗南部轉進之掩護部署。

十一月二十七日　星期日（上弦）　氣候：晴

雪恥：今晨六時後起床，濟時來告昨夜三時接陳克非[1]電話，匪已到綦江，其本人即出城來渝，甚為憂慮。七時前送羅倫出門後，朝課如常。上午約見伯川、岳軍商談政府遷移地點，照既定方針決遷西昌，但先移成都辦公，以西昌並未有準備耳。復與岳軍商討，余另提一案，即政府直遷臺灣，而在大陸設立大本營，專為軍事機構，余親在大陸指揮，彼甚同意，以西昌可為對外抗戰根據地之一，而決非剿匪之最後據點，以匪用滲透戰術無孔不入，故西昌亦不能久安也。正午與少谷談李及復位事，余言對外關係，尤其我國聯代表地位，如李駐港不在政府主持，而余若又不復位，則英國等可藉此以為我

1　陳克非，1948 年任第五軍參謀長、第二軍軍長。1949 年任第二十兵團司令官，12 月 24 日在四川郫縣率部投共。

國已無元首,已成無政府狀態,則其不得不承認中共偽政權,除此以外尚有對內維繫軍民心理,如盧漢等明言,李既出國,蔣復[1]

十一月二十八日　星期一　氣候:晴

雪恥:[2] 不復位,則國家無人領導,尚何希望之有云。因此不能不出而復位,除此以外,為公為私皆無必要也。下午審定作戰計畫後休息,四時召見子惠,商討防守重慶方法。晚課後,獨在特一號(即前寓)消遣,召見白鴻亮。本日憂患重重,時歎天父何不急救我國,但深信其必有天父深意存也,毫不失望。晡聞南溫泉我第一軍陣地已與匪接觸矣。記事,批閱文電,九時就寢。(昨夜(廿六)睡眠最不良,故今晚九時即睡。)

本廿八日朝課後,伯川與岳軍來會,與岳商討政府駐地及今後大計。昨中央常會決議,第一仍勸李回國視事,否則應請總統復位視事,屬其擇一函告。白來電轉李函要求余復位,其心甚急,以其在港處於進退維谷之勢也。約見總統府邱秘書〔長〕[3]、立法院長[4]屬其安心處理公務。沈策[5]啣宗南令來,要求第一軍集中使用及一六七師調回江北岸,余斥責之。正午研究全盤計畫,決待羅部到達,守備重慶北岸沿江防禦至瀘州之線,以延滯匪部直攻成都也。

1　接次日雪恥項下。原日記格式如此。
2　續昨日記事。原日記格式如此。
3　邱昌渭。
4　立法院長應為立法院副院長劉健羣,時院長童冠賢辭職,劉以副院長代理院長。
5　沈策,號建生,1949 年任第一一四軍軍長、西安綏靖公署副參謀長,10 月與胡宗南退
　　至四川。1950 年 3 月於西昌被俘。

十一月二十九日　星期二　氣候：晴　陰

雪恥：昨午對重慶棄守問題研討甚久，如果撤守太早，則匪必可於半月內直達成都，果爾則陝南胡部本已撤至漢中以南地區之惟一主力軍，無法轉移於成都以西地區，則今後西南大陸完全為共匪控制，故決緩撤重慶，乃定沿江設防也。下午與經兒巡視市區，沿途車輛擁塞，交通梗阻，憲警皆現無法維持狀態，一般人民之憔悴徬徨，愁容滿面，部隊之怪象百出，無奇不有，視之心痛。悲乎，天父何使我親見如此敗象慘狀，如我有罪何不速誅我也。在車中靜坐，晚課。十時召見羅廣文，乃知其所部被匪膠着，不能如計撤至重慶預定陣線為慮也。

本晨起床，即得一六七師在前方夜半後激戰之後，擊退來犯之匪且已潰退，余知其擊退則有之，撤退則未必然也。後果如此，該匪仍在我陣地前對戰也。朝課後召見江杓，處理要務，甚以海軍可疑與彭斌逗留不前為慮也，午頃果得萬縣二軍艦已叛變下駛矣。

十一月三十日　星期三　氣候：陰

雪恥：昨正午研討戰局，又聞黃桷埡已發現戰爭，市內秩序混亂，乃決心於今晚撤守沿江北岸，指示部署後午餐。下午對第一軍後撤準備指示無遺，據報匪部已在江津上游二十里處過江，似有可能，如傅[1]師今晚能趕到江津北岸，或可將該匪消滅也。晚課，記事，上下午巡遊林園二匝，對此舊寓依依不勝。晡謁林[2]陵告辭，歎息不止。晚以昨夜睡眠不足，本已早睡，尚未入寐，約十時許經兒來報，園後機槍聲大作，乃即起床，惟聞各廠爆炸聲絡續不絕，而

1　傅秉勳，原名天傑，四川仁壽人，曾任整編第二十一師副師長、第一〇四師師長。1950年間在川西建立游擊基地時，任川康青邊區人民反共突擊軍司令。
2　林即林森。

山洞園前汽車擁塞，道不通行，於是人聲吵雜，形成混亂。本已料想匪對林園駐地必已重視，甚至早有伏襲之準備，但知周圍警戒部署嚴密，故不戒意。惟不料其混亂至此，故不再延稽，決赴機場宿營，乃於午夜赴機場。道中為車所塞者數次，不能前進，乃即下車步行，及車趕來再乘車前進，到場後即登中美號駐宿，此二十九日之事也。

上月反省錄

一、安而後能慮，慮而後能得。安者，求安於心也，慮者，理也，只要求其心之所安，則無理而不自得也，此乃窮理至本則知止之意，知止則安矣。

二、本月實為內外對余最後總打擊之一月，而黨與國亦無可再危之一月。內而李宗仁勾結共匪與盧漢輩，外而艾其遜利用桂系、史大林勾結毛匪，其共同目標為消滅蔣介石之歷史，不惟澈底毀滅我黨國而已。史、毛勾結，固無足為怪，而獨不料美國馬、艾必欲毀蔣賣華，亦愚劣至此。如果中國真為俄國所統制，則亞洲成為俄國囊中之物，而世界復有和平安寧之日乎。此種世界最初之常識，而領導世界之美國當局反不之晤〔悟〕，豈非天乎？余實為美國本身危也。

三、李在昆明勾結盧漢，釋放共匪囚犯後，置貴州、重慶危急於不顧，陷我於重慶之重圍，而彼則避桂轉港，仍以代總統名義出國顯醜，若非親見其人，余實不能想像世上有此無恥之人類。乃知救人者，必為人所害之諺語，余於李宗仁與尼赫魯二人，足證其言不我欺矣。仲尼曰，人皆曰予知，驅而納諸罟獲陷阱之中，而莫之知辟者句，仲尼尚如此，予何人斯，能不為所欺乎？然而余乃為國、為黨、為人民、為氣節，雖明知其為害果可？辟死偷生乎？惟求心之所安而已。

四、敗亡之際，人心與社會、政治、軍事、經濟之實際情形，余皆能目睹其怪象與身受其苦痛之教訓，認為苦中之樂也。

五、登步島之獲勝與羅倫夫婦之遠道來訪，乃為患難中之最足自慰也，不能不特誌之。

六、航空兩公司在港叛變降匪為國際信用最大之打擊。

蔣中正日記
Chiang Kai-shek Diaries

十二月

蔣中正日記
Chiang Kai-shek Diaries

民國三十八年十二月

本月大事預定表

1. 政府遷駐地點之決定。

2. 大本營設於大陸，指揮作戰。

3. 行政院改組之人選與政策。

4. 美國對臺灣條件之研究。

5. 復位問題之研究。

6. 雲南方針之研究。

7. 胡[1] 部轉進之方法。

8. 對李[2]、對白[3] 之方鍼。

9. 西昌運兵與防務。

10. 立院授權之要求。

11. 今後剿匪軍政制度之研究。

12. 軍政幹部訓練之方法。

13. 情報訓練之特重通信與管理之訓練。

14. 貫澈命令之實施辦法及精神之訓練。

15. 臺灣省政府之改組。

1　胡即胡宗南。
2　李即李宗仁。
3　白即白崇禧。

16. 各部部長人選之研究：內政：谷[1]。財政：嚴[2]。國防：陳、白[3]？經濟、教育：杭[4]？陳〔程〕[5]。

17. 對美備忘錄之提出。

18. 軍政根本方針之研究。

19. 設置省區秘書，分別專管各省區業務，並負研究與督導、考核之責。

20. 設置各部、各業、各黨聯繫秘書。

21. 辦公室職員之訓練與考核計畫。

22. 人事調查組之設置。

十二月一日　星期四　氣候：晴

雪恥：昨卅日六時起飛。據報在江口過江之匪已逼近白市驛機場之前方二十五華里行程云。七時到新津，換美齡號機轉飛成都，入駐軍校，岳軍、伯川先後來會。據報白市驛機場已自動炸毀，尚有驅逐機四架及高級教練機六架，以飛行員因氣候不敢飛行，亦炸毀在內，可惡之至，乃將該空軍區晏玉琮司令扣管，以重要物資甚多，未得確實情報，亦未接命令，乃即荒亂逃命，不負職責，若不嚴懲，何以整頓軍紀也。最後消息，楊子惠已於下午到銅梁，如此重慶已陷矣，此乃與廿六年南京撤守時之心緒，其悲傷與依依難捨之情景無異也。下午約見鄧、劉、熊、向、王[6]等談話。宗南自綿陽來見，詳商軍事部署。晚課畢，再約宗南談話，以汽油缺乏，運兵滯稽為難也。

1　谷即谷正綱。
2　嚴即嚴家淦。
3　陳、白即陳誠、白崇禧。
4　杭即杭立武。
5　程即程天放。
6　鄧、劉、熊、向、王即鄧錫侯、劉文輝、熊克武、向傳義、王陵基。

本（一）日朝課後，伯川來談政府駐地及疏散問題。宗南來見，命其速派有力部隊進駐遂寧及內江防守。岳軍來談四川老軍人之打算及其作戰意見後，批閱公文。

本一日為余結婚第廿三年紀年日，夫妻未能相聚一堂為憾也。

十二月二日　星期五　氣候：晴

雪恥：昨下午往訪伯川、岳軍等。回校，在城上散步，獨自消遣。晚課後，約季陸等聚餐畢，再與宗南討論今後對匪戰術與方鍼，指示根本原則及最後基地。第一軍陳軍長[1] 今午已到銅梁，此心略慰，惟其防江兩團尚未聯絡為念。十時後就寢。

本（二）日朝課後，前方退卻消息混亂已極，壁山昨陷，銅梁縣長已逃，僅剩有電話局員答話，乃知銅梁並未失陷也，第一軍主力已過銅梁為慰。永川縣長與駐軍投匪矣。據報，內江以東之汽車停止不能前進過渡者，其長徑約有十公里，如匪追擊，則此六百輛汽車與油量、款項恐皆陷匪為慮。正午黨政會報，研討復位問題。下午批閱公文，會客。驅先與蘭友自香港持李覆函回來，乃知李又為美國務院所利用，允以赴美予以便利一語，彼即變卦，不肯捨去代字，乃欲以代總統名義求援矣。

1　陳鞠旅，字戚揚，廣東惠陽人。1948 年 6 月，接任整編第一軍第一師師長，8 月改任第一軍軍長。1949 年 5 月，提升為第十八兵團副司令官兼第一軍軍長。12 月 27 日，第一軍殘部接受共軍改編。

十二月三日　星期六　氣候：晴

雪恥：昨晡研討李事甚久，余提二案：其一為從此不問軍政，任李亡國。其二為立即復位，行使職權，領導軍民負責剿共到底。惟以今日國家危亡，實為一髮千鈞之時，余何忍避嫌卸責？決心復位為不二之道，無論成敗利鈍，在所不計也。晚課如常。晚軍事會報，審定四川全般作戰計畫後，又與宗南討論作戰方針，十一時前睡。

本日朝課後，與岳軍、少谷、經國等商討復位問題甚久，經兒等皆不主張速復。十時召集軍校學生訓話後，約伯川及各幹部討論對李方針及復位時間問題，直至下午三時後，決定待手續完成後，在短期內復位也。申刻在城上散步，修正電稿，晚課後記昨日事。晚軍事會報，本日東路各部隊收容就緒情況較明，故形勢略定，惟瀘州被匪突襲圍攻為慮耳。

上星期反省錄

一、在軍情如此危急之際，而德鄰態度變卦，增加政治與外交無上之困難，彼如稍有人心，當不忍出此也。

二、地方政府無能至此，成都社會複雜甚於重慶，其主官能力更不如渝，此乃余選人不當，一至敗亂演成今日紛擾不安之現象，尤其各巷頭尾構築木柵，更成笑話。此種無知腐化之官吏，焉能當此亂局也。

三、自恨培養幹部無方，教育考核不嚴，對於叛徒亂黨一意包容放縱，以致有今日養癰貽患之後果，能不澈底改革乎。

四、對美國改革臺灣之要求條件，可痛。

本星期預定工作課目

1. 政府駐地之決定。

2. 復位問題之研究。

3. 對美國要求臺灣條件之注意。

4. 雲南盧主席之態度。

5. 胡部作戰與轉進之部署。

6. 空運之督導、防衛成都之方案。

7. 西昌運兵與物資之督導。

8. 白之今後職權之研究。

9. 宗南今後之名義。

10. 美利用李之陰謀。

11. 幹部之訓練、考核與養成計畫。

12. 憲兵軍風紀之整頓。

十二月四日　星期日　氣候：晴

雪恥：一、政府駐地以先遷西昌為宜。二、對滇盧復電。三、對白吉爾[1]臺灣意見之答覆。

朝課後記事，與岳軍談話，商討雲南及遷都西昌問題。上午約見蘭友、彥棻等，派其往臺灣、香港觀察政情。接見國大代表，批閱文電。瀘州已於昨夜失陷，憂患之至，瀘陷則西昌屏藩之樂山亦危也。下午與叔銘談定海情形較穩為慰，會客六人。據報潼南已被偽裝之匪襲擊，第一軍參長受傷，惟尚在

1　白爵（Oscar C. Badger II），又譯白爵爾、白傑、白齊爾、白吉爾，美國海軍將領，曾任海軍大西洋艦隊驅逐艦隊司令、海軍軍令部助理部長，1948 年 2 月任遠東海軍部隊司令。

巷戰中云。晚課後軍事會報，城內秩序下午漸惡，到處汽車擁擠，冷槍聲不斷發現，成樂公路、夾江、峨眉附近群盜如毛，行李被劫，南路亦無不如此，此誠今後胡[1]軍作戰與轉進最大之困難也，不勝憂念。晚與伯川談遷都及軍費事。

十二月五日　星期一（望）　氣候：陰

雪恥：李德鄰本日已由香港飛美，美國務院發言人否認其為杜魯門之上賓，僅以療病性質云。國務院之共黨分子必設法利用李以打擊蔣之威信乃可斷言，只有正位定名方能防止此陰謀與毒計也。

朝課後記事，得報知富順以〔已〕為匪所陷，甚駭其奔突之速也，最後乃知匪並未到城，以匪在瀘州途中，用電話恐嚇縣長，因之軍政人員皆聞風脫逃，無人通息，乃報失守，其醜態悲劇果如此乎。批閱公文，研究戰況時刻，為胡部設計集中也。下午與宗南等研究作戰方略，決以廿六軍集中自流井與內江，以遏止匪向樂山進竄也。擬定川中今後全般部署與戰鬥序列。晡手擬文告，晚課如常，晚為叔銘生日聚餐。對楊森跋扈鹵莽，手批國防部吳署長[2]之頹，其行動聞之怨憤，乃出言不慎，悔之。

1　胡即胡宗南。
2　國防部預算財務署署長吳嵩慶。

十二月六日　星期二　氣候：陰

雪恥：一、預約邱、劉摩[1]行期。二、鄧、劉、王、向[2]作別時間。三、西南部署：甲、顧[3]兼西南長官。乙、宗南兼參謀長。丙、盧[4]任滇黔總司令。丁、楊[5]代川陝甘邊區主任。

朝課後記事，與岳軍商討川、滇、康人事部署。據報自流井已於昨夜被陷，不勝憂慮，乃決令胡部先固樂山，昨計在內江、自流井決戰方案已不成功。正午黨政會報，再與宗南商定作戰方針。下午晚課後，得西昌之寧南縣已受巧家縣之龍[6]匪威脅，其勢甚危為念，後聞尚未如此，惟西昌決不能作政府駐地乃可斷定。晚軍事會報，聞內江已於廿時陷匪，瞥〔驚〕駭之至，後知銀山鋪尚有部隊布防，略慰。與張、顧[7]等再商人事及部署，廿三時就寢。

十二月七日　星期三（大雪）　氣候：陰

雪恥：劉文輝、鄧錫侯避而不敢應召，觀其來函，更可證明其內心所在。彼藉口以怕王主席[8]與其為難，而實則另有作為。彼等已經受匪威脅，決作投暗棄明之叛離，似已成竹在胸矣。滇盧態度亦已漸明，既不願大本營設昆明，亦不願就滇黔剿匪總司令名義，其用心與劉、鄧如出一輙〔轍〕，如余一離蓉，彼等或可聯名發表降匪宣言，故余明日仍留蓉，必使宗南部署完妥後再

1　邱昌渭、劉士毅，「摩」似為衍字。
2　鄧、劉、王、向即鄧錫侯、劉文輝、王陵基、向傳義。
3　顧即顧祝同。
4　盧即盧漢。
5　楊即楊森。
6　龍繩曾，龍雲三子。1948 年 11 月陸軍大學將官班乙級第四期畢業後移居香港。1949
　　年 5 月出任西南人民革命軍尹武縱隊司令。
7　張、顧即張羣、顧祝同。
8　四川省政府主席王陵基。

行也。

朝課後與岳軍、伯川先後談話，派岳飛滇晤盧，囑伯川盡一日之準備，勸其今晚離蓉。批閱。正午會報，提設成都防衛司令，以示作戰決心。下午靜默。晚課後會客，待劉、鄧不來，甚為疑慮。與王主席談收回銀圓券辦法，免使人民吃虧。晚軍事會報，閻來辭別。

十二月八日　星期四（臘八）　氣候：雨

雪恥：昨晚發表：政府遷臺北，大本營設西昌，成都設防衛總司令，顧祝同兼西南軍政長官，胡宗南任副長官兼長官公署參謀長。此一部署完成，則余對西南較可安心，其次須統籌川、滇、康軍事作戰方略，目前西南尚有五十餘師兵力，其中胡部乃有卅二師，此次由秦嶺轉進至成都平原，以六百公里與敵對峙之正面，轉進至一千餘公里之目的地，在一個半月時間而主力毫無損失，此乃中外戰史所罕有之奇績〔蹟〕也。

朝課後會報，討論鄧、劉問題。批閱，召見王纘緒。正午會報，下午靜默，晚課。岳軍自昆明來面述盧之態度，以正在戒煙，故其心身皆變態反常，只想退避要錢，至於公義私情皆不顧矣。晡見由滇來見余、李、龍[1]各軍長。

十二月九日　星期五　氣候：陰雨

雪恥：昨晡對滇各軍長訓示其雲南必須保衛，並其現有力量與匪敵在盤江一師兵力相較，亦正可保衛，不能作撤退至迤西之想也。晚會報指示西南整個

1　余、李、龍即余程萬、李彌、龍澤匯。

軍事部署，切屬盧漢堅定執行，則軍費中央乃可擔任也。與岳[1] 決定不經滇而先回臺北，指導政府之安頓也。

朝課後，召見宗南、龍澤匯、余、李[2] 各軍長並訓示一切。岳軍與彼等仍乘機飛昆，余甚懷疑盧對張、余等談話，而張則毫不猶豫，並勸余亦飛滇一行也。及至十四時以後，忽得昆明飛機被扣之通報，乃知其事變化，盧必叛變，隨後與岳通話，尚可說話，以其到昆後尚未見盧，彼猶以無事也。及至夜間，電話、電報皆不通，又聞劉文輝、鄧錫侯尚在北門外，更覺可疑。如盧叛，必與彼等相約也。下午三時靜默，晚課如常。

十二月十日　星期六　氣候：陰

雪恥：昨晚終夜昆明電話不通，今晨朝課後聞電報局已叫通，滇局正在通報，甚恐此報即為叛變之通電，不久果閱逆盧致劉文輝電，請其四川各將領活捉蔣匪云，閱之並無所感，只覺自身之魯鈍愚拙，一再受欺，一再養亂，以致黨國與軍民遭受此空前侮辱與莫大之災殃耳。小子粗疏，太不警覺儆醒矣。近月以來，逆盧言行早露叛跡，如及時防範或趁早解決，猶易為力，奈何一誤再誤，冥頑不靈如此也。上午約見王纘緒，屬其轉告鄧、劉[3]（提出二案）：一、仍望其入城來晤。二、令彼等所部速離成都周圍，以免誤會，一面令胡從速解決劉部，並佔雅安為基地也。

1　岳即張羣。
2　余、李即余程萬、李彌。
3　鄧、劉即鄧錫侯、劉文輝。

上星期反省錄

接十日記事：乃召集顧、胡、王方舟、楊子惠、蕭毅肅等研討對滇處置方略與余之行止，文武人員皆要求余速離蓉回臺，不先飛西昌。五日以來，幾乎屢決起行，徒以宗南所部未能如期集中，則余能多留成都一日，即於胡部之掩護多得一日之效益，惟至此鄧、劉既避不晤面，而滇盧又叛，則余在政治上之掩護已失效用，而西昌衛隊只空運七百餘人，兵力單薄，尚不及劉部之留西昌者，故決回臺處理政府遷移重要業務。與宗南單獨面商三次，乃於午餐後起行，到鳳凰山上機，十四時起飛，途中假眠三小時，未能成寐。二十半時到臺北，與辭[1]入同車，入草廬回寓，空氣輕淡，環境清靜，與成都晦塞陰沈相較，則判若天淵矣。廿四時前就寢。

一、國聯大會已閉幕，其美對中國控訴俄國案決定交小型大會研究了事，可痛。

一[2]、最愧對大事祇顧目前問題之解決，而不注重其後果與未來之殷患，及至最後情勢惡劣，變態已萌，而猶為偽裝言行所欺蒙，對於其問題本質完全遺忘不顧，若一注意研討，則其潛隱之禍根可以立見，再一決心，則必能消除隱患，轉危為安，而乃冥頑不靈，粗忽大意，竟至一敗塗地，此乃余一生最大之缺點，亦即所以功敗垂成之由來也。今後將如何圖終於始，研幾不忽耶。

二、邊區之人善變多疑，而況於苗夷盧、龍[3]乎，余欲信任使之患難道義之部屬，焉得而不敗也。今後益覺邊人只有畏威，而決不患德道義，決非邊民與苗夷之所能感動，豈僅苗夷，一生經歷更覺凡是政治與外交絕無信義、更無情感可言，只有實力與強權方是政治與外交之本質也。

---

1 辭即陳誠，字辭修。
2 原文如此。
3 盧、龍即盧漢、龍雲。

十二月十一日　星期日　氣候：雨　地點：草山

雪恥：一、對白吉爾備忘錄[1]之研究。二、對美提出要求之程序。三、麥克阿瑟之聯繫。四、觀白[2]之條件，全為其國務院對中國問題失敗者卸責，並欲余低頭認錯，而後乃肯轉圜援助。美國外交行動無異幼童撒驕，非得撫順善慰不可，余決將順其意而行，準備再作一次之受欺與倒霉也。

朝課後約至柔來談，準備對滇散發傳單警告與實施轟炸也。上午手擬宗南與墨三各長函，指示今後作戰方鍼甚詳。正午文、武、章孫來見，聚餐。下午記事，聽取鄭介民對白吉爾備忘錄經過之報告，乃知其政府已有覺悟，如援華必須援蔣，而且必須統一整個援蔣，但其若無轉圜之方，故有此備忘錄之提出耳。入浴後晚課，與雪艇談對美白備忘錄之方針後，記事。

十二月十二日　星期一　氣候：晴

雪恥：本日為西安蒙難第十三年紀念日，時時追想當時危難險惡情形，則感今日亡命臺灣猶得自由生活，殊覺自慰，故頻謝天父與基督洪恩不置也。

1　1949 年 12 月初，美國遠東海軍部隊司令白爵（Oscar C. Badger II）代表美國軍方，向國防部次長鄭介民發出備忘錄，要求蔣中正改革臺灣政治，「臺灣政府能代表各階層各黨派之利益，而非國民黨一黨專政」。指名留學美國的前上海市長吳國楨代替陳誠「主持臺政，應給於彼完全之權力，以任用良好之幹部」。如果蔣中正能接受此一改革方案，則美方可以「派遣政治經濟顧問團來臺，協助臺灣當局」，還可以「派遣非現役之軍官，每軍別約二十至三十人來臺，協助臺灣陸海空軍。」另外美軍可「供給臺灣孫立人部防衛軍六個師之裝備」，「供給海軍巡邏艦約十六艘」，「空軍供給必要之零件材料及修理設備」，「供給少數之雷達站及軍用通信器材」。要求蔣與美國顧問「竭誠合作」，逼蔣改革以換取美國協助保衛臺灣。白爵建議蔣將此方案通過駐美大使顧維鈞向國務院提出，自己請求美國在政治、軍事、經濟上「共同管理臺灣」。蔣中正在 12 月 11 日下午召見鄭介民，聽取對白爵備忘錄的報告。

2　白即白爵（Oscar C. Badger II）。

朝課後，指示空軍在昆散發警告傳單，廿四小時後如其不釋回張、余、李[1]等，再施轟炸，恐傳單上限三小時有所不及也。令經兒往訪吳、于、丁[2]等老。十時實踐研究院紀念週訓話一小時後，召見桂永清，痛責其失職無知，憤恨極矣。另見孟緝、樵峯，俞大維、譚伯羽[1]來告別也。正午與成都通話，知無變化，此心乃安，再過五日則胡[4]部可安全集中無慮，此誠關乎國家命運之存亡也。下午批閱後，召見胡璉、孫立人後，來大溪，晚課如常。晚膳後，接賀國光西昌告急之電，乃即覆電處理並慰勉之。

十二月十三日　星期二（下弦）　氣候：雨

雪恥：一、中央政府之縮編與改組。二、中央黨部之改組。三、臺灣省府之改組與人選。四、中央與省府制度及人事之配合。五、決先派國楨代理臺省主席，以試美國援華之態度如何。

1　張、余、李即張羣、余程萬、李彌。1949 年 12 月 7 日，西南軍政長官張羣呈請辭職獲准，轉任行政院政務委員。8 日晨，蔣中正指示黃少谷致電張羣告知劉文輝、鄧錫侯自成都秘密出走，囑其偕第二十六軍軍長余程萬、第八軍軍長兼第六編練司令部司令李彌、第九十三軍軍長龍澤匯速返成都一行。下午 4 時，張羣返抵成都，向蔣報告與盧漢會面情形。9 日上午，復與余程萬、李彌、龍澤匯等飛往昆明。「飛機在昆明被扣」。盧漢將張羣單獨軟禁，並以張羣名義發出通知，邀請中央駐滇軍事首長於當晚在盧漢公館舉行緊急會議。出席會議有：李彌、余程萬及憲兵司令部副司令兼西南憲兵區指揮李楚藩、西南憲兵區參謀長童鶴岑、空軍第五軍區副司令沈延世、第一九三師師長石補天、雲南綏靖公署保防處處長沈醉等人，盧漢警衛營營長李青龍率領十多名警衛，扣押與會全部人員。晚上 10 時，盧漢在五華山雲南省政府主席辦公室宣佈投共，同時通電全國，在五華山升起五星紅旗。12 日，張羣由昆明脫險抵達香港。16 日到臺灣，蔣於正午約談，「聆取其在昆明被扣之詳情」。
2　吳、于、丁即吳稚暉、于右任、丁惟汾。
1　譚伯羽，原名翊，字伯羽，湖南茶陵人，譚延闓長子。1948 年任資源委員會委員，1949 年 1 月因病辭職，來臺休養；9 月出任臺灣生產管理委員會委員。
4　胡即胡宗南。

朝課後記事，復賀、胡、顧[1]等電，指示解決劉、鄧[2]方針。閱美國消息，其政府已轉變政策援助蔣氏，始終承認臺北國民政府，建立臺灣反共基地，此乃為美國援華正確不二之政策，惟其政府不能迅速大轉變，三個月以來余知其急欲改變，而苦無轉圜之法也，今彼已勢逼處，不得不然矣。記反省錄。正午與辭修商討對美政策及改組省府，先派國楨為代主席事。下午批閱，與西昌賀元靖通電話，知劉[3]部已經解決，且能與西昌直接通電話，最為欣慰之事。與國楨、雪艇商討臺省府改組及對美政策之決定。晚課如常。

聞岳軍已由昆明脫險飛抵香港，甚為欣慰。

十二月十四日　星期三　氣候：陰

雪恥：一、今後革命不患其不成功，而獨患無組織、無理論、無黨性、無情報，如過去之有名無實，各種條件皆無基礎，則雖成仍敗，故對於組織理論與情報之主持人才須特選而速決，然而無如才難何（經國、立夫、介民、昌煥、正鼎）。

朝課後召見國楨、立人等，分別指示其對美國關係與方鍼後，視察大溪全村一匝。正午與伯川談對美外交關係及改組臺灣省府人選、中央各部緊縮後組織。下午假眠甚酣，近夜睡足六小時以上，此甚難得之景象，足見心神安泰矣。靜默，批閱文電後，雪艇、公超來商對美要求備忘錄之內容及提出之方式，美國白吉爾之備忘錄，明欲以余之名義向其杜魯門提出，余意仍由我政府名義提出要求為妥也。晚與辭修商決改組省府事，此乃無異再冒險一次也。第八、第二十六軍皆已聯絡，而且霑益與蒙自機場已能確保使用為慰也。

1　賀、胡、顧即賀國光、胡宗南、顧祝同。
2　劉、鄧即劉文輝、鄧錫侯。
3　劉即劉文輝。

十二月十五日　　星期四　　氣候：陰雨

雪恥：一、美政府意在我先向其提出要求，而且要向其總統提出。此其用意，如其無惡意，則藉此轉圜，俾杜魯門與余之間繼續發生直接關係，以洗刷其白皮書之舊痕也，否則又為其反宣傳倒蔣多一有力之資料耳。

朝課後記事畢，由大溪到臺北省黨部，溥泉[1]先生二周年逝世紀念後，乃到草山，與雪艇等洽商對美備忘錄修正之點。推美國之意，其所以必欲由余名義提交其總統親閱者，莫非藉此為繼續蔣、杜已斷之關係重新開始也，故應增加此件已由蔣總裁同意，並望其國務卿直遞於杜總統也。正午約宴中央常委與非常委員，報告軍事與外交近情，說明改組臺灣省政府之原由。下午開非常委會，通過吳國楨任臺主席，賀國光任康主席，並召見空軍由昆脫險歸來者卅餘人。

十二月十六日　　星期五　　氣候：雨

雪恥：昨晡遷入草廬上，進新屋後剪甲畢，晚課，靜默。據報成都本日更為穩定，再過三日則胡部可如期安全集中矣。聞毛匪嚴令盧漢受劉伯承[2]命令及歡迎共匪入滇等條件，盧逆不勝其壓力，有包定法國飛機準備逃港之消息，實可能也，以彼逆滿擬投機，想以保境安民方式投共也。記事，睡。

本日朝課後記事，批閱公文，約見嚴家淦。正午約張其昀組長聚餐，彼覺失敗中淘汰滓渣，實為新生之機，抱着無窮樂觀。下午召見研究院生十人，約

1　張繼（1882-1947），字溥泉，1946 年 12 月任國史館館長。1947 年 4 月任國民政府委員；11 月派為國民大會籌備委員會副主任委員；12 月 15 日，病逝於南京。

2　劉伯承，名明昭，字伯承，以字行。1949 年 4 月指揮共軍渡江戰役，並直接指揮第二野戰軍。同年冬，指揮西南戰役。12 月任西南軍政委員會主席。

見陳納德談其公司營業情形。交通部長端木傑與經濟部長劉航深〔琛〕[1] 皆滯港不回，以其部長名義搜刮在港各該部之貨品外匯入其私囊，作逃避外國之準備。以余名義令回部盡職，未知其能從命否。入浴，晚課後約恩伯來會。接宗南電，樂山前方戰事危急，以部署不當，致陷被動為慮也。

十二月十七日　星期六　氣候：陰

雪恥：一、嚴禁軍官在戰區與戰時結婚，軍人結婚必須由國防部登記批准。二、政工局之人選與改組。

朝課後，得廿六軍長彭佐熙[2] 與盧漢元電，有聽命集中之句，閱之心寒，再察其詞意，或為緩兵之計，此種虛實如何，實關天命，故不甚憂盧〔慮〕。批閱公文，會客，召見劉安祺與由新疆到此之葉成[3]、鍾祖蔭[4] 等，聞其報告，私心竊慰，可知忠貞不貳、忍辱飲痛無法脫險，為匪部強制，埋頭待時之學生甚多也。下午召見學員十人後，入浴，晚課畢，伯川院長來見，商經濟部長劉航琛在香港把持公款，希圖捲款出洋，不聽命令，抗不應召回臺，而交通部長端木傑久滯香港，首竄〔鼠〕兩端，其情相同，乃商議撤換手續，並派嚴家淦接經濟部長任。晚與立夫商談組織及改造本黨問題。接宗南電話，知樂山已失，則今後川、康戰局陷於更嚴重地位，但聞宗南語音，其氣仍甚壯也。

1　劉航琛，本名賓遠，字航琛，以字行，四川瀘縣人。1949 年 6 月，任經濟部部長兼資源委員會主任委員，12 月政府播遷來臺時，留駐香港處理資源委員會國外貿易事務，為人中傷向政府控告。1950 年 1 月趕返臺北，請辭經濟部長，聽候裁判，纏訟兩年終獲大白。
2　彭佐熙，字民庸，歷任第九十三師師長、第二十六軍副軍長、第二十六軍軍長兼第八兵團副司令官。1950 年任留越國軍管訓總處副司令官兼第三管訓處處長。
3　葉成，字力戈，浙江青田人。時任整編第七十八師師長，1949 年 10 月離開新疆，轉到印度加爾各答後回到臺灣。
4　鍾祖蔭，江西修水人。時任整編第二十三師師長。1950 年 6 月，改任第二十三軍副軍長，10 月改任第七十五軍軍官戰鬥團團長。

上星期反省錄

一、此次滇盧、川劉[1]之叛變，發現心理之定律，即凡在成敗存亡將決而未決之間，一般心理明知其本人是非利害、生死禍福皆將與敗方共同一致為正、成方為負，然而為其目前一時苟安偷生，則其最後所為必歸降於成方，而且其對於敗方之叛離無所不用其極，以求取信於成方，至於其結果之為害為死，其為禍如何之慘酷，則概置不遑顧矣。余尚望盧[2]為勁草、為節士，及岳軍深信劉文輝為明利害、辯〔辨〕生死之人，能不為其所欺弄而慘敗乎。

二、臺灣省政府之改組已經發表。

三、毛匪首已到莫斯科，名為祝史壽也。

本星期預定工作課目

1. 政黨目的：實現政策、網羅人才、創造思想。

2. 思想指導、組織原則、黨的性質、製定理論。

3. 新號召的口號與理論之研究。

4. 情報、組織、政工、通信四種組訓與人選。

5. 行政院各部會之緊縮與五院之改革。

6. 中央黨部各部會之緊縮與人選。

7. 軍事委員會制之研究。

8. 匪區地下之組織與幹部之組訓。

9. 軍隊黨部之組織方式與政工關係。

10. 傘兵與匪區組織及情報之聯繫。

1　滇盧、川劉即盧漢、劉文輝。
2　盧即盧漢。

11. 黨務、軍政改革方案之速定。

12. 理論宣傳與思想訓練之研究。

十二月十八日　星期日　氣候：晴

雪恥：一、川西戰況又處被動，着着失利，川北劍閣失陷，情勢更為嚴重。對於成都之守棄與宗南部隊之進退應速決定。二、李彌已釋放到第八軍部隊，第廿六軍已到大板橋，向昆明進攻。此一消息比較樂觀，如果能收復昆明，則西南尚有可為也。三、臺灣省委、廳長發表後，臺省本身派別之爭又起糾紛，奈之何哉。

朝課後記事，記反省錄與工作預定表。閱報，見英國及西歐各國對美援軍器限制太嚴表示反抗，不願接受，此乃美國幼稚，被英玩弄，不知自愛之報應，可笑。又知緬甸發表承認中共偽政權，此亦英國作祟也。正午與公超談外交後，約禮卿與兒孫往遊士林園藝場，即在圈〔圓〕山東麓訓練班野餐，視察班址。下午視察研究院，準備講稿，晚課。

十二月十九日　星期一　氣候：晴

雪恥：昨晚召集辦公室各組長會報，指示工作方針，凡侍從人員必須指定其認識才智與有名之士十人，作為組織開始之一也。

朝課後記事，據報我國軍今晨已佔領昆明機場與金殿，心神略慰。十時研究院紀念週講演一小時後，會客。聞臺省參議會正式決議，反對新省府改組人選蔣渭川等為廳長，此乃幼稚與殖民地人民之習性，如何使之一致團結，不

致互相猜忌分化，如印度者不為其英帝國主義之利用也。正午宴李品仙 [1]，聽取其粵、桂失敗之報告，尚稱有卅餘萬大軍，其實皆為匪全部擊潰，並未有整個師團之一個單位可收容者也，桂系之謊妄無恥，往往皆然也。下午開非常委會後，為臺灣省參議會糾紛，接見其代表廿餘人，略予表示臺灣為余手所收復，愛之無異生命，望其團結為國也。

十二月二十日　星期二（朔）　　氣候：晴

雪恥：昨晡入浴，晚課後，約見楊森、孫震，新自成都來臺也。二電宗南，決令放棄成都，向康、滇分別撤退，其在新津與簡陽附近，戰況尚稱順利，皆經過激戰以後擊退匪軍兩軍也。

朝課後記事，約見少谷，談臺省府人事與省議會糾紛之解決辦法後，巡視上、下草廬通徑一匝。批閱公文，清理積案，以昆明消息混淆不明，未得確報為慮。正午約宴研究院教授與設計委員，宴後接見張佛泉 [2]、程石泉 [3] 等，皆有識反共之士也。下午召見學員八名。于右任院長來見，恐省府人事糾紛，不如讓國楨辭去主席，另選賢能，此乃與政策及事實相反，余以婉言答之，以此糾紛上午已經設法解決矣，可知處事要受內外不合理之干涉，困苦有如此也。晚課後，約周喦聚餐。

1　李品仙，字鶴齡，廣西蒼梧人。1948 年 6 月下旬，任華中軍政長官公署副長官。1949 年 5 月，任桂林綏靖公署主任，一度任廣西省政府主席，但未能阻止共軍攻勢，12 月到臺灣。

2　張佛泉，初名葆桓，直隸寶坻人。曾任《大公報》記者，北京大學、西南聯合大學政治系教授。1948 年 12 月搭乘政府專機離開北平前往南京，隨後赴臺灣。1949 年 11 月參與創辦《自由中國》雜誌。1951 年 1 月任行政院設計委員會委員。

3　程石泉，江蘇灌雲人。師從方東美和湯用彤、熊十力等人，任浙江大學教授。戰後赴美，任教於匹茲堡大學和賓州州立大學。

十二月二十一日　星期三　氣候：陰晴　微雨

雪恥：昨晚致胡二電，指示撤退方向及要旨，以北來彭匪[1] 所部已領領[2] 棉〔綿〕陽，我胡軍後撤各部皆為彭匪隔絕，不能向成都集中，故新津、成都外衛雖得勝利，而整個戰局實更嚴重耳。臨睡前，得余程萬被盧逆釋回軍中，因之攻昆部隊悉已後撤至大板橋，是余必為匪逆所欺弄，全軍五萬將士恐為其所害陷矣。聞之憂惶，但並未失眠。

今晨四時起床默禱後，致余[3]、李（彌）、湯（垚）[4]、顧[5] 手書四函至七時半方完，乃再朝課，記事。朝餐後，巡視後草山空軍新生社，以情緒悒鬱，對余程萬等忘恩負義、反顏事仇，恨不於其常德私逃時槍決，以貽害今日大事也。正午約薛、余[6] 等午餐，回憶其粵事之跋扈自私，危害全局，而今又來請求指示守瓊方針，寸心痛憤，然仍以善意迎之，告其中央所可助者之限度與實情。下午批閱文電，召見學員十人，與鴻鈞談中央銀行事，與辭修談對守瓊方針。

十二月二十二日　星期四（冬至）　氣候：晴

雪恥：昨晚課後，寫宗南指示方針長函，與黃、谷、鄭[7] 等商談五中全常〔會〕日期及方針、黨務甚久，續完宗南之函，十時半就寢。

1　彭德懷，號石穿，1949 年任中共中央西北局第一書記、西北軍政委員會主席、西北軍區司令員。
2　原文如此。
3　余即余程萬。
4　湯垚，原任國防部參事室主任參事，1948 年 7 月改任第十四綏靖區副司令官。1949 年 12 月任陸軍總司令部副總司令兼參謀長，並兼任第八兵團司令官，1950 年 1 月 23 日在雲南元江被俘。
5　顧即顧祝同。
6　薛、余即薛岳、余漢謀。
7　黃、谷、鄭即黃少谷、谷正綱、鄭彥棻。

今晨起床後，再續宗南，指示其方針與路線及今後空軍與其行進途中聯絡辦法甚詳，自覺此乃宗南部隊今後最大之生機也。書畢，朝課如常，自信對黨國與部屬已竭盡心力，無以復加，引為自慰。上午記事，會客，與江杓談接收交通部存港物資，與希聖談元旦文告大意，寫趙琳信。下午召見孫立人、鄭挺峯〔鋒〕[1]、刁培然[2]等後，召見學員十人，與葉公超談美援與香港物資及購糧案，批閱文電。據報端木傑留港不願回部，並勸葉亦不回，以大勢已去之故，可知何敬之所屬幹部毫無骨氣也。晚課後，再致宗南電稿，記事。

十二月二十三日　星期五　氣候：晴　溫度：七十度

雪恥：余程萬既忘情負義，自暴自棄，此等無恥不肖之敗類，是其自絕於黨國，自取滅亡，則余何再顧惜，更不值憤怒。人心之頹喪既如此，其實於我未來革命新事業有益而無損，否則此等滓渣不除，何能建立真正革命基礎耶。昨晚冬至夜得夢，在新建未漆之樓梯努力掙扎，扒上梯頂時已力竭氣衰而醒。若此為預兆，則前途雖艱危可知，而成功亦可卜也。

今晨朝課後，催送宗南昨函，報稱成都已無人接電話，殊非所料。召見根本博後記事，批閱。正午約岳軍來談其在昆明被扣時詳情，夷獵蠻蠢，真非常情所能測也。與余、薛[3]談海南軍糧款項後，再與禮卿談出處問題。桂系之奸詐無恥，可歎。下午召見學員十二人，派顯光赴美視察美援內容之究竟也。晚課後，約鐵城聚餐，派其赴印尼政府成立觀禮也。晚得宗南已飛到海南榆林港，此又為預想所不及者，從此大陸軍事已絕望矣。月來對宗南滿腔熱情，能在西南率部奮鬥到底之幻想，竟成泡影矣。

1　鄭挺鋒，原名庭烽，字耀臺，廣東文昌人。1948 年 9 月，任第四兵團副司令官兼第九十四軍軍長。1949 年 1 月離北平，7 月任第二十一兵團副司令官。
2　刁培然，四川江津人。時任中央銀行發行局局長。
3　余、薛即余漢謀、薛岳。

十二月二十四日　星期六　氣候：朝雨　晴
地點：草山　日月潭

雪恥：昨晚據報李彌不知下落，霑益、曲靖皆已陷落，廿六軍電臺已兩日不接去電，余程萬亦無消息。最傷心失望者，為宗南僭自離軍，未經報告而突來榆林，此在冬至後一日，聖誕前二夕，大陸軍事之悲劇，最後失敗之一幕也。審閱學員自傳及批復文電，廿二時半就寢。

本晨朝課後，寫妻及閻、吳[1]各函。約見顯光，指示赴美要旨後，即乘機飛臺中，十一時前乘車上日月潭，下午三時到達。風光宜人，心神漸舒。途中忽接余程萬廿二日來電，稱廿六軍為獷匪壓迫，決退守蒙自，要求空運來臺，此亦出於意料之外者。據其電述，晧日被釋，而養日始來電，其非出於誠意，然其為匪所逼歸來，當比降匪叛國者究勝一着，故決令其空運來瓊也。下午四時與兒孫乘舢板遊光華島，回涵碧樓記事。晚課如常，與兒孫媳輩同聚晚餐。武孫聰穎，喜愛聖誕樹，天真爛漫，躍笑自如，故心神聊覺舒慰。與兒孫禱告，觀影片（回鄉記），十時後就寢。

上星期反省錄

一、川、滇局勢險惡日甚，更覺才識淺陋，心力交瘁，成敗存亡非所逆料。自問寸衷，上不愧對黨國，下無負於部屬，耿耿赤忱，聊用自慰，但求不愧不怍，夫復何憂何懼。心安理得，天君泰然，今後則惟聽諸天命，盡其在我而已。十二月廿一日巳刻。

二、臺省府改組經過一番波折，總算妥洽成立，此一大舉實為冒險之最後一着。每念操之在我則存，操之在人則亡之句，不勝憂惶，吳國楨言行情

1　閻、吳即閻錫山、吳忠信。

性皆以依賴美國為惟一救亡之道，更足憂慮。

三、胡宗南未報未准，擅離部隊，突自飛瓊，此又為意料不及之事，思之悲痛。西南局勢奮鬥最後一線之希望，至此亦斷絕矣。將領之偷生怕匪，無恥無志如此，尚有何望。今後惟有立志重起爐灶之一道矣。

本星期預定工作課目

1. 三民主義實行方案與程序之研究。

2. 民生主義實踐研究會之組織（政策）。

3. 研究院功課系統化。

4. 後勤部隊與業務之加強。

5. 黨務幹部方案之檢討日期。正倫、經國。

6. 軍事方案檢討會議。辭修、寄嶠。

7. 政治方案檢討會議。岳軍、雪艇。

8. 經濟方案檢討會議。家淦、鴻鈞。

9. 組織與情報方案檢討會議。立夫、介民。

10. 政工與軍隊黨務方案之檢討會議。守謙。

11. 宣傳與理論及思想鬥爭之檢討會議。任、陶[1]。

12. 黨、政、軍、教幹部之掌握問題。立夫、經國。

13. 明年課程與工作計畫。

1　任、陶即任卓宣、陶希聖。

十二月二十五日　星期日　氣候：晴　朝霧

雪恥：從前種種，譬如昨日死；此後種種，譬如今日生。過去之一年間，黨務、政治、經濟、軍事、外交、教育已因胡宗南逃避瓊島之故，澈底失敗而絕望矣。如余仍能持志養氣，貫澈到底，則因〔應〕澈悟新事業、新歷史皆從今日做起。宗南此舉實使吾對舊幹部、舊基礎之痴妄可以滌滌盡淨，此種拉扱滓渣如不如此天然淘汰，何以應去年雙十節天父所允我之新天新地、光明世界（啟示錄廿一章）出現耶。自覺今日之精力心身，祇〔至〕少尚有二十至卅年之努力奮鬥，為天父與基督之工具，而且自信必能有成也。

六時後默禱畢，朝課如常。為兒孫輩購辦聖誕禮品與定番號，分配、戲耍為樂。上午乘民船遊覽進水口地點之構造情形，約三小時。回寓，聚餐，分物，講解基督受試要義。下午假眠後，帶兒孫媳到對岸化番村參觀生活及跳舞，其實皆已漢化矣。六時回途，紫色雲彩、朱紅夕陽，其美麗實罕見也。

本日為余西安蒙難脫險之第十三週年紀念日，感謝天父重生大恩。

十二月二十六日　星期一　氣候：晴

雪恥：昨晡回寓晚課，天朗氣清，惠風和暢，正如古鄉清明節氣。時感天父賜我如此大恩，在此重大失敗之中，尚得享受此天然至樂也。晚餐前後時，在庭前松下對月獨誤〔娛〕，湖光平靜，山色蒼茫，不禁生桃源自得之感矣。晚觀「禁宮迷魂」滑稽影片後，十時就寢。

六時後起床，天朗氣清，旭日初昇，湖平如鏡，山光明眸，四顧靜寂無聲，惟見漁舟數點蕩漾目前而已，此非冬景，實為故鄉之春光，而西湖所不及也。遨遊片刻，然後朝課，此實破例也，上午記事，為薛、余[1]要求隨帶現款回瓊，

1　薛、余即薛岳、余漢謀。

心緒又起悒鬱。軍政無人負責主持，要錢獨來我問，怨恨一身擔當也，乃決心改革軍需制度，不再為各軍閥經手侵吞軍費也。正午與兒孫輩乘舢板，登文武廟遊覽野餐，武孫跳躍嬉戲，不覺寂寞。其地高超，南向全湖，一目了然矣。下午批閱文電，對西南軍事余、李[1]、孫（元良）[2]、賀[3] 若斷若續，每念胡、顧[4] 之誤事，不勝為之悶憤。晚課後，觀影片畢，得報成都真空已久，而李振[5]、羅廣文等皆已叛降矣。

十二月二十七日　星期二（上弦）　氣候：晴

雪恥：近日獨思黨、政、軍改革方針與着手之點甚切，此時若不將現黨澈底解散改造，決無法擔負革命地下工作之效能也。其次為重組軍事委員會，整頓軍隊，收拾殘部，力求內部純精，團結一致。至於政治則置之緩圖，決先整軍建黨而控制政治，為目前最高之方針也。

朝課後記事，在庭院中瀀游自得者一刻時。審閱宗南即赴西昌指揮等電，聊以自慰。已刻與經兒外出，在朝霧橋東下車，即由小徑徒步至文武廟，約行半小時到達，即在廟前領略湖光，不勝其良辰美景之感。考慮建黨整軍正反合之方針，回寓與經兒研討此一方針，彼以老者將有阻礙為慮。下午批閱電

1　余、李即余程萬、李彌。
2　孫元良，四川成都人。1948 年 8 月，任第十六兵團司令，轄第四十一軍、第四十七軍。12 月徐蚌會戰中，第四十一軍、第四十七軍，在永城陳莊地區被殲滅。1949 年以川軍部隊重建第十六兵團，轄第四十一軍、第四十七軍，12 月在四川被殲滅。 12 月 21 日，川鄂邊區綏署副主任董宋珩在什邡宣布投共，遂經香港來臺後，即辦退役，自謀生活。
3　賀即賀國光。
4　胡、顧即胡宗南、顧祝同。
5　李振，原名晉堃，字載宏，廣東興寧人。1948 年 11 月，任第十八兵團司令官兼第六十五軍軍長。1949 年 5 月奉命在鳳翔、寶雞一帶設防。8 月移駐甘肅徽縣整訓，12 月撤退入川，25 日通電投共。

文，約見韓國申大使[1]後，審閱元旦文稿畢，乃與申大使乘便舟遊光華島。晚課後，修正答美聯社三大問題。約申聚餐，觀影片，十時就寢。

緯兒與諸孫等今朝回臺北，經兒留此陪伴也。

十二月二十八日　星期三　氣候：晴

雪恥：一、高級軍事會議議程之準備：甲、充實小單位。乙、餉項與運輸直接發至團部。丙、鞋被燃料之直接供應。丁、情報通信教育之加強。戊、防空設備之注重。己、政工與特派員制度。

朝課後記事，朝暉清和，漁舟蕩漾，心神閒適，意態自得，憂患中能享此樂，天父賜我豈不厚也。修正元旦文稿。着手之初，叔銘與羅列[2]唧宗南之命，由海南來訪，報告其離蓉到瓊經過詳情，余乃致函慰之，促其速飛西昌，收拾川、滇國軍殘部，繼續剿匪也。下午假眠後，讀經默禱如常，續修文稿至五時方畢，乃與經兒乘舟觀漁。回寓晚課後，餐畢，觀青梅竹馬影劇，未能領會劇意，自覺愚拙，記事。

本日為舊曆十一月九日，為先慈八十六歲誕辰。

1　申大使即申錫雨。
2　羅列，原名先發，號冷梅，福建長汀人。1949年任西安綏靖公署副主任兼參謀長。1950年至西昌，受命為西南軍政長官公署參謀長。西昌失守後，轉進川康山區。1951年抵達臺灣，奉派國防部參議。

十二月二十九日　星期四　氣候：晴

雪恥：一、臺灣省府改組以後，美國務院氣燄高漲，其對我政府之侮辱情形更難忍受，而其各種挑剔刁難、壓迫斥責備至，竟將我政府請求其援助之事反置若罔聞，雖其國防部主官表示極端反對，似亦難能見效，痛心盍極。二、辭修無端辭職，其不能忍耐之病態，將何以擔當今後艱鉅之局勢。三、宗南決心飛西昌指揮鎮攝，第八軍與廿六軍情勢較穩，此於成都作戰失敗大部份雜牌將領投降聲中，聊足自慰也。

朝課後記事，批閱文電，修正文稿。正午與經兒、希聖到潭西壩北漁村前竹篊上野餐後，視察壩工。向頭社下坡，乘車回寓。下午再修文稿與批核文件，力催宗南飛西昌，墨三飛蒙自坐鎮。晚課後，立夫等來會聚餐，觀剃頭匠滑稽影片，可嬉也。十一時就寢。

十二月三十日　星期五　氣候：陰雨

雪恥：一、從新組黨方針之決定。若不如此，則現在中央委員四百餘人之多，不僅意見紛歧，無法統一意志，集中力量，以對共產國際之革命，而且此等委員可說大多數皆靠黨營私，有恃無恐，不僅阻撓黨務，斷絕新生力量，而且只有阻礙革新，破壞革命，此種不可成手、不可收拾之事實至此，再不能姑息養奸，若不毅然斷行，是無異自葬污坑，何必徒勞耶。二、軍隊黨務之建立，以派軍風紀督察員名義主持各軍黨務，以免美國挑剔何如。三、政治復位問題似宜緩圖，應令德鄰先行回國為要旨。

朝課後，重整文稿至十一時方畢，記事。正午到文武廟野餐，商討改造黨務案。下午午課後，再整文稿至五時，灌音片二次。七時後晚課，餐後再商討黨務，指示方針後，批閱公文，十時半就寢。

據報印度今日已承認北平偽組織政權，此為中、印兩國永久之遺憾，尼赫魯終為英國之傀儡也。

十二月三十一日　星期六　氣候：陰　微雨

雪恥：一、臺灣軍事組織與系統，及對陳、孫[1]方針之研究與速定。二、黨與軍關係組織之研究。

朝課後增補元旦文稿數點，最後文意每為最精華之點也。記事，批閱文電，與立夫單獨研討重新組黨之要旨，在澌滌領袖與幹部過去之錯誤，澈底改正作風與領導方式而以改造革命風氣，凡不能與共黨鬥爭之行動生活與思想精神者，上自領袖起皆應自動退黨，而讓有為之志士革命建國也。下午再補正文稿數點後，與立夫等乘舟遊月潭西邊之堤岸。茶點後回寓，晚課，與岳軍談話，召宴高級人員鄭彥棻、王雪艇、吳禮卿、張其昀、谷正綱、洪蘭友諸同志，皆同席聚餐度歲。晚觀影片後，十一時半默禱後睡。

1　陳、孫即陳誠、孫立人。

上月反省錄

一、在川、滇、康、黔叛離混亂之下毅然獨斷，遷移中央政府於臺北，設立
大本營於西昌，對於成都臨時設置防衛司令部，使成都能保守至廿七日
之久。如果顧、胡[1]仍能從容鎮定，不離川、康，則多數部隊必可保存，
其羅廣文、盧崇年[2]、李振等當不致叛變降匪也，惜乎其僭來瓊島，不聽
意旨，引為無上遺憾，惟宗南仍能從命獨飛西昌，收拾殘部，再起奮鬥，
猶得聊以自慰耳。當時對於遷都臺北問題，多主慎重，不即遷臺，蓋恐
美國干涉或反對，不承認臺北為我國領土，及至最近年杪，尚有人顧慮
美將以武力佔臺者，此則自卑自棄、不明事理之談，余始終認余在臺，
政府遷臺，美、英皆決不敢有異議，如其果用武力干涉或來侵臺，則余
必以武力抵抗，寧為玉碎，不為瓦全，以其背盟違理，曲在彼而直在我
也。最近美國杜魯門且聲明臺灣為我國民政府所屬領土之一部，而其對
我政府繼續承認，並明言臺灣非獨立國家，此語使臺灣倡議獨立自治或
託管之邪說者可以熄滅矣。

二、胡宗南部如能先行集中成都，而不分防內江、樂山，一任敵匪先佔岷江
西岸，堵塞我入康之途，則其入川全部之兵力不過六－七個軍，如我宗
南部果能集中主力八個軍以上，再予之一決雌雄，則我軍比匪優勢，必
可擊敗匪軍重定西南，決不至被匪各個殲滅，慘敗至此。惟當時被閻伯
川一語之誤，即集中兵力，孤守成都，正予匪軍包圍殲滅之良機，以後
無法與匪周旋矣。因之余與宗南皆放棄集中守蓉之主張，其實我軍當時
半月之內即能集中六個至八個軍，兵力集中以後再行出擊，覓匪主力以
求決戰，而不必為孤守成都而集中也，無如環境複雜，空氣暗澹，以致

1　顧、胡即顧祝同、胡宗南。
2　盧崇年，廣西平南人。第一屆國民大會代表。1949 年秋，與甘競生、甘麗初、劉觀龍
　諸人，據守太猛山區。1950 年春，共軍搜捕日急，經由梧州逃抵香港。

精神不專，卒致決心動搖，竟因之而大陸不保，痛懺莫及矣。

三、昆明、成都雖叛變不守，而余程萬、李彌受命任雲南綏靖主任與省主席，皆能脫險來歸而不降匪，尤其宗南能冒險飛抵西昌，奉命不辱，則其他將領雖多叛降，不足阻撓我對前途之樂觀與信心也，滇盧、康劉[1]二逆之叛無足異也。

1　滇盧、康劉即盧漢、劉文輝。

蔣中正日記

Chiang Kai-shek Diaries

雜錄

蔣中正日記
Chiang Kai-shek Diaries

蔣中正日記
Chiang Kai-shek Diaries

雜錄

一月十二日

（一）堅定不退之預期：

甲、經濟：紛亂，物價高漲，雖難遏制穩定，但尚有相當現貨，勉強可以維持半年。

乙、軍事：機構龐雜，效用絕無，人員零亂散漫，不學無能，部隊腐敗，士氣不振，將領墮落，積重難返，但如能苦撐，尚可維繫一時，不致立即崩潰，惟本人在政，無暇整頓，似難挽回頹勢耳。

丙、政治：中央黨務完全敗壞，政治效能不僅退化，而且腐敗，至孫科行政院已至極點不可收拾，各省地方政府雖尚能維持現狀未有分裂，但向心力已經大減，威信亦已喪失，縱能統御一時，然已無法重整。尤其是憲政實施以來，制度矛盾，新者破碎，舊者崩潰，紀律廢弛，綱常毀滅，人心渙散，精神掃地，此最為今日革命局勢之制命喪〔致命傷〕耳。

丁、國際局勢：今年不致有大變化，加之美國政策對俄必漸妥協，俄勢正在猖狂之途，美援即使對華不致斷絕，若無大量軍事與經濟之接濟，則於事無補其萬一。

戊、內部情況：無論軍事、政治，幹部分裂，心理失常，矛盾百出。桂白[1]叛跡顯著，雖已被遏制一時，然時久必發，加之孫科之不智無恥，一味貪污，忘恩負義，不可理喻，更令人灰心喪氣，故今日結癥實在內部而不在外敵也。共匪絕不能消滅我之革命力量，

1　桂白即白崇禧。

亦絕無可懼之點，所痛心者，內潰自崩一至於此耳。

己、不退之希望：一、美國對華政策完全變更，乃以積極援華，使我軍事、經濟皆能充實無缺。二、京、滬軍事能堅持固守，擊退共匪之進攻，使我軍心民氣為之一振，以改變內外之觀聽，整個政局與國勢乃能轉危為安也。三、國際戰爭突發。四、持久以後，能使共匪內訌。五、始終把握政權，勿使軍隊、政府分崩，尚可維繫一部分之軍心民心。

（二）下野退職之原由：

甲、紀律敗壞，軍隊腐敗，黨部內訌，組織崩潰，政治制度背謬，國家綱紀掃地，社會紊亂，民心渙散，威信盪然，精神喪失，革命基礎完全毀滅。若不下野，無法復興。若不退休，無暇整理軍事、政治、黨務，以及其制度、紀綱、組織已至無可收拾地步，而且人心與威信，若不下野亦無法挽救也。

乙、有人以為下野退職後，對內無權領導政治，對外不能代表國家，即無復興革命之望，而且放棄政權無異放下武器，任人宰割。此說不無理由，然而余在國家地位及領導革命，實不在政權之得失，與其強勉維持目前難挽之頹勢，徒失威信，增加詆毀與疑謗，則不如放棄權位，表明心跡，而且今日人民之心目，以為余不下野，則一切禍國殃民之責任皆在於余一人，殊不知余為犧牲個人一切，不惜忍受侮辱，皆為掩護民眾，保障國家之苦心耳。若余下野，彼必倍受共匪之壓迫，軍閥之摧殘，其痛苦與黑暗更無底止，是其必有翻然憬悟之一日，此於我個人未始非賽〔塞〕翁失馬之道也。

丙、至於下野以後，陸、海、空軍必被人宰割，乃至內部分裂，自相離異，無法維持固有之系統與實力，此則盡余心力而為之。如能確保現狀，以為後日再起，容易收拾之準備，固為幸事，否則今日軍紀與精神若不能積極改革，則被人瓜分或被匪誘惑脅逼而消滅亦無所可惜，以此種紀律掃地，精神喪失之軍隊，不能再望其

擔任復興之主力，則有不如無也。若能仰獲天父保佑，使一般將
領能因余之下野而受辱吃苦，以自覺其過去之罪孽，而能澈悟悔
改，團結一致，共禦外侮，亦未始非轉禍為福之道也。何況今後
如果革命有余再起之必要，則必有新建與外援之武力重奠革命之
基業，決不在此舊腐之勢力耳，惟幹部之教育與組織則不能不有
基本之計畫耳。

丁、余退讓一步，共匪是否能鬆弛一時，抑或更大膽進逼，更加鼻張
乎。若余下野以後，共匪之主敵已去，目標既失，或其軍事上可
有整補之餘暇，先用政治方法逼迫南京桂系屈服亦未可知，但自
我當可有憪〔喘〕息之機，比之今日不生不死，難進難退之情勢，
必較良好耳。

戊、共匪控制華北以後，其實力能否於短期半年以內平定華南乎。以
林彪[1]各股由平漢路南下直取廣州，以陳毅[2]股略取江南、江浙、皖
贛，以彭德懷股進取陝、甘、寧、青，以劉伯誠〔承〕略取川、
滇、黔西南各省。以現勢與我軍政怯懦心理而論，或有可能，然
亦要在我軍之戰略戰術以及匪之弱點與錯誤能否發現，為我所利
用乎，於此應特加注重研究，切實分析耳。

1　林彪，原名育蓉，字陽春，湖北黃岡人。時為中共中央委員、第四野戰軍司令員。
2　陳毅，原名世俊，字仲弘，國共戰爭期間，歷任華東野戰軍司令員兼政治委員，中原
　軍區和中原野戰軍副司令員，第三野戰軍司令員兼政治委員。中共建政後，任華東軍
　區司令員兼上海市市長。

一月十七日

對時局與出處應注意研究要點：

甲、下野後與在政期間比較之難易及成敗之公算。

乙、俄共今後之政策及其所欲之目的與行動之判斷。

丙、匪軍今後戰略之判斷。

丁、我之法定地位與革命行動之難易，及其成敗結果之比較。

戊、下野後之期待者何事，與出處之難易以及時局之變化（一月第一星期反省錄第十四條）。

己、共匪今後之作法及其可能成敗之公算（一月第一星期反省錄第一、二、三條）。

庚、下野後最大之顧慮：一、桂系先撤換各省地方政府人事。二、各省分立，中央與地方自相紛爭，內部破裂，整個統一局勢無形瓦解。三、共匪參加聯合政府，桂系無法控置〔制〕。

辛、下野最大之原由：一、打破現狀，打破環境，行動比較自由。二、可以從容籌策，積極準備，培植幹部，重組黨軍，消滅叛徒，改造制度，非此無法復興革命，重奠基礎。三、消弭內部糾紛，澈底清算，表示革命心跡，挽回人心，肅清腐化，淘汰貪污。四、民心軍心、制度紀律，與革命精神、社會風氣，若不下野決不能着手整頓，挽此既倒之狂瀾。五、下野後革命實力與基礎如可保存，則決下野，否則共、桂兩方必使我黨澈底毀滅，則決不可下野。

一月卅一日

下野後研究一般情勢與應取政策，在一星期來所得之結論如后：

一、對內政策：應使德鄰安心主政，切屬黨政幹部一致擁護，竭力設法使桂系能開誠相處：甲、表明余至少在五年內決不出而主政，說明余之內心及基本方鍼，愷切詳明今日協助德鄰成功，實為余自助成功惟一之道。乙、對共匪不可再望其有和平誠意，應積極主戰，一致擁護其領導。丙、德鄰須對黨尊重黨紀，重要政策必須提黨通過後方得實施。應以此三原

則為團結內部之基礎也。

二、對共匪政策：甲、延緩其主力渡江直攻京滬。乙、勿使其奪取合法政權。丙、阻制桂系參加其聯合政府。丁、如李[1] 投匪參加聯合政府，則我政府應不承認李之行動，一面聲明政府剿共戡亂政策與政府合法地位，繼續剿共。戊、萬一京滬淪陷，則軍事主力固守沿海各港，對各省建立各邊區游擊根據地，一面截斷其交通路線，一面從事地下工作。

三、對外政策：此時反共，不能不爭取美援，但欲得美援又非受其脅制不可，尤其對內政非用民主方式不能得美諒解，如此則行政與主權決無法獨立自主。因之只要余在未能建立獨立基礎以前不出山主政，則外力只能壓制政府而不能欺凌余個人，而余即以在野革命領袖地位，不僅對美，而且對俄亦可有所主張，反對其各種無理取鬧之言行，此乃救國惟一之要道，而美與俄皆無奈我何也。

二月三日

此次引退，切莫為外物、環境所動，應作五年基本工作之打算：

一、外交無確實把握，不宜主政。

二、世界無激急變化，決不主政。

三、國家不到危極地步，非萬不得已，亦決不從政。

四、如能終身不必從政而從事於革命基本工作，埋頭為民生與社會之改造，始終以革命在野之領袖領導人民與政治、黨務，此乃為畢生之願也。

二月五日

半月來共俄之關係及其對中國之現政策（約可分述如下），當不出以下幾點：

一、俄史以李立三[2] 及其東北匪部為資本，牽制毛匪在華北之土共，並先澈底

1　李即李宗仁。

2　李立三，1948 年任中共中央東北局職工運動委員會書記，中華全國總工會副主席、黨組書記。

統治東北,而以華北為其前哨,脅制長江流域之國民黨勢力,使之無形崩潰。

二、俄史不容毛匪統制全國,否則史即不能控制毛匪,防其為狄托[1]第二乎。

三、俄史不容毛匪用兵力侵佔京、滬、漢,進入長江以南地區,與美、英勢力接觸:甲、防制毛匪與美、英妥協。乙、避免與美、英直接衝突,不使美、英過於刺激乎。

四、俄果在此時期料定美國不能予之立即開戰,趁此機會指使毛匪佔領華南,統一全國,以確立其亞洲之基地乎。此種冒險政策,似非俄史之素性,如為其本身及其基本政策計,當不出此也(以上五日記)。

五、共俄對李代總統之政策如何:甲、認李無實力,不能代表政府主持全面和平,而且共匪決不能允有全面和平也。乙、認李仍為美國所指使,決不能誠意順服俄共,即使其順服,亦無甚作用。

六、俄共如不主渡江南進,其果忍讓余得一從容時機,整補軍隊,鞏固基地,不患我捲土重來,以貽其後患乎。

七、美國果作十五億援華之積極行動,俄史能漫不加意?或其用間接方法破壞與阻礙,逆料美援不能生效,無法挽救國民黨之滅亡,抑或因美援之加強而指使共匪提早過江,不許我有一整頓之時間,以達其一氣呵成,根本毀滅中國之殘餘勢力,以絕其後患乎(以上六日記事)。

八、共匪侵佔平津後之行動如何:

甲:籌開偽人民代表大會,預定三個月內成立正式政府。

乙:召開其新政協會,組織各黨派偽聯合政府。

丙:(軍事)預定兩個月為整編平津國軍完畢,及修復平漢與津浦鐵路完成後,即向京、滬、漢同時進攻,此一也。其次為先佔京滬,後佔武漢。其三為先佔武漢,後佔京滬。其四為先規復西北陝、甘、

---

1 狄托(Josip Broz Tito),南斯拉夫共產黨總書記、總理、國防部長,二戰後倡導與蘇聯不同路線的共產主義,被稱為狄托主義。

寧、新、青，然後再進佔華中。其五為進佔鄂、湘、桂、黔、滇，打通越、暹、緬，控制西南亞。其六為陳兵長江北岸，一面壓迫桂系屈降，一面對各軍各省用政治方法分別招降，以期不戰而屈。

九、美國議會所謂十五億之援華建議，要我政府有一反響，似以暫置不理為宜。美國幼孩，不理，則彼或能有覺悟，若理之過早，則彼反以為奇貨可居，又對我侮辱矣（以上十日記）。

二月廿五日

（一）軍事：實行兵民合一制，以普訓民兵代替硬性抽丁，以團隊升級代替征兵，戰區以募兵為輔，部隊訓練應行啟發與自動教育。

（二）政治：應實行授權責成與定期檢查制，以效用人，以效繩人，絕對予縣行政官以獨斷專行之全權，豪紳勢力一律排除。

（三）經濟：應實行實物配給制。此三制先劃區實驗，或可開闢一新生之途徑。

「文武官吏若不經年資與考選，必須用負責保荐制，而每一官吏不問其如何登庸，亦必須有負責保人，此乃為人事制度未入正軌以前及亂世用人補救之惟一方法。」

三月二十日

近閱縣誌剡溪九曲考，全謝山[1]以八曲在高嶴，實誤會，余以為八曲在公棠，九曲為虎頭岩，其地即沙棣之東，溪口之西也，蓋經高嶴之水為晦溪，而非剡溪也。余平日極佩謝山先生之博及其考據之確，於此可知千慮亦有一失耳。又大晦嶺、小晦嶺之名，志載以為黃巢引兵至此，天色將冥，謂之小晦，再進一山，天已深黑，謂之大晦，遂安營嶺上，謂之住嶺云。其實大晦嶺為西

1　全祖望（1705-1755），字紹衣，號謝山，浙江鄞縣人。清朝史學家、文學家。其主要著作有：《鮚埼亭集》、《困學紀聞三箋》、《續甬上耆舊詩》等。又續成《宋元學案》、七校《水經注》。

山頭之後山，距小晦嶺不過五里行程，而住嶺在大晦之西南，相隔十餘里，並非大晦即住嶺也，可知此說非真確之解也。且由葛溪經晦嶺之麓亭下，而出公棠與剡溪匯合之晦溪，更可證明其晦嶺命名決非天色晦黑之意。余意此地必為朱晦翁道出其間，故因之紀念晦翁以名之耳。又四明山「二十里雲」，其地即自徐鳧岩向東至隱潭廟之間，即四明山九題中之「過雲」是也，此路之北謂之「北雲」，其南謂之「南雲」，而桃花坑山即今之桃花岩，實即今名「三十六灣」一帶之山地乎。

五月十日

近見軍服襤褸垢污，工事虛薄（草率）卑陋，軍人舉動輕暴荒亂，軍品雜亂無章，而營舍污穢破爛，每為之愧悔慚惶，汗流浹背，軍事教育惡劣至此，是余不能時時注重負責整頓，而又未能注意軍事教育家之培植，以致敗壞至此。今後必須重起爐灶，而以厚重實潔為軍事教育之本質，密靜警（覺）整確速為軍人行動之標準也。

又黨、政、軍、教基本幹部之訓練與召集計畫及教育方鍼皆須確定：

1. 思想（服務、克己）。
2. 紀律（組織）服從。
3. 秘密（通信）技術，防奸保密。
4. 調查（偵探）、（考驗）、（監視）。
5. 力行、秩序、條理（主義）。
6. 訓練、宣傳（方法）。
7. 負責、盡職。
8. 雪恥、復仇（報復）。
9. 學術電影之獎進。
10. 歌謠人才之培植。
11. 新制度、新精神、新生命。
12. 政策、策略。
13. 新作風、方鍼、態度（和愛）。

14. 新生活、新行動（對民眾）。

15. 管理與統御教育（領導）。

16. 各縣自衛隊及其官長澈底改革與淘汰。

17. 幹部最大缺點：一、不守秘密。二、數字不注重、不精確。三、不知責任。

18. 科學方法與組織技術之急務。

19. 陸海空步砲工機各兵種配合作戰之組織與實習。

20. 中心理論與行動綱領。

  新智識、新精神、新生命、新生活、新行動。

  新制度、新作風、新事業、新理論、新幹部。

五月十八日

昨飛過鳶蕩山，甌江以東為北鳶蕩，其風景雄壯秀麗，令人覺有萬峰競秀，
巒嶂疊翠之感，惟森林未能多見，不知其山內究有古木否。昔聞人以其山峰
比諸桂林者，余昔對總理云桂林山景只可稱之為奇麗，而不能稱為秀美，更
無雄壯可言，若與鳶蕩並比則侮辱鳶蕩矣。所謂鳶蕩者，即在甌江以西平陽
一帶之山地，其景色亦不差，但比之於北鳶蕩則減色矣。

廿六日

對於經濟軍費之處置要領分為重慶、廣州（瓊島）與臺灣三區，以臺灣銀行
任東南區，中國銀行在粵港任華南區，中央銀行在重慶任西南與西北兩區之
接濟，每區以美金三千萬元為基金發行銀元券，定為一年之用。至於軍事部
署以上海撤退軍隊移駐舟山群島，以福建崩潰各部擇優先移臺、廈整訓，以
青島部隊進駐瓊州，先將此三群島守備加強，尤應積極肅清瓊州土共而掌握
之，然後再向沿海各地發展也。

六月三日

李任仁在桂林對立法與國大代表明言桂林不致發生戰事，黃紹竑〔竑〕在北
平時共毛對黃稱李、白為國民黨中較左份子，蔣之引退及蔣系在中央實力之

被排除與消失，實為共黨革命排除不少障礙且加速蔣之崩潰，將來共軍決不向廣西攻擊云，此為桂系叛黨賣國之罪狀，而李任仁竟引為自毫〔豪〕，而且以毛匪之言奉如至寶玉律，能不痛心。

六月十四日　四重溪

組織要目：

一、宣傳：調查統計（分社會、政治、經濟、外交與軍事）對敵。

二、情報：黨軍、憲兵、間諜、監察、紀律（賞罰），分軍、黨、政、敵。

三、訓練、檢討、批評、立案、考核，分黨、政、軍、經。

四、幹部會議。

五、策劃（推動）政策路線、戰略、戰術、技能（工作之分配），指導作戰。

六、機要、資料分析、綜覈、審定、立案、推進。

民國卅八年中令人最感苦悶而不易處理者：

一、軍官眷屬隨軍行止無法區處，軍隊失敗軍眷亦離散流落，此乃影響軍隊之敗亡最大也。

二、軍隊覆滅以後軍屬流亡來臺，無從收容亦無處收容，此不僅影響軍心士氣，而於社會不良之影響及其觀感最大也。

三、軍隊番號已經取消，而其傷病官兵進入醫院餉項無着，亦無人照管，令人寒心。

以上三事實為平時意想不到之教訓，亦為不可多得之經驗，此只有亡國敗仗之時所能見及者，應知有所預戒也。

四、七月間在粵間接獲悉瑞典外交人員之情報，英國對華政策先使中共消滅國民黨政權，然後在第三次世界大戰時再將俄國與中共同時消滅，另立中國傀儡政府，建立中國為英之殖民地，當時聞之以為太近無稽，今則將近事實矣，戒之哉。

董嘉瑞　　　鄂　臺防衛副司令　軍校六　陸大特七

霍揆章〔彰〕[1]　97 軍

宋希廉〔濂〕　2 陳克非　15 劉　平[2]

余程萬　　　26 軍　雲南

陶峙岳　　　42 趙錫光[3]　　　78 葉　成（六旅）　91 軍　黃祖壎（河西）

仝左　　　　76 薛敏泉[4]　　　113 魯崇義[5]　　　　114 沈　策（陝南）

胡宗南　　　3 許良玉[6]　17 楊德良〔亮〕[7]　57 徐汝誠[8]　98 劉勁持[9]
　　　　　　　皆二師制

裴昌會[10]　　27 李正先[11]　36 劉超寰[12]　69 謝義鋒[13]　90 陳子幹[14]

李　振　　　1 陳鞠旅　38 姚國俊[15]　65 李　振

1　霍揆彰，字嵩山，湖南酃縣人。1949 年 5 月任第十一兵團司令官。6 月調任湘鄂贛邊區綏靖總司令兼行政長官。

2　劉平，湖南湘潭人。1948 年 10 月任第十五軍軍長，1949 年 12 月 24 日於四川郫縣投共。

3　趙錫光，歷任新疆警備總司令部副總司令兼第四十二軍軍長、南疆警備區司令兼整編第四十二師師長。1949 年 9 月在新疆率部投共。

4　薛敏泉，號貴生，1948 年 4 月任西安綏靖公署副參謀長。1949 年 1 月任第七十六軍軍長，12 月代理第七兵團副司令官，後赴臺灣。

5　魯崇義，1948 年 12 月任第一一三軍軍長。1949 年 6 月第一一三軍改編為第三十軍，仍兼軍長職。9 月調任第七兵團副司令官兼第三十軍軍長。12 月 25 日在四川成都率部投共。

6　許良玉，歷任整編第七十八旅旅長、整編第一師副師長兼整編第一旅旅長、第三軍軍長。

7　楊德亮，名惠疇，雲南昭通人。1948 年 7 月調任第十八綏靖區副司令官，12 月兼任第十七軍軍長。1949 年 2 月兼任西安警備司令部司令。6 月免去警備司令兼職，8 月因作戰失利被免職，12 月移居香港。

8　徐汝誠，字午生，浙江餘姚人。歷任第二○三師師長、第五十七軍軍長。

9　劉勁持，浙江青田人。時任第九十八軍軍長。

10　裴昌會，歷任第一戰區副司令長官兼洛川指揮所主任，西安綏靖公署副主任兼第七兵團司令官、川陝甘邊區綏靖公署副主任。1949 年 12 月 25 日在四川德陽率部投共。

11　李正先，字建白，浙江東陽人。1948 年 12 月任第五兵團副司令官，1950 年 8 月調任國防部參議。

12　劉超寰，1948 年 3 月調升整編第二十七師師長，12 月 10 日調任第三十六軍軍長。1949 年 11 月調任國防部參議。

13　謝義鋒，歷任新編第二軍副軍長、整編第十三師師長、第六十九軍軍長等職。1949 年到臺灣，任國防部參謀。

14　陳子幹，抗戰勝利後，任整編第十七師第十二旅旅長。1949 年任第九十軍軍長，年底在四川萬縣被共軍俘虜。

15　姚國俊，1948 年 11 月任第三十八軍軍長。1949 年 6 月調任商洛綏靖區高參，12 月在成都投共。

海南要塞　　　　吳敬群[1]

虎門要塞　　　　李卓元[2]

廈門要塞　　　　史宏熹[3]

高雄要塞　　　　呂國楨

馬公要塞　　　　李振清

基隆要塞　　　　姚盛齊[4]

臺灣警備旅長　　任世桂[5]

胡競先　　　　15、16、17、18 各騎兵旅

歐　震[6]　　　63 劉棟才〔材〕[7]　64 容有略　109 鍾　彬[8]　曲江　海南　惠廣

宋希濂　　　　14 張際鵬[9]（三師制）　118 陳希平[10]　122 張紹勳[11]　常德　芷
　　　　　　　江　恩施　皆二師制

何紹周　　　　49 何兼　9 徐志勗[12]　39 黃〔王〕伯勳[13]　閩粵贛邊區

1　吳敬群，1947 年陸軍總部第一署第三處處長。1947 年當選國民大會代表。1949 任海南要塞司令。1950 年到臺灣，任國防部第五廳副廳長，續任國民大會代表。

2　李卓元，1949 年 3 月 16 日接任虎門要塞司令。

3　史宏熹，江西南昌人。1948 年 12 月調任廈門要塞司令。

4　姚盛齊，時任基隆要塞司令。後任綠島新生訓導處第一任處長。

5　任世桂，1947 年 5 月至 1949 年 2 月任臺灣全省警備司令部警備旅旅長。1949 年 2 月，隨侍蔣中正左右。

6　歐震，字雨辰，廣東曲江人。1949 年初任第四編練司令部司令官，8 月任廣東綏靖公署副主任兼代理廣東保安司令，後任海南防衛副總司令。

7　劉棟材，別名道中，1948 年任第六十二軍副軍長。1949 年 1 月調任第六十三軍軍長。1950 年初任海南防衛總司令部副總司令。

8　鍾彬（1900-1950），字中兵，廣東興寧人。原任第一〇九軍軍長，1949 年 3 月，接任川湘鄂邊區綏靖公署副主任兼第十四兵團司令。11 月在涪陵被俘。1950 年 2 月下旬去世。

9　張際鵬，1946 年起任中央訓練團將官班第一大隊第二中隊中隊長、國防部第十一和第五戰地視察組組長、第一兵團副司令官兼第十四軍軍長。1949 年秋隨程潛等在湖南投共。

10　陳希平，1949 年 1 月起任第一一八軍軍長、第十四兵團副司令官。

11　張紹勳，1946 年任第四十二軍副軍長，1949 年 4 月任第一二二軍軍長，10 月 16 日在湖南大庸投共。

12　徐志勗，原任陸軍總司令部第三署署長，1948 年冬調任第九軍軍長。1949 年 7 月調任第二十二兵團副司令官。

13　王伯勳，原任第三十九軍軍長，後調任第八十九軍軍長。12 月率第三十九軍兩萬餘人在貴州興仁投共。

胡宗南　　　　76 薛敏泉　113 魯崇義　114 沈　策（陝南）

孫元良　　　　41 孫元良　47 楊熙宇[1]　夔府　石柱　皆兩師制

羅光〔廣〕文　44 陳春霖[2]　108 羅廣文　72 郭汝瑰[3]　110 向敏思　四個軍

保存部隊

（滬）21A　52A　54A　75A　87A　99A ？　（浙）73A　74A　106A　96A ？

（閩）9A　5A　121A ？　青 32A　50A　204D　臺 6A　80A

京滬皖已損失部隊

滬 12 37 51 123A 各軍　京 4 20 28 各軍　皖 45 66 88 各軍

李　彌　　81〔8〕李　彌　26 余程萬　89 劉伯龍

黃　杰　　100　　　　　102 成　剛

沈發藻　　23 李志鵬[4]　70 唐化南[5]　25 陳士章[6]　吉安　贛州　漳州

1　楊熙宇，1948 年任第四十一軍副軍長，1949 年 1 月任第四十七軍軍長，10 月被免職，11 月在重慶投共。

2　陳春霖，1944 年任第四十四軍一四九師師長。1948 年 3 月當選為國大代表，6 月任國防部副官局局長兼副官學校校長。1949 年 4 月任第四十四軍軍長。12 月隨同羅廣文在川西投共。

3　郭汝瑰，四川銅梁人。1948 年 7 月，復任國防部第三廳（作戰）廳長，徐蚌會戰前後，利用職務便利，影響與誤導蔣中正戰略決策。1949 年 1 月，任第七十二軍軍長兼敘瀘警備司令。12 月，在宜賓率部投共，徹底破壞蔣固守大西南的計畫。12 月，在宜賓率部投共，徹底破壞蔣固守大西南的計畫。

4　李志鵬，江西雩都人。原任第五十四軍副軍長。1948 年 12 月任第二十三軍軍長。1949 年任贛南師管區司令。1951 年 2 月赴臺灣。

5　唐化南，1946 年起任整編第七十師第六十七旅旅長，第七十軍副軍長兼第一三九師師長。徐蚌會戰失利，突圍逃出，重建第七十軍，任軍長。

6　陳士章，1946 年起任整編第二十五師第四十旅旅長、整編第二十五師師長及第二十五軍軍長。徐蚌會戰失利，突圍逃出，重建第二十五軍，任軍長。1949 年 8 月於福建永春被共軍俘虜。

胡　璉　10 張世光[1]　18 胡　璉　67 劉廉一[2]　南城　臨川　上饒

王敬久　5 熊笑三　高吉人？　121 沈向奎[3]　共四師　邵武　福州

　　　　9A 徐志勗　龍岩　獨立 50D 李以劻[4]　福州

孫立人　6　80 各軍共四個師　戴　樸[5]　唐守治

劉安祺　32 趙　琳　50 胡家驥各軍　204 師（青島部隊完整）

張世希　45 66 88 106 各軍殘餘無幾　106 軍　王修身[6]　副吉星文[7]　候督訓

李延年　4 20 28 各軍已消滅　99A？96A？

張雲中　73 74 85 各軍新成立　李天霞[8]　勞冠英　吳求劍[9]

劉汝明　55 68 96？各軍不完整

湯恩伯　12 21 37 51 52 54 75 123 各軍尚完整　87 軍完整

1　張世光，歷任第八十八軍軍長、中央訓練團軍事訓練班主任。1949 年 2 月，任第十軍軍長，5 月改任第十二兵團副司令官，到臺灣後，改任金門防衛司令部副司令官。

2　劉廉一，字德焱，號榮勳，湖南長沙人。1948 年 6 月，率整編第八十八師參加豫東戰役。1949 年 6 月，改任第六十七軍軍長，10 月率部移防舟山群島。1950 年撤到臺灣。

3　沈向奎，名紫文，福建詔安人。1948 年 10 月轉進福建，任第一二一軍軍長兼福州戒嚴司令、第五軍軍長、第二十五軍軍長。1949 年 9 月率領所部由泉州進駐金門，歸第二十二兵團司令李良榮指揮。調任第十二兵團副司令。10 月底金門保衛戰時，擔任金門西守備區指揮官。1951 年起兼任福建反共救國軍副總指揮。

4　李以劻，原任戰地視察組第七組視察官，1949 年任第五軍副軍長兼獨立第五十師師長，7 月任第一二一軍軍長。8 月在福州率部投共。

5　戴樸，號朝剛，湖南瀏陽人。1948 年 10 月任第六軍副軍長、代軍長，在東北作戰，12 月中旬突圍至山海關，1949 年在上海，又派臺灣新竹整補，1950 年 7 月調任臺灣北部防守區副司令官。

6　王修身，字新民，河南項城人。1948 年 11 月調任第一〇六軍軍長，奉命固守江防。共軍渡江後，敗退到福建，改任第十五兵團司令，於福州、廈門等地收容敗退散兵。福州失守後，轉進臺灣。

7　吉星文，字紹武，河南扶溝人。1949 年 1 月調任第一二五軍軍長，9 月從福建撤至臺灣。1950 年 10 月出任第五十軍軍官戰鬥團團長。

8　李天霞，字耀宗，江蘇寶山人。1949 年 1 月，調任第七十三軍軍長兼皖南指揮所主任（駐安徽宣城），4 月，發表為南京衛戍副總司令兼第四十五軍軍長，不及到職。1949 年 4 月 21 日，共軍強渡長江後，第七十三軍奉命撤退，轉進福建。8 月 19 日，任平潭島防衛司令官，9 月平潭失守，撤退來臺。先發表任命金門防衛副司令長官，1950 年以「自撤退有虧職守」罪名判處有期徒刑十二年。

9　吳求劍，1948 年秋，任國防部高級參謀兼第八十五軍軍長。1949 年 6 月軍隊整編，任福建綏靖公署軍官團副團長。赴臺後任臺灣北部地方防守副司令官。

侯鏡如　106 73 各軍

三　李天霞　段　澐 87A——95D 220D 221D　朱致一[1]　顧德治[2]　王永樹[3]

建軍的條件：

一、整套的建軍思想，獨立自主。

二、整個神聖原則。

三、整套的建軍制度，民兵合一。

四、軍事思想，總體戰。

五、軍事方鍼，科學與組織。

六、軍事路線，德、日精神。

七、政治路線，社會民生主義。

八、戰略。

九、戰術。

十、技術（戰鬥）。

十一、精神。

十二、官長以實行服務與犧牲為目的（政工人員）。

十三、新活力、新精神。

十四、軍政計畫與措施概以共匪為對象，皆須鍼對共匪而定。

十五、軍事、政治、經濟、社會（民眾）、教育、人事配合制度。

1　朱致一，1948 年 9 月調任獨立第九十五師師長。1949 年 6 月，升任第七十五軍副軍長，
　　9 月任第八十七軍副軍長，10 月升任第八十七軍軍長。1950 年 5 月，率軍自舟山撤退
　　至臺灣。

2　顧德治，1948 年 10 月任第二二○師師長，1949 年 9 月番號取消。

3　王永樹，字重三，浙江淳安人。歷任第八十七軍第二二一師師長、第八十七軍副軍長
　　兼第二二一師師長，1949 年 9 月升任第八十七軍軍長。

辦公室人員應守規則：

一、寫三代履歷。

二、嚴守秘密。

三、實行新生活。

四、記日記、寫自傳與志願。

建軍要旨：

一、組織與檢討。

二、儀容與服裝。

三、簡樸與嚴密。

四、政工幹部之特別教育，以實行服務與犧牲為目的。

五、前途與希望之指示。

六、群眾組訓與運動。

七、二五減租與軍屬優待。

八、兵農合一、官兵合一。

九、徵兵三年制。

十、日報兵額與吃空防止。

十一、政工人員不能由部隊長保荐或自派。

十二、政治警覺性之提高。

建軍要點着手處：

一、失業軍官之召集訓練與使用計畫之建立。

二、軍官眷屬安頓辦法。

三、建築訓練團房舍。

四、間諜課游擊戰術。

五、黨的建設武裝鬥爭。

六、思想教育、理論教育與政策教育之加強。

七、加強部隊軍事政治與文化建設工作，吸收各種專門人才參加部隊建設。

八月十二日

美國對華白皮書之發表與程潛在長沙叛變降匪皆於本月四日同時發現，實為我國民族與革命前途最後最兇之一擊，投機分子與中間路線皆因此動搖，不料政府首要亦不能自主，幾乎手足無措，信心全失，此皆精神修養與革命自信不堅之所致，今後對黨員與士兵應重新教育，特別注重自立自主、不偏不倚之革命信心與民族精神，乃製箴言如下：忍性吞氣，茹苦飲痛，耐寒掃雪，冒熱滅火。砥節礪行，復仇滌恥。矢志自立，誰能侮我。

十四日

對美國白皮書應注重之點：

甲、政治協商會議與軍事三人小組會議之經過，政府悉照三人小組之決議實行編縮軍隊，而共匪違約擴軍，以致政府兵力減弱，此為共匪轉劣為優之總因，亦為國軍失敗之總因。

乙、中蘇協定俄國不能履行，此為國軍不能收復東北，而共匪乃得生長坐大，美國應負其重大責任（耶爾達會議）。

丙、國民政府對中共用政治方法解決之主旨，是以中共交出其武力為基本條件，而馬歇爾強制政府承認共匪軍隊之存在，而且共匪違約擴軍仍強迫政府順從其要求，其最大之過錯為：

一、停止五億圓已允之借款。

二、對政府停止武器之購運，禁發武器出口證，此無異解除政府武器，並以經濟封鎖方法強制政府對共匪之屈從與降伏，此非蹤踊〔慫恿〕共匪之擴充，獎勵其以武力推倒政府而何。

三、中國抗戰前期美國供給日本之汽油、棉花、鐵片以助其侵略中國，但猶未對華禁運武器也。

八月十六日

虛心一志，客觀實際。虛心求實，客觀求精。

誓海魚龍動，盟山草木知。韓國李舜臣[1]句。

十七日

余於一月十二日未下野以前估計，共匪於下野以後，其可於半年內武力統一全國，然而至今僅略取蘇、浙、皖、贛、湘、鄂、陝、閩，而且以上各省並未為其全部侵佔，而華南與西南固尚未為其侵入也。況在半年內觀其戰略穩紮緩進，兵力集結，不敢分路急攻，是與其過去之戰略方式完全改變，只要其不敢分散兵力輕進急取，則再加半年，只要未失各省之軍政當局堅忍不屈，預料該匪決不能征服西南。而且川、滇、黔、康地形道路與民情亦非如華北之易易，若其專用軍事主力於西南，深信其一年之內亦不能統制西南各省，而我東南新生武力當已長成，即可向沿海各省反攻，是其西南未平而東南軍事無法應付，故本年年底西南如未為其平定，則共匪即永無統一全國之日，亦即我軍轉敗為勝，我國轉危為安之機也。何況西北回軍決不能為其消滅，即使蘭州被其侵佔，彼亦必須留駐強大兵力孤懸於西北，是其兵分力減又發生一個弱點也。於此判斷共匪之兵力至今已現強弩之末之象，只要其再深入一步於西南、西北交通不便易進難退之地區，則余易為力矣。故今後軍事如能依照預定整編計畫實施，陸、海、空軍又能協同一致，則雖無外援亦不患不得最後之勝利，所患者在各省政治耳，如不為共匪政治方法所分化與降伏，則鏟共建國完成革命絕無疑問也，惟在如何自強自立耳。

十八日

對軍事應以敵我之實力與情勢為決心行動之基礎，萬不可稍存徼幸之心與猶預之意，總以熟慮斷行，速決速行為第一。此次福州之被圍與損失仍坐此過

1　李舜臣（1545-1598），朝鮮將領，在海上以龜甲船擊敗日本入侵。1598 年，在配合明　軍水師作戰時殉國，為朝鮮民族英雄。

去不斷不行之惡習也，切戒之。又記，將領以信實不欺為第一要素。

二十一日

昨見謝壽康，稱教庭〔廷〕對余在日本投降時之博愛寬大之廣播詞，認為史無前例之偉大精神，又聞許丙稱正在中日敵對抗戰之中，而其一般人民，尤其是神戶西村旅館主特闢一間整潔幽室，專掛總理與余之照相，奉如神明，西村對許面稱此位領袖不僅東亞所未見，實亦為世界所罕有，不能不特別崇奉云。而此次訪韓，一般報章以余為韓國之恩人。在此內外交迫、四面楚歌之中，聞此能不自強奮起，吾有何憂何懼。

廿二日

整軍要領：

甲、人事與經理公開。

乙、一切為前線。

丙、攻心戰術之重要。

丁、喚醒革命魂。

戊、官兵民主化，相互批評。

己、政工與黨性之重要。

庚、政治教育與警覺性。

廿三日（接昨）

辛、陸、海、空聯合演習計畫與教育。

壬、士兵履歷與家庭狀況。

癸、雷達與原子能原理說明。

又記今後號召反共口號：

一、保障民國。

二、保護民權。

三、打不平，鏟除特權與特級。

四、本黨為民國保姆。

八月廿五日

整軍教育要目：

一、軍事以陸、海、空軍聯合作戰訓練為第一，以步、砲、工協同訓練為第二。

二、精神以協同一致、互助合作為首務，以保密防奸、警覺敏感、負責盡職、緊張奮發為要旨。

三、自動、自主、自覺，主動、機動、生動，積極進取性能之培養與提倡。

四、節約經濟、廢物利用、管理整理修理習慣之養成。

五、集體合群、互尊互助、檢討過去、策定將來、公開糾正、互相批評、自我檢舉、群眾監察、合法合理、獎勵民主民治，自由自治之行動。

六、守秩序、重法紀、自愛自主，實行新生活。

七、檢討共匪之優點及其弱點所在。

八、檢討本軍失敗主因何在。

九、精益求精，實事求是。

十、注重辯正〔證〕法運用。

十一、重數字、重責任。

十二、忍耐持重、貫澈始終。

十三、分別召集海、空軍高級將領、艦長與隊長開座談會，聽取其報告，指示今後工作之方鍼。

十四、海、空軍以保衛臺灣為目標，不斷的作有計畫的戰時訓練。

十五、組織第一、調查（情報）研究、統計綜核、檢討、批評、考核監視小組（配合）偵探紀律、功過賞罰（清算人質）。

十六、科學精神與方法。

十七、電報、電話保密及偽造方法之重要。

十八、每個士兵能成為組織宣傳為人民服務的指導員，必須教以調查、研究、

分析、偵察、判斷之技能。

十九、教習方法：一、準備。二、講解。三、示範。四、實施。五、測驗。六、檢討。

九月十日

雲岫基本方案：

一、革命實踐研究院每月訓練六十名，一年總數五百名。

二、將校訓練團每兩月訓練六百名，一年總數三千名。

三、金門、普渡、瓊島各地，各訓練一個軍，明年六月訓練完成。

四、臺灣訓練三個軍，明年四月完成。

五、同學會核心三個月組訓完成，共計三百名。

六、組織野戰軍六－九個兵團：甲、西北、西南區：胡宗南、羅廣文、宋希濂主之。乙、華中區。丙、東南、華南區：湯恩伯（李良榮）、劉安祺、胡璉。

七、強化川、康、滇、黔之政治與人事之更張。

八、改革廣東軍政，鞏固革命基地。

九、加強臺灣軍民組訓。

十、實施本黨改造方案。

十一、改革政工制度，加強軍中黨性教育與組織。

十二、改革幣制與確實預算。

九月十七日

軍事教育：

一、軍歌徵集。

二、情報偵探之組訓。

三、夜戰。

四、中興故事與各國共產慘史。

五、代馬輸卒與手車。

民國卅八年反省錄

一年悲劇與慘狀實不忍反省，亦不敢回顧，茲略述其最感痛心而悔之已晚者數則，以誌吾不可補償之罪愆耳。

一、李、白倒蔣不成，繼之以不惜毀國，因其以一念之誤，故其於軍事、財政、物資，乃至人事、法紀，只要於其桂系有關者無損，此外無不盡其可能予之澈底毀滅，而其於文武官吏威脅不成，繼之以利誘，以公濟私，慷人之慨，所有廿餘年來所樹之軍力、財力、國力、民力之革命基業規模，皆為廣西子於十個月內顛覆盡淨，而於革命精神與紀律之損傷更為痛心。悲乎，人格掃地，廉恥盪然，國幾不國，而桂系亦隨之而同歸於盡，此豈廣西子所及料乎。

二、藉敵寇－共匪之聲勢以脅制政府，逼迫領袖，以奪取權位為良機，以毀謗政府，誣蔑領袖，為爭取美國之歡心，以迎合反蔣侮華之心理，仰承美國第三勢力之提倡，不惜毀黨聯共，期達其投機取巧之目的，此不僅廣西子之為然，即一般所謂自由分子，自名為民主人士者亦比比皆然，而李、白不過尤甚耳。

三、軍隊為作戰而消滅者十之二，為投機而降服者十之二，為避戰圖逃而滅亡者十之五，其他運來臺灣及各島整訓存留者，不過什一而已。

四、廣西子以官階為餌，以金錢為賄，政府財物為其慫恿而移儲香港者十之五。以圖分贓、為其放縱遺留戰地而資敵者十之三。為其貪污而運存廣西喪失者十之一。真為作戰而消耗，不過十之一。嗟乎，以名位為餌物，以國庫為利藪，巧取豪奪、挾款捲逃者李漢魂也。賄賂公行、以公濟私者劉航琛也。避港待機投共取容者端木傑之流，不知凡幾矣。此皆上行下效，所謂上有好者，下必甚之所致。此一年之中，國家財產無形之損失，比之戰爭之失敗，當超過百倍而不止。然而廣西子之為害國家，其罪惡所在，關於民族道德之敗壞，國家紀綱之毀滅，正氣消沉，人格掃地，此等精神上莫大之損傷，尤甚於物質之消失，豈止百倍而已哉。

五、本年憂患艱危、忍辱茹辛，在內奸外敵重重包圍夾擊之下，幾乎無幸存之理，而乃竟能出死入生，堅忍不撼，實不知其理之所在。其惟朝課、晚課讀經頌贊，虔誠默禱，無間一日，仰邀天父眷顧之恩，乃得抵拒魔力之試探，脫離此無比之兇險，而荒漠甘泉一書，亦與有大助於余也。在此長期敗亡試鍊之中，所恃者惟此一點之信心，毫不為之搖撼。天父有靈，其必知此苦心，而決不我負也。

六、本年對外最大之事，可紀者：甲、訪問菲、韓，提倡遠東，中菲韓及太平洋反共聯盟之舉，雖為英、美所反對，被其阻遏，但自信此為種因之期，將來必獲效果。此種真理與公義，任何帝國主義必欲使黃人永為其奴隸及亞洲永為其殖民地之思想所發生之橫暴阻力，決不能長期反抗我三民主義平等獨立之潮流也。乙、美國務院發表白皮書，實予我以最後之一擊，必欲使我終身不能再問世事，此種獨為仇者俄史所快，而毫無補其本國之益且有害之者也。此種加害於我者，實不啻為我國民革命有助於將來而已，國不自強，何尤於人，惟在自立自強而已。丙、俄國之承認共匪，乃雖予我以莫大之打擊，然不值記錄也。

七、本年大陸沉淪，革命根基可說蕩然無存。惟經一年之反省苦撐，堅忍自持，自覺從頭做起之初基似已建立，而所可舉者：一為總裁辦公室，二為革命實踐研究院，三為臺灣幣制之改革，皆能如計告成也。

八、本年一年中之生活所見所聞與身受各種之遭遇，無非為人唾棄、為世譏刺，其恥辱悲慘於茲為甚。所可舉而較堪自慰者：其一為退居家鄉三月，重享幼年時期之風味，以及家庭兒孫孝順之樂。其二為冬季正在重慶危急之時，羅倫夫婦來訪，寄予以無限之溫情，此乃美國民族仗義扶危之天性，故稱其夫婦為中國患難之至友也。全年所樂者，僅此而已。

九、美國白皮書發表以後，各種反動騎牆者皆明目張膽背叛離棄，最令人悲痛可恥者，其惟在香港四十四叛徒宣言中，有黃埔學生李默庵一人，此

外另有廣西學生一名（覃異之[1]者），本為十四年桂系軍閥劉震寰[2]所辦軍事學校學生，與其當時教育長張治中共同投降，帶來者亦參加在內，此不能作為（正式）黃埔生，惟李逆實為第一之叛徒也，可恥極矣。

十、七月間在粵獲得外交情報（自瑞典來），英國對華政策先使中共消滅（國民黨政權）現在中央政府，準備在第三次世界大戰時消滅俄國與中共政權，另立中國傀儡政府，重建其中國殖民地。當時聞之以為太近理想，今則乃知其陰謀將成事實且已逐步推進矣，危險如此，能不為之奮勉自強乎。總之六年以來，依賴因循，矜持忽略，無遠見無決心，以致國家分崩離析，人民水深火熱，生靈塗炭，同胞倒懸，回天無術，解救不力，皆由中正不肖所造之罪孽，其將何以自解？怨天乎？尤人乎？抑待罪補過，以求有以自贖，以報黨國而救民命乎？至於弱肉強食、取亂侮亡乃勢所必至，何怪英、俄，而美尤甚也，能不自強自立而可再依人成事乎？

本年最感苦悶而不易處理者：

一、軍官眷屬隨軍行止無法區處，軍隊消滅以後，軍眷乃即離散流落、無人照顧，此乃影響軍隊之敗亡尤甚也。

二、軍隊覆亡以後，軍屬流亡來臺，無從收容，亦無處可容，此不僅影響軍心士氣，而於社會不良之觀感最大也。

三、軍隊番號已經取消，而其傷病官兵進入醫院，餉項無着，亦無人問聞，殊足寒心，此皆余下野之過，否則決不致官兵苦痛、軍屬流落至此也。然在野之身亦不能不負責處理，盡其心力而為之，求其心之所安而已。惟此實為平生意想不到之經歷，更為不可多得之教訓，此實只有敗亡之

---

1 覃異之，廣西宜山人。1949 年 8 月，與黃紹竑、龍雲等人在香港通電反蔣。12 月全家回到北京。1950 年元旦被派遣返回香港，開展策反工作，1951 年回到廣東在新會縣參加土改工作半年。

2 劉震寰，1925 年 5 月受雲南軍閥唐繼堯策動，與楊希閔在廣州兵變，失敗後移居香港。後一度返回昆明，獲聘雲南省政府顧問，1937 年 5 月受陸軍中將。1945 年底又返回香港定居。

時所能見及者，認為寶貴之史實也。

四、軍紀之壞、官兵之亂，至六月間青島劉安祺軍撤至瓊島途經臺灣時為極點。其間匪探挾雜混入於部隊者，有僧道，有命相測字，有乞丐、理髮，其三教九流，只要能掩飾其探跡，則無所不為，除偷盜搶劫、殺人放火，基隆、臺北全市驚恐，其混亂狀態與不可收拾之情狀，亦即人人以為臺灣絕望之觀念所有起也，當時如非辭修負責主政積極清除，則比之於卅六年二、二八案件更為險惡也。而彭保安司令之得力實非淺鮮，孟緝對臺灣之安定，其一為二二八時期，其二即為本月混亂時期，其皆能於危急存亡時，毅然挺起掃盪〔蕩〕廓清之決心與行動，實非常人所能奏此大功也。此實為難得之將才，要當培植有方，使之不驕不矜，堪負第三期國民革命重任之準備也。

姓名錄

黃正成 [1]

張柏亭 [2]　　警部三處

鈕先銘 [3]　　二處長

彭令頤 [4]　　士官廿二期　砲科　　　　曾任砲連營長　熊斌 [5] 之婿

劉宏德 [6]　　士官廿九期步　豫　　　　未曾帶兵　湯 [7] 總部二處長

胡維達 [8]　　軍校十四期留美裝甲兵

羅　歷〔列〕　　石　覺

李　文　　　李　彌

袁　樸　　　蔣伏生

陳孔達 [9]　　段　澐

黃珍吾　　　羅澤闓

徐之佳 [10]　　日士官廿期

蔡重江 [11]　　戰史局長

1　黃正成，1946 年 5 月，第一師改為整編第一旅，改任旅長，9 月於山西浮山被俘。1947 年 2 月逃回南京。1950 年 3 月，任浙江省政府委員兼軍事處處長。

2　張柏亭，字相豪，上海市人。1949 年 1 月任上海師管區副司令；2 月改任臺灣省警備總司令部第三處處長；9 月調任臺灣省保安司令部副參謀長。1950 年 3 月改任革命實踐研究院軍訓班教官兼教務組長。

3　鈕先銘，曾任北平軍事調處執行部國民政府代表團副參謀長。1947 年 5 月任臺灣全省警備司令部參謀長，7 月任副司令。

4　彭令頤，歷任砲兵第十四團第一營營長、團附、團長，1949 年 9 月任高雄要塞司令部副司令。

5　熊斌，字哲民，湖北黃安人。1948 年轉任總統府戰略顧問，不久經上海來臺，1957 年退役，任中央銀行顧問。

6　劉宏德，來臺後任國防部高級參謀室陸軍高級參謀。

7　湯即湯恩伯。

8　胡維達，1945 年 10 月任臺灣省行政長官公署警備總司令部前進指揮所參謀。1958 年 12 月，任國家安全局設計委員連絡室主任。1960 年 7 月任教育部學生訓育處處長。

9　陳孔達，歷任第七十三軍副軍長、第七十軍軍長，後任臺灣警備總司令部副總司令、川黔湘鄂邊區清剿指揮部指揮官。

10　徐之佳，1936 年任第二十二軍第八十六師參謀長、副師長、第二十二軍副軍長兼第八十六師師長。1949 年中於部隊投共前逃出。1956 年任退輔會專門委員。

11　蔡重江，原任國防部史政局第二處處長。1949 年 3 月縮編後，任國防部史政處處長。

吳　石[1]

金典〔殿〕榮[2]　西北視察組長　東北

鄧　傑[3]

余紀忠

吳允周[4]　軍校教育長

趙我華[5]　軍校特務團長　山東人　高教班

吳起舞[6]　校教育隊長　　　　湘　四期　體態不強

蕭平波[7]　校廿三期一總隊長　　湘　六期

李邦藩[8]　教育副處長　　　　二分校三期　湘　印度

朱鉅林[9]　校六期　騎兵　綏遠保安副司令

趙　梟[10]　空軍人才

王兆民[11]　東北立委

1　吳石，名萃文，字虞薰，號湛然，福建閩侯人。1947年1月任國防部史料局局長，4月正式加入中國共產黨，為中共遞送情報。1949年8月，和中共再次取得聯繫，搜集軍事資料，派舊部前往香港轉交。1950年3月被捕。

2　金殿榮，字顯城，吉林阿城人。1936年10月任第三十軍參謀長。戰後曾任國防部部員、國防部戰地視察第九組組長。

3　鄧傑，四川三台人。曾任第九十五師第二八四團團長。

4　吳允周，浙江東陽人。1943年8月，調任蘭州西北幹訓團教育長。1949年12月22日，奉命離蓉，後至臺灣。1950年6月，任國防部參議兼法規研整會委員。

5　趙我華，時任成都中央軍校勤務團團長。

6　吳起舞，1948年12月任中央軍校訓導處處長。1949年兼任西南游擊幹部訓練班副主任，同年12月在成都投共。

7　蕭平波，1948年任中央軍校特種兵學生總隊總隊長，1949年12月在四川郫縣投共。

8　李邦藩（1900-1949），號昱明，湖南武岡人。1948年任中央軍校教育處副處長兼第二十三期第二總隊總隊長等職。1949年12月9日，率領中央軍校學員衝出成都，21日行至大邑，遭遇共軍主力，激戰後殉難。1954年追晉中將。

9　朱鉅林，1948年11月任第十一兵團副司令官，駐張家口；12月23日遭共軍包圍，率兵突圍。1949年7月任第九兵團副司令，駐綏遠；9月19日董其武、孫蘭峰投共，12月隻身返鄉，後到臺灣。

10　趙國標，又名梟，浙江諸暨人。1949年8月，任東南長官公署副參謀長，1950年8月，任空軍總司令部第五署署長。

11　王兆民，1945年任興安省政府委員兼秘書長。後任中國國民黨興安省黨部執行委員、國民政府主席東北行轅經濟委員會主任秘書。1948年在嫩江省選區當選第一屆立法委員。

謝壽康

韓雲階[1]　東北偽滿大臣　于斌介紹

李永中[2]　校三　德國留學　川　校高級教官（通信團長）

陸空聯合演習研究人

王錫鈞

李永中　三五　校三步　留德　　教育處高教官　川

林復生[3]　三九　校六步　留德意　總務處副處長　閩　不願帶兵

陳眾聞[4]　三八　輜校二　　　　輜重科長　川

蘇若水[5]　四〇　校七　　　　　騎兵科長　湘

杜英基[6]　三九　校六　　　　　砲兵科長　浙

李桂舫[7]　三九　校四　　　　　訓導處教官　海州

張佛泉

錢　穆[8]

謝幼偉[9]

1　韓雲階，曾任滿洲國黑龍江省省長、經濟部大臣、滿洲電業株式會社理事長等職。

2　李永中，時任中央軍校教育處處長。1949 年 12 月 25 日在四川郫縣，宣布軍校投共。

3　林復生，1951 年 5 月任政工幹部學校教務處陸軍處長。9 月，調任國防部總政治部設計委員會設計委員。

4　陳眾聞，四川崇寧人。時任中央軍校特科總隊輜重兵科長。

5　蘇若水，號安瀾，湖南衡山人。1945 年 3 月時任陸軍軍官學校第十九期第二總隊騎輜大隊大隊長。

6　杜英基，時任中央軍校特科總隊砲兵科科長。

7　李桂舫，號方舟，江蘇灌雲人。1948 年 9 月任陸軍軍官學校訓導處政治教官，1950 年 2 月任東南長官公署訓練團政幹班主任教官。

8　錢穆，字賓四，江蘇無錫人。1949 年 4 月應邀至廣州私立華僑大學任教，5 月 5 日出席討論組織經濟研討委員會，8 月 14 日被毛澤東點名批判，10 月隨校南下香港，出任亞洲文商學院院長。

9　謝幼偉，字佐禹，曾任廣州民國日報、華南日報主筆，浙江大學教授兼哲學系主任。大陸淪陷後，南渡印尼，出任雅加達八華中學校長、天聲日報特約撰述，與自由日報總編輯。

偽　武漢市市長　　　　　吳德峯 [1]

偽　中央華中局書記　　　林　彪

偽　中原臨時人民政府主席　鄧子恢 [2]

偽　鄂主席　　　　　　　李先念 [3]

偽　武漢市委書記　　　　張平化 [4]

徐錫麟　關麟徵妻弟　駐港代表

楊青田 [5]　藍春　滇副議長

徐繼祖 [6]　　　滇參議長

王明〔民〕寧 [7]　鈕先銘　林秀欒 [8]

1　吳德峯，湖北保康人，中共秘密交通工作的創建人。1948 年 12 月任鄭州市委書記。1949 年 5 月，武漢市人民政府成立，任市長。

2　鄧子恢，名紹箕，字子恢，以字行，福建龍巖人。戰後任中共華中軍區政治委員、中共中央中原局第三書記、中共中央華中局第三書記兼第四野戰軍第二政治委員。1949 年 10 月後，任中南軍政委員會代主席、中華人民共和國國務院副總理，主管農業。

3　李先念，號克念，湖北黃岡人。1949 年 5 月，任中共湖北省委書記、省政府主席、省軍區司令員兼政治委員，主持湖北黨、政、軍全面工作。1949 年 10 月後，出任中共湖北省委書記、湖北省軍區司令員兼政治委員，並於 1950 年當選首任湖北省人民政府主席。

4　張平化，原名楚材，湖南酃縣人。1927 年底加入共產黨。1949 年 5 月任武漢市委員會書記。

5　楊青田，雲南保山人。中共黨員，抗戰時期任雲南省參議會副議長、副秘書長，策動盧漢投共。

6　徐繼祖，時任雲南省參議會議長、西南軍政長官公署政務委員會委員、昆明師範學院教授。

7　王民寧，號一鶴，臺北樹林人。1947 年 5 月任臺灣省政府警務處處長，11 月當選第一屆國民大會臺灣省臺北縣代表。1949 年 2 月調任總統府參軍。

8　林秀欒，字大團，福建莆田人。1945 年 9 月，任臺灣警備總司令部第二處處長。1949 年 2 月，任臺灣省警備總司令部第二處處長，9 月該處改組為臺灣省保安司令部保安處，職掌全省防諜肅奸工作。

吉川源〔三〕[1]　四十四　周忠徹　上校

根本博　五十九　林保源

李德熇[2]　哈駿文[3]　中國銀行紐約正副經理

黎玉璽　薪傳　四川　電雷學校陸大參七　　　太康艦長

王修身　　一〇六軍　318 師　介景和[4]　281 師　吳劍秋[5]　37 師　吉星文

　　　　　由 106、225 兩軍及 318 師改編

李天霞　　七十三軍　15D　王一飛[6]　238 師徐有成[7]　由 66A　73A　88A 改編

勞冠英　　七十四軍　51D　謝愷棠[8]　216D　谷元懷[9]　由 74　85 兩軍改編

　　　　　共存六十八個軍番號　　　　老兵三十四個軍

（陝西）十四個軍　　　甘新　三個軍　川滇黔　八個軍

江西　四個軍　廣東　二－四軍　湖南　八個軍

東南　十六個軍　　　完整者共五十五個軍

胡[10]部　共計可用兵力只十九個師（八月三日）

袁　樸　　羅　列

李　文

1　吉川源三（化名「周忠徹」），戰後在中國駐日代表團內，擔任「東京分處」分處長，
　　與曹士澂密切聯繫，積極招募日本「舊軍人」前往中國服務。
2　李德熇，歷任中國銀行倫敦分行會計、副經理、經理，後調任中國銀行紐約分行經理。
　　離開中行後任美國股票公司經紀人。
3　哈駿文，號聲遠，北平人。1946 年任中國銀行紐約分行副經理，後任中國銀行副總經理。
4　介景和，1948 年派河南省第二區行政督察專員兼保安司令，時任第三一八師師長。
5　吳劍秋，歷任國民政府兵役部徵補司副司長、司長、國防部新兵訓練總隊總隊長、第
　　二八一師師長、第九十六軍副軍長等職。
6　王一飛，字九天，浙江黃巖人。時任第三一六師師長。
7　徐有成，1948 年 7 月派任新二十一旅旅長，時任陸軍第二三八師師長。
8　謝愷棠，1948 年任第七十四軍第五十一師副師長。1949 年任第七十四軍第五十一師師長。
9　谷元懷，時任第七十四軍第二一六師師長。
10　胡即胡宗南。

艾靉[1]　九九軍副軍長　校四

52A 劉玉章　2D 郭　永[2]　25D 李有洪[3]

邱希賢〔賀〕[4]　二〇六師師長（安化）

（C54 機）　正傅保民　副鄭定澄　監察汪積成　機械楊基旭　通信林其榕

空軍　張之珍[5]　魯　軍校六　空校一　五署長　文字差

　　　劉志漢[6]　遼　　軍校二　空校一　一署長（國防研究院）

　　　徐康良[7]　孝豐　軍校六　空校一　號即甫

　　　劉牧羣[8]

　　　曹大中[9]　東南公署　士官廿期　潘

　　　董嘉瑞　鄂　　防衛副司令　軍校六期

　　　王永樹　浙　　八十七軍長　廿六軍教導團　周鳳祺

　　　李法寰[10]　桂　　三四〇師副　俄專校　軍校被革除　留美

1　艾靉，號業榮，湖北武昌人。原任整編第六十九師第九十二旅旅長，1949 年 1 月任第九十二師師長。1950 年 4 月調任國防部高參。

2　郭永，號頤卿，又名濟中，湖南醴陵人。1948 年 12 月，任第五十二軍第二師師長。1950 年 3 月，任第五十二軍副軍長兼第二師師長。

3　李有洪，字海涵，山西交城人。1949 年 4 月任第五十二軍第二十五師師長。1950 年升任第五十二軍副軍長。

4　邱希賀，號修賢，湖南安化人。1949 年 1 月任第二〇六師師長。1952 年 10 月部隊改編，改任第五十一師師長。

5　張之珍，留學義大利，曾任空軍第一大隊大隊長、空軍學校中級班主任、國防部人事廳廳長，後任空軍總司令部第五署署長。

6　劉志漢，遼寧黑山人。歷任空軍總司令部第一署副署長、署長、空軍第三聯隊聯隊長、空軍訓練司令部副司令。1957 年 7 月任空軍指揮參謀學校校長。

7　徐康良，字即甫，浙江孝豐人。原任空軍第二軍區司令，後任空軍參謀學校校長，1951 年 1 月調任空軍訓練司令部司令。

8　劉牧羣，字芳秀，號挺生，福建沙縣人。1946 年 8 月，任空軍訓練司令部司令。1950 年 3 月，任總統府侍衛室侍衛長。

9　曹大中，號瑞麟，遼寧瀋陽人。原任國防部參謀，1949 年 11 月任東南行政長官公署部員，後任臺北縣政府兵役科科長。曾組織「反侵略大同盟東北及日韓分會」。

10　李法寰，在臺灣跟隨孫立人工作。1950 年 12 月時任陸軍第三四〇師副師長，1953 年 7 月任陸軍總司令部第三署第五組組長。

林森木[1]　熱　　八〇軍副　　西北軍校　　陸大十三

吳家〔嘉〕葉[2]　浙　　第六師參長　　軍校十二　　陸大十九

李鳳鳴[3]　冀　　澎湖防守部副參長　　國民三軍教導隊

徐漢傑[4]　湘　　突擊總隊副　　軍校十四步

戰車　鮑薰南[5]　魯　戰車一團長　軍校九

閔明〔銘〕厚[6]　　二〇一師副

蔡紹達[7]　　99D 參長　軍校十六期

（軍校優秀）　吳麗川[8]　豫　校四　陸大九　任團長

蕭平波　湘　校六　任團長

趙我華　魯　高教班

李邦藩　湘　高教班

李光寰[9]　湘　八

1A 參長　張銘梓　冀　校十　陸大十八

1　林森木，號深慕，熱河平泉人。1948 年 9 月，調任國防部第一廳第一處處長。1950 年調任第八十軍副軍長。
2　吳嘉葉，號其蓁，浙江浦江人。1948 年 7 月任整編第七十五師副參謀長。1949 年 3 月，任第七十五軍第十六師第四十七團團長，9 月改任第七十五軍第六師參謀長。1950 年 7 月，改任第七十五軍第十六師參謀長。
3　李鳳鳴，字瑞庭，河北大興人。1948 年 1 月任整編第四十師第一〇旅副旅長，後任第四十軍副軍長、澎湖防衛司令部參謀長。
4　徐漢傑，字真愚，湖南長沙人。時任陸軍訓練司令部第六突擊總隊副總隊長。
5　鮑薰南，山東壽光人。1948 年 3 月任裝甲司令部汽車兵團團長。1949 年 2 月調任裝甲司令部戰車第一團團長。1950 年 1 月調任臺灣防衛司令部裝甲兵指揮部副指揮官，3 月調任裝甲兵旅第三處處長，10 月調任陸軍裝甲兵教導總隊總隊長。
6　閔銘厚，四川高縣人。1949 年 3 月任第二〇一師副師長。1950 年 6 月升任第七十一師師長。
7　蔡紹達，字滌新，廣東揭陽人。時任第九十九師參謀長。
8　吳麗川，號逸塵，河南固始人。1946 年 7 月至 1948 年 12 月任中央陸軍官校辦公廳主任。1950 年 5 月任國防部參議，1951 年 10 月任國防部高參謀。
9　李光寰，曾任中央軍官軍校武岡（湖北邵陽）第二分校總隊長。

軍校九

姜期永[1]	川	十	教官
金宋岩[2]	浙	八	大隊長
王震中[3]	晉	九期	副總隊長
郭 勁[4]	湘	八	大隊長
周震東[5]	湘	四	教官
廖潤生[6]	川	八	組長
馮 鶴[7]	川	八	教官
張志傳[8]	贛	六	大隊長
羅怒濤[9]	川	七	副處長
吳澤道[10]	湘	高教	副主任
姚濟世[11]	河北	十	陸大九、十總隊長
李劍仇[12]	遼	九	

杜英基

---

1 姜期永，四川成都人。曾任第十五師第四十四團團長，時任中央軍官學校教官。

2 金宋岩，浙江青田人。曾任中央軍官學校第二總隊總隊長。

3 王震中，字正山，山西永濟人。

4 郭勁，1940 年 3 月任中央軍官學校第十七期第一總隊第二隊隊長。

5 周震東，1938 年任鄭州警察局局長。時任中央軍官學校教官。

6 廖潤生，字澤民，四川榮昌人。時任中央軍官學校教務組組長。

7 馮鶴，號成白，四川華陽人。歷任四川省軍管區司令部科長、四川省國民兵軍訓副總教官、中央軍官學校工兵科高級教官。1949 年隨校遷臺灣。

8 張志傳，號伯薪。1948 年秋，歷任第二戰車防禦總隊總隊附、陸軍總司令部直屬第二重砲團團長、華中剿匪總司令部砲兵指揮部副參謀長，1949 年到臺灣。

9 羅怒濤，原名德馨，四川南川人。1947 年任中央軍官學校辦公廳副官處副處長。1949 年冬，隨中央軍官學校第一、三總隊投共。

10 吳澤道，湖南新寧人。1949 年升任中央軍官學校第一軍官訓練班主任。12 月 8 日率部在四川大邑縣投共。

11 姚濟世，字增輝，河北大城人。

12 李劍仇，1945 年 1 月，任西北幹訓團第一總隊第二大隊大隊長。

張少傑[1]　舒適存[2]

32A 副　馮宗毅[3]　六期　湘

葉裕和　渝　江防司令

　　王恩華[4]　南康　電雷學校出身

　　宋長志[5]　遼寧　海軍校長

海軍　馬紀壯　河北

　　曹仲周[6]　南昌　哈爾濱商船轉青島海校

　　陶滌亞[7]　江西　海軍政工處長　軍校六期

　　成舍我[8]　劉百閔[9]

　　張佛泉　北大教授

　　丁文淵

　　戈定邦[10]　中大教授

1　張少傑，號幼吾，湖南祁陽人。來臺後，歷任國防部高級參謀、第二軍團高級參謀、臺灣省公路局顧問。

2　舒適存，湖南平江人。1948 年 9 月，調任第二兵團副司令官兼徐州前進指揮部參謀長。1949 年 3 月，調任國防部部員，9 月調任臺灣防衛司令部副總司令。

3　馮宗毅，號飛龍，湖南湘鄉人。1948 年 9 月任第十一綏靖區司令部參謀長，1950 年 2 月任第五十軍軍長。

4　王恩華，字澤中，江西南康人。1949 年任海軍第三艦隊司令，1950 年 3 月指揮海南島海軍作戰。

5　宋長志，遼寧遼中人。1948 年 2 月任逸仙艦艦長兼第一江防區代指揮官，駐守江陰。1949 年 4 月 22 日協同信陽艦（艦長白樹綿），在砲火攻擊下，順利脫險。8 月調任海軍軍士學校校長。1952 年 11 月調任總統府侍從高級參謀。

6　曹仲周，字書範，江西新建人。1946 年 1 月任海軍太平艦艦長兼海防第一艦隊參謀主任。1948 年 5 月調任海軍峨嵋艦艦長。

7　陶滌亞，原名光漢，字復初，後改名滌亞，湖北漢陽人。時任海軍總司令部新聞處（後改為政工處）處長。1949 年 11 月，改任國防部總政治作戰部第二處處長。

8　成舍我，名希箕，又名漢勳，湖南湘鄉人。1948 年當選北平市立法委員，誼屬革新俱樂部。北平被共軍占領前，逃往南京，後寓居香港，最後於 1952 年冬定居臺灣。

9　劉百閔，名學遜，改名莊，字百閔，以字行，浙江黃岩人。1948 年在南京市選區當選第一屆立法委員。1949 年 4 月去香港，與錢穆、張王介等籌建新亞書院。

10　戈定邦，時任中央大學教授，來臺後在臺灣省立師範學院博物系任教。

王聿脩[1]　華北學院　慈谿

林一新[2]　復旦校長

朱斅春　上海法學院　黨員

政工　曾璧中　99A　政工處

　　　黃　浩[3]　浙　綏署政工

　　　羅春波[4]　滇　政工處長

　　　郭寄嶠　陶峙岳

　　　王叔銘　王東原

　　　劉安祺　萬耀煌

　　　胡　璉

　　　李　彌

　　　石　覺

　　　羅廣文

　　　宋希濂　陳麓華　孫立人參長　陸大十八期（美）

　　　胡宗南　謝志雨[5]　8D 副　陸大十九期

　　　孫立人　張〔趙〕志華[6]　裝甲兵

　　　湯恩伯　劉梓皋　5A 副？

軍事　林蔚文　張　純[7]　54A 副

1　王聿脩，時任華北大學教授，來臺後任《自由中國》（半月刊，1949 年 11 月 20 日雷
　　震等在臺北創刊）副總編輯。
2　林一新，福建閩侯人。曾任復旦大學教授，1950 年 8 月任臺灣大學經濟學系教授。
3　黃浩，浙江人，時任陸軍大學政治部主任。
4　羅春波，號鏡澄，江蘇靖江人。時任雲南綏靖公署政工處處長。
5　謝志雨，時任陸軍第八師副師長，後調升第十三師師長，1950 年 6 月調任第八師師長。
6　趙志華，字興邦，黑龍江龍江人。歷任戰車第一團副團長、代團長，來臺後任裝甲兵
　　旅第二總隊總隊長。
7　張純，字紹寅，湖南湘陰人。曾任第五十四軍參謀長、第五十四軍第一九八師師長、
　　第五十四軍副軍長。

各編練司令

李良榮　1 處

胡　璉　2

沈發藻　3

歐　震　4

黃　杰　5

李　彌　6

羅廣文　7

陳　鐵[1]　8

湯恩伯　9

孫元良　10

鍾　紀[2]　11

胡宗南　12

何紹周　13

（軍校同學會非常會委員名單）

顧希平[3]　　滕　傑[4]　（4）　蘇

胡宗南　　趙龥暉[5]　（6）　浙

徐中嶽[6]　　朱俊德[7]　　皖

1　陳鐵，原名永楨，號志堅，貴州遵義人。1948 年任東北剿匪總司令部副總司令。1949
　　年率所部在貴州投共。
2　鍾紀，國民大會代表，1948 年調任第三兵團參謀長、第八綏靖區副司令官。1949 年去
　　臺，任陸軍副總司令。
3　顧希平，曾任江蘇省政府委員兼民政廳長，當選第一屆國民大會代表。1949 年到臺灣。
4　滕傑，號俊夫，江蘇阜寧人。1948 年 12 月，出任南京市市長兼中國國民黨南京市黨
　　部主任委員。
5　趙龥暉，1949 年 6 月任浙江綏靖司令部副司令。
6　徐中嶽，原名宗堯，1947 年 11 月晉陸軍中將。1949 年到臺灣，續任立法委員。
7　朱俊德，號明成，安徽定遠人。1948 年 8 月，出任國防部第四廳處長。1950 年 1 月，
　　調任第五十四軍參謀長。

方　天　　張　桓[1]　（6）　　贛

彭　善[2]　　楊　達[3]　（6）　　鄂

賀衷寒　　蔣肇周[4]　（3）

曾擴情　　嚴澤元[5]　（3）

嶺光電[6]　　立法員　（13）　　康

李良榮　　范誦堯[7]　（6）

李友邦　　　　　（4）　　臺

李及蘭　　張輔邦[8]　（3）　　黃珍吾

羅　奇[9]　　孫國銓[10]　（6）

李　彌（4）

何紹周　　王鵬皋[11]　（8）

楊振興[12]（6）　　冀　李延年

侯鏡如　　王三祝[13]（16）

1　張桓，化名崇武，曾任政治部第二廳第二科科長。1946 年國防部成立後於保安局任職。

2　彭善，字楚珩，1948 年 7 月出任中央訓練團副教育長。1950 年 4 月 1 日調任國防部參議。

3　楊達，1948 年為第九視察組視察官。

4　蔣肇周，1948 年當選為立法委員，1949 年任中國國民黨湖南省黨部委員兼書記長、常務特派員。後舉家隨白崇禧入臺。

5　嚴澤元，號不嚴，1947 年 7 月任福建省政府警保處處長，後任保安副司令。

6　嶺光電，彝族，1947 年任西康省政府邊務專員，1948 年被選為第一屆立法委員，1950 年，加入國民革命同志會任書記長並任第二十七軍副軍長。

7　范誦堯，字重平，1949 年初，改任福建綏靖公署參謀長兼任福建省保安副司令。8 月 16 日福州失守，轉戰廈門月餘，奉命返臺，任國防部聯合作戰委員會主任委員。

8　張輔邦，1946 年起任廣東省保安處長、粵漢鐵路護路副司令兼警務處長。1950 年到臺灣，任國大代表、光復大陸設計研究委員會委員。

9　羅奇，字振西，廣西容縣人。1948 年 9 月錦州戰役失利後，任北平警備副總司令、京滬杭警備副總司令；1949 年 9 月，被任命為陸軍副總司令。

10　孫國銓，曾任廣西綏靖公署參謀長。

11　王鵬皋，名嵩，貴州安順人。曾任軍訓部第十三補充兵訓練處第四團第三營營長、福建莆永師管區第三團團長。

12　楊振興，1948 年任北平警備總司令部參謀長。

13　王三祝，河南滑縣人。河南第四路綏靖總指揮，被俘處決。

荊向榮[1]　　高教班　　山西

董　釗　　何守仁[2]（8）

王治岐[3]　　甘

馬繼援　馬敦靜

趙自齊[4]（8）　　立委　熱

王翰卿[5]　　察

劉廣瑛[6]（4）　　徐世江[7]　軍訓班　張維仁[8]（8）　　東北

桂永清　　郭發鰲[9]（8）　海

王叔銘　　胡偉克[10]（6）　空

何志浩[11]（4）　國防部

袁守謙

1　荊向榮，號欣生，山西平陸人。1942 年 7 月任陝西省第八區保安副司令，1945 年任陝西省第八區行政督察專員公署秘書。1955 年 5 月任臺灣省菸酒公賣局專員。

2　何守仁，四川高縣人。1949 年任四川省南溪縣縣長。

3　王治岐，字鳳山，甘肅天水人。歷任第八十軍副軍長、甘肅省保安處處長、第一六五師師長、第一一九軍軍長、甘肅省政府主席兼第一一九軍軍長。1949 年 12 月在武都投共。

4　趙自齊，字治平，抗戰勝利後，擔任熱河省參議員、中國國民黨熱河省黨部委員並代理主委、三民主義青年團熱河省支團主任、第一屆立法委員。來臺後旋任立法委員黨部改造委員、書記長。

5　王翰卿，號蘊文，察哈爾多倫人。1947 年 1 月任察哈爾團管區副司令，11 月當選第一屆國民大會代表。來臺後，曾任海軍總司令部警衛團團長。

6　劉廣瑛，1946 年，選為制憲國民大會代表。1947 年 3 月 1 日，選為國民政府立法院第四屆立法委員。1948 年當選行憲第一屆立法院立法委員。後到臺灣，仍任立法院立法委員。

7　徐世江，1945 年 7 月任軍事委員會銓敘廳辦公室科長，1946 年 6 月任國防部參謀本部機要組組長。

8　張維仁，號正輔，安東通化人。1947 年當選第一屆國民大會代表，1948 年 5 月任上海市警察局督察處處長。來臺後任憲兵司令部高參。

9　郭發鰲，號元甫，湖北漢川人。1949 年 5 月 8 日至 1951 年 4 月 3 日任海軍軍官學校校長。

10　胡偉克，字調雲，江西萍鄉人。1946 年任空軍軍官學校校長。1949 年到臺灣，任空軍第一軍區司令。

11　何志浩，浙江象山人。1948 年 10 月任國防部第一廳副廳長。1949 年 8 月任浙江綏靖司令部副總司令。1950 年 6 月任國防部總政治部政治作戰計畫委員會主任委員。

情報　錢　正[1]　浙綏靖副處長

　　　　黎鐵漢

　　　　毛人鳳

　　　　侯　騰

　　　　鄭介民

　　　　王新衡

　　　　毛　森

　　　　黃珍吾

　　　　唐　縱

外交　陳立夫
政治　魏道明

　　　　王世杰

　　　　端木愷

　　　　俞鴻鈞

　　　　俞大維

　　　　閻伯川

　　　　張　羣

　　　　吳禮卿

　　　　任卓宣　　胡文暉[2]　監察委員　鄂北
　　　　成舍我　　費慶楨[3]　政校新聞班　第五組

1　錢正，時任浙江綏靖司令部副處長。1959 年時任陸軍供應司令部聯絡主任。

2　胡文暉，湖北漢口人。原任漢口市參議員，兼漢口泰裕銀行經理。1947 年 12 月當選第一屆監察院監察委員。

3　費慶楨，抗戰時任職中國國民黨中央宣傳部三民主義研究會，1949 年 7 月任總裁辦公室第五組秘書。1950 年 3 月，改任中央改造委員會第五組秘書。

　　　　吳國楨
　　　　余紀忠
　　　　王世杰
　　　　黃少谷
　　　　曾虛白[1]
政工　　沈昌煥
　　　　董顯光
教育　　張其昀
宣傳　　陶希聖

　　　楊　銳[2]　第二師　　　　甘
　　　劉漢清[3]　甲兵校　　　　皖
　　　王瑞鍾[4]　六軍 363 師副
　　　張榮春[5]　六軍 207 師政工
　　　柏羽笙[6]　五十四軍政工
　　　政工

1　曾虛白，原名曾燾，字煦白，筆名虛白，江蘇常熟人。1947 年 5 月，任行政院新聞局副局長。1949 年 11 月，任中國廣播公司副總經理、代總經理。1950 年 7 月任中國國民黨中央改造委員會改造委員，8 月兼第四組主任。10 月辭第四組主任，改任中央通訊社社長。

2　楊銳，號銳之，甘肅武山人。1948 年 6 月任第五十二軍政治部科長，1949 年 5 月任江蘇省寶山縣縣長。滬戰撤退後，6 月任第二師政工處處長，12 月任第五十二軍政治部副主任。1950 年 5 月任第七十五軍政治部主任。

3　劉漢清，歷任軍事委員會幹部訓練班東南分班主任、青年軍第二○九師政治部主任、中央幹部學校西年青年訓練班主任。

4　王瑞鍾，字惕吾，浙江東陽人。原任臺灣全省警備總司令部警備旅第二團團長，1949年 5 月調為臺灣省警備總司令部高級參謀。旋任第六軍第三六三師副師長。

5　張榮春，黑龍江依安人。第一屆國民大會代表，時任第六軍第二○七師政工處處長，後任澎湖防衛司令部臺北辦事處主任。

6　柏羽笙，湖南祁陽人。時任第四十五軍政工處處長。

鄭介民　黃珍吾

滕　傑　胡　軌[1]

谷正鼎

鄭彥棻

袁守謙

方　治

蔣經國

陶希聖

洪蘭友

黃少谷

張道藩

組織　谷正綱

林　光　荒武國光[2]　情報

鄒敏三　杉田敏三[3]　海士校

白鴻亮　富田直亮　少將

王世杰　張岳軍　俞鴻鈞　俞大維　魏道明

吳國楨　吳禮卿　黃少谷　劉健羣　洪蘭友

陶希聖　朱家驊　張文白　宋希濂　王東原

鄭介民　谷正綱　谷正鼎　鄭彥棻　唐　縱

郭寄嶠　胡宗南　陳　誠　宋希濂　石　覺

1　胡軌，字步日，1947 年起任中央訓練團戡亂建國訓練班副主任，國防部戡亂建國總隊總
　　隊長，江西省政府委員。1949 年到臺灣，任中國國民黨中央改造委員會第一組副組長。
2　荒武國光，前日軍上尉情報官，化名林光，1949 年 11 月 1 日抵臺協助訓練國軍幹部。
3　杉田敏三，前日本海軍大佐，化名鄒敏三，1949 年 11 月抵臺協助訓練國軍幹部。

沈鴻烈[1]　沈德燮　李　彌　胡　璉　段　澐

羅廣文　周至柔　王叔銘

余紀忠　任顯羣　徐學禹　溫崇信　江　杓

沈熙瑞　嚴家淦　霍寶樹　陳長桐[2]

倪徵漁〔㠱〕[3]（法律）端木愷介紹

朱國材　合肥　張玉蓀[4]　　臺北　勵志社

趙葆全[5]　江陰　四十五歲　政校　農行協理

黨　1.310.699

費　2.152.616

臺行　7484 兩

1　沈鴻烈，字成章，湖北天門人。曾任海軍總司令、青島市市長、山東省政府主席、農林部部長、浙江省政府主席等職。1948 年 7 月接任考試院銓敘部部長。

2　陳長桐，字庸孫，1941 年在緬甸仰光擔任中國國防供應公司駐國外辦事處代表，1942 年將辦事處撤往印度，兼任中國駐印度事務聯絡官。1949 年到臺灣，長期擔任中華民國駐世界銀行常任代表。

3　倪徵㠱，字哲存，江蘇吳縣人。1946 年起，參加東京遠東國際軍事法庭對日本戰犯的審判工作，對土肥原賢二、板垣征四郎、松井石根等甲級戰犯提出控訴。1948 年任上海東吳大學教授兼法律系主任，1949 年上海易手後，兼任東吳大學教務長。

4　張玉蓀，曾任勵志社蘭州區主任、總社秘書長，1936 年 12 月隨侍蔣中正親歷西安事變。

5　趙葆全，號抱泉，江蘇江陰人。歷任中央政治學校、國民政府農林部農村經濟司司長、中國農民銀行協理。到臺灣後，繼續任中國農民銀行協理，旋升總經理。

索引

索引

蔣中正日記 (1949)
Chiang Kai-shek Diaries, 1949

著　　者：蔣中正
授權出版：國史館館長 陳儀深
統籌策劃：源流成文化
總　編　輯：呂芳上 源流成
責任編輯：高純淑 張傳欣 蔣緒慧
封面設計：溫心忻 源流成
排　　版：蔣緒慧

出　版　者：民國歷史文化學社有限公司
　　　　　　臺北市大安區羅斯福路三段 37 號 7 樓之 1
　　　　　　TEL：+886-2-2369-6912

國史館
Academia Historica
臺北市中正區長沙街一段 2 號
TEL：+886-2-2316-1000

贊助出版：蔣經國國際學術交流基金會
Chiang Ching-kuo Foundation for International Scholarly Exchange

世界大同 文創股份有限公司
AGCMT CREATION CORP.

總　發　行：源流成文化股份有限公司
　　　　　　臺北市大安區羅斯福路三段 37 號 7 樓之 1
　　　　　　TEL：+886-2-2369-6912
　　　　　　FAX：+886-2-2369-6990

初版一刷：2023 年 10 月 31 日
定　　價：新臺幣 850 元
　　　　　美　元　32 元
ISBN：978-626-7370-21-6（精裝）
　　　　978-626-7370-27-8（1948-1954 套書）

Republic of China History and Culture Society
http://www.rchcs.com.tw

ISBN 978-626-7370-21-6

9 786267 370216

蔣中正日記 (1949) = Chiang Kai-shek diaries, 1949/ 蔣中正著 . -- 初版 . -- 臺北市 : 民國歷史文化學社有限公司 , 國史館 , 2023.10
　面；　公分
ISBN 978-626-7370-21-6(精裝)

1.CST: 蔣中正 2.CST: 傳記

005.32　　　　　　　　　　112015563